사회복지개론

Introduction to Social Welfare

이인재 · 이문국 · 이선우
신명호 · 송인규 · 정원오 · 김용득 · 손병돈
남기철 · 정익중 · 강병노 · 김제선 · 조미경

박영story

서문

사회복지는 현대사회에서 사회통합을 위한 대표적 제도이다. 국민들의 구체적 삶의 질에 대한 관심을 반영하는 점에서 사회복지제도를 평가할 때 통상적으로 제도의 대상, 제공하는 급여 수준, 서비스 제공 전달체계 외에 사회복지재정이 중요한 지표가 된다. 우크라이나 전쟁, 기후위기 등이 초래하는 세계적 차원의 중층적 위기에 더하여 우리나라는 지속가능한 공동체를 위협하는 저출산 고령사회 시대에 직면하고 있다. 복합적인 사회문제 해결을 위한 최적의 사회복지 모델을 찾는 것은 우리 사회의 중요한 과제로 등장하고 있다. 2012년 사회보장기본법의 전면 개정은 변화된 사회경제적 상황을 반영한 사회복지제도의 전면적 개편의 시도라 생각한다. 개정 사회보장기본법에서는 사회복지서비스를 사회서비스로 대체하여, 복지, 보건의료, 교육, 고용, 주거, 문화, 환경 분야에서 새로운 복지수요인 돌봄, 정보의 제공, 역량 개발, 사회참여 지원을 사회서비스에 포함시키고 있다. 인구구조의 변화, 핵가족화 등 가족구조의 변화, 여성의 경제활동 참여증가로 사회서비스에 대한 수요가 증가한 반면, 가족, 특히 여성에 주로 의존하던 비공식 돌봄은 한계에 도달하여 돌봄의 제도화는 중요한 과제가 되었다. 사회경제 전반의 경쟁 가속에 따른 양극화의 심화 · 확산으로 취약계층 증가, 그 결과로 사회서비스 수요는 가속화된 반면, 사회서비스가 가장 필요한 저소득계층, 아동 · 노인 · 장애인 등 취약계층의 경우 시장에서의 서비스 구매력은 부족한 현실이다. 따라서 구매력 보전 등 공공의 지원을 통해 취약계층의 삶의 질 향상, 경제활동 참여 촉진 및 빈곤층 전락 예방이 주요 정책적 과제가 되고 있다.

사회복지제도는 상황 변화에 유연하게 대처해야 하며, 이에 국가별로 다양한 특성을 지닌다. 국가의 공적책임은 복지 대상과 욕구수준에 따라 달라질 수밖에 없다. 따라서 보편적 복지와 선별적 복지는 서로 배타적 선택 대상으로 볼 수는 없다. 대략적으로 소득보장, 의료 보장, 초중등 교육보장 등 전 국민의 기본적 복지에 해당하는 부분은 보편적 복지에 해당한다면, 새로운 사회적 위기에 따라 새롭게 등장하는 사회서비스는 욕구수준과 경제수준에 비추어 선택적으로 보장되어야 한다.

어느 서비스를 보편적 복지로 국가가 보장할 것인가는 그 사회의 정치적, 사회적 합의에 달려 있다. 다만, 지속가능한 복지가 되기 위해서는 성장과 선순환하는 복지시스템을 고민해야 한다. 제도적 혁신이 없는 사회복지제도는 지속가능하지 않다. 예를 들어 자본주의 성장기의 완전 고용을 전제로 도입된 사회보험제도는 실업이 상수가 된 사회에서는 혁신적 변화가 없이는 그 지속가능성을 보장할 수 없게 되었다. 유럽 국가들이 변화하는 경제사회적 상황을 반영하여 사회복지제도를 어떻게 개혁하고 있는지에 대한 많은 관심이 필요한 시점이다.

사회복지개혁이 절실하다는 시대상황에 대한 문제의식을 공유하면서 사회복지 전공 연구진을 중심으로 사회복지학의 기본 토대가 되는 사회복지개론 출판을 기획하게 되었다. 무엇보다 흔쾌히 동참해준 모든 필자들에게 고마움의 마음을 전한다. 마지막으로 사회복지개론 출판을 맡아주신 박영사와 관계 직원분들에게 감사드린다.

2023. 2.
저자들 대표하여 이인재

차례

제 1 부 사회복지 기초이론 / 1

제 1 부

사회복지 기초이론

제 1 장

사회복지 개념과 의의

1 절 사회복지의 필요

사회복지는 사회의 문화, 제도, 정책 등에 의해서 사회 구성원 누구나가 차별 없이 누릴 수 있는 삶의 조건 혹은 그러한 상태를 말하는 것으로 욕구충족과 문제해결 더 나아가서는 사회적으로 행복추구를 보장하고 국가의 복지증진의 역할을 강조하는 광범위한 영역으로 발전하였다. 현대사회에서 인간이 당면하게 되는 보편적이고 공통적인 문제들을 예방, 해결하기 위한 제도적이고 실천적인 활동으로 인식되고 있다.

사회복지는 기본적으로 인간이 만들어 낸 사회제도로서 다른 사회 제도와 구별될 수 있는 고유의 사회적 기능과 특성을 갖는다. 사회복지는 특수한 취약계층의 복지뿐만 아니라 사회 전체 구성원의 복지를 추구한다. 또한 구성원의 복지는 그들의 사회적 욕구를 충족시킴으로써 증진된다. 그리고 사회복지는 인간생활을 향상시키려는 정책, 제도, 법 등의 노력이 수반된다. 넓게는 사회복지는 정부 정책에서부터 민간부문에 의한 노력도 포함하고 어느 특정 전문분야의 활동뿐만 아니라 관련 전문분야와 자원봉사의 영역까지도 포함될 수 있다.

그렇다면 사회복지는 왜 필요할까? 이 질문은 인간과 사회의 이해를 기반으로 그 답을 찾을 수 있을 것이다. 사회복지는 인간의 기본적인 욕구를 인정하고 특정 사회에서 발생하는 사회적 욕구나 사회적 문제를 제도적으로 해결 또는 경감시켜 안정되고 통합된 사회를 이루는 데 필수적인 제도적 역할을 수행한다.

1. 인간의 욕구 이해

1) 인간 욕구

인간의 욕구란 무엇일까? 누구나 태어날 때 갖고 있으며, 인간행동의 동기가 되는 인간의 욕구에 대해 현외성 외(2011)는 인간의 생존과 자립을 위해 반드시 충족되어야 하는 본질적인 현상이라고 하며, 사회복지용어사전에서 욕구는 "안녕, 충족을 위한 물리적, 심리적, 경제적, 사회적인 필요"(서강훈, 2013)로 정의하고 있다. 또한 최일섭 · 최준보(2014)는 욕구가 "인간의 생존, 자율, 생활의 계획 및 사회적 행위자의 의무를 다하기 위해 필요한 것"이라고 하였다. 이러한 정의들을 통해 인간의 욕구는 삶의 유지와 안녕을 위해 반드시 필요한 어떤 것으로 볼 수 있다.

그렇다면 욕구가 충족되지 않을 때, 무슨 일이 일어날까? 욕구가 충분히 채워지지 않았을 때는 문제problem가 발생하게 되고, 이 문제는 인간으로 하여금 불만과 공격, 퇴행, 억압, 합리화, 회피 등의 부정적 행동을 표출하게 한다. 이는 개인의 문제로만 국한되지 않으며, 사회적 원인에 의해 욕구가 지속적으로 충족되지 않을 시 사회문제로까지 확대된다. 따라서 인간 욕구의 이해는 인간행동 이해의 근간이 되어, 사회적으로 발생할 수 있는 문제를 예방, 해결하는 데 영향을 주기 때문에 인간 욕구의 규정은 사회복지 분야에서 매우 중요하게 다뤄진다.

인본주의 심리학자 매슬로우A. Maslow는 개인행동을 결정짓는 유발요인이 되는 인간의 욕구를 5단계로 분류하여 다음과 같이 체계적으로 제시하고 있다([그림 1-1] 참조).

첫째, 생리적 욕구Physiological Needs: 욕구의 제일 하위단계로, 생존 그 자체를 유지하기 위해 반드시 필요한 것을 바라기 때문에 욕구 중 가장 강력하고, 인간 행동을 이해하는 바탕이 된다. 의식주 욕구, 성적 욕구 등을 포함한다.

둘째, 안전의 욕구Safety Needs: 생리적 욕구 충족 시 갖게 되는 욕구로, 신체적 · 정신적 불안과 위험, 박탈 등의 공포로부터 안전과 보호를 보장받고 싶어 한다. 그렇기 때문에 인간은 사회에서 발생하는 현상들이 어느 정도 확실하고 규칙적이며, 예측가능하기를 추구한다.

셋째, 소속감 및 사랑의 욕구Belongingness and Love Needs: 생리적 욕구와 안전의 욕구가 충족되고 난 후 갖게 되는 욕구로서 가족, 친구, 직장동료들과의 포용과 사랑을 주고받는 친밀한 관계 형성을 통해 만족된다. 인간이 사회적 존재임을 확인하는 단계이며, 소속감 및 사랑의 욕구가 충족되지 못할 때 무가치함과 공허감, 외로움 등의 상태에 놓일 수 있다.

넷째, 존중의 욕구Esteem Needs: 소속 및 사랑의 욕구 충족 시 나타나게 되는 욕구이며, 타인을 통해 그리고, 자신을 통해 갖게 되는 자기존중이다. 타인을 통해 갖게 되는 외적 자기존중의 욕구는 인정과 명성, 평판, 지위 등을 통해 만족하게 되며, 자기 스스로를 인정하는 내적 자기존중의 기반이 된다. 내적 자기존중은 자아존중감, 독립성, 자율성을 통해 욕구 충족을 이룬다. 만약 존중의 욕구가 충족되지 않는다면, 인간은 열등감과 무력 등의 감정을 가질 수 있다.

다섯째, 자아실현 욕구Self-Actualization Needs: 욕구의 제일 상위단계이며, 지금까지의 모든 욕구를 충족했을 때 나타난다. 자신이 이루고 싶은 것을 달성하기 위한 욕구로서, 자신의 재능과 잠재성을 발휘하기 위해 노력하며 지속적으로 자신이 원하는 것을 탐색, 실현하고자 한다.

[그림 1-1] 매슬로우(A. Maslow)의 욕구 5단계

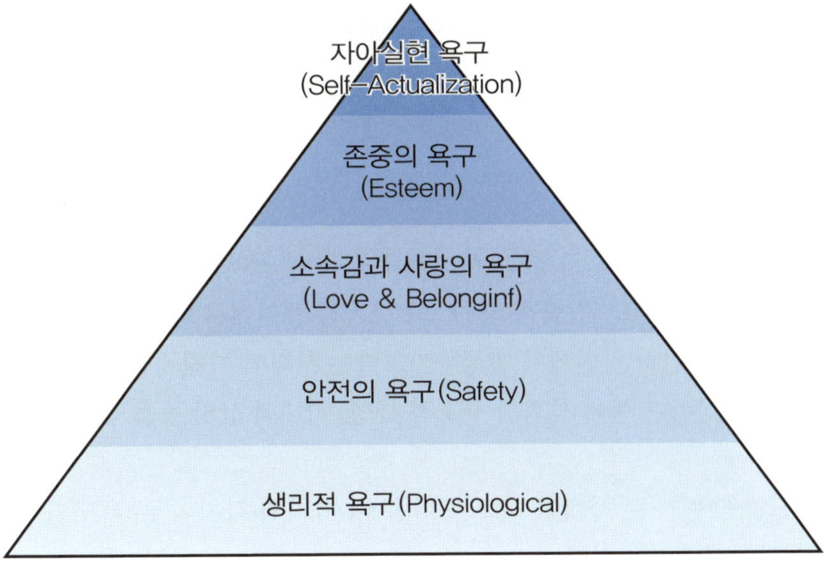

매슬로우A. Maslow는 욕구의 계층적인 서열화를 주장함으로서 하위단계의 욕구가 충족되지 않으면 상위단계로의 동기가 부여되지 않아, 상위 단계의 욕구를 성취하기 위한 행동이 발현되지 않는다고 했다. 그러나 실제 인간의 욕구는 매우 복합적

이고 다양하기 때문에 매슬로우A. Maslow가 제시한 5가지 단계로 분명하게 나눠져서 순차적으로 발현되기보다는 중첩적으로 나타나거나, 욕구단계의 순서와 상관없이 일어나기도 한다.

2) 기본 욕구

인간이 욕구를 가지고 있다고 해서 모두 사회복지의 대상이 되는 것은 아니다. 그중에서도 먼저 기본 욕구가 중요하다.

기본 욕구란 사회복지학사전에서 "개체로서의 개인의 생명, 생존유지에 필요 불가결한 욕구, 배고픔, 갈증, 배설, 성, 휴식 등의 생리적 욕구와 안전, 애정, 소속, 승인, 성취 등의 사회적 욕구"(이철수 외, 2009)를 의미한다. 이에 사회복지에서 다루는 기본 욕구는 인간 모두에게 공통적으로 해당되고, 인간성을 지탱해 가는 데 있어서 필수적이며, 이를 해결하기 위한 사회적 개입의 정도는 일정 수준의 상태에서 정해지는 특성을 가진다고 간주한다(김상균, 1987). 기본욕구는 정해진 것이 아니라 사회나 국가의 시대적 상황 또는 정치 · 경제 환경, 복지수준 등에 의해 끊임없이 변하며, 다양한 욕구 중에서도 제일 밑바탕에 놓였기 때문에 사회복지를 통해 해결되어야 하는 속성을 가진다.

3) 사회적 욕구

인간의 욕구를 바탕으로 하는 사회적 욕구는 개인이 인식하는 욕구가 개인적 차원에서 해결되지 않고, 집합적 차원, 즉 사회적 차원에서 해결되는 것이다. 사회적 욕구는 대개 개인적 차원에서 발생하기보다는 사회적 차원에서 발생하기 때문에 특정 사회의 특징이나 현대 사회의 구조적 특성, 시대적 상황 등을 반영한다.

브래드쇼Bradshaw는 사회적 욕구가 다음 네 가지의 각기 다른 욕구인식 방법을 통해 받아들여진다고 하였다(Bradshaw, 1972).

첫째, 규범적 욕구normative need: 전문가, 관리자, 사회과학자가 어떤 상황에서 욕구를 규정하는 것이다. 바람직한 수준과 실제 수준 간에는 차이가 있는데 이때 실제 수준이 바람직한 수준에 미치지 못하면 욕구가 있는 것으로 간주한다. 욕구수준은 절대적이지 않으며, 다른 전문가가 규정한 욕구와 충돌의 가능성이 있다. 욕구 충족을 위한 자원의 양 또는 유용한 기술이 문제를 해결할 수 있는지 아닌지에 대한 판단은 전문가의 가치 방향에 따라 달라질 수 있다. 규범적 욕구 기준은 사회의 변화하는 가치에 따라 달라진다.

둘째, 감지된 욕구felt need: 욕구는 욕망과 동일시된다. 서비스에 대한 욕구를 가늠할 때 어떤 욕구를 느끼는지 물어서 파악한다. 그러나 실제 욕구를 측정하는 척도로는 부적절하다.

셋째, 표현된 욕구expressed need: 행동으로 변한 감지된 욕구이다. 표현된 욕구 또는 요구demand라고 한다. 표현된 욕구는 서비스를 요구하는 사람들의 욕구로 정의되기 때문에 욕구를 느끼지 않는다면 서비스를 요구하지 않는 것으로 여긴다.

넷째, 비교 욕구comparative need: 사회복지서비스를 받은 사람들의 특성 연구를 통해 발견하는 욕구이다. 서비스를 받는 개인과 유사한 특성을 지닌 서비스를 받지 않은 개인에게서 나타나는 욕구를 가늠하는 데 사용한다(사람 X는 그가 A-N 특성을 가지고 있기 때문에 서비스를 받는다. 사람 Z는 또한 A-N 특성을 가지고 있지만 서비스를 받고 있지 않다. 그러므로 Z는 욕구를 가지고 있어서 사회복지서비스가 필요하다고 간주된다).

이런 욕구나 사회문제는 사회의 다수가 공유하는 미충족된 욕구와 충족을 가로막는 조건이나 사람들이 충족해야 될 결핍이나 부족한 상태이다. 사회복지는 이런 욕구나 문제에 대해서 개인의 미충족된 욕구에서 비롯된 사회문제를 집합적으로 시정하려는 노력이다. 따라서 사회복지는 개인의 문제해결과 대처능력을 향상시키고, 개인을 자원과 서비스 및 기회를 제공하는 사회체계와 연결하며 사회체계를 효과적이고 인간적으로 운영하도록 지도감독함으로써 사회정책을 통해 인간의 삶의 질 문제에 대응하게 된다(김성천 · 강욱모, 2018).

그리고 이런 사회문제에 대한 개입은 보다 포괄적이고 전문적으로 이루어져야 한다. 사회복지는 사회문제를 해결하기 위한 국가적, 사회적 노력으로 사회문제로 발생하는 다양한 개인적, 집단적 문제들에 대한 광범위한 사회적 개입이 이루어진다. 또한 사회복지는 인간 관계와 문제해결의 장치로서 인간의 욕구를 위기 또는 문제상황으로 규정하고 그 문제를 해결하고자 하는 전문적인 노력이라고 할 수 있다. 따라서 전문적 기술과 지식을 지닌 사회복지사의 원조하에 이루어지고 전문적 기술과 지식은 교육과 훈련을 통해서 습득된다.

2. 사회위험과 사회문제

인간은 환경과의 끊이지 않는 상호작용을 통해 생활의 기쁨과 충만한 만족을 추구하는데 삶의 목적을 두지만 전 생애에 거쳐 다양한 위험과 문제에 처하게 되고, 외부 환경과의 상호작용을 원만히 이루지 못해 불만족상태에 놓이게 되며, 문제해결에 부족한 자원 때문에 생활의 결핍상태에 처한다(조흥식 외, 2010). 즉, 산업화 이후 사회는 개인차원에서 인간다운 삶을 영위하지 못하게 하는 각 종 위험과 문제가 산재해 있어서, 사회복지를 통해 발생되는 사회위험과 사회문제를 예방, 해결하고자 하는 것이다.

사회위험이란 사회적 구조와 환경 등에 의해 발생하는 위험으로(현외성 외, 2011), 현재 누리는 인간다운 생활을 급격하게 하락시키고 삶의 질을 떨어트리게 된다. 모든 사람에게 발생할 보편성을 가졌기 때문에 사회적 차원에서 사회위험을 공동으로 대응하여 조치를 취하고자 하지만, 사회마다 인정하는 사회위험 요소가 달라 모든 위험이 사회적 위험은 될 수 없다(조흥식 외, 2010). 사회위험은 대게 질병, 장애, 재해, 실업, 노령, 출산 등을 말한다.

문제問題라는 것은 난감하고 해결하기 어려운 현상이 지속적으로 일어나는 것이다. 가치적이고 윤리적인 속성을 포함하고 있어서 원인이 되는 어떤 것을 불의적, 부정적으로 인식했을 때 당면하며 해결되기를 원한다. 사회문제란, 개인의 욕구가 사회적, 제도적 원인에 의해 불충족되고, 문제를 야기했을 때 발생한다. 다수의 개인을 넘어 가족, 지역, 사회에까지 지속적인 부정적 영향을 미친다. 사회의 가치, 윤리에 부적절하다고 판명되면 다수의 개인과 사회에 끼칠 부정적 영향을 방지하기 위하여 개선을 위한 사회적 행동이나 개입 등을 동반하게 된다. 이런 사회문제는 그 원인 자체가 사회적인 상황에서 야기되며 문제의 토대가 사회체제나 구조적인 상태에서 발생하고 문제 예방과 대책도 사회적인 환경에서 찾을 수 있다. 또한 사회문제는 사회 구성원이 지배적인 사회가치나 규범에서 벗어난 것이라고 판단하는 현상이다. 그 사회에서 인정되는 규범이나 가치와 차이나 갈등이 발생할 때 그것을 사회적인 문제로 인식하게 된다. 마지막으로 사회문제는 사회적인 인식과 이슈를 통해서 관심이 나타나야 한다. 대부분의 사람들이 그 문제를 사회적인 문제로 인식해야 하며 관심을 가지고 문제해결을 추진할 때 사회적 문제로 정립된다. 따라서 사회복지는 인간의 생존과 재생산을 위해 사회적으로 필요로 되는 기본 권리와 그 권리를 확보하기 위한 사회적 활동이며 사회문제를 해결하고 구체적인 프로그램과 제도로서 나타나는 국가와 사회의 활동을 사회복지라고 할 수 있다.

테일러 구비P. Talyor Gooby는 구舊사회위험과 신新사회위험으로 나눠서 사회적 위험을 제시하고 있다. 구舊사회위험이란, 산업화사회에서 발생하는 위험으로 남성중심의 소득상실과 질병, 실업, 재해, 노령과 같은 요소가 사회위험이 된다. 그러나 후기 산업사회, 즉 지식기반사회가 도래하면서 구舊사회위험과는 다른 사회위험을 발생시켰는데 이를 신新사회위험이라고 명명하고 있다. 신新사회위험은 교육과 고용의 연결이 강화됨에 따라 상대적으로 교육과 기술 수준이 낮은 노동자들의 일자리 축소로 인한 사회적 배제 현상, 남성의 고용불안과 저임금에 따른 가정 내 돌봄의 역할을 맡았던 여성의 고용시장 대거 진입, 저출산 고령화로 인한 사회적 비용 증가, 복지서비스 민영화에 따른 위험을 포함한다(P. Talyor-Gooby, 2004).

신사회위기는 가족과 공동체에서 비공식적으로 담당하였던 일상생활 활동들이 붕괴되면서 발생하고 있다. 저출산 · 고령사회의 급진전과 여성들의 경제활동 확대 그리고 서비스산업을 중심으로 하는 지식기반 사회 경제체제로의 이행 등과 같은 거시적인 현상들이 맞물리면서 사회적으로 새로운 구조적 위기가 진행되고 있다. 신사회적 위험이란 4차 산업혁명과 저출산 고령화 사회의 등장으로 인한 후기 산업사회의 구조적 위험을 의미한다. 돌봄, 요양, 교육, 서비스 등의 전반적인 사회적 보장의 새로운 문제가 등장한 것으로 여성 노동자들이 일과 가정을 양립시키기 힘든 사회적 위험, 노인들에 대한 돌봄이 어려운 고령화 위험, 저숙련 저임금 노동자들에 대한 사회적 배제의 위험 그리고 사적 복지서비스 시장의 팽창에 따른 국민들의 불만스러운 서비스 선택의 위험 등이 있다.

2 절 사회복지 개념

동서양을 막론하고 현대의 국가는 사회제도로서 사회복지를 보편적으로 추구한다. 하지만, 사회복지에 대한 개념은 각 국가가 처한 시대적 상황, 정치 · 경제와 사회 · 문화 환경, 복지수준의 영향을 받으며, 이를 바라보는 정치인, 경제인, 복지 전문가, 수급자와 같은 이해관계자들은 사회복지 개념을 다양하게 받아들인다. 또한 학자들에 따라서도 사회복지를 다양하게 받아들이기 때문에 그 개념은 여러 가지로 정의된다.

1. 사회복지 개념

사전적으로 사회복지社會福祉는 사회와 복지의 합성어이다. 영어의 society가 한자어로 번역된 사회는 서로 간의 영향을 주고받는 개인들의 집합체를 의미한다. 복지는 영어의 well과 fare가 더해진 합성어로 '만족스럽게', '더할 나위 없이', '충분히'와 '살아 나가다', '하다'의 상태를 표현하는 단어가 더해져 '만족스럽게 살아가다' 등의 의미를 뜻한다. 따라서 어의적 의미의 사회복지社會福祉는 서로 영향을 주고받는 개인 집합체가 더할 나위 없이 만족스럽게 살아가는 것을 말하며, 이는 인간 생활의 총체적인 범위 안에서 물질적, 정신적 만족의 상태를 포함한다고 말할 수 있다.

프리드랜드와 앱트W. Friedlander & R. Apte는 "사회복지는 사람들의 안녕과 사회질서의 기능을 위해 기본적인 것으로 인정되는 사회적 욕구를 충족시키고자 급부provisions를 강화하거나 보장하는 법률, 프로그램, 급여benefits 및 서비스 체계이다."라고 규정하였다(W. Friedlander & R. Apte, 1980). 바커R. L. Barker는 "사회복지란 사회유지에 있어서 기본적인 사회적, 경제적, 교육적, 건강의 욕구를 사람들에게 충족시키고, 지역사회와 전체 사회의 집단적인 복지 상태를 유지하기 위한 국가적 프로그램, 급여, 서비스 체계"라고 하였다(Barker, 1987; 김태성 외, 2010 재인용). 카두신(Kadushin, 1972)은 저소득층, 장애인, 노인 등 특수 계층의 욕구를 충족시키려는 정책, 급여, 프로그램 및 서비스라고 했으며 채터지(Chatterjee, 1996)는 빈곤, 노령, 신체적 혹은 정신적 장애, 질병, 기타 특정한 사항으로 인해 도움을 필요로 하는 사람들에게 현금이나 물품, 기타 서비스를 제공하는 것이라고 정의하였다(권중돈 외, k 2011).

한편 컴튼Compton은 "사회복지는 개인과 가정의 복지를 위하여 개인과 주요 사회제도들이 더 생산적으로 조화롭도록 도와주는 과업을 가진 사회제도이다. 즉, 이 과업은 개인과 다른 주요 사회제도들의 기능을 유지하도록 지원해 주고, 개인과 사회제도들이 더 생산적으로 기능하도록 능력을 발전시키며, 개인이나 혹은 사회제도가 가지고 있는 심각한 문제를 해결해 주는 서비스를 제공함으로써 달성된다."고 하였다(Compton, 1984; 홍봉수 외, 2015 재인용).

사회복지를 정의하는 관점에 따라 사회복지 제도나 정책 수립에 서로 다른 영향을 미치게 된다. 넓은 의미로 정의하는 경우 국가나 사회는 모든 국민들을 위한 포괄적이고 보편적인 제도를 수립하고 실행하기 위한 노력이라고 할 수 있다. 좁은 의미에서는 사회 내에서 반드시 도움을 필요로 하는 사람들만을 대상으로 하는 제도나 정책을 수립하고 실행하는 활동이다.

사회에서 모든 사람은 자신의 능력과 자아를 최대한 계발하여 지속가능한 삶의 질을 높여 가려는 노력을 하게 마련이며, 이러한 노력을 극대화하기 위하여 국가와 사회가 정책적, 제도적 장치로서 보장하고 개입해야 된다는 이념을 시민들은 받아들이고 있다. 또한 사회복지는 사회문제에 대한 조치와 예방, 인적자원의 개발, 생활의 질적 향상 등에 직접적으로 관심을 갖는 서비스나 과정을 포함하며, 사회제도의 강화 및 수정에 대한 노력과 개인이나 가족에 대한 서비스까지 포괄하고 있다.

2. 사회복지의 기능적 관점

사회복지는 한 국가의 시대적 상황 또는 정치 · 경제와 사회 · 문화 환경, 복지 수준 등에 따라서 끊임없이 변화하고 있다. 오늘날 사회복지의 이해를 돕는데 가장 보편적으로 인용되고 있는 사회복지의 관점은 웰렌스키와 르보Wilensky and Lebeaux가 1965년 「산업사회와 사회복지Industrial Society and Social Welfare」 저서에서 소개하고 있는 잔여적, 제도적 사회복지 모델이다. 이들은 사회복지의 필연성을 산업화에 따른 사회문제에서 찾았다. 그렇기 때문에 산업화 이전의 농경사회로부터 산업사회로의 변화가 가족의 해체, 범죄, 질병, 실업, 빈곤 등의 문제를 야기했고, 이 문제들을 해결하기 위해 여러 사회보험과 사회서비스가 생기고 발전할 수밖에 없다는 것을 기술한다.

1) 잔여적residual 복지 모델

시장경제원칙을 바탕으로 하는 잔여적 복지모델은 부富의 확대가 빈곤 등의 사회문제를 줄이기 때문에 사회복지는 감소하는 소수의 욕구집단–사회적 취약계층–에 맞춰 희소자원을 효율적으로 사용하게 된다(Robert Pinker, 1971). 이에 "사회복지는 사회적 기능의 공급원인 가족이나 시장경제가 제 기능을 원만히 수행하지 못할 경우 발생되는 문제를 보완 · 해소하는 제도로 필요하다"(Willensky & Lebeaux, 1965; 최일섭, 2014 재인용). 이러한 잔여적 복지모델의 관점은 가족이나 시장경제와 같은 기존 사회제도들이 인간의 욕구를 충분히 제공할 수 있다는 가정을 전제하기 때문에 기존 사회제도들이 기능을 회복해서 사회복지의 관여를 중단하도록 하는 것을 기대한다. 빈곤과 같은 문제발생의 책임이 개인에게 있다는 입장이기 때문에 국가의 책임을 최소화한다. 사후적 조치가 강하며, 응급조치적이고 일시적, 선택적, 제한적, 보충적 기능을 하며 단기간에 복지제공을 종결하고자 한다. 급여할당은 개인의 자산조사를 통해 여부를 결정하는 선별주의 형태를 취하여 개별적으로 접근한다. 급여를 받는 개인은 스티그마stigma가 부여되는 환경에 놓일 수 있고 부정수급과 같은 문제를 초래할 수 있다. 대표적인 실례로 빈곤층 대상의 공공부조제도가 있다.

2) 제도적institutional 복지 모델

제도적 복지모델은 현대사회가 산업화에 의해 가족을 해체시켰고, 아동양육과 노인부양의 가족기능을 약화시켰다고 보며, 이 약화된 기능을 돕기 위해 사회는 별도의 제도를 통해 가족과 사회가 제 기능을 하도록 지원하는 것을 제시한다(김태성 외, 2010). 사회복지를 사회제도로 보는 관점이기 때문에, 사회는 욕구를 가진 개인을 도와야 할 의무가 있고 개인은 복지급여와 서비스를 받을 권리가 있다(Titmuss, 1974; 윤선오 · 김우호, 2010 재인용). 즉, 평등구현을 바탕으로 하는 제도적 복지모델의 관점은 사회적 욕구와 사회문제가 복잡한 사회구조적 특징으로 말미암아 발생하기 때문에, 문제해결의 책임이 국가에 있다는 것을 전제한다. 이에 사회복지는 문제가 발생하기 전의 예방적 특성을 띠며, 의료, 주거, 소득, 교육 등 다양한 분야에서 전체 국민을 대상으로 한 보편주의 접근을 취한다. 복지가 필요하지 않은 개인에게 서비스가 제공될 수 있기 때문에 급여의 비효율성 초래라는 단점이 있다. 대표적 실례로 다수 국민을 대상으로 하는 사회보험제도가 있다.

[표 1-1] 잔여적 복지 모델과 제도적 복지 모델의 비교

	잔여적 복지 모델	제도적 복지 모델
욕구(문제)발생원인	개인	사회적 구조
급여 할당(대상)	선별주의(사회적 취약계층)	보편주의(국민의 대다수)
국가 책임	최소화	확대
기본가치	시장경제, 개인주의	평등구현
장점	희소자원의 낭비가 감소하고 혜택을 필요로 하는 대상자에게만 집중하여 비용을 절감	사회적 욕구 및 문제의 예방 효과, 사회적 스티그마(stigma) 없음
단점	대상자에게 스티그마(stigma) 부여, 부정수급 문제 발생	불필요한 대상자에게도 급여를 제공함으로써 비용의 낭비 초래
사례	공공부조	사회보험

3. 사회복지의 기준

한 국가의 시대적 상황 또는 정치 · 경제와 사회 · 문화 환경, 복지수준 등에 따

라 변화하는 사회복지 개념의 다양성을 두고 어떤 것이 사회복지개념의 준거가 된다고 하는 것은 불명확한 일이다. 이에 윌렌스키와 르보는 산업화된 사회에서 사회복지를 개념화하는데 근거가 되는 기준을 다음과 같이 다섯 가지로 제시한다(Willensky & Lebeaux, 1965; 조흥식 외, 2010 재인용).

첫째, 사회복지는 공식적 조직에 의해 제공되어야 한다. 따라서 개인의 원조 활동은 사회복지 영역에서 제외되고, 제도적 기반을 바탕으로 설립된 사회복지 관련 기관, 민간기업의 사회공헌팀과 같은 조직들의 활동이 사회복지의 기준이 된다. 둘째, 사회복지활동의 목적과 방법이 사회적 승인에 바탕을 두어야하며 사회적 책임을 수반해야 한다. 이는 합법적이지 않은 것을 목적으로 하는 원조 또는 합법적이지 않은 수단을 통한 원조는 불법행위로서, 사회적 승인을 받을 수 없다. 따라서 국가에서 제정한 사회복지 관련 법규를 근거로 복지활동을 해야 할 것이다. 셋째, 사회복지 진행과정이나 서비스의 목표가 영리추구를 배제하여야 한다. 넷째, 인간의 욕구에 대해 통합적 관심을 갖고 접근하는 활동으로, 개인의 물질적 결핍, 신체적 고통 해결 뿐 아니라 사회 · 심리적 욕구 충족을 위한 다양한 형태의 활동을 포함한다. 다섯째, 인간의 직접적인 욕구충족의 활동이다. 즉, 경제정책을 통해 소득을 높여 간접적으로 빈곤을 감소시키는 것이 아니라, 배고플 때 식사를 제공하고 병이 들었을 때 치료를 받게 하는 직접적 욕구를 충족시키는 것이다.

최근 사회는 민간 영리조직의 활동이 사회복지분야에서 확대되다보니 사회복지 목표가 영리추구를 배제해야한다는 윌렌스키와 르보Willensky & Lebeaux의 기준이 절대적 기준으로 정립되기는 어렵지만 사회복지에서는 보편적으로 제시되는 사회복지 기준으로 받아들이고 있다.

4. 사회복지의 다양한 개념적 지형과 변화

로마니신Romanyshyn은 한 국가의 시대적 상황, 정치 · 경제와 사회 · 문화 환경, 복지수준 등에 따라서 끊임없이 변화하는 사회복지개념이 전기 산업사회로부터 후기 산업사회로 이행되는 과정에서 어떻게 변화되어 왔는지를 다음과 같이 구체적으로 설명하고 있다(Romanyshyn, 1971; 김태성 외, 2010 재인용).

첫째, 잔여적 개념에서 제도적 개념으로 변하였다.

둘째, 자선에서 시민의 권리로 변하였다. 전기 산업사회는 중산층의 자선관이 사회복지에 반영되어 있었지만, 후기산업사회가 되면서 노동자들이 시민계급으로 성장함에 따라 복지에 대한 권리를 시민권으로 확보하게 되었다.

셋째, 특수성에서 보편성으로 변하였다. 과거 사회적 취약계층(빈민)을 대상으로 제한적 서비스를 제공했다면, 현대사회는 누구나 실업, 노령, 장애, 부양자의 사망, 의료 등의 사회적 위험에 노출되었기 때문에 사회복지 대상은 보편적인 대다수의 사람이 되었다.

넷째, 사회생산성의 발전을 통해 생명유지에 가까웠던 생활의 최저 수준 보장에서 인간다운 삶을 살 수 있는 적정수준의 보장으로 변하였다.

다섯째, 개인의 변화에서 사회개혁으로 변화하였다. 사회복지 초기 관점은 개인의 도덕적 결함에서 욕구발생과 문제의 원인을 찾았지만, 현대사회는 구조적인 사회제도의 결함에서 사회복지문제의 발생원인을 찾고 있다.

여섯째, 자발적 자선에서 공공의 책임으로 변하였다. 산업사회 이전의 사회복지는 자발적 자선활동에 달려있었다. 그러나 산업화의 발전에 따라 발생한 대규모의 사회문제는 국가의 복지기능 확대를 불가피하게 했고, 이에 사회복지에 대한 정부의 개입은 확장되었다.

일곱째, 빈민에 대한 복지로부터 복지사회 구현으로 목표가 변하였다. 기존의 사회복지는 빈민구체를 주요과제로 두었지만, 현대의 사회복지는 사회제도를 통해 전체 구성원들의 발전을 도모한다.

사회복지의 다양한 특성을 감안하면 사회복지개념적 지형은 광범위하다(권중돈 외, 2011). 첫째, 정책적 측면에서 개인, 집단, 지역사회 그리고 사회제도 간의 관계를 중재하고 규제하는 방식을 이끄는 사회의 활동과 원리이며 교육, 보건의료, 범죄와 교정, 경제보장 그리고 정부 및 민간조직에 의해 만들어진 사회복지 등에 대한 계획과 프로그램을 포함하다. 또한 건강, 부, 안전 등 사회적 안녕well-being, 상호관계 및 대인관계의 만족 그리고 자유와 권리, 평등과 사회적 가치 등 지역사회 및 국민의 삶의 질을 포함한다. 둘째, 실천적 측면에서는 사회복지에는 개인의 역량확대와 문제해결능력 및 대처능력을 증진하도록 도움 제공. 각종 자원을 확보할 수 있도록 도움, 개인과 주변사람과 원만한 상호관계 촉진, 여러 기관과 조직들 사이에 협조 체계 조성, 물리 · 사회적 환경의 개선, 물질적 서비스의 확보 등을 위한 정책 형성 및 법 제정 활동 등이 포함된다.

3절 사회복지의 목적과 발달동기

1. 사회복지의 목적

사회복지의 목적은 한 국가의 지배가치를 통해 좌우되기 때문에 대한민국 헌법에서 내포하는 인간상을 통해 그 추구하는 바를 살필 수 있다. 모든 국민이 인간다운 생활을 할 권리 보장을 명시하고 있는 헌법에서 함축하고 있는 인간상은 불가침의 기본적 권리를 갖고 있어서 그 고유가치가 훼손당해서는 안 되고, 자주성과 사회성을 바탕으로 소속된 사회 안에서 균형을 이루는 것을 의미한다. 이에 사회복지의 목적은 다음과 같다.

1) 인간 존엄성의 보장

사회복지의 제일 목적은 인간 존엄성의 구현을 보장하는 것이다. 인간이면 누구나 성별, 연령, 인종, 교육수준, 사회적 신분, 빈부, 장애유무, 종교 등의 차이에 관계없이 균등한 기회, 기본적인 생활을 보장받아야 한다. 이에 신체적, 정신적, 문화적 특징과 정치 · 경제 · 사회권력 등에서 사회적 소수자로 인식되는 모든 이들이 차별받는 것을 거부한다. 우리나라 헌법 제34조는 인간 존엄성의 구현을 위해 아래와 같이 명시하고 있다.

① 모든 국민은 인간다운 생활을 할 권리를 가진다.
② 국가는 사회보장 · 사회복지의 증진에 노력할 의무를 진다.
③ 국가는 여자의 복지와 권익의 향상을 위하여 노력하여야 한다.
④ 국가는 노인과 청소년의 복지향상을 위한 정책을 실시할 의무를 진다.
⑤ 신체장애자 및 질병 · 노령 기타의 사유로 생활능력이 없는 국민은 법률이

정하는 바에 의하여 국가의 보호를 받는다.

⑥ 국가는 재해를 예방하고 그 위험으로부터 국민을 보호하기 위하여 노력하여야 한다.

2) 개인의 성장 · 발달

사회복지 목적은 개인의 성장 · 발달을 지원하는 것이다. 사회복지가 개인의 성장과 발달을 목적으로 한다는 것은, 국가가 개인의 잠재성을 개발하고 극대화하는 것에 관심을 둔다는 것으로, 헌법(제10호 전부개정 1987. 10. 29.) 전문의 "… 정치 · 경제 · 사회 · 문화의 모든 영역에 있어서 각인의 기회를 균등히 하고, 능력을 최고도로 발휘하게 하며 …" 내용이 이를 함축하는 것이라 하겠다. 즉, 사회복지의 전체 과정은 개인의 성장과 발달을 지원하고, 다양한 상황에서 개인의 잠재성이 발휘되도록 하여 인간다운 삶을 영위하도록 하는 것이다.

3) 자립생활의 유지

사회복지의 목적은 개인의 자립생활을 유지하는 것이다. 자립생활自立生活이란, 스스로 서서 삶을 경영하는 것으로서, 자기선택권과 자기결정권을 바탕으로 한다. 이동이 어려운 노인이나 장애인에게 보조기구를 지원하여 지역사회의 접근성을 높일 수 있게 하는 것처럼, 어떤 문제를 가진 개인이 자신의 문제를 파악, 해결하도록 지원해주는 것이며, 국가의 공공부조나 사회보험을 통해 개인의 생활이 경제적 차원에서 자립하도록 하는 것이다. 하지만 자립생활 유지는 국가가 개개인에게 관련 급여나 서비스만을 제공한다고 해서 다 해결되는 것은 아니며 편의시설 구축과 같은 사회제반시설의 변화도 동반해야지만 온전한 목적을 이룰 수 있다. 이에 자립생활의 유지는 사회복지의 목적이기도 하지만 인간존엄성의 보장을 위한 수단이 되기도 하며, 최근 복지패러다임의 한 축으로도 논의되고 있다.

4) 사회통합

사회복지의 목적은 개인의 사회적 욕구나 문제가 해결되고 삶의 형편이 좋아져, 사회적 배제social exclusion에 놓이지 않고 사회와 조화로운 생활을 하도록 하여 사회통합을 이루는 것이다. 사회를 구성하는 개인이나 집단은 외부와 상호작용하는 유기체이기 때문에 이들에게 심각한 문제 발생시, 다른 개인이나 집단, 조직에게 부정적 영향을 끼쳐 사회의 안정과 유지를 어렵게 하고 사회혼란을 야기할 수 있다. 따라서 사회복지는 개인의 사회적응력과 친화력을 높일 뿐 아니라 사회의 안녕과 존속에도 긍정적인 영향을 미쳐 사회통합에 기여한다.

2. 사회복지의 동기

사회복지는 그 국가의 지배가치 뿐만 아니라 정치적, 경제적, 사회적 구조 등의 복합적 동기를 바탕으로 발달해 왔다. 이에 마카로프Macarov는 사회복지의 동기를 상호부조, 종교적, 정치적, 경제적, 이념적 동기로 분류하였고(Macarov, 1978), 김태성 외(2010)은 종교적, 상부상조, 정치 · 경제적, 전문직업적 동기로 나눠서 논의하고 있다. 본 장에서는 김태성 외(2010)이 분류한 것을 바탕으로 사회복지 동기를 제시하고 있다.

1) 상호부조

사회복지의 가장 일반적 동기로서 상호부조가 있다. 상호부조는 개인이나 집단이 어려운 환경에 놓였을 때, 서로 도움을 주고받는 호혜적 동기와 연대의식을 바탕으로 한다. 공통의 정체성을 갖는 집합체, 즉 같은 문제를 가진 가족이나 이웃, 지역사회 관계 사이에서 일어나며, 물질적 자원, 정서적 지지를 넘어 노동력이나 정보와 같은 다양한 자원까지 서로 나누며 도울 수 있다. 역사적으로 볼 때, 서양에서는 중세 길드에서부터 공제조합, 노동조합, 우애조합, 협동조합이, 우리나라에서는 오가통, 두레, 계, 향약, 사창 등이 상호부조를 실천해 왔다.

2) 종교적 동기

인간의 타고난 종교성은 사회복지의 동기가 된다. 종교적 동기는 산업화 이전의 시대부터 사회복지의 주된 동기로 자리 잡고 있었을 뿐 아니라 지금까지도 사회복지 실천 현장에서 상당부분 영향을 미치고 있다. 종교적 동기가 사회운동으로 현현된 대표적인 예로는 오늘날 지역사회조직발전에 근간을 이룬 자선조직화운동과 인보관 운동이 있다. 1903년 우리나라에 설립되었던 기독교청년회YMCA는 종교적 동기를 바탕으로 세워진 대표적 기관이다.

3) 정치적 동기

사회복지발달에는 정치적 동기가 상당부분 바탕을 이룬다. 정치권력의 획득과 유지, 사회불안의 회피, 이익집단의 정치적 활동 등이 정치적 동기가 되어 사회복지에 영향을 미치고 있다(Macarov, 1995; 백종만 외, 2001; 김상균 외, 2007; 김성태 외, 2010 재인용). 구체적으로 그 내용을 살펴보면 첫째, 국민들의 지지가 기반이 될 수밖에 없는 민주주의 국가에서 정치활동의 정당성 확보를 위해 현재보다 나은 국민생활의 자유, 행복을 보장하는 노력은 당연하기 때문에 사회복지는 정치권력 획득과 유지의 동기가 된다. 예로는, 1882년 독일의 비스마르크의 사회보험 입법이 대표적이다. 둘째, 사회 질서와 안정의 유지를 위해 사회 불안 요소를 막는 것은 사회복지의 동기가 된다. 이러한 동기의 사회복지는 사회통제적 성격이 크다. 대표적인 예로, 영국 사회복지제도의 근간을 이룬 17세기 엘리자베스구빈법이 있으며, 우리나라는 1997년 IMF 구제금융에 따른 사회 불안, 계층 간 분열 등을 안정시키고자 한 사회복지제도 정비 및 확충을 들 수 있다. 이 외에도 국가정책은 정치에서 우위에 놓인 이익집단의 영향력에 따라 달라지기 때문에 이익집단의 사회복지정책과 관련한 정치적 활동이 사회복지의 동기일 수 있다. 2010년 이후에는 사회보장제도의 확충과 수급권 및 서비스 확대로 인해 다양한 사회서비스의 제도화가 이루어졌다.

4) 경제적 동기

사회복지와 경제성장에 관한 조지와 윌딩George & Wilding의 연구에서는 사회복지를 통한 인적자본의 질적 수준을 높이는 것이 경제성장에 '+(플러스)' 효과를 주는 요인이 된다고 밝히고 있다(윤선오 · 김우호, 2014 재인용). 즉, 경제적 동기는 사회복지 동기를 유발한다. 또한 국가가 사회문제를 해결하는 데 드는 비용을 절감시키거나 비용의 효과성을 높이고자 할 때, 사회문제의 파장이 낳는 부정적 결과를 감소시키고자 할 때 경제적 동기는 사회복지의 동기가 된다. 그 외에도 경제적 부산물로서 사회복지에 긍정적 영향을 미칠 수 있는 상황이 사회복지의 동기가 될 수 있다.

5) 전문직업적 동기

각 분야 내 전문직의 형성은 사회에서의 상승된 사회적 지위를 획득하게 하고 직업의 독자적 영역을 확보하게 한다. 특히 20세기 초 사회복지 전문직으로 사회복지사 직업이 승인을 받은 것은 더 이상 사회복지 원조행위가 순수 이타적 동기에 의한 것이 아니고 일정부분 자기이익을 추구하는 직업적 동기에 의한 것이라 해석할 수 있다. 따라서 사회복지사의 전문직업적 동기는 타인의 사회적 욕구와 사회문제를 헤아려 이를 해결하기 위한 복지가 사회적으로 필요하다고 인정되기 때문에 발생하며, 동시에 전문가로서 자신의 사회복지 전문 영역을 확장하고 활동하기 위해 사회복지를 넓히고자 하는 동기로도 발생한다(김태성 외, 2010).

4 절 사회복지 관련 개념들

1. 사회보장

사회보장은 개인이나 가족이 질병, 실업, 노령, 산업재해, 소득원의 사망과 같은 이유로 기본적인 생활을 보장받지 못하는 곤란에 처했을 때 국가로부터 제공받는 사회보험이나 공공부조를 말한다. 따라서 사회 내 나타나는 위험으로부터 인간의 생활을 보장하기 위한 것이며, 그 보장되는 범위는 국가마다 다르게 구분하고 있다. 사회보장의 개념은 경제보장, 정치적 프로그램, 사회정책적 프로그램, 사회정책적 제도로 발전하면서 다양한 사회문제에 대처하는 사회제도로 발전해 왔다(이인재 외, 2010). 이러한 특성을 반영한 국제노동기구ILO의 정의에 의하면, 사회보장이란 "사람들이 살면서 직면하는 여러 가지 위험들(질병, 노인, 실업, 장애, 사망, 출산, 빈곤 등)로 인하여 소득이 일시적으로 중단되거나, 장기적으로 소멸되거나, 지출이 크게 증가하여 사람들이 이전의 생활을 못할 때, 이전의 생활을 할 수 있도록 하는 모든 국가 프로그램들"로 정의한다(ILO, 1996; 김태성 2010 재인용). 우리나라 사회보장기본법 제3조(정의)에서는 "사회보장이란 출산, 양육, 실업, 노령, 장애, 질병, 빈곤 및 사망 등의 사회적 위험으로부터 모든 국민을 보호하고 국민 삶의 질을 향상시키는 데 필요한 소득 · 서비스를 보장하는 사회보험, 공공부조, 사회서비스를 말한다."고 되어 있다. 이에 국내 사회보험 제도로는 국민연금, 건강보험, 고용보험, 산업재해보상보험, 노인장기요양보험 등이 해당되며, 사회보장은 다수의 국민을 대상으로 사회복지를 제공한다. 이런 사회보장의 기본 이념은 모든 국민이 다양한 사회적 위험으로부터 벗어나 행복하고 인간다운 생활을 향유할 수 있도록 자립을 지원하며, 사회참여 · 자아실현에 필요한 제도와 여건을 조성하여 사회통합과 행복한 복지사회를 실현하는 것을 기본 이념으로 한다(사회보장기본법, 2022).

2. 사회서비스

사회서비스는 대인 서비스로서, 개인의 사회적 역할에 중점을 두어 사회적으로 충족되는 욕구에 관심을 가질 뿐 아니라 상호관계 속에서 사람에 대하여 사람에 의해 수행되며, 사회적 맥락 내 가치와 규범을 준수하는 것이다(Bahle, 2003; 윤영진 외, 2011 재인용). 사회서비스는 영국 연방의 사회정책 차원에서 주로 사용되어 왔으며, 사회부조, 사회보험, 아동복지, 교정correction, 정신위생, 공중보건, 교육, 노동보호, 주택제공, 여가 등을 포괄하는 광범위한 개념으로 인적자원 보존과 보호, 개선을 목적으로 하는 조직화된 활동이다(윤영진 외, 2011). 우리나라 사회보장기본법 제3조(정의)에 의하면 "사회서비스란 국가 · 지방자치단체 및 민간부문의 도움이 필요한 모든 국민에게 복지, 보건의료, 교육, 고용, 주거, 문화, 환경 등의 분야에서 인간다운 생활을 보장하고 상담, 재활, 돌봄, 정보의 제공, 관련시설의 이용, 역량개발, 사회참여 지원 등을 통하여 국민의 삶의 질이 향상되도록 지원하는 제도를 말한다."라고 폭 넓게 정의하고 있다.

특히 법조항에서는 이런 사회보장의 책임성과 조건에 대한 내용을 강조하고 있다(사회보장기본법. 2022). 국가와 지방자치단체는 모든 국민의 인간다운 생활을 유지 · 증진하는 책임을 가진다. 또한 국가와 지방자치단체는 사회보장에 관한 책임과 역할을 합리적으로 분담하여야 한다. 이를 위해서 국가와 지방자치단체는 국가발전수준에 부응하고 사회환경의 변화에 선제적으로 대응하며 지속가능한 사회보장제도를 확립하고 매년 이에 필요한 재원을 조달하여야 한다. 이런 국가의 역할은 가족과 지역사회에도 중요한 기능을 수행하는 데 국가와 지방자치단체는 가정이 건전하게 유지되고 그 기능이 향상되도록 노력하여야 한다. 그리고 국가와 지방자치단체는 사회보장제도를 시행할 때에 가정과 지역공동체의 자발적인 복지활동을 촉진하여야 한다.

사회복지서비스는 종래의 사회보장체계에서 일반적으로 사회사업으로 불리던 것들이 사회복지 서비스 또는 사회서비스로 변경된 것이며, 각 사업법에 근거하여 다양한 사회서비스의 형태로 존재하고 있다.

3. 사회복지사업

원래 사회사업은 초기 역사에서 유래된 개념으로서 개인, 집단, 지역사회를 원조하는 전문적 기술과 지식, 실천활동을 포괄하는 개념이다. 프리드랜더와 압테 Friedlander & Apte는 "사회사업이란 개인적 · 사회적 욕구달성과 자립생활 획득을 위해 개인, 집단, 지역사회를 돕는 인간관계에 관한 과학적 지식과 기술에 근거를 둔 전문서비스이다."(W. Friedlander & R. Apte, 1980)라고 정의하고 있다. 이런 사회사업은 현장에서 사회복지사업으로 인식되고 있다. 사회복지사업은 사회복지를 필요로 하는 사람에 대하여 인간의 존엄성과 인간다운 생활을 할 권리를 보장하고 사회복지의 전문성을 높이며, 사회복지사업의 공정 · 투명 · 적정을 도모하고, 지역사회복지의 체계를 구축하고 사회복지서비스의 질을 높여 사회복지의 수준을 증진하는 것을 말한다(사회복지사업법, 2022). 사회복지사업의 기본 이념은 사회복지를 필요로 하는 사람은 누구든지 자신의 의사에 따라 서비스를 신청하고 제공받을 수 있고 사회복지사업을 시행하는 데 있어서 공공성을 확보하여야 한다. 또한 사회복지사업을 시행하는 데 있어서 사회복지를 제공하는 자는 사회복지를 필요로 하는 사람의 인권을 보장하여야 한다. 더불어 사회복지서비스를 제공하는 자는 필요한 정보를 제공하는 등 사회복지서비스를 이용하는 사람의 선택권을 보장하여야 한다

4. 공공부조

공공부조公共扶助란 국가와 지방자치단체의 책임 하에 생활 유지 능력이 없거나 생활이 어려운 국민의 최저생활을 보장하고 자립을 지원하는 제도를 말한다. 이 공공부조는 일반적으로 빈곤구제의 제도를 의미하며 기초생활보장의 영역을 포괄한다. 기초생활보장이란 생활이 어려운 사람에게 필요한 급여를 실시하여 이들의 최저생활을 보장하고 자활을 돕는 것이다.

공공부조는 생활능력이 없는 국민에게 국가의 책임 하에 직접 금품을 제공하거나 무료혜택을 주는 제도로서 국민의 최저생활을 보장하는 최후의 안전망 기능을 수행하는 제도이다. 공공부조의 기본적인 특징은 조세를 재원으로 하며, 자산조사에 의한 개별적인 욕구의 측정과 확인을 근거로, 빈곤한 사람에게 부족한 만큼의 생

계는 보충해 준다는 점에서 생존권의 논리에 기초하고 있다. 이런 공공부조의 기반하에 국민기초생활 보장법은 저소득 국민, 영세 도시빈민, 실업자 등을 지원하여 빈곤문제에 대한 사회안전망의 기초를 튼튼히 하는 한편, 빈곤가구별로 자활지원계획을 수립하고 그에 맞는 자활급여를 실시함으로써 빈곤의 장기화를 방지하기 위하여 제정되었다(사회보장위원회, 2022).

5. 사회보험

국민의 생활에서 실업 · 질병 · 노쇠 · 출산 · 상해 · 사망 등의 각종 사고에 의해 노동능력이 일시적 혹은 영구적으로 상실되고 임금이나 소득의 획득이 중단 · 상실되는 일이 일어난다. 사회보험은 이러한 사고가 발생한 경우에 생활보장을 목적으로 보험기술을 이용해서 급부를 행하고 이것에 의해 위험을 분산하고 사고에 따르는 가계비를 사회적으로 상호 부담하는 국가에 의한 강제적 보장제도를 말한다. '사회보험'은 기본적으로 미래에 직면할 수 있는 사회적 위험에 대비하여 사전에 대비하는 제도를 말하며, '민영보험'과 마찬가지로 가입자의 기여금(보험료)을 재원으로 가입자에게 발생하는 위험(보험사고)을 분산하는 보험원리를 이용하고 있지만, 영리를 목적으로 하는 '민영보험'과는 다른 성격을 가지고 있다(사회보장위원회, 2022). 이런 사회보장을 위한 사회보험에는 국민연금, 국민건강보험, 노인장기요양보험, 고용보험, 산업재해보상보험이 있다.

5절 사회복지의 기능과 의미

1. 사회적 기본 권리로서 사회보장 권리의 확대

사회복지는 개인의 복지권을 확립시키는 기제가 되고 있다. 오늘날의 사회복지는 전기 산업사회의 자선이 아니라 인권, 시민권, 복지권으로 인식된다. 즉, 인간의 기본적 권리이며, 보건의료, 교육, 고용, 주거, 문화, 환경 등의 영역 내 기본욕구를 정부가 보장하는 국민의 기본권이다. 복지권을 사회권과 같은 것으로 간주한 마샬T. H. Marshall은 "사회권(복지권)이란 사회의 지배적인 기준에 의해 시민화된 생활을 누리고 사회적 상속에 있어서 충분히 분담할 수 있는 권리에 대한 소량의 경제적 복지와 보장에 대한 권리다."라고 하였다(Marshall, 1963; 김영모, 2010 재인용). 따라서 사회복지는 인간이면 누구나 기본적인 생활을 보장받도록 하는 복지권 확립 강화의 역할을 담당할 것이다.

2. 양극화 문제의 완화

사회복지는 양극화로 발생하는 다양한 문제를 완화하는 역할을 할 것이다. 경제협력개발기구OECD에서 발표하는 2012-13년 국가별 소득 및 빈곤률을 살폈을 때, 우리나라 최상위 10분위와 최하위 10분위의 계층 간 소득격차는 10.1배, 상대적 소득 빈곤율은 14.6%로 OECD 국가 평균 9.6배, 11.2% 보다 약간씩 높은 위치를 차지하고 있었다. 이러한 계층 간 소득격차는 사회구조적 문제로서 시장경제의 비정규직 노동자 양산을 통해 초래되었고 교육, 사회, 문화생활 등 전반에 거쳐 양극화 현상을 심화시키고 있다. 게다가 저출산 · 고령화 사회로의 진입 및 가족해체와 같은 인구사회학적 변화도 사회의 양극화 심화를 초래하는 요인이 되고 있다. 이와 같은 상황의 지속은 사회질서유지를 곤란하게 하며 급기야 사회해체로까지 확대되는 가능성을 낳는다. 따라서 양극화의 원인으로 개인이나 집단의 복지, 의료, 교육, 고용, 주거, 문화 등의 영역에서 나타날 수 있는 사회적 욕구와 사회문제 해결을 위해 제도적 차원에서의 적극적인 사회복지 작동이 필연적일 것이다.

3. 경제성장에 기여

사회복지는 국가의 안정을 촉진하여 경제성장에 기여할 것이다. 구체적으로 살펴보면, 첫째 사회복지를 통해 사회적 갈등과 정치적 불안을 종식시켜 시장경제의 투자를 촉진시킨다. 둘째 사회복지를 통한 소득재분배는 가계소득의 불평등을 감소시켜서 중산층과 저소득층의 구매력을 높이고 내수를 활성화하여 경제성장에 기여하게 된다. 셋째 노동력을 재생산하여 인적자본 형성에 기여함으로써 경제 성장동력의 바탕이 되는 효과를 낸다. 넷째, 임금상승의 요인이 되는 주거 · 사회복지서비스 · 환경 · 보건 · 교육 등에 대한 개인적 부담을 최소화하여 생산비용을 절감시켜 국제경쟁력을 높인다. 마지막으로, 출산율을 높이고 여성의 경제활동 참가를 활성화를 촉진시켜 경제성장에 기여할 것이다(김상균 외, 2007; 조흥식 외, 2010 재인용).

제 2 장

사회복지역사

1절 사회복지역사의 전개 양상 및 특징

1. 사회복지역사의 전개 양상

사회복지의 역사적 의의를 고찰해보는 것은 사회복지를 이해하는 첫 걸음이면서도 학습을 하는데 있어 개념을 확장하는 도움을 줄 것이다(남세진 · 조흥식, 1995: 77). 왜냐하면 사회복지는 초역사적 존재도, 단순한 이념도 아니며, 오히려 사회적 산물이기 때문이다. 특히 사회복지는 인류사회에서 발견되는 공통적 사회현상의 하나이며, 인류 역사 속에서 생성, 확립, 전개되어 왔다고 보아야 할 것이다.

엄밀한 의미에서 사회복지의 개념이 과학적이며 전문적인 뜻에서 발전된 것은 최근의 일이다. 이것은 과거 자선사업, 박애사업, 구제사업, 사회사업 등으로 불리어 오던 것이 시대를 달리한 근대적 산업사회에 즈음하여 사회문제에 대한 대책으로서 새롭게 발전한 것이다. 빈곤이나 질병과 같은 인간생활상의 문제들 또는 사회변동에 수반하는 사회생활상의 여러 가지 문제들은 동서를 막론하고 항상 인류의 역사 속에서 필연적인 등장하였다고 보아야 한다. 이에 인류는 고대사회의 민생구휼사업을 시작으로 현대사회에서 정부의 책임성을 강화한 사회보장제도까지 각 사회마다 나름대로의 사회적 대책과 방식 등을 통해 다양한 사회문제 혹은 사회적 위험 등에 대처해 왔다.

남세진 · 조흥식(1995)은 사회복지역사 연구의 분석틀을 현외성(1993)의 분석틀을 활용하여 5단계로 재정리하였다. 사회복지역사적 단계는 측정의 한 요인이 아닌, (1) 자본주의적 생산양식의 변화, 산업화, 현대화, 정치적 민주주의의 확대 등 외부적 요인, (2) 자유주의 이후의 이념과 원리의 변화 등의 내부적 요인, (3) 그리고 외부적 조건에 대한 잠재적 및 현재적 수혜자의 주체적 반응성을 계기로 이루어지는 제도형성을 둘러싼 정치적 상호작용을 가리키는 매개적 요인 등에 의해 복합적으로 결정된다고 하였다. 이에 따라 사회복지역사는 민생구휼의 단계, 구빈법의 단계, 민간사회사업 태동의 단계, 사회보험 태동의 단계, 그리고 사회복지정책의 정비 확대의 단계로 설명하였다.

김상균 외(2005)는 서구 사회에서의 사회복지의 발달단계는 크게 5단계로 나누었다. 1단계는 공동체생활의 단계, 2단계는 빈민법을 통한 통제의 단계, 3단계는 자선조직협회의 단계, 4단계는 사회보험의 단계, 그리고 5단계는 복지국가 발전과 위기 및 재편의 단계이다.

이 책에서는 이러한 구분들을 토대로 4단계의 시기로 구분하여 설명하고자 한다. 첫 번째 단계는 17세기 이전(약 1600년)까지의 고대 및 중세사회로서 상부상조와 자선주의, 또한 교구행정과 봉건주의의 특징을 갖는 시기이다. 두 번째 단계는 17세기(약 1601년)부터 18세기 초반(약 1759년)까지의 자본주의 직전 사회로서 입헌군주제 상황에 따른 빈민법 및 개정 빈민법 등의 사회복지법 체계 형성, 빈곤에 대한 과학적인 연구방법을 통한 사회조사의 실시, 지역사회중심을 기반한 자선조직협회와 인보관운동 등의 특징을 갖는 시기이다. 세 번째 단계는 18세기 중반(약 1760년)에서부터 19세기 초반(약 1820년)까지의 산업혁명[1]과 19세기 중반인 제1차(1914년-1918년) 및 제2차(1939년-1945년) 세계대전까지의 사회로서 최저기준, 사회보험, 사회보장 등이 체계화되었고 베버리지보고서 등을 통한 복지국가가 형성되는 특징을 갖는 시기이다. 네 번째 단계는 19세기 후반(약 1946년)부터 현대 사회까지의 사회로서 재정위기, 대처리즘과 신보수주의, 그리고 세계화 등에 따른 사회복지 위기와 그에 대응한 사회복지의 재편 등의 특징을 갖는 시기이다.

1 산업혁명(Industrial Revolution)은 18세기 중반(약 1760년)에서부터 19세기 초반(약 1820년)까지의 기간 동안 영국에서 시작된 기술의 혁신과 새로운 제조 공정으로의 전환을 의미한다. 이로 인해 영국을 비롯한 유럽국가들에서 사회적, 경제적, 문화적, 교육적, 정치적 등의 사회 대변화가 일어났고, 전 세계로 확산되어 세계적 흐름까지 바꾸어 놓게 되었다. 산업혁명의 용어는 1844년 독일의 사회주의 철학자이며 경제학자인 Friedrich Engels가 1845년《영국 노동자 계급의 상태(Die Lage der arbeitenden Klasse in England)》에서 처음 사용하였으며(Engels, 1845), 이후 영국의 경제학자인 Arnold Toynbee가 1884년《Lectures on the Industrial Revolution of the Eighteenth Century in England》에서 보다 구체화하였다(Toynbee, 1884).

2. 사회복지역사의 특징

Romanyshyn(1971)에 따르면, 1970년대에 이미 동서고금을 막론하고, 세계 국가들의 사회구조적, 이념적인 차이에도 사회복지의 역사는 전 산업사회로부터 후기 산업사회로 이행하는 과정에서 공통적인 흐름으로 변화되어 가고 있다고 하였다.

첫째, 잔여적 개념에서 '제도적 개념'으로의 변화이다. 잔여적 개념은 도움이 필요한 사람들의 성격상 결함에 따른 것으로, 사회복지는 이처럼 시장이나 가족과 같은 정상적인 사회구조로 욕구를 충족할 수 없는 사람들에게 최후적 수단으로서 일시적으로 필요하다는 것이다. 반면, 제도적 개념은 변화하는 사회 · 경제 환경에 사람들이 잘 대처하도록 일선에서 돕는 서비스가 산업사회에는 필요하다고 본다. 따라서 사회복지는 정상적이고 필수적인 사회제도로서 사회에서 정당한 지위를 가지게 된다는 것이다.

둘째, 자선에서 '시민의 권리'로의 변화이다. 자선이 19세기 중산층의 복지개념을 반영하는 것이라면 시민권으로서 복지개념은 노동자들이 시민계급으로 성장하는 과정에서 획득한 권리목록으로 확대할 수 있을 것이다. 18세기에 노동자들은 신체, 언론, 재산의 자유 등 자유권을 확보하고 난 후, 19세기 초중반 이후에 정치권을 확보했다. 이를 바탕으로 19세기 말 사회권으로서 복지에 대한 권리를 확보하게 된다.

셋째, 특수성에서 '보편성'으로의 변화이다. 사회복지를 빈민들에 대한 특별한 서비스로 보는 것에서 벗어나, 많은 사람이 보편적으로 가지고 있는 욕구를 충족하는 프로그램으로 보는 것이다. 현대 산업사회에서는 실업, 노령, 장애, 부양자의 사망, 높은 의료비 등의 사회적 위험에 많이 노출되어 있기 때문에 보편적인 사회복지 프로그램이 필요하다고 볼 수 있다.

넷째, 최저수준에서 '적정수준'으로의 변화이다. 사회의 생산력이 발전함에 따라 사회복지 보장수준의 기준이 최저minimum수준의 보장으로부터 적정optimum수준의 보장으로 옮겨가게 되었다. 이러한 변화는 절대적인 빈곤개념을 대체하여 상대적인 빈곤개념이 등장하게 된 것에서도 찾아볼 수 있다.

다섯째, 개인의 변화에서 '사회개혁'으로의 변화이다. 사회복지에 대한 초기 관점은 개인의 도덕적 결함에서 욕구 또는 문제발생의 원인을 찾았다. 이러한 성격상 결함에 대한 강조는 19세기에 출발하여 20세기에도 정신건강 분야에서 일부 적용되고 있다. 금세기에는 대부분 사회복지 문제의 발생원인을 구조적인 사회제도의 결함에서 찾고 있다.

여섯째, 민간자원에서 '공공자원'으로의 변화이다. 공공부문이 복지에 대한 책임을 지기 시작한 것은 16세기 말에서 17세기 초 영국의 구빈법까지 거슬러 올라갈 수 있지만, 19세기 혹은 20세기 초까지도 미국의 경우는 민간의 자발적인 사회복지 활동에 크게 의존하였다. 그러나 산업화의 진전에 따라 발생한 대규모 문제들을 중산층의 자선활동만으로 대체하기는 어렵게 되고, 국가의 복지기능을 확대하라는 정치적 압력의 증대로 정부의 개입이 증가되었다.

일곱째, 빈민에 대한 복지로부터 '복지사회의 구현'으로의 변화이다. 복지사회 개념에서는 모든 사회제도를 개인들의 발전에 그 제도가 얼마나 기여하는가의 측면에서 평가한다.

이처럼 인류역사와 같이하는 사회복지역사는 고대 및 중세사회의 상부상조활동, 자선사업, 박애활동 등으로 시작되어 인도주의적 사상의 성장에 따라 발전하였고, 그 후 빈민에 대한 빈곤의 책임을 그 개인에게 돌리기보다는 그 사회에 돌리는 사회연대성의 인식으로 발전하였다. 또한 이는 다시 자선조직협회 및 인보관운동을 거쳐 인간의 존엄성을 바탕으로 인간은 누구나 할 것 없이 인권 존중과 기본권 실현이라는 이념과 사상을 힘입어 발전해 왔다고 볼 수 있다. 그리고 현재의 사회복지는 인간의 자유와 개인의 자립 속에 건강하고 문화적인 생활을 영위할 수 있도록 도와주는 사회정책 중 가장 중요한 기능을 하는 개념으로서 발전해 왔다(남세진 · 조흥식, 1995: 78-79).

2절 고대 및 중세사회의 사회복지역사

1. 고대사회

사회복지 기원은 일차적으로 사유재산제도가 확립된 고대의 자선적 구제사상에서 찾을 수 있다. 미국의 인류학자인 Lewis H. Morgan은 1877년 '고대사회'Ancient Society라는 책을 출간하였는데, 여기서 인류의 발전 단계를 야만Savagery · 미개Barbarism · 문명Civilization의 세 단계로 나누어 설명하였다(Morgan, 1877).[2] 야만의 단계는 적어도 6만 년 전으로 자연생존에 의한 시대를 말하며, 미개의 단계는 3만 5천 년 전으로 재배에 의한 시대를 말한다고 하였다. 그리고 그는 약 5천 년 전부터 들판 농업을 기반으로 한 문명의 단계가 나타났다고 하였다. 이러한 흐름에서 인류사회는 모권제로부터 부권제로 발달해 왔고, 원시 사회의 조직 원리는 씨족제도와 같은 혈연에 기반을 두었다가 후에는 지역과 재산에 기반을 둔 정치사회로 발달하였다고 하였다. 또한, 이 책에서 재산제도는 원시공산제로부터 사유재산제로 발전하였는데, 그것은 곧 '신분에서 계약으로'라는 말로 표현할 수 있다고 하였다.

1) 공동체의 상부상조

고대사회에서 가뭄과 기근이 극심할 때 생활의 위협은 언제나 존재해 왔기 때문에 한정된 재정으로 사람들을 보호한 것은 근대 국가주도의 구빈사업과 유사한 형태를 보였다고 할 수 있고, 자연재해와 전쟁의 위협을 받았을 때 혈연관계 또는 유사한 직업적 공동체에 바탕을 둔 상부상조mutual aid가 그 역할을 하였다고 평가할

2 Lewis H. Morgan은 다시 야만과 미개의 단계를 하기 · 중기 · 상기로 세분하면서 그리스, 로마의 시대를 미개 단계 중 상기에 해당한다고 하였다.

수 있다(김제선 · 임경선 · 최세영, 2021). 상부상조란 공공복지, 사회서비스 등과 엄밀하게 구분되지만, 도움이 제공되는 방식에 대한 통제가 도움을 주는 자와 도움을 받는 자 간에 서로 입장이 바뀔 수 있다는 점에서 사회복지의 한 유형으로서 간주되기도 한다(이형하 외, 2020).

서양에서 상부상조가 출현한 시점이 언제인지는 불분명하지만, 적어도 로마시대의 협회콜레기아, collegia나 장인단체 및 길드와 같은 형태에서 찾아볼 수 있다. 로마시대의 중요한 협회로는 아프리카와 이집트에서 곡물을 수송해 오는 해운업자협회와 제빵업자협회 및 정육업자협회 등의 직업협회와 사교, 친목, 부조 등을 위한 비영리단체, 즉 장인단체가 있었다. 또한, 10세기 상인들은 여행 시 말과 수레 및 화물을 상호 보호하기 위해 상인길드merchant guilds를 조직하거나 산업의 세분화에 따른 동일직업에 종사하는 직인職人들 간 그들의 영업이익을 보호할 뿐만 아니라, 어려운 일을 당했을 때 상부상조하기 위해 직인길드craft guilds를 조직하였다. 이와 같은 협회, 장인단체, 길드 등은 첫째, 빈곤한 회원에 대한 장례비와 유족지원, 둘째, 빈곤한 회원의 딸을 위한 결혼지참금 지급, 셋째, 일종의 건강보험으로 회원 모두를 포괄하여 환자에게 보호 제공, 넷째, 지역사회 공익을 위한 활동 수행 등을 하였다는 측면에서 사회복지의 역사로서 평가될 수 있다(이형하 외, 2020).

2) 자선주의

자선charity은 궁핍하거나 의존적인 자에 대해 개인적으로 소규모로 도움을 주는 행위를 의미한다.

먼저, 서구사회에서 자선의 기원은 기독교에서 찾아볼 수 있다. 서기 361년에 기독교가 공인된 이후 교회는 궁핍한 자에 대한 공식적인 자선기관이 되었고, 6세기경부터는 성직자들이 세운 수도원이 중세의 다목적 보호시설hospital의 기능을 수행하였다. 이곳에서 여행자와 과부, 고아, 노인, 궁핍자 등에게 의료지원뿐 아니라 숙박, 보호 등이 제공되었다. 8세기경에는 교인의 십일조가 의무화되었는데, 초기에 주교와 교구사제를 위해 사용되던 십일조는 차츰 주교와 교구사제의 생활비용 외에도, 교회유지비용, 보수비용 그리고 자선비용 등으로 그 용도가 확대되어 사용되었다. 무엇보다 1140년부터 기독교는 자선활동을 체계화하려는 노력을 하였다. 그것은 곧 빈곤을 자발적 빈곤(성직자, 수도승과 수녀)과 비자발적 빈곤(과부, 고아)으로 구분되기 시작하면서 빈곤이 범죄가 아니라는 점을 분명히 하였다는 것이다. 또한, 13세기에 와서는 부자는 빈자를 도와야 한다는 내용이 교회법으로 설파됨으로써 기독교 교리에 사회복지에 관한 제도적 관점이 어느 정도 정립되었다고 할 수 있다. 이러한 영향으로 왕과 귀족, 상인들은 구제나 다목적 보호시설hospital, 또는 자선원 혹은 구빈원almshouse을 설립하여 빈자를 돕기 시작하였다는 것이다(김상균 외, 2005).

이처럼 기독교의 사상은 첫째, 기독교인이 죄로부터의 구원과 삶의 실천으로서 자선을 강조한 측면이 있다. 둘째, 인간은 모두 평등하며 신神 아래 모두 형제라는 가르침에 기초하여 타인들까지도 보호하려 하였다는 점에서 보편주의적인 특징이 있다. 셋째, 자선에서부터 배고픈 사람의 굶주린 배를 채우기 위해서 생산자에게 재정지원 의무를 부과하였다는 측면에서 공적부조의 체계를 시작하였다는 특징이 있다(김제선 · 임경선 · 최세영, 2021).

다음으로, 동양에서 자선의 기원은 '자비'로 표현되는 불교에서 찾아볼 수 있다. 자비란 대자대비大慈大悲의 줄임말로서, 대자란 일체의 중생에게 즐거움을 주는 것을 의미하고, 대비란 일체의 중생에게서 고통을 없애주는 것을 의미한다. 이러한 의미를 잘 보여주는 사례로는, 중국 남북조시대에 흉년이 들어올 때 굶주린 백성들에게 한 스님이 자기의 살을 베어 먹여 구조한 것인데, 이는 자비심에서 나오는 행위로 널리 남에게 재물을 베푸는 일과 같다고 여겨졌다는 것이다(김상균 외, 2005).

2. 중세사회

1) 교구제도

영국을 비롯한 서구 국가들의 경우 중상주의 이전에 빈민 등을 돌보거나 구제하는 일은 교회의 주된 기능이었다. 교회는 도움이 필요한 사람들에게 자선 활동을 행함으로서 그들의 영역을 확장할 수 있었고, 그 교회가 담당했던 일정한 지리적 공간 즉, 교구 안에 사는 사람들은 그 활동으로부터 필요한 것을 충당할 수 있었다. 일반적으로 교회의 자원들은 빈민들을 구제하는데 필요한 현물 등의 급여로서 제공하기에 충분하였다(Ambrosino et al., 2008). 이러한 교구제도는 근대 및 현대사회에서 각 지방자치단체 또는 지방정부의 사회복지전달체계를 형성하여 조직적이면서도 체계적으로 사회복지급여를 제공하는데 효시를 이루었다고 평가할 수 있다.

2) 봉건주의

봉건주의 제도는 기본적으로 그 체제 안에서 대부분의 인구가 필요로 하는 것을 스스로 충족하도록 하는 것을 원칙으로 하였다. 그러나 1348년에 시작되어 2년 이내에 영국 인구의 약 3분의 2를 죽인 흑사병(선페스트)으로 말미암아, 정부는 사람들을 구제하는 법안을 제정하게끔 하였다. 대표적으로, 에드워드 3세King Edward III는 1349년 신체가 건강한 사람의 경우 자신이 사는 지방 행정구역 내에서 어떠한 유형의 고용도 수락할 것을 요구하는 노동자법Laborers Act을 제정하였다. 게다가 신체가 건강한 사람은 그의 거주지 행정구역을 떠나는 것을 금지함으로써 거주 요건의 토대를 마련하였다(Ambrosino et al., 2008).[3]

그 결과 유럽사회는 빈곤의 만연, 인구수의 격감, 군사력의 쇠퇴, 노동력의 감소를 가져왔다. 따라서 국가 재정은 극도로 어려워졌다. 이 당시 영국의 정치 상황은 헨리 8세가 로마 교황청으로부터 영국 교회의 독립을 선언하고 영국 국왕이 영국 교회의 수장임을 규정하는 소위 수장령(首長令; Acts of Supremacy, 1534)을 발표하였다. 수장령의 표면상 이유는 헨리 8세의 이혼을 로마 교황청이 반대한다는 것이었지만 정치적 배경은 교구와 수도원이 소유한 재산과 토지를 빼앗기 위함이었다. 결국 교회의 재산을 국가가 몰수하였지만 동시에 교회가 베풀던 자선도 고스란히 국가의 몫으로 떠안게 되었다. 이에 정부는 당시 만연하던 빈민들의 문제를 국가의 존에서 제외시키기 위한 온갖 법령과 규칙들을 만들었다. 공공부조의 형태로 출발한 국가의 구빈제도는 유럽에서 자본주의가 형성될 때로부터 치안 및 실업대책의 의미도 포함되어 있었다. 노동력이 없는 자는 가족들에게 맡기거나 아니면 구빈원에 수용해서 부조를 받게 했다. 이러한 측면에서 구빈대책은 위로부터의 자혜에 지나지 않았고, 노동빈민은 천시와 멸시를 당하면서 가혹한 처우를 받아야 했다(박석돈 외, 2019).

그로부터 약 150년 후인 종교개혁 기간에는 봉건제도가 무너지고 교회가 분열되면서 조직화된 종교적 노력으로는 더 이상 가난한 사람들의 늘어나는 욕구를 감당할 수 없었다. 곤경에 처했을 때 의지할 교회나 봉건 영주가 없으면 가난한 사람들은 스스로 생계를 꾸려야 하였다. 이로 인해 종종 영양실조, 일시적인 상태, 건강악화, 가정 파탄, 심지어 죽음까지 초래되었다(Ambrosino et al., 2008).

3 이것은 나중에 미국 사회복지법의 본질이 되었다.

3 절 자본주의 직전 사회와 사회복지역사

1. 빈민법 및 개정 빈민법 등의 사회복지법 체계 형성

1) 입헌군주제와 빈민법

17세기에 들어오면서 유럽을 비롯한 국가들에서는 근대적인 법체계를 갖춘 국가들이 나타나기 시작하였다. 이 시기는 문화적으로 르네상스 이후 이탈리아반도가 중심이 되던 유럽 내 문화 패권이 서서히 프랑스로 넘어가고 있었는데, 프랑스는 루이 14세로 대표되는 절대왕정의 시기로 비옥한 국토와 많은 인구에서 나오는 국력을 마음껏 과시하였다. 반면, 당시 영국은 청교도 혁명이라고 불리는 잉글랜드 내전과 명예혁명을 겪으면서 정치적 대변화를 겪었지만, 이를 통해 세계 최초로 입헌군주제 국가가 되었다. 즉, 영국은 이 시기에 의회주의를 정립하였다.

이 당시 유럽은 농경사회에서 산업사회로의 전환하는 과정에 농업을 통해 생활을 의지하던 사람들이 어려움을 겪으면서 이주민의 수가 증가하였다. 즉, 많은 농촌에서 가난했던 사람들이 제조업을 하는 공장으로 옮겨 일할 수 있다는 희망을 갖게 되었고, 그 결과 그들은 도시로 이주하였다. 그러나 산업혁명은 아직 초기 단계에 있었고 일자리는 증가하는 인구를 수용하기에 충분하지 않았다. 게다가 구직자들의 대부분은 문맹이었고 제조 환경에서 일하는 데 필요한 기술이 부족하였다. 도시에서조차 일자리를 찾지 못한 다수의 가난한 무리들은 그들이 그나마 얻을 수 있다고 생각한 시골을 돌며 구걸하거나, 종종 불법적인 행동까지 서슴치 않았다. 따라서 지역공무원들은 노숙자, 빈곤층, 부양 아동을 위한 적절한 해결책을 찾아야 하는 압력을 받았고, 심지어 스스로 문제를 해결할 수 없었던 지방 관리들은 의회에 그 해결책을 요청하였다(Ambrosino et al., 2008). 이에 영국 의회는 1601년 빈민법Poor Law[4]

4 또는 엘리자베스 빈민법(Elizabethan Poor Law)이라고도 불린다.

을 제정하게 되었다.

빈민법은 가난한 사람들에 관한 국가 정책을 수립할 뿐만 아니라 초기 법안을 성문화하려고 시도했기 때문에 중요하다. 또한, 정부는 법체계를 통해 빈민에 대한 정책적 지원assistance의 대상, 즉 구제 대상을 범주categories화하였다는 의미가 있다.

첫 번째의 범주는 '합당한worthy' 것으로 간주되는 개인들이다. 이들은 빈곤이 지원을 확보하려는 사기성 시도로 간주되지 않는 개인이었다. 여기에는 노인, 만성 질환자, 장애가 있는 개인, 고아 등으로서 ① 신체적 장애가 없는, 즉 건강한 빈민들, ② 노인 또는 장애인 등 신체적 장애가 있어 취업할 수 없는 허약한impotent 빈민들, ③ 피부양자녀가 있는 사람들로 구분되었다. 합당한 가난한 사람들은 일반적으로 최소한의 보살핌을 받는 구빈원almshouses, poorhouses에 배치되었다. 이 관행은 기관 내에서 가난한 사람들에게 서비스를 제공했기 때문에 원내구제라고 불렸다. 어떤 경우에는 아이들이 가족과 함께 배치되었고 종종 생계를 위해 일해야 했다.

두 번째의 범주는 근로 가능한 가난한 사람들able-bodied poor이다. 이런 식으로 분류된 사람들에게 프로그램은 덜 인간적less humane이었다. 건강한 사람들 중 일부는 감옥에 갇혔고, 다른 일부는 작업장workhouses으로 보내졌으며, 일부는 지역 공장에서 계약 하인이나 지역 농장의 노예 노동자로 일했다. 합당한 빈곤층과 달리 신체가 건강한 빈곤층은 유급 고용을 확보할 동기가 결여된 꾀병으로 간주되었다. 그들이 받은 대우는 다른 사람들이 그들의 발자취를 따르지 못하도록 막고 그들의 덧없음과 게으름에 대해 처벌하기 위해 고안되었다. 이러한 범주는 현대 사회복지법제에도 대부분 유지되는 관행을 보이고 있다(Ambrosino et al., 2008).[5]

이러한 공공부조의 대상 중 근로할 수 있는 대상인지의 여부를 구분한다는 것은 국가로부터 부조를 받는 조건으로 계속 일하도록 강제적 규제를 받도록 한다는 것을 의미한다. 1697년 제정된 작업장법Workhouse Test Act도 같은 측면을 보였다. 결국, 빈민법 또는 작업장법 등은 실업자들이 구제를 받기 위해서는 그들이 일하도록 강제하는 수단을 가져야 한다는 현재의 사회보험정책에도 영향을 미쳤다(Alexander & Weber, 1976).

빈민법이 갖는 현대적 의의는 다음과 같이 정리할 수 있다(이형하 외, 2020).

5 이 법은 이후에 영국이 다른 국가들을 식민화하면서 그 국가들을 통치할 때 구제의 기본법이 되었다.

첫째, 세계 최초로 구빈poor relief을 법으로 규정하였다는 것이다.

둘째, 현대 사회보장제도 중 공공부조Public assistance의 시초였다는 것이다.

셋째, 빈민구제에 대한 정부의 책임을 인정함으로써 구빈원리를 확립하였다는 것이다.

넷째, 빈민구제 담당행정기관을 설립하여 구빈세poortax를 부과하였다는 것이다.

다섯째, 보호대상 아동을 공적으로 보호하였다는 것이다.

여섯째, 노동능력 유무에 따라 강제노역장과 구빈원(오늘날의 시설보호)을 활용하였다는 것이다.

일곱째, 친족부양 책임을 강조하였다는 것이다.

여덟째, 부랑자의 발생 방지에 주력하였다는 것이다.

이와 같은 빈민법은 최초로 빈민구제를 국가책임으로 인정하고 국세를 빈민구제사업에 투입하였기 때문에 사회복지의 근원이라는 평가가 이루어지고 있다.

2) 정주법과 스핀햄랜드법

빈민법은 그 의의에도 불구하고 국가는 빈민에 대한 구빈정책을 감당하기 위한 재정을 줄여야 하는 상황에 직면하게 되었다. 그에 따라 여러 가지 정책 또는 제도를 도입해야 했는데, 그것이 곧 정주법, 작업장법, 길버트법, 스핀햄랜드법 등으로 나타났다. 이러한 법 및 정책들은결과적으로 사회복지가 발전하는 데 많은 영향을 미쳤다.

① 정주법

1662년 영국 의회는 정착 및 이주에 관한 법률로서 정주법Settlement Act을 제정하였다. 이 법의 목적은 구제를 찾아 한 교구에서 다른 교구로 빈민들이 이동하는 것을 방지하는 것에 있었다. 즉, 부랑인을 단속하기 위한 법이었다. 이 법의 배경에는 도움이 필요한 가난한 사람들을 책임지는 것은 관할 지역에서 출생한 자만을 책임지고자 하였다는 것이다. 이 법은 현재까지도 영향을 미치고 있는데, 특히 과거 세계 각국이 제국주의 및 식민지 통치를 하던 시대에 거주를 지원의 필수 요건으로 하여 식민지 국민들을 통치하려고 할 때 크게 영향을 미친 법률 중 하나였다.

② 작업장법

작업장법The Workhouse Test Act은 노동이 가능한 빈민을 고용하여 국가적 부의 증대에 기여하고자 하는 목적에서 1697년 제정된 법이었다. 동시에 빈민에게 노동을 강제함으로써 구빈 재정의 지출을 줄여보자는 의도도 있었다. 1696년 영국의 브리스톨 시에서 여러 본당이 모여 연합체를 형성, 공동작업장을 마련하여 빈민들에게 일을 시키고 노임을 지불했다. 이것이 효과적이라고 보아 작업장법에서는 작업장 수용을 거부하는 빈민은 구제등록부에서 이름을 삭제하여 구제받을 자격을 박탈하였다. 그러나 이 작업장에서 생산되는 물건은 질이 떨어지고 판매에서도 다른 제품과 경쟁을 할 수가 없어 결국 재료의 낭비를 가져왔고 주민들의 세 부담만 늘어났다. 그뿐만 아니라 빈민의 학대와 노동력의 착취 등 부작용도 많았다. 이것이 오늘날 직업보도의 성격을 띤 최초의 프로그램이었다.

③ 길버트법

길버트법Gilbert Act은 길버트 토마스Gilbert Thomas가 제안하여 1782년 제정된 법이라고 하여 '길버트법'이라고 한다. 이 법은 작업장에서 빈민들의 비참한 생활과 착취를 개선할 것을 목적으로 제정되었다. 노동력이 있는 빈민을 작업장에 보내는 대신 자기 가정이나 인근의 적당한 직장에서 취업하도록 알선해 주는 원외구제outdoor relief를 인정하는 내용이었다.

④ 스핀햄랜드법

스핀햄랜드법Speenhamland Act은 영국 버크셔Berkshire 주 스핀햄랜드 지역의 치안판사회의에서 1795년 제정된 법이다. 이 법은 일종의 빈민에 대한 '임금보조제도Relief Allowance System'로서, 최저생활비 미달의 임금에 대해서 그 부족분을 보조해 주는 제도이다. 이것은 오늘날 가족수당이나 최저생활보장의 기반이 되었다(박석돈 외, 2019).

3) 개정 빈민법

이처럼 1601년 제정된 빈민법이 의도한 대로 시행되지 않는다는 우려에 대한 반응으로 1834년 '빈민법 개혁법Poor Law Reform Act'이 통과되었다. 이 법은 개정 빈민법The Poor Law Reformed 또는 신빈민법New Poor Law Act이라고 불린다.

이 법이 제정되기 이전인 1832년 왕립위원회는 빈곤이라는 질병을 치유하려면, 노동능력자와 그들의 피부양자에 대한 구제를 제한해야 한다고 판단하에 다음과 같은 여섯 가지 기본 원칙을 권고하였다.

첫째, 임금보조철폐의 원칙이다. 빈민에 대한 처우개선책인 임금보조제도relief allowance system를 철폐한다.참고로 이 제도는 최저생활기준에 미달되는 임금의 부족분을 보조해 주는 목적으로 1795년 버크셔Berkshire 주 스핀햄랜드Speenhamland 지역의 치안판사회의에서 제정된 법(Speenhamland Act, 1795)에서 비롯되었으며, 오늘날의 가족수당 또는 최저생활보장의 기반이 되었다고 여겨지고 있다. 그러나 시민의 구빈세 부담의 증가와 임금의 현저한 감소 및 독립심과 노동능률의 저하를 초래하여 철폐하게 된 것이다.

둘째, 작업장 활용의 원칙이다. 노동이 가능한 자는 작업장workhouse에 배치한다.

셋째, 원외구호제한의 원칙이다. 병자, 노인, 허약자, 아동을 거느린 과부에게만 원외구호를 준다.

넷째, 구호행정통합의 원칙이다. 교구단위의 구호행정을 구호법연맹poor law union으로 통합한다.

다섯째, 열등처우의 원칙이다. 구빈수혜자의 생활조건은 자활하는 최하급 노동자의 생활조건보다 높지 않아야 한다.

여섯째, 중앙통제의 원칙이다. 왕명에 의하여 중앙통제위원회를 설립한다.

이러한 권고를 바탕으로 2년 뒤인 1834년 구빈비용의 계속적인 증가와 사회적 변동으로 기존의 빈민법들로서는 그 기능을 발휘할 수 없게 되어 구빈 비용을 절감하기 위해 개정 빈민법을 제정하게 되었다. 그 당시 지배적인 믿음은 가난한 사람들을 위한 프로그램에 대한 자유화된 감독이 일에 대한 의욕을 꺾는 역할을 했고 사실상 프로그램에 대한 의존성을 만들었다는 것이다. 이 법에서는 모든 형태의 원외구제(가정에 있는 사람들에 대한 지원)를 폐지하고, 1601년 빈민법 조항의 전체 의도를 엄격하게 시행할 것을 명령하였다. 또한 이 법은 최저임금 근로자보다 수혜자가 더 나은 금액의 지원을 제공하지 않도록 하기 위해 열등처우의 원칙the principle of less eligibility과 더불어, 균일처우의 원칙the principle of national uniformity, 강제노역장 활용의 원칙the principle of workhouse 등과 같은 구빈행정체제의 원칙을 마련하였다. 이 원칙들은 오늘날 초기 사회복지 법률들과 공공복지의 기본 원칙이 되었다.

그러나 그 목적이 빈민구제적 성격보다 구빈비용의 감소에 있었기 때문에 빈민에 대한 반인권적 요소가 다분히 포함되어 있었다(이형하 외, 2020).

2. 자선조직협회와 인보관운동

1) 원외구제와 민간부문의 복지

빈민법 철학의 엄격한 제한은 식민지 경제의 극도의 희소성과 일치하였다. 식민 법은 스스로를 돌볼 수 없는 사람들을 위해 다른 사람의 집에서 도움을 제공하는 원내구제indoor relief를 강조하였다. 그러나 사실상, 진정으로 가난한 사람들(극빈자)은 가난에 대한 처벌로 빈민가 구호소에서 분리되는 경우가 많았으며 최소한 빈약한 생활비를 지불하는 일을 하게 되었다. 아이들의 견습생 제도는 아이들을 위한 가족 통제에 대한 믿음을 반영했으며 생산적인 고용을 위한 일과 훈련을 강조하였다. 또한 노동 윤리의 신격화와 극빈이 죄의 눈에 보이는 상징이라는 믿음은 영혼 구원의 수단으로 도움이 필요한 사람들에게 가혹한 대응을 허용하였다.

미국혁명과 남북전쟁 사이에 몇 가지 광범위한 복지 패턴이 등장했으며 모두 엘리자베스 빈민법의 기본 원칙과 일치하였다. 미국의 교회와 국가 분리 교리는 본당과 지역복지사무소 사이의 연결을 단절하도록 강요하였다. 그럼에도 불구하고 많은 주들에서는 복지위원회의 구성원 중 적어도 한 명이 '면허가 있는 설교자'여야 한다는 요구 사항과 함께 종교적 관계를 유지하였다. 지방자치단체는 복지담당자의 역할을 마지못해 받아들이고 엄격한 거주요건을 채택하였다.

이 기간 동안 두 가지의 중요한 변화가 일어났다. 첫째, 원내구제에서 '원외구제 outdoor relief'로 개인이 자신의 집에 머물 수 있도록 현금 지원을 제공하였다는 것이다. 현물 원조와 구호 프로젝트에 의존하는 원외구제는 19세기 전반의 불안정한 경제 상황에 더 잘 적응할 수 있었다. 둘째, 공공부문에서 민간부문으로의 복지, 즉 '자발적 복지'로의 전환이었다. 즉, 복지에 대한 책임은 공공의 관심사로 남지 않고 자선 기관에 맡겨졌다는 것이다(Ambrosino et al., 2008).

공공복지는 자금 조달을 위해 과세에 의존하였지만, 개인에게 제공되는 복지 급여나 프로그램은 개인이나 자선단체의 자발적인 기부금을 통해 자금을 조달하였다. 그러나 명확하게 정의된 제한은 공공 또는 민간(자발적) 기관이 제공할 혜택의 유형을 결정하지 않았다. 그 결과 서비스가 중복되는 경우가 많았다.

2) 자선조직협회

정기적으로 영국에서 도착한 이민자들은 종종 일자리를 찾는 데 어려움을 겪었고 많은 부랑인을 양산하기 시작하였다. 불우한 사람들에게 관심이 있는 사람들은 그들의 필요를 충족시킬 방법을 찾았는데, 빈곤층을 생계 수준의 고용에 연결시키는 것이 일반적으로 목표였지만 고용을 통해 소득을 얻을 수 있을 때까지 기본 요구를 충족시키는 것에 대한 우려가 생겼다. 이때 구빈원은 종종 만성 빈곤층을 돌보기 위해 사용되었지만, 원외구제는 점점 더 빈곤층을 돌보기에 적합한 방법으로 받아들여졌고, 그 시기에 해결책으로서 자선조직들이 등장하였다.

최초의 자선조직 중 하나는 1817년에 설립된 뉴욕빈곤예방협회New York Society for the Prevention of Pauperism였다. 영국의 Thomas Chalmers가 세운 선례에 따라 이 협회는 도시를 구역으로 나누고 "friendly visitors"를 통해 가난한 사람들의 필요를 평가하고 대응하기 위해 설립되었으며, 1843년에는 뉴욕시에 또 다른 빈민개선협회 Association for Improving the Conditions of the Poor가 설립되어 실업자들을 위한 구호 활동을 조정하였다.

또한, 빈민들을 위한 가장 효과적인 구빈 단체로서 뉴욕주 버팔로의 자선조직협회Charity Organization Society: COS가 설립되었다. 이 협회는 런던의 COS를 모델로 한 민간 조직으로 직업윤리를 받아들이면서도 마땅히 받아야 할 빈민들에 대한 연민을 가진 부유한 시민들이 설립한 조직이었다. 부유한 시민들은 가난한 사람들을 위한 프로그램에 효율성과 경제성을 불어넣고 서비스 중복을 방지하고 자선 활동에 대한 의존도를 줄이기 위해 COS를 조직하였다. 이전의 가난한 자의 조건 개선을 위한 협회와 마찬가지로 COS는 가난한 사람들의 상태를 평가할 필요성을 강조하고 자급자족을 위한 준비, 안내, 재활 및 도움을 주기 위해 고객에게 "친절한 방문자"를 참여시키는 차원을 추가하였다. COS는 희망이 없는 사회적 낙오자로 스스로를 간주하는 만성적인 빈민자들을 위한 동정심이 거의 없었다(Ambrosino et al., 2008).

3) 인보관운동

1800년대 미국에서는 고아, 청각 장애인, 시각 장애인, 정신 질환자를 돌보는 것과 같은 특수한 문제 영역을 다루기 위해 다른 많은 민간 자선 단체가 등장하였다. 대부분의 경우 이러한 서비스는 주 또는 지방 정부의 후원을 받았으며 주로 지역사회에서 물리적으로 격리된 제도적 환경에서 제공되었다. 그러나 얼마 지나지 않아 점점 더 많은 사회활동을 하는 시민들이 이러한 시설 거주자들이 받는 대우에 대해 심각한 우려를 표명하였다(Ambrosino et al., 2008).

19세기 후반, 미국의 몇몇 주에서는 자선기관의 활동을 감독하기 위해 중앙집중식 기관을 설립하였다. 주립 자선기관들은 빈민들에게 구호를 제공하는 데 더 큰 효율성과 경제성뿐만 아니라 제도 수혜자를 위한 더 나은 품질의 치료를 추구하였다. 연방 정부가 선택된 그룹(예: 재향군인)에 대해 제한된 책임만 맡게 되면서 주 기관은 가난하고 쇠약한 사람들의 문제를 해결하기 위한 주요 공공자원이 되었다(Day, 2005)

1800년대 후반과 1900년대 초반에 남부 유럽에서 미국으로 들어오는 새로운 이민자 물결은 실업, 노숙자, 빈곤의 부담을 가중시켰다. 사회복지사인 Jane Addams는 이민자들이 새로운 사회에서 살 수 있도록 준비시키는 자원으로서 인보관운동settlement house movement을 만드는 데 중요한 역할을 하였다. Addams는 런던의 토인비 홀Toynbee Hall을 본떠 1869년 시카고의 최악의 빈민가 지역 중 한 곳에 헐하우스Hull House를 설립하였다. 헐 하우스 등을 비롯한 인보관들은 주택 부족, 저임금, 아동 노동, 청소년 비행 및 질병 문제를 해결하는 역할을 담담하였다.

이처럼 인보관 운동은 사회사업의 주요 전문방법으로서 집단사회사업social group work, 사회행동socialaction, 지역사회조직사업community organization 등을 발전하도록 하는데 크게 기여하였다. 또한, 오늘날 흔히 볼 수 있는 대표적인 직접 서비스기관인 사회복지관의 원조이기도 하다(이형하 외, 2020).

COS 운동과 인보관 운동 사이에 다음과 같은 이데올로기적 갈등과 현대 사회복지 실천에 대한 각각의 공헌 등을 비교해볼 필요가 있다(Axinn & Stern, 2004).

먼저, COS 지지자들은 도시의 빈곤이 도덕과 인격의 결핍에 뿌리를 두고 있으며 가난한 사람들이 자신의 결점을 인식하고 바로잡도록 도와줌으로써 빈곤을 없앨 수 있다고 믿었다. COS 운동은 가난한 사람들을 돕는(또는 돕지 않는) 이론적 토대로서 사회적 다윈주의를 받아들였고 이 과정에 '과학적 자선'이라는 이름을 붙였다. COS 작업자의 초점은 고객의 자립에 있었지만 철저한 조사와 가치 판단 후에만 가능했다. COS 기관의 주요 강조점은 가난한 사람들이 일을 통해 사회적 및 경제적 구원을 찾도록 돕는 것이었다.

다음으로, 인보관 운동은 앞서 COS와는 완전히 다른 원칙에 따라 진행되었다. 인보관의 고객은 유능하고 정상적인 개인으로 간주되었다. '가치 있는' 빈민과 '가치 없는' 빈민을 분리하려는 노력은 없었다. 지역사회서비스 제공과 지역사회개발에 중점을 두었다. 인보관 운동은 개인의 성취와 만족스러운 사회적 관계 및 사회적 책임을 결합하는 철학을 수용했다. 인보관 노동자들은 사회에서 사람에 대한 전체론적 관점을 취했다. 인보관 운동의 전반적인 사명은 사회 개혁이었다.

이러한 차이에도 불구하고, COS와 인보관 운동은 모두 현대 사회복지실천에 큰 흔적을 남겼다. COS 운동은 개인과 가족에 대한 집중, 필요를 결정하는 과학적 방법, 사회서비스 제공자의 전문교육을 통해 임상사회사업의 선구자였다. 인보관 운동은 지역사회의 일부인 개인, 사회적 요구 평가, 지역사회 조직화, 사회개혁 및 정치적 행동, 문화다양성의 강점에 대한 이해 및 평가, 지역사회조사와 같은 비임상적사회사업의 선구자였다(Ambrosino et al., 2008).

3. 빈곤조사와 노동자의 참정권

산업화와 도시화로 인하여 도시빈민들이 대량으로 생성되었지만, 일반 시민들은 여전히 빈곤의 원인을 개인의 게으름이나 도덕적 결함으로 돌렸다(박석돈 외, 2019).

그러나 이처럼 빈곤에 대한 책임이 그 개인에게 있다고 한 시기인 1880년대 Charles Booth의 런던 빈민굴 조사와 Seebohm Rowntree의 요크시 조사, Paul Kellog의 인 피츠버그시 지역사회 실태조사 등은 영국의 경제적 발전과 풍요 속에서도 많은 사람들이 빈곤상태로 생활하고 있다는 사실과, 그 원인이 개인적이 아닌 사회구조적인 것 등에서 기인한다는 것을 증명하려 노력하였다(이형하 외, 2020).

Charles Booth는 1889년 런던London 시민을 대상으로 빈곤조사를 실시하여, 런던시민의 빈곤이 빈민의 개인적인 책임이 아닌 저임금 등 사회적 책임임을 최초로 밝혔다. 그리고 이러한 조사결과를 「런던시민의 생활과 노동Life and Labour of the People in London(1889~1903)」이라는 보고서로 발표하였는데, 17권 분량의 주 내용은 런던인구의 30.7%가 빈곤상태에 있다는 것을 밝힌 것이다. 부스의 과학적이고 체계적인 빈곤조사는 오늘날 사회과학적 조사방법의 시초로 인정받고 있다.

또한, 이에 영향을 받은 Seebohm Rowntree는 1901년 잉글랜드의 두 번째 도시였던 요크York 시민을 대상으로 빈곤조사를 실시하고, 「빈곤: 도시생활의 연구Poverty: A Study of Town Life(1901)」를 발표하였다. 또한, 제2차 요크시 빈곤조사를 한 빈곤과 진보Poverty and Progress가 1941년 발표되었으며, 제3차 요크시 빈곤조사를 바탕으로 1950년 빈곤과 복지국가Poverty and Welfare State가 발간되었다. 이처럼 라운트리는 빈곤을 1차적 빈곤과 2차적 빈곤으로 구분하고, 빈곤이 런던에만 국한된 것이 아니라 요크와 같은 지방에도 만연하고 있다는 것을 밝혔다.

이들은 체계적인 조사를 통해서 빈곤의 주된 원인이 게으름이 아니라 노령, 질병, 실업, 낮은 교육수준 등임을 밝혀냈다. 즉, 이러한 빈곤에 대한 과학적인 사회조사방법으로 영국의 경제적 발전과 풍요 속에서도 많은 사람들이 빈곤상태로 생활하고 있다는 것과 빈곤의 책임이 개인적이 아니라는 것이 밝혀지면서, 개정 빈민법의 원칙에 따른 공적 구호에 대한 비판과 함께 빈곤에 대한 사회적 대응이 필요하다는 것이 드러났다.

나아가 시민계급에만 인정되었던 참정권이 1885년부터는 노동자계급에게도 인정되고, 1890년에 노동당이 조직되고 정치권력의 민주화가 이루어지면서, 빈민과 노동자계급에 대한 사회보호에 관한 논란은 뜨거워져 갔다(이성기, 원석조, 2020).

4절 자본주의사회와 사회복지역사

1. 사회보장의 도입과 최저생활 보장

사회보장Social Security이라는 용어는 미국의 루스벨트Roosevelt, F. 대통령이 뉴딜New Deal정책을 의회에서 사용하면서, 1935년 미국의 「사회보장법Social Security Act」, 1938년 뉴질랜드의 「사회보장법」 제정 등으로 공식 사용되었고, 그 의미가 확대되기 시작하였다. 특히 영국에서 베버리지Beveridge, W.가 1942년 제출한 '사회보험과 관련 서비스 social insurance and allied services, reported by William Beveridge'라는 왕립위원회의 보고서와 1962년 프랑스의 라로크 계획Laroque Plan 등에서 일반화되는 계기가 되었다.

베버리지는 나태idleness, 무지ignorance, 결핍want, 불결squalor 그리고 질병disease을 5대 사회악five giants이라고 하고, 이것들을 대표적인 사회적 위험으로 규정하였다. 이러한 5대 사회악을 제거하기 위해 사회보장이 필요하다는 것이다. 사회보장을 소득보장이라는 관점에서 '실업 · 질병 혹은 부상으로 수입이 중단된 경우에 대처하기 위해서, 노령에 따른 퇴직이나 본인 이외의 자의 사망에 따른 부양의 상실에 대비하고, 출생 · 사망 · 혼인 등과 관련된 특별한 지출을 감당하기 위한 소득보장을 의미한다.'라고 파악하였다. 따라서 사회보장이란 사회보험을 중심으로 하되 이를 보완하는 국민부조로 형성되는 제도라고 할 수 있다. 이는 사회보장제도의 본질을 소득보장제도로 파악한 것이다. 그는 사회보장의 범위에 관하여 기본적 필요에 대한 사회보험, 특별한 조치로서 국가부조, 기본적 필요 이상을 위한 임의보험을 사회보장의 3대 지주라고 보았다. 이것을 위한 전제조건으로 완전고용, 아동수당 그리고 국민보건서비스NHS를 제시하였다.

우리나라에서는 1963년 11월 5일 「사회보장에관한법률」이 제정되었으며, 1995년 12월 30일 「사회보장기본법」이 제정되어 기존의 「사회보장에관한법률」은 폐지되고 지금까지 「사회보장기본법」이 시행되고 있다.

2. 사회보험 및 사회보장의 도입과 확산

일반적으로 사회보장이라고 하는 사회보험Social Insurance은 개인과 그 가족이 필요를 충족하는 데 필요한 재정 자원을 항상 제공할 수는 없다는 전제를 기반으로 한다. 사회보험은 노인, 건강이 좋지 않거나 심각한 장애가 있는 사람, 업무 중 부상을 입은 사람, 가장이 사망한 부양가족에 대한 재정적 지원의 기초가 되었다. 이러한 사회보험 프로그램을 위한 자금은 집단 직원과 세금으로 지원되는 정부 프로그램에서 나온다(Ambrosino et al., 2008).

미국의 주 및 지방 정부는 자원이 허용하는 범위 내에서 대공황Great Depression의 낙진에 대응하려고 시도했지만, 많은 가난한 주에서는 일시적인 구호조차 제공할 자원이 부족했다. 뉴욕에서는 공공고용, 음식, 의복, 쉼터 등의 현물구호in-kind relief, 그리고 제한된 현금 혜택을 제공하는 긴급구호법an Emergency Relief Act이 통과되었다. 이 법은 나중에 연방정부의 구호프로그램의 모델이 되었다.

Herbert Hoover 대통령은 대공황의 희생자들에게 공감했지만, 대공황과 그 결과에 대한 가장 효과적인 해결책은 기업이 기반을 회복하고 확장하고 실업자에게 일자리를 제공하도록 인센티브를 제공하는 것이라고 확신하였다. 1932년 후버는 자신의 정책에 대한 대중의 불만으로 공직에서 물러났고, 전 뉴욕 주지사였던 Franklin Delano Roosevelt로 교체되었다. 루즈벨트 대통령의 첫 번째 조치 중 하나는 실업자와 빈곤층을 지원하는 긴급 법안을 제정하는 것이었다. '뉴딜New Deal'이라고 명명된 이 법안은 역사상 처음으로 연방 정부가 구호 제공에 직접 관여하게 된 계기가 되었다. 그것은 또한 연방 정부가 시민에 대한 건강 및 복지 책임을 맡도록 명령하는 역사적 선례를 제공하였다. 법안이 주장하는 바는 명확했다. 첫째, 시민은 무엇보다 미국 시민이었고, 두 번째는 특정주의 거주자였다. 이 정책은 민권, 공정한 고용 관행, 통학 버스, 공공부조 및 기타 다양한 사회 프로그램 분야에서 나중에 연방 입법을 위한 문을 열었다.

우울증 피해자를 구제하기 위한 최초의 시도 중 하나는 뉴욕의 긴급 구호법Emergency Relief Act을 모델로 한 연방긴급구제법Federal Emergency Relief Act, FERA인데, 이를 토대로 노숙자 등에게 음식, 의복 및 쉼터 수당을 제공하였다. 주와의 협력 관계에서 연방 정부는 구호 프로그램을 관리하기 위해 주에 자금을 제공하였고, 주정부는 그러한 목적을 위한 기관을 설립할 책임이 있으며 가능한 경우 도움이 필요한 사람들이 이용할 수 있는 자원 기반을 넓히기 위해 주정부 기금을 기부해야 했다. 이것은 나중에 공적 지원 프로그램의 필수 요건이 된 '매칭 보조금matching grants'에 대한 선례를 남겼다. 또한, 실직자에게 공공고용을 제공하기 위해 추가 연방 비상 법안을 제정하고, 공공 서비스 일자리를 제공하기 위해 1935년 공공사업진흥국Works Progress Administration: WPA을 설립하였다. WPA는 궁극적으로 대공황 기간 동안 약 800만 명의 근로자를 고용하였다. 국가와 지방 정부는 필요한 프로젝트를 식별하고 WPA에서 임금을 받는 노동자에게 필요한 자재를 공급했다. 많은 공립 학교, 거리, 공원, 우체국 건물, 주립 대학 건물 및 관련 공공 프로젝트가 WPA의 후원 하에 건설되었다.

루즈벨트 대통령은 1935년 8월 4일 사회보장법Social Security Act에 서명하였다. 이 법은 건강과 복지에 대한 미국 정부의 사회보험, 공공부조, 건강 및 복지 서비스의 참여를 위한 길을 열었다. 또한, 이 법은 미국 경제시스템이 실업으로 인해 많은 사람들을 자원 없이 남겨두는 동요에 노출되어 있다는 깨달음을 반영한 것이었다. 그리고 노년층의 은퇴 동기로 소득 보장이 필요하다는 점을 인정하였다(Ambrosino et al., 2008).

3. 베버리지 보고서와 복지국가

자유방임 철학을 기조로 삼았던 근대 자본주의의 논리는 실업, 빈곤 또는 경쟁의 부정 등으로 위기에 처하게 되었고, 급격한 산업화나 도시화의 과정에서 보다 많은 사람들이 복지대상에서 제외될 가능성이 많아짐에 따라 이에 대한 새로운 복지국가의 제도나 정책이 절실하게 되었다. 그리하여 선진국에서는 전국민을 대상으로 하는 조직적이며 계획적인 사회복지서비스가 실시되기 시작하였다.

본격적인 복지국가의 출현은 제2차 세계대전이 끝난 뒤부터라고 할 수 있다. 서구에서 복지국가가 출현하게 된 배경은 국가마다 다소 상이하나, 대체로 앞에서 설명된 대공황 등 다자본주의 경제체제의 모순이 누적되면서 발생하였던 세계경제 위기 상황과 더불어, 세계대전의 영향으로 볼 수 있다. 전쟁은 대공황의 영향과 마찬가지로 기존의 모든 공적 · 사적 복지제도를 파산시키거나 작동불능의 상태로 만들어 버렸기 때문이다.

제2차 세계대전이 진행 중이던 1941년 영국 노동조합총연맹의 청원을 계기로 영국정부와 의회는 William Henry Beveridge를 위원장으로 한 위원회를 조직하여, 당시 영국 청년 등의 생활실태와 노동자들의 건강보장에 대한 제도 등을 조사하게 되었다. 1942년 11월 건강보험, 실업보험, 연금 등 모든 국민을 대상으로 하는 제도를 정비할 것을 주 내용으로 제시한 사회보험과 관련 서비스Social Insurance and Allied Services라는 정식 명칭을 가진 보고서가 발간되는데, 그것은 곧 위원장의 이름을 딴 '베버리지 보고서Beveridge Report'로 불렸다. 이 보고서는 사회보장 제도의 확대를 위해 구상되었고, 대중의 관심이 집중되면서 제2차 세계대전 후의 영국이 가야 할 복지국가의 토대가 되었다.

영국 복지국가의 사회복지 입법화의 주요 내용은 가족수당법(1945), 국민보험법(1946), 산업재해법(1946), 국민보건서비스법(1946), 국민부조법(1948), 아동법(1948) 등이며, 1948년에 사회보장법이 전면 실시되었다.

그리고 미국에서는 1946년에 사회보장의 단일 행정기구로 사회보장청Social Security Administration이 수립되었다. 사회보장법은 여러 차례 수정되었는데(1950; 1952; 1954; 1956; 1958; 1963), 특히 1965년의 수정을 통해 노령수급적격자, 유족보험 및 실업보상의 대상 수를 늘렸고, 한편으로 공공부조 프로그램이나 보건복지서비스의 운영을 강화시켜 나갔다(이형화 외, 2020).

5절 현대사회와 사회복지역사

1. 새로운 사회적 위험과 재정위기와 사회개혁 시도

사회보장법이 통과된 이후 세 차례의 큰 전쟁, 오랜 냉전, 공산주의의 몰락, 인플레이션과 불황의 시기, 세계 경제의 출현, 전례 없는 미국에 대한 테러 공격으로 격동의 시간을 보냈다. 실업률, 이혼률의 증가로 특히 여성이 가장인 한부모가정은 눈에 띄게 증가하였고, 인구는 빠른 속도로 고령화되었다. 치솟는 주택가격과 건강보험으로부터 의료사각지대에 있는 국민들이 늘어나고, 건강 관리 비용이 증가하였다. 이러한 모든 요소는 정부가 사회적 요구에 대응하는 방식에 영향을 미쳤다.

린든 존슨 행정부(1963-1968) 동안 제정된 사회개혁 조치를 통해 시민의 권리를 보장하고 개인적, 사회적 및 경제적 발전을 제공하는 정부 활동을 확대하려는 이른바 '대사회프로그램The Great Society Programs'을 시도하였다. 이 프로그램은 개인이 생활하는 환경이 개인의 결과에 상당한 영향을 미친다는 전제 하에 실시되었다. 이른바 위대한 사회 법안Great Society legislation은 빈곤층, 장애인, 노인을 돕기 위해 고안된 기존의 많은 프로그램과 서비스의 혜택을 확대하여 도움이 필요한 사람들에게 최대한의 기회를 제공하였다(Ambrosino et al., 2008).

2. 보수주의 물결과 사회복지의 위기

1960년대 중반부터 1970년대 중반까지 미국과 옛 소련 등을 중심으로 한 국가 외적으로 갈등과 대립이 공존하는 냉전 시기였고, 각 국가들도 안으로는 국민들끼리 각종 시위 등을 통한 대립과 갈등이 또한 나타났던 시기였다. 미국의 경우 매우 인기가 없는 베트남 전쟁으로 반체제 운동이 활기를 띠었다. 또한, Martin Luther King Jr.는 권리를 박탈당한 미국인들의 대의를 옹호하였고, 인플레이션은 일하는 사람들의 구매력을 고갈시켰다. 이러한 당혹스러운 변화에 대한 반응으로 보수주의의 물결이 미국 대중에게 나타나 뉴딜 기간 동안 시행되고 확장된 많은 사회복지 프로그램은 해체하라는 주장들이 이어졌다. 특히 복지 '설립'은 비용이 많이 들고 비효율적이며 비생산적인 것으로 간주되었고, 보수주의자들은 연방 정부가 너무 크고 번거롭기 때문에 주가 많은 기능을 맡을 수 있고 해야 한다고 주장하였다.

닉슨 행정부가 의회 승인을 위해 제출한 자족지원정책Family Assistance Program: FAP이 당시 보수주의 물결 하에서 제시된 복지개혁의 조치 중 하나로 여겨질 수 있다. 법으로 제정되지 않은 이 정책은 공공부조를 제거하고 수혜자가 정부 혜택을 모두 잃지 않고 일할 수 있도록 인센티브를 제공하도록 고안된 프로그램을 대체하는 것이다. 종종 '워크페어workfare'라고 하는 FAP와 같은 제안된 프로그램은 수령인이 복지 혜택을 계속 받기 위해 특정 직업 관련 요구 사항을 충족하도록 요구한다. 직업교육, 코칭, 자원봉사자 또는 제한된 급여를 위한 업무 경험과 같은 활동을 통해 직원이 고용되면 직업 전망 및 유지가 향상되어 복지 공백이 감소할 것으로 기대된다. 최근 몇 년 동안 다양한 종류의 '워크페어'가 시도되었지만 제대로 작동한 것은 거의 없었다.

1970년대 중반의 사회복지정책입안자들은 긍정적 지지층이 없는 복지제도를 물려받았다. 수혜자, 사회복지사, 공무원, 조세의식단체 등은 기존 제도의 미흡함에만 동의했다. 1980년대 이후 기간 동안 복지 비용이 급격히 증가하면서 빈곤의 난해성과 병행하여 복지 개혁이 시급하지만, 복지개혁을 달성하지는 못하였다.

복지개혁은 공공 서비스 일자리를 창출하기 위해 근로장려세제 등을 제안한 카터 행정부 기간 동안 계속 문제가 되었다. 이 제안은 받아들여지지 않았고, 복지제도를 개편하는 가장 효과적인 방법에 대한 논쟁은 계속되었다.

1980년대는 소위 복지이양welfare devolution, 즉 정부의 사회적 자격 프로그램을 줄이고 없애려는 끊임없는 노력으로 특징지어진다. 복지를 위한 공공 지출은 경제 발전과 정반대되는 것으로 간주되었다. 증가하는 인플레이션 등 세계 경제의 위태로운 상태는 복지 프로그램의 확장을 설계하고 그 결과 경제를 휘청거리게 만든 사회 진보주의자들의 소행으로 생각되었다. 이로 인해 많은 사회적 지원 프로그램이 상당수 감소하거나 폐지되었다.

제 3 장

사회복지 윤리와 가치

1 절 사회복지와 가치

2021년 12월 이후 2023년 초까지 전국장애인차별연대에서는 지하철에서 지속적으로 시위를 진행하였다. 지하철 출입문과 스크린도어 사이에 휠체어 바퀴를 넣어 열차의 운행을 저지시키거나 복잡한 출퇴근 시간 대에 장애인의 지하철 탑승을 통해 열차의 출발이 원활하게 이루어지지 못하도록 하는 방식이었다. 이에 대해 일부 지하철 이용 시민은 바쁜 시간대에 일반 시민들의 발을 묶는 행위라며 크게 반발하였다. 반대로 시위를 주도한 장애인 단체와 이에 동조하는 시민들은 다른 나라에 비해 크게 빈약한 장애인 이동권 보장 수준과 장애인 권리예산 수준을 개선하려는 노력을 기울이지 않는 정부의 정책과 예산 당국을 비판하기도 한다.

대학입학이나 취업 등에서 지역적 특성, 성, 장애 여부, 인종, 사회경제적 여건 등의 측면에서 불이익을 받는 소수집단의 어려움을 반영하여 일부 사회집단의 구성원에게 가점이나 편의를 제공하여 기회를 더 많이 제공하려는 정책들이 있다. 이에 대해 일부에서는 공정하지 못하다는 비판을 제기하기도 한다. 반면, 점수 결과만을 반영하는 공정성은 기회가 균등하지 못한 상황에서는 공정할 수 없다며 실질적으로 기회와 결과의 측면에서 평등을 더 높여야 한다고 주장하는 논의도 비등하다.

사회복지는 사회과학 중에서 특히 가치value의 부분이 중요하게 부각되는 학문 분야이다. 흔히 과학은 가치와 분리되는 것으로 인식되기 쉬우나 사회과학은 가치판단으로부터 자유롭지 않다. 그중에서도 사회복지는 인간의 복지를 증진하기 위한 성격을 가지고 있어서 복지정책이나 사회복지사의 실천에서 가치의 문제가 깊게 관련되고 있다. 예를 들어 대표적인 복지정책인 연금제도에서 연금 수급자가 근로를 하던 기간에 매월 불입한 기여금이 많은 경우에 더 많은 수급액이 돌아가도록 하는 것에 비중을 둘 것인지, 아니면 연금 수급자의 최저생활보장에 더 비중을 둘 것인지에 따라 연금제도의 실제 모습은 크게 달라지게 된다. 전자가 기여에 따른 혜택 수준이라는 형평성의 가치에 초점을 두었다면 후자는 결과의 평등이라는 가치에 초점을 둔 것이라 할 수 있다.

가치와 윤리는 그 성격이 다르다. 가치는 통상 좋거나 바람직하다고 여겨지는 것에 대한 부분이다. 이에 비해 윤리는 무엇이 옳고 그른지에 대한 판단 기준으로 여겨진다. 사실관계에 대한 객관적 인식이라기보다는 선호 혹은 판단을 위한 주관성이 가미되어 있는 부분이 크다. 그러나 가치의 판단 혹은 윤리의 판단은 개인적으로만 이루어지는 것이 아니라 일정한 기반과 근거를 가지고 이루어지는 것이 적절하다. 이는 통상 철학과 관련되는 부분이기도 하다. 때문에 사회복지라는 전문 분야에서 공통적인 가치 판단의 기준을 통해 일관성을 증진하고자 하는 노력이 꾸준히 경주되어 왔다.

사회복지에서 중요하게 여기는 가치 규범으로는 인권, 자유, 평등, 사회연대성, 정의 등을 들 수 있다. 물론 이는 현대사회 대부분의 전문 분야에서 강조하는 가치의 덕목이기도 하다. 하지만 각 가치 규범 내에서 강조가 되는 부분이나, 상대적인 초점에서는 사회복지 분야의 독특한 특징이 나타나기도 한다. 인권, 자유, 평등은 흔히 민주주의 국가의 3대 가치 요소로 보기도 한다. 사회복지가 어느 정도 정착된 나라를 흔히 복지국가라 하는데, 복지국가의 가장 큰 전제는 민주주의가 정착되어있다는 점이다. 민주주의가 발달하지 않은 복지국가는 없다. 사회연대성은 다른 분야보다는 사회복지에서 특히 강조되는 가치 개념이다. 정의는 인권이나 자유, 평등과 같은 다른 가치 규범들이 어떻게 구현되는 것이 적절하다고 보는지에 대한 사회적 합의이다. 특히 최근에 그 중요성이 많이 논의되는 가치 규범이라 할 수 있다.

1. 인권

인권human rights은 인간의 존엄성을 나타내는 것이다. 인권의 대칭적 개념을 보통 특권이라 여긴다. 특권이 일부 계층의 권리와 존엄성만이 보장되는 것이라는 점에 비추어볼 때, 인권의 핵심은 사람으로 태어난 누구나가 가지고 있으며 절대 훼손되어서는 안 되는 고유한 존엄성에 대한 보장이라 하겠다.

사회복지는 욕구needs에 기반한다. 사회복지는 시장구매력인 수요demands에 기반한 것이 아니라 사람이 어느 정도의 수준을 누리고 살아야 한다는 사회적 합의인 욕구에 기반하고 있다. 때문에, 빈부나 지위에 관계없이 사회구성원 모두의 인권을 최대한 보장하고자 하는 내재적 가치를 지니고 있다. 사회복지는 정책의 내용이건 사회복지사의 실천 행위이건 인간의 기본권을 적극적으로 옹호하는 것을 최우선의 가치로 삼고 있다. 사람이라면 모두가 존엄하며 이 존엄성은 불가침의 것이다. 현재는 인권이라는 가치가 당연하게 여겨지고 있지만, 사실 역사적으로는 사람이기 때문에 불가침의 권리가 있다고 인정된 것은 최근의 일이다. 노예제나 봉건제에서는 계급에 따라 생사여탈이나 생존의 조건 자체를 침해하고 또 침해받았던 사회구조이었다. 또 계급이 없어진 근대 자본주의 경제체제에서도 초기에 저임금노동자나 빈곤층은 사회구조적으로 억압당하기도 했다. 여성의 투표권도 역사적으로 최근에야 인정되었다. 우리나라에서도 심한 가부장적 인습으로 인해 여성의 인권은 다른 나라들보다 더 많이 제약받아왔다.

인간이기 때문에 누구나 가지는 존엄성의 존중은 당연해 보이지만 실제에서는 매우 복잡한 문제이기도 하다. 성적 소수자에 대한 사회적 편견, 낙태의 문제에서 여성의 인권과 태아의 인권 중 어느 쪽이 우선할 것인가의 논란, 지적 장애인에 대한 불임 시술의 문제는 최근까지도 우리나라의 사회복지에서 이슈가 되기도 했다. 최근에는 비단 인간이라는 종種의 범위를 넘어서 다른 생물과 생태에 대한 관심이 부각되기도 한다. 사회복지에서는 적어도 사람이라면 누구나 누려야 하는 삶의 질을 규정하고 이를 모두에게 보장하는 방법을 강구하는 것이 일반적이다.

2. 자유

자유liberty, freedom는 민주사회에서 가장 기본이 되는 가치개념이기도 하다. 자유란 누구나 자신의 뜻에 따라 행동할 수 있는 것을 말한다. 그러나 자유는 개인에게 무제한적으로 허용될 수 없다. 서로 간의 자유나 권리가 충돌할 수 있기 때문이다. 그 때문에 자유는 다른 사람의 자유를 전제하면서 질서 있는 책임을 기초로 하기 마련이다. 현대국가에서는 이 질서 있는 책임은 보통 법률로 규정되거나 구성원 다수의 의지에 기초한 정치적 활동으로 형성된다.

흔히 자유에는 소극적 측면과 적극적 측면이 있는 것으로 이야기되곤 한다. 소극적 자유는 다른 사람이나 외부로부터 속박당하지 않고 자신의 뜻대로 할 수 있는 것을 말한다. 이와 대조적으로 적극적 자유는 자신의 삶에 영향을 미칠 수 있는 요소들에 대해 자신의 의사를 전달하고 영향을 미치고자 하는 것이다.

현대 국가의 대부분이 기반하고 있는 자본주의 경제체제는 그 자체로서는 시장경제, 그리고 소극적 자유의 부분에서 출발하곤 한다. 자신의 신체, 재산권, 각종 선택과 활동의 측면에서 스스로 선택하고, 그 선택의 결과는 긍정적이건 부정적이건 개인의 책임으로 돌리는 방식이다. 시장경제가 각 개인의 자유로운 선택과 책임, 계약에 따라 운영되는 것으로 보기 때문에 국가의 개입은 극소화하는 것을 적절하다고 보는 것이다.

하지만 사회복지 분야에서는 적극적 자유에 대해 더 중요하게 보는 관점을 가지고 있다. 소극적 자유만을 강조할 경우, 개인 간 혹은 집단 간의 자유가 충돌할 가능성도 높고 소위 '승자독식'의 결과가 초래될 수 있다. 또한 불리한 여건에 있는 개인들의 선택 기회는 최선의 결과를 가져오는 것 자체를 불가능하게 할 수 있다. 따라서 불리한 여건에 있는 사람은 개인의 자유로운 선택과 책임이라는 (소극적) 자유의 덕목이 구현되는 것이 어려워진다. 사회복지에서는 사회나 국가의 여러 영역에서 (불이익 집단을 포함한) 구성원 모두가 최대한의 기회와 좋은 선택을 보장받을 수 있도록 하기 위해서는 참여를 증진하는 제도나 사회적 기제를 의식적으로 강화하여야 한다고 본다. 예를 들어 지체장애인의 입장에서는 사회 곳곳의 기회가 있는 장소에 가서 활동하기 위해서는 이동권이 보장되어야 자유로운 선택이 가능해진다. 그런데 이는 당연히 국가가 이동권 확보를 위한 인프라 구성을 위해 정책적으로 노력해야 이루어진다. '자유로운 시장경제'에만 맡겨두어서는 지체장애인의 (소극적) 자유가 보장될 수 없다. 하지만 소극적 자유와 시장경제의 자율성을 강조하는 입장에서는 정부의 활동이 늘어날수록 자유가 침해된다고 본다. 이렇게 적극적 자유를 강조하는 입장은 소극적 자유를 강조하는 입장과 구체적인 사안에서 마찰을 빚을 수도 있다.

3. 평등

평등equality은 사회구성원이 동등한 처우를 받는 것을 의미한다. 대립적 개념이라 할 수 있는 불평등이 사람에 따라 부, 기회, 생활 조건이나 삶의 질이 차이가 나는 것을 의미한다는 점에 비추어 볼 때, 불평등보다는 평등이 바람직한 상황이라 할 수 있다. 하지만 모든 사회구성원에 대해 완벽하고 기계적으로 동등한 처우가 구현되기는 어렵다. 또한 기계적인 동등 처우가 적절한가에 대한 논란도 크다. 따라서 평등에 대해서 여러 가지 수준에서 논의될 수 있다.

먼저 기회의 평등이 있다. 이는 자본주의 경제체제와 민주주의 정치체제를 가지고 있는 대부분의 국가들에서 사회적 합의가 이루어져 관철되고 있는 평등의 수준이다. 기회의 평등은 사회구성원 모두가 바라는 성취를 위해 노력하고 경쟁할 수 있는 기회를 가진다는 의미이다. 즉, 성이나 인종, 신분과 같이 태어나면서 가지는 귀속적 지위에 따라 차별받는 것이 아니라 누구든 기회를 가질 수 있게끔 한다는 것이다. 현대사회에서는 공무원이 되기 위해 국민 모두가 시험을 볼 수 있는 기회를 가지지만, 과거의 사회에서는 특정한 신분의 사람들만이 기회를 가졌다. 이런 측면에서 현대국가가 기회의 평등을 가졌다고 보는 것이다. 기회의 평등은 평등의 가치 중에서는 소극적인 수준에 해당하는 것이라 할 수 있다.

다음으로 조건의 평등이 있다. 조건의 평등은 단지 기회만이 동등하게 주어지는 것이 아니라 활동과 경쟁의 여건이 비슷해야 실질적인 평등이 이루어질 수 있다는 것이다. 시험을 볼 수 있는 기회가 똑같이 있다고 해도 시험의 준비를 위해 비싼 비용이 들어간다면 빈곤층은 불리할 수밖에 없고 결국은 불평등한 결과가 나타날 것이다. 우리나라에서도 사실상 대도시의 학원 밀집가에 거주하는 학생과 촌락 지역에서 정보통신망도 취약한 곳에 거주하는 학생은 입시에서 동일한 조건이라 할 수 없다. 따라서 조건의 평등에서는 단지 법적으로 기회만 동일하게 부여된다는 것으로는 불충분하고 성취와 경쟁을 위한 조건 자체를 공평하게 만들기 위한 조치가 있어야만 평등이 관철될 수 있다고 본다.

결과의 평등은 가장 적극적인 수준의 평등이라 할 수 있다. 이는 기회나 조건 등 과정보다도 결과적인 자원의 배분에서 평등이 이루어져야 한다고 보는 것이다. 물론 이 결과의 평등이 기계적으로 획일적 처우를 한다는 것만을 의미하지는 않는다. 기여나 활동에 따라 합리적 근거가 있는 차이를 인정하기도 한다. 하지만 기본적으로는 궁극적인 소득이나 자원의 배분에서 편중이 심해지지 않도록 결과적인 평등성이 높아지도록 하는 것을 지향한다. 결과의 평등은 가장 적극적인 평등이라 할 수 있다. 하지만 보수적인 관점에서는 시장경제의 자유경쟁 논리에 위배되고 도덕적 해이를 유발할 수 있다는 점, 비현실적이라는 점에서 비판하기도 한다.[1]

사회복지는 다른 전문분야에 비해 평등에 대해서 적극적이다. 사회복지는 중요하게 생각하는 초점이 평등 자체라기보다는 주로 '보장'의 측면이다. 하지만 통상 이러한 보장은 국가의 적극적 정책을 통해서 부유층보다는 빈곤층에 대한 보장 및 지원정책으로 구현되므로 평등의 증진에 대해 적극적인 입장을 가지고 있다. 세부분야별로 그리고 사람마다 입장은 다양하지만 대체로 사회복지에서는 조건의 평등 이상의 관점을 강조하는 것이 보통이다.

4. 사회연대성

사회연대성solidarity은 다른 전문분야에서는 그 강조가 두드러지지 않지만 특히 사회복지 분야에서 강조되는 가치 규범이라 할 수 있다. 연대성은 자신이 소속한 집단의 구성원들과 공유하는 소속감이나 정체성, 연계의식을 의미한다. 인간의 본성을 사회적 존재로 묘사하곤 한다. 개인이 아니라 집단 속에서 의존하고 협력하면서 살아가기 때문이다. 그러나 자본주의 경제체제에서는 각자가 경쟁하며 다른 사람보다 유리한 결과를 낳으려고 하는 생활 방식이 전면화되기 때문에 공동체적 연대성이 약해지기 마련이다. 사회복지에서는 경쟁보다는 사회구성원 간의 연대에 의해 모든 구성원의 최소한의 생활 수준과 생존권 보장, 평등의 증진 등을 도모한다.

사회복지에서는 사회적 위험에 대비하기 위한 사회보험이 중요한 수단으로 활용되곤 한다. 국민연금, 건강보험 등이 대표적인 예이다. 이러한 복지제도의 운영에서도 사회구성원 전체로 위험을 분산시키면서 위험에 맞닥뜨리는 구성원을 보호한다. 일반적인 영리적 보험에서는 위험을 대비하려는 사람들이 각자 위험성을 판단하여

---

1 이와 관련하여 형평(equity)이라는 용어가 평등(equality)과는 조금 다른 의미에서 사용되기도 한다. 형평은 통상 기여에 비추어 합당한 정도의 보상을 강조한다. 이 경우에는 국가에 의해 보호를 받는 사람의 생활수준은 국가로부터 지원을 받지 못하는 사람의 생활수준보다 낮아야 한다는 열등처우의 원칙(less eligibility)을 주장하기도 한다.

가입하고, 자신의 기여에 상응하는 보장 수준을 받으려고 한다. 하지만 사회보험에서는 대개 법률을 통해 가입을 강제화하면서 사회구성원 다수가 자신의 능력에 따라 기여하고 보장이 필요한 위험시에 보호를 받는다. 자신의 위험성을 각자가 판단하는 것이 아니라 사회구성원 모두의 위험을 사회구성원 모두가 보장하려는 방식이다. 이처럼 사회복지에서는 사회구성원 각자의 이해관계에 따른 분화보다는 공동체로서 사회구성원 전체의 연대성을 강조하는 것이 일반적 방식이라 할 수 있다.

5. 정의

최근 우리사회에서 '정의'와 관련된 강의와 책자가 유행했던 것처럼 어떤 판단이 정의로운가라는 점은 가치 판단에서 핵심적인 쟁점이 될 수 있다. 사회복지에서도 역시 정의로운 판단에 대한 논란이 중요한 의미를 가지곤 한다. 이와 관련하여 대표적인 논의는 Rawls의 정의론(A Theory of Justice; 1971)이 가장 많이 알려져 있다. Rawls는 사회제도에 관한 최고의 덕을 공정公正이라 보고 불공정한 법과 제도는 그것이 아무리 효율적이고 잘 정리되었다 할지라도 개정되거나 폐기되어야 한다고 정의로운 사회의 중요성을 강조하였다. 그는 정의와 관련하여 유명한 두 가지 기본 원칙을 제시한 바 있다. 그는 기본적으로 자유주의자이기 때문에 제1원칙은 자유의 배분에 관한 것이다. 제1원칙은 '모든 사람들에게 기본적인 자유를 완벽하게 누릴 수 있도록 해야 한다'이다. 기본적인 자유는 모든 사람이 최대한으로 누릴 수 있도록 해야 한다는 것이다. 그런데 그의 원칙에서 더 많이 인용되고 있는 것은 제2원칙으로 사회적 · 경제적 가치 배분에 관한 것이다. 제2원칙은 '가장 빈곤한 사람들의 사회복지에 대해 우선적으로 배려해야 한다'는 것이다. 즉, 사회적 · 경제적 불평등 문제는 가장 불리한 처지에 있는 사람들에게 우선적으로 최대의 이익을 가져올 수 있도록 하는 것이 정의롭다는 것이다. 그는 '원초적 상황에서의 판단'이 정의로움의 시금석이 된다고 보았다. 사회경제적으로 배분을 어떻게 할 것인가의 논란에서 사람들의 판단은 현재 자신이 가지고 있는 지위와 부의 정도에 따라 자신에게 유리하다고 생각되는 것을 택하게 될 것이므로 정의로운 판단의 합의가 나타나기 어려운 것이 현실이다. 따라서 '원초적 상황', 즉 사회구성원들이 자신이 사회적으로 어떤 위치에 있게 될지 모르는 상태(무지의 베일veil of ignorance)에서 가장 좋다고 생각하는 배분 방식이 적절한 것이라 보았다. 이에 따를 경우 최소손실의 원칙, 즉 누구든 극단적으로 어려운 생활의 위험성은 피하고자 하는 합의의 도출이 가능해질 것이라 보았다. 가장 취약한 사람의 위험을 덜어줄 수 있는 '복지의 확대' 방식이 가장 정의로운 사회적 원칙이라 간주된다는 것이다. Rawls는 이 두 가지 정의의 원칙에 부합될 때 비로소 그 사회는 공정한 사회라 할 수 있으며, 또 정의의 원칙에 따라 추구하고 실현하는 정부의 행정 목표가 곧 공익이라는 것이다. 사회복지 분야에서 취약집단의 생활보장을 가장 우선적으로 고려하는 경향에 비추어 Rawls의 정의론은 이를 정의로운 정책판단과 연결하는 논리를 제공하고 있다.[2]

이 밖에도 사회복지에서는 다양한 가치 항목들이 부각되곤 한다. 복지의 대상자를 빈곤층으로 국한하는 것이 좋으냐 아니면 소득과 무관하게 전체 구성원으로 하는 것이 좋으냐의 논란과 관련된 선별주의selectivism와 보편주의universalism의 논란, 개인주의individualism와 집합주의collectivism, 장애인복지나 소수자의 문제에서 부각되곤 하는 사회적 통합integration과 정상화normalization, 자기결정과 참여 등이 대표적인 것이다. 사회복지에서 가치는 거시적인 측면에서는 국가의 복지정책이나 복지국가의 특성과 관련되는 이념과 이데올로기에서 부각되고, 미시적인 측면에서는 사회복지사의 사회복지실천에서 나타나는 윤리적 속성에서 부각되곤 한다.

2 정의에 대해 여러 학자들이 다른 입장을 제기하기도 한다. 대표적으로 Nozick은 약자의 보호를 위해 작동하는 국가체계는 국가를 필요로 하지 않는 강자(독립인)의 양해에 따라 작동하는 것이라고 보았고, 국가체계의 작동에서 강자의 불편을 보상하고 강자의 권리를 먼저 모색하는 것이 정의라고 주장하기도 하였다. 정의에 관한 저작들로 우리나라에서 많은 관심을 모았던 Sendel의 경우에는 시장경제 만능주의와 능력주의에 대한 비판을 기초로 합리적이고 공동체적인 판단을 통해 조건의 평등과 복지 증진을 정의론의 입장에서 주장하였다.

2 절 사회복지정책과 이데올로기

앞에서 살펴본 인권 존중, 평등의 고양, 적극적 자유의 실현, 사회연대성의 고양 등 사회복지의 가치는 대개 사회복지정책이 추구하는 목표가 되곤 한다. 하지만 구체적인 복지정책의 모습이 다양한 것처럼 강조되는 가치 요소들도 세부적으로는 차이가 나타난다. 빈곤층에 대한 소득보장 정책들도 다양한 가치 지향성을 반영한다. 예를 들어 근로소득세제로 알려진 EITC와 무기여의 보편적 수당은 전혀 다른 가치를 반영하고 있다. EITC가 효율성과 근로에 대한 보상, 도덕적 해이의 방지에 초점을 둔다면, 수당demogrants는 보편적 인권과 평등이라는 가치 요소에 더 초점을 둔다.

사회복지정책은 대개 국가나 지방자치단체 등 큰 규모의 조직에 의해 많은 사람이 직접 적용을 받는 것이므로 그 안에 포함된 가치판단의 요소는 정책결정자의 주관성에 의해 좌우되기보다는 정당 등 정치집단이나 국가의 일정한 가치지향성에 따라 일관성을 가지는 경우가 많다. 가치적 입장이 집합적으로 일정한 틀과 체계를 형성하고 있는 경우 이를 이데올로기ideology라 부르곤 한다. 이데올로기는 "사회 집단의 사상, 행동, 생활 방법을 근본적으로 제약하고 있는 관념이나 신조의 체계. 역사적 · 사회적 입장을 반영한 사상과 의식의 체계"를 말한다. 이데올로기도 다양하게 표현되곤 한다. 좌파와 우파, 혹은 보수주의와 진보주의 등의 구분과 같다.

사회복지정책과 관련해서 정책에 영향을 미치는 이데올로기를 기준으로 구분하는 방법 역시 다양하게 나타날 수 있다. Wilensky와 Lebeaux의 잔여적 모형과 제도적 모형, Titmuss의 보충적 모형, 산업적 성취모형, 제도적 모형의 3분법, Esping-Andersen의 탈상품화에 따른 자유주의, 조합주의, 사회민주주의 복지국가 유형론 등이 모두 이데올로기와 관련되어 있다.

가장 고전적인 것으로 George와 Wilding의 논의를 들 수 있다. 이들은 사회복지정책의 이념모형으로 반집합주의, 소극적 집합주의, 페이비언 사회주의, 마르크스주의의 4분법을 제기하였다(George & Wilding, 1976 ; 남기민, 2010에서 재인용).[3]

반집합주의는 우파 혹은 신우파의 이데올로기를 반영하고 있다. 기본적으로 시장경제에 따른 생산과 분배 체계에 최일선의 가치를 부여하며 이에 관여하는 것은 좋지 않다는 기본적인 입장을 가지고 있다. 국가의 개입은 최소화하는 것이 좋다고 보아 시장경제에 대한 국가개입의 대표적 양상은 자산조사means test에 기반한 선별적 공공부조 정도를 인정하는 수준이다. 일반적으로 사회복지에 대해 매우 소극적이거나 혹은 거부하는 입장을 견지하고 있다. 이들은 국가가 복지정책이나 제도를 확대하는 것을 비판하고 상부상조의 기능은 가족이나 공동체 수준에서 이루어져야 한다고 보았다. 실제 복지정책에서도 최저생활수준 미만에 있는 일부 계층에 대해 제한적으로만 국가 지원이 이루어져야 한다고 본다. 복지수급에 대해서는 일정한 낙인stigma이 부여되는 것이 당연하고 이를 통해 도덕적 해이를 막아야 효율성과 경제성장의 가치를 해치지 않는다고 본다. 이와 같은 입장을 자유주의라고 부르기도 한다.

소극적 집합주의는 반집합주의에 비해서는 국가의 개입을 용인하는 편이다. 소위 제한적인 수정자본주의적 입장이라 할 수 있다. 자본주의 기본 질서나 요소는 타당하므로 이에 큰 수정을 가져와서는 곤란하지만 자본주의에 대해 개입하지 않을 경우 나타나는 심각한 불평등이 사회나 체제의 안정을 해칠 것을 우려한다. 시장의 실패를 인정하고 이에 정책적으로 개입해야 한다는 것이다. 영국 복지국가 형성기의 베버리지 보고서에서 5대 사회악으로 결핍, 무지, 불결, 질병, 나태를 규정하고 이를 해소하기 위한 국가정책의 필요성을 주장한 바 있다. 이때도 국민 최저한의 보장, 소극적 수준에서의 평등 고취라는 부분으로 현대의 관점에서 볼 때는 제한적인 국가개입 수준을 설정하고 있다. 소극적 집합주의 입장에서는 자본주의 경제체제의 건강성을 지키기 위해 사회복지 분야에서 제한적인 수준이지만 사회문제 해결을 위한 국가정책을 펼쳐야 한다고 주장한다. 반집합주의와의 차별점은 상대적이지만, 연금이나 건강보장체계와 같은 전 국민에게 해당하는 복지정책의 필요성을 인정한다는 점에서 사회복지정책에 대해 더 우호적이라 할 수 있다. 중도우파적 입장으로 이야기하곤 한다.

페이비언 사회주의는 사회복지에 대해 가장 적극적인 이데올로기 모형이라 할

3 George와 Wilding은 이후의 저작에서는 기존의 4분법에 더하여 성인지적 페미니즘과 생태적 녹색주의를 포함한 6분법을 제시한 바 있다. 여기에서는 개론수준의 논의 편의성을 위해 고전적인 4분법을 소개한다.

수 있다. 적극적 집합주의라 부르기도 하고, 사회민주주의 이념에 기반해 있다. 소위 북유럽의 복지국가들이 나타내고 있는 복지 이데올로기에 해당한다. 사회복지는 비용 혹은 낭비적 요소로 취급되지 않는다. 이보다는 평등, 자유, 우애라는 사회민주주의의 세 가지 기본가치를 가장 적극적으로 구현하는 핵심수단으로 복지국가, 사회복지를 조망한다. 사회복지정책을 적극적으로 전개하여 불평등을 해소하고 사회구성원의 삶의 질을 증진시킴으로서 중장기적으로 경제의 건강성과 성장도 담보할 수 있다고 본다. 사회복지는 국가의 가장 중요한 정책영역이고 임무로 설정된다. 자유에 대해서도 소극적 자유보다는 적극적 자유를 강조하며 평등에 대해서도 매우 적극적 입장을 나타낸다. 사회적 연대에 기반한 보편주의적 복지정책을 강조한다. 이들에게 자본주의 경제체제는 경제 운영의 기본적 틀이기는 하지만 그 자체로 절대 선善으로 여겨질 수 없으며 사회구성원 삶의 질 향상을 위해 시장은 적극적으로 수정과 개입이 필요한 대상이라고 본다. 중도좌파적 입장으로 이야기할 수 있다.

마지막으로 마르크스주의는 공산주의 혹은 사회주의 이념을 전형적으로 수용하고 있는 입장이다. 이 경우 좌파의 입장이지만 사회복지정책에 대해서는 우호적이지 않다. 이들은 자본주의 경제체제와 계급구조의 모순(노동자와 자본가)에 의해 빈곤과 불평등의 문제는 기본적으로 해결될 수 없다고 본다. 이들의 입장에서는 기본적 모순의 해결은 계급구조를 타파하는 사회주의 혁명을 통해서 이루어진다고 본다. 그 때문에 자본주의 경제체제를 받아들이고 있는 사회복지정책이나 복지국가의 논리는 일시적 미봉책이며 궁극적인 해결책인 혁명을 오히려 방해하는 요소가 될 수 있다는 입장이다. 마르크스주의는 극좌파의 입장이라 할 수 있다. 현실에서는 사회복지와 관련하여 마르크스주의 복지국가를 구현하는 경우는 없다고 할 수 있다.

[표 3-1] 사회복지정책의 이념모형과 특징

구분	반집합주의	소극적 집합주의	페이비언 사회주의	마르크스주의
속성	극우파	중도우파	중도좌파	극좌파
이념	고전적 자본주의	수정 자본주의	사회민주주의	고전적 사회주의
강조하는 가치	소극적 자유, 성장	적극적 자유, 최저선 보장	적극적 자유, 적극적 평등, 연대성과 삶의 질	계급투쟁과 사회혁명을 통한 불평등 해소
사회복지에 대한 선호도의 정도				

이데올로기적 성격은 반집합주의, 소극적 집합주의, 페이비언 사회주의, 마르크스주의로 갈수록 우파적 입장에서 좌파적 입장으로 진행하는 것이라 볼 수 있다. 일견 좌파적 입장의 경우에 사회복지에 대해 우호적이라 생각할 수 있으나 좌파든 우파든 극단적 이데올로기에서는 사회복지에 대해 호의적이지 않다. 반집합주의나 마르크스주의와 같은 경우 사회복지정책은 큰 의미를 가지지 못하는 것, 혹은 부정적인 것으로 본다. 극우파나 극좌파보다는 중도파의 이데올로기가 사회복지에 대해 적극적으로 받아들인다. 특히 가장 적극적인 경우는 중도좌파적 입장인 페이비언 사회주의라 할 수 있다.[4]

우리나라의 복지정책에 대한 이데올로기는 다른 나라에 비해 상당히 보수적이고 우파적인 성향이 지배적인 것으로 볼 수 있다. 국제적으로 대략적인 특성은 미국의 경우 상대적으로 우파적 복지이념, 북구 유럽의 경우에는 중도좌파적 복지이념이 부각되어 있다고 할 수 있다. 이는 복지국가의 전개 과정을 통해 형성된 역사적 산물이라 하겠다.

---

4 우파는 보통 보수적 입장, 좌파는 진보적 입장을 나타낸다. 우리나라의 경우 서구국가 일반에 비해 사회전반적으로 우파적 이데올로기 입장이 지배적이다. 좌파와 우파라는 말은 원래 사회의 기존 질서에 대해 얼마나 받아들이느냐 혹은 변화를 도모하느냐에 대한 상대적 표현이다. 따라서 우리나라에서 스스로 진보적(중도좌파적)이라고 표방하는 입장의 내용은 다른 서구국가의 중도우파적 관점과 유사한 경우가 많다. 따라서 우리나라의 상황에서는 우파적(보수적) 지향보다는 좌파적(진보적) 지향이 복지정책에 대해 더 적극적이다.

3 절 사회복지실천과 윤리

1. 전문직의 가치와 윤리적 딜레마

사회복지에서 가치의 문제는 미시적인 측면에서 사회복지사의 사회복지실천 행위에서도 중요한 의미를 가진다. 사회복지실천은 대상자인 클라이언트의 욕구 충족과 생활에서의 변화를 도모하는 것이다. 이 과정에서 클라이언트가 원하는 대로만 따라가는 것은 아니기 때문에 변화의 방향에 대해 어떤 것이 바람직한가를 사회복지사가 판단해야 하는 문제가 나타나기도 한다. 예를 들어 강한 가부장적 성향을 지닌 한 남성이 아내와 자녀들이 자신의 지시와 통제에 잘 따르기를 원하고, 아내는 자녀가 부모와 친밀해지고 학교 공부에 몰두하기를 원할 때, 그리고 자녀는 부모의 간섭이 줄어들기를 원한다고 할 때, 사회복지사가 어떤 방향으로 개입할 것인가에서는 가족 구성원 각자가 표현한 욕구대로 따라갈 수만은 없게 된다. 혹은 발달장애인 청소년의 부모나 보호자가 발달장애 청소년에게 불임시술을 시키고자 할 때, 사회복지사는 이를 무조건 지지할 수는 없다. 사회복지사는 변화를 위한 실천기술 못지 않게 어떠한 가치판단을 해야 하는지에 대해 준비가 되어있어야 한다.

사회복지사의 가치판단과 관련하여 정치적 입장 혹은 이데올로기의 문제는 가끔 어려움을 초래하기도 한다. 정치적 입장이나 이데올로기에 집착하는 것은 전문성을 해칠 수 있으니 정치적 중립성을 지녀야 한다고 볼 수도 있지만, 사회복지사는 클라이언트나 사회경제적으로 취약한 집단의 이익을 대변해주어야 하는 '옹호 advocacy'라는 전문적 의무를 지니고 있기도 하다. Sheafor와 Horejsi는 정치적 입장이나 이데올로기의 문제와 관련하여 전문직으로서 사회복지사는 몇 가지 지침을 따르는 것이 적절하다고 보았다(남기철 · 정선욱 역, 2020). 첫째, 비록 이데올로기적 입장은 아니더라도 자신의 원칙은 고수할 수 있어야 한다. 둘째, 당원은 아니더라도 정치에는 관심을 가져야 한다. 셋째, 의견에 동의할 수 없는 사람들을 존중할 수 있어야 한다. 넷째, 조종이나 이용당하지 않고 적극적으로 활동에 참여한다. 다섯째, 사람들을 분열시키는 것보다 결합시키는 것, 반대하는 것보다 지지하는 것에 초점을 맞춘다.

이데올로기의 문제가 아니더라도 실천 가치나 윤리의 측면에서 사회복지사에게 요구되는 사항들도 있다. 클라이언트의 자기결정에 대한 존중은 사회복지실천에서 매우 강조되는 가치이다. 다른 전문직에 비해 특히 사회복지에서 강조되는 가치로는 비심판적 태도의 지향, 강점에 기반하는 것 등이 있다. 비밀보장 역시 중요하게 여겨진다.

전문직의 3대 구성요소를 고유한 가치 체계, 지식 체계, 기술 체계로 이야기한다. 전문직으로서 사회복지가 나름대로의 지식이나 기술만이 아니라 고유의 일관된 가치 체계를 지녀야 함을 의미한다. 미국의 사회복지사협회인 NASW에서는 윤리강령code of ethics을 통해 전문적 사회복지를 특징짓는 여섯 가지의 핵심적 가치 영역으로 서비스, 사회정의, 존엄성과 개인, 인간관계의 중요성, 통합성, 능력을 들고 있다. 이와 같은 가치들은 내용적으로 특별히 낯선 것은 아니다. 대부분의 휴먼서비스 전문직은 이와 유사한 가치들을 공유하고 있다. 그러나 핵심 가치로 더 강조되는 것은 무엇인가라는 상대성, 핵심적 가치들의 조합이라는 측면에서 사회복지 전문직은 다른 서비스 영역과 구별되고 있다.

사회복지실천에서 윤리적 갈등 혹은 윤리적 딜레마를 경험하게 되는 경우가 있다. 이는 하나의 상황에 대해 윤리적으로 옳은지 아닌지를 판단하기 어려운 경우일 수도 있고 혹은 특정한 활동에 서로 다른 윤리적 지침이 충돌하는 경우일 수도 있다. 전자는 예를 들어 낙태의 결정과 같은 경우가 해당할 수 있다. 후자는 시설이나 병원에 입원하기보다는 공공장소에 머무르겠다는 노숙인이 알코올 중독으로 건강상 위험해 보일 때 자기결정과 보호를 위한 전문적 판단 사이에서 어떻게 해야 하는가와 같은 경우가 해당할 것이다. 두 가지의 양상이 세부적으로는 다를 수 있지만 윤리적 딜레마 상황으로서 가지는 갈등이라는 점은 본질적으로 마찬가지이다. 대개는 서로 다른 가치체계나 윤리적 기준 중 어느 것이 우선할 것인가에 대한 판단이 불명확한 경우에 부각된다.

2. 윤리적 결정지침

윤리적 딜레마 상황에서 사회복지사는 개인적인 직관적 판단보다는 일관성을 가진 전문적 판단에 근거해야 한다. 그리고 이 판단의 지침은 전문직 내부에서 공유되어야 하고 일관성을 지녀야 한다. 이는 간단한 문제는 아니다.

Reamer는 윤리적 결정지침에 대해 다음과 같이 여섯 가지를 제안한 바 있다(Reamer, 1999: 김상균 외, 2002에서 재인용). 이 지침은 서로 다른 가치들의 충돌상황이 윤리적 갈등에서 어려움의 본질이라 보고, 그러한 상황에서 어떠한 가치 규범이 우선하는가를 검토하여 체계적인 판단을 돕고자 하는 것이다.

첫째, 인간 행위의 필수적 전제조건에 대한 기본적인 위해(생명, 건강, 음식, 주거 등)를 막는 규칙은 거짓말을 하거나 비밀정보를 누설하거나 오락, 교육, 재산과 같은 부가재에 대한 위해를 막는 규칙에 우선한다. 이 지침은 가치와 관련된 규칙들의 우선성을 결정할 때, 인권과 기본적 생존권의 부분에 우선적인 중요성을 부여해야 한다는 의미이다.

둘째, 개인의 기본적 복지권(인간행위의 필수적인 조건 포함)은 타인의 자기결정권에 우선한다. 자기결정권은 특히 사회복지에서 중요하게 여겨지는 고유한 가치규범이다. 하지만 누군가의 자기결정권은 다른 사람의 기본적인 생존권을 침해하지 않는 전제조건 하에서만 의미를 가진다는 것이다.

셋째, 개인의 자기결정권은 그 자신의 기본적 복지권에 우선한다. 이는 한 개인의 자기결정권과 자기자신의 복지권이 충돌상황을 나타낼 때는 자기결정권을 우선한다는 것이다. 앞선 두 번째의 지침과 비교해볼 때, 자기결정은 타인에 대한 복지권을 침해할 수는 없지만 자신에 대한 복지권에는 우선한다는 것이다. 다만, 이 경우 클라이언트의 자기결정을 위해서는 충분하고 이해할 수 있는 정보가 주어지고 외부의 압력 없이 스스로 적절하게 판단할 수 있는 상태와 상황이 조성되어 있어야 한다는 조건이 붙는다.

넷째, 자발적이고 자유롭게 동의한 법률, 규칙, 규정을 준수해야 하는 의무는 이들 법률, 규칙, 규정과 갈등을 일으키는 방식으로 행동하는 개인의 권리에 통상적으로 우선한다. 동의를 하였고 인지하고 있는 규칙을 준수하는 것은 개인이 이를 위반해서 이득을 추구하는 것보다 더 중요하게 여겨져야 한다는 의미이다.

다섯째, 개인의 복지권은 그와 갈등을 일으키는 법률, 규칙, 규정 및 자원 단체들의 협정에 우선한다. 규칙이라고 해도 기본적인 복지권을 침해하는 경우에는 무조건적으로 따라야 하는 것이 아니라는 점이다. 즉, 현실의 규칙을 지키는 것이 클라이언트의 생존권을 침해할 수 있는 심각한 위험을 초래한다면 사회복지사는 규칙 준수에만 집착할 것이 아니라 일차적으로 클라이언트의 생존권을 보장하기 위한 방안부터 강구해야 한다는 것이다.

여섯째, 기아와 같은 기본적 위해를 예방하고 주택, 교육, 공공부조와 같은 공공재를 증진시킬 의무는 개인의 완전한 재산관리권에 우선한다. 자본주의 경제체제에서 개인의 재산권 행사는 고유한 자유권에 해당할 수 있다. 하지만 개인의 재산권은 공익을 침해하거나 다른 사람들의 기본적 복지권을 침해하지는 않는다는 책임성 속에서만 자유롭게 발휘하는 것이 가능하다는 것이다.

3. 윤리적 결정의 과정

사회복지사가 실제로 맞닥뜨리는 윤리적 딜레마 상황은 하나의 지침을 적용하는 것만으로 간단히 해결할 수 없는 복잡한 상황일 경우가 많다. 예를 들어 지역사회 내에 발달장애인을 위한 보호작업장이나 사회복귀시설이 없어서 이를 설치하고자 할 때, 해당 위치의 주택가격 하락을 우려하여 시설설치에 반대하여 공사를 진행하지 못하도록 막는 주민이 있다면 이 자체만으로는 재산권 행사보다 공익이 우선한다고 (비교적 용이하게) 판단할 수 있다. 하지만, 인근의 시설설치가 그 주민이 이전에 맺었던 부동산 계약의 파기로 인해 파산이나 빈곤(기본적 복지권의 위험 상황)을 초래하게 된다면 이는 완전한 재산권 행사의 문제가 아니라 또 다른 기본적 복지권의 문제와 연결될 수도 있다.

공공부조에 따라 생계급여를 수급받고 있는 고령의 클라이언트가 지역사회 내에서 파지를 모아 팔아서 약간의 부수입을 얻고 있을 때, 이를 관공서에 밝힐 경우 생계급여액이 줄어들거나 지원을 받지 못하게 될까 봐 두려워서 숨기고 있다는 사실을 사회복지사가 인지하였다. 이 경우 규칙을 어겨 이득을 보는 권리보다는 법률이나 규칙을 준수하는 것에 우선을 두는 지침을 감안한다면 사회복지사가 이 사실을 숨겨서는 곤란하다. 더구나 부정수급은 복지예산의 제약으로 다른 빈곤층의 생존권을 간접적으로 위협할 수도 있다. 하지만 만약 해당 공공부조 제도가 빈곤층의 생존권을 위협할 수 있을 만큼의 부적절하고 엄격한 제약조건을 가지고 있다고 사회복지사가 판단할 때는 상황이 간단하지 않다. 또한 비밀보장의 원칙을 어겨도 되는 상황에 해당하는가의 판단도 신중하게 해야 한다. 사회복지실천 실제에서 윤리적 딜레마 상황은 매우 복잡한 고려를 해야 하는 경우들이 많다. 따라서 이러한 상황에서는 지침에 못지않게 어떠한 과정을 통해 윤리적 판단을 할 것인가가 중요하다.

김상균 등(2002)은 사회복지사가 윤리적 딜레마 상황에서 어떤 과정을 거쳐 가장 좋은 판단을 내릴 것인가에 대해 Reamer, Lowenberg와 Dolgoff, Congress, Mattison 등의 윤리적 결정 모델을 종합하여 6가지의 절차를 포함한 윤리적 결정 모델을 제시하였다.

1) 윤리적 쟁점과 관련 체계를 확인한다.

당면한 딜레마 상황이 복잡하지만, 윤리적으로 갈등을 유발하고 있는 쟁점은 무엇에 해당하는지를 명확하게 정리해야 한다. 그리고 이 윤리적 쟁점이 누구에게 혹은 어떤 조직에 관련되거나 영향을 미치고 있는지를 확인해야 한다.

2) 가능한 행동 방침들과 관계자 및 잠재적 결과에 대한 가설을 설정한다.

이 윤리적 딜레마 상황에서 사회복지사가 취할 수 있는 행동이나 결정이 무엇이 있는지, 그리고 이 선택들은 어떤 결과로 이어질 수 있는지에 대해 예측하여야 한다. 잠재적 선택별로 나타날 수 있는 결과를 가설로 정리해 보아야 한다.

3) 행동 방침들의 정당성을 면밀히 검토한다(법률과 규칙, 윤리강령, 윤리적 결정지침과 원칙, 사회복지실천 이론과 원칙, 개인적 가치 등을 고려한다).

윤리적 딜레마를 해결하기 위해 참조할 수 있는 지침들의 내용을 검토해야 한다. 여기에는 앞서 살펴보았던 Reamer의 윤리적 결정 지침과 같은 것들이 포함된다. 또한 딜레마 상황에 관련되는 법률, 사회복지사 윤리강령, 사회복지실천 이론이나 기술에서의 관련 사항들을 검토하여야 한다. 이 검토가 면밀히 이루어지기 전에 급하게 즉흥적으로 행동 방향을 선택해서는 곤란하다.

4) 동료 또는 관련 전문가에게 자문을 구한다.

대개의 윤리적 딜레마 상황은 과거의 사회복지실천 과정에서 비슷한 경험이 누군가에게, 혹은 어떤 조직에게 축적되어 있을 수 있다. 동료나 상사(슈퍼바이저), 혹은 관련 전문가에게 자문을 구함으로써 유용한 선행경험이나 정보를 얻을 수 있다. 자문 과정을 통해 판단과정에 필요한 추가적 고려사항이 확인되는 경우도 많다. 딜레마 상황으로 인식되는 경우에 혼자의 개인적 판단에만 의존하는 것은 좋지 않다.

5) 결정을 하고 결정 과정을 문서화한다.

윤리적 딜레마 상황은 아무런 결정이나 선택 없이 계속 유보될 수 있는 것이 아니다. 그리고 정보의 수집이나 판단을 위한 진전이 없는 상황에서 시간을 끄는 것은 문제 해결에 도움이 되지 않는다. 그 때문에 절차 이행을 위해 신중하고 충분한 고려가 이루어졌다고 여겨지면 반드시 결정을 수행해야만 한다. 이때, 윤리적 딜레마 해결을 위해 이루어진 결정 과정은 서면으로 정리되고 가급적 공식적 문서로 남겨야 한다. 이 서면화된 결정 과정과 내용은 현재의 딜레마 상황에서 더 좋은 결정의 가능성도 높일 뿐만 아니라 미래의 윤리적 딜레마를 다루는 데에도 도움이 된다. 이 문서화 과정은 윤리적 딜레마를 다루는 데 매우 중요한 본질적 원칙으로 여겨지고 있다.

6) 실행 결과를 평가하고 부수적인 문제를 확인하여 문서화한다.

윤리적 딜레마를 다루기 위해 이루어진 결정에 따라 조치를 실행하였으면 긍정적이건 부정적이건 그 결정의 결과를 평가하여야 한다. 그리고 많은 경우 윤리적 딜레마를 다루는 상황에서는 최선이라 판단했던 조치를 실행했음에도 불구하고 예상하지 못했던 부작용이 나타나기도 한다. 이 부작용을 포함하여 윤리적 딜레마를 다루기 위한 조치의 실행 결과를 윤리적 결정 과정의 문서화 내용에 포함시켜야 한다.

4 절 사회복지사 윤리강령

실천가로서 사회복지사는 자신이 기반해야 할 실천가로서의 윤리기준을 지녀야 한다. 이는 개인의 주관적 가치로만 이루어질 수는 없기 때문에 전문직업적 측면에서 윤리강령이 설정되어 있다. 우리나라의 경우 한국사회복지사협회에서 사회복지사 윤리강령을 고시하고 있다. 우리나라의 윤리강령은 1973년 처음 제정된 이래 4차에 걸쳐 개정이 이루어진 바 있다. 우리나라 사회복지사 윤리강령은 전문과 윤리기준으로 구성되어 있다. 윤리기준은 다시 사회복지사의 기본적 윤리기준, 클라이언트에 대한 윤리기준, 동료에 대한 윤리기준, 사회에 대한 윤리기준, 기관에 대한 윤리기준, 사회복지윤리위원회의 구성과 운영에 대한 여섯 개의 장으로 구성되어 있다.

사회복지사 윤리강령(2021. 7. 5.)

〈전문〉

사회복지사는 인본주의 · 평등주의 사상에 기초하여, 모든 인간의 존엄성과 가치를 존중하고 천부의 자유권과 생존권의 보장 활동에 헌신한다.

특히 사회적 · 경제적 약자들의 편에 서서 사회정의와 평등 · 자유와 민주주의 가치를 실현하는 데 앞장선다. 또한, 도움을 필요로 하는 사람들의 사회적 지위와 기능을 향상시키기 위해 저들과 함께 일하며, 사회제도 개선과 관련된 제반 활동에 주도적으로 참여한다. 사회복지사는 개인의 주체성과 자기 결정권을 보장하는 데 최선을 다하고, 어떠한 여건에서도 개인이 부당하게 희생되는 일이 없도록 한다.

이러한 사명을 실천하기 위하여 전문적 지식과 기술을 개발하고, 사회적 가치를 실현하는 전문가로서의 능력과 품위를 유지하기 위해 노력한다. 이에 우리는 클라이언트 · 동료 · 기관 그리고, 지역사회 및 전체사회와 관련된 사회복지사의 행위와 활동을 판단 · 평가하며 인도하는 윤리기준을 다음과 같이 선언하고 이를 준수할 것을 다짐한다.

〈윤리기준〉

1. 사회복지사의 기본적 윤리기준

1. 전문가로서의 자세

1) 사회복지사는 전문가로서의 품위와 자질을 유지하고, 자신이 맡고 있는 업무에 대해 책임을 진다.

2) 사회복지사는 클라이언트의 종교 · 인종 · 성 · 연령 · 국적 · 결혼상태 · 성적 지향 · 경제적 지위 · 정치적 신념 · 정신, 신체적 장애 · 기타 개인적 선호, 특징, 조건, 지위를 이유로 차별 대우를 하지 않는다.

3) 사회복지사는 전문가로서 성실하고 공정하게 업무를 수행하며, 이 과정에서 어떠한 부당한 압력에도 타협하지 않는다.

4) 사회복지사는 사회정의 실현과 클라이언트의 복지증진에 헌신하며, 이를 위한 환경 조성을 국가와 사회에 요구해야 한다.

5) 사회복지사는 전문적 가치와 판단에 따라 업무를 수행함에 있어, 기관 내외로부터 부당한 간섭이나 압력을 받지 않는다.

6) 사회복지사는 자신의 이익을 위해 사회복지 전문직의 가치와 권위를 훼손해서는 안 된다.

7) 사회복지사는 한국사회복지사협회 등 전문가단체 활동에 적극 참여하여, 사회정의 실현과 사회복지사의 권익 옹호를 위해 노력해야 한다.

2. 전문성 개발을 위한 노력

1) 사회복지사는 클라이언트에게 최상의 서비스를 제공하기 위해, 지식과 기술을 개발하는 데 최선을 다하며 이를 활용하고 전파할 책임이 있다.

2) 클라이언트를 대상으로 연구하는 사회복지사는 저들의 권리를 보장하기 위해, 자발적이고 고지된 동의를 얻어야 한다.

3) 연구 과정에서 얻은 정보는 비밀보장의 원칙에서 다루어져야 하고, 이 과정에서 클라이언트는 신체적, 정신적 불편이나 위험 · 위해 등으로부터 보호되어야 한다.

4) 사회복지사는 전문성을 개발하기 위해 노력하되, 이를 이유로 서비스의 제공을 소홀히 해서는 안 된다.

5) 사회복지사는 한국사회복지사협회 등이 실시하는 제반 교육에 적극 참여하여야 한다.

3. 경제적 이득에 대한 태도

1) 사회복지사는 클라이언트의 지불 능력에 상관없이 서비스를 제공해야 하며, 이를 이유로 차별대우를 해서는 안 된다.

2) 사회복지사는 필요한 경우에 제공된 서비스에 대해, 공정하고 합리적으로 이용료를 책정해야 한다.

3) 사회복지사는 업무와 관련하여 정당하지 않은 방법으로 경제적 이득을 취하여서는 안 된다.

2. 사회복지사의 클라이언트에 대한 윤리기준

1. 클라이언트와의 관계

1) 사회복지사는 클라이언트의 권익 옹호를 최우선의 가치로 삼고 행동한다.

2) 사회복지사는 클라이언트에 대하여 인간으로서의 존엄성을 존중해야 하며, 전문적 기술과 능력을 최대한 발휘한다.

3) 사회복지사는 클라이언트가 자기 결정권을 최대한 행사할 수 있도록 도와야 하며, 저들의 이익을 최대한 대변해야 한다.

4) 사회복지사는 클라이언트의 사생활을 존중하고 보호하며, 직무 수행과정에서 얻은 정보에 대해 철저하게 비밀을 유지해야 한다.

5) 사회복지사는 클라이언트가 받는 서비스의 범위와 내용에 대해, 정확하고 충분한 정보를 제공함으로써 알 권리를 인정하고 존중해야 한다.

6) 사회복지사는 문서 · 사진 · 컴퓨터 파일 등의 형태로 된 클라이언트의 정보에 대해 비밀보장의 한계 · 정보를 얻어야 하는 목적 및 활용에 대해 구체적으로 알려야 하며, 정보 공개 시에는 동의를 얻어야 한다.

7) 사회복지사는 개인적 이익을 위해 클라이언트와의 전문적 관계를 이용하여서는 안 된다.

8) 사회복지사는 어떠한 상황에서도 클라이언트와 부적절한 성적 관계를 가져서는 안 된다.

9) 사회복지사는 사회복지 증진을 위한 환경 조성에 클라이언트를 동반자로 인정하고 함께 일해야 한다.

2. 동료의 클라이언트와의 관계

1) 사회복지사는 적법하고도 적절한 논의 없이 동료 혹은, 다른 기관의 클라이언트와 전문적 관계를 맺어서는 안 된다.

2) 사회복지사는 긴급한 사정으로 인해 동료의 클라이언트를 맡게 된 경우, 자신의 의뢰인처럼 관심을 갖고 서비스를 제공한다.

3. 사회복지사의 동료에 대한 윤리기준

1. 동료

1) 사회복지사는 존중과 신뢰로서 동료를 대하며, 전문가로서의 지위와 인격을 훼손하는 언행을 하지 않는다.

2) 사회복지사는 사회복지 전문직의 이익과 권익을 증진시키기 위해 동료와 협력해야 한다.

3) 사회복지사는 동료의 윤리적이고 전문적인 행위를 촉진시켜야 하며, 이에 반하는 경우에는 제반 법률규정이나 윤리기준에 따라 대처해야 한다.

4) 사회복지사가 전문적인 판단과 실천이 미흡하여 문제를 야기시켰을 때에는, 적절한 조치를 취하여 클라이언트의 이익을 보호해야 한다.

5) 사회복지사는 전문직 내 다른 구성원이 행한 비윤리적 행위에 대해, 제반 법률규정이나 윤리기준에 따라 조치를 취해야 한다.

6) 사회복지사는 동료 및 타 전문직 동료의 직무 가치와 내용을 인정 · 이해하며, 상호 간에 민주적인 직무 관계를 이루도록 노력해야 한다.

2. 슈퍼바이저

1) 슈퍼바이저는 개인적인 이익의 추구를 위해 자신의 지위를 이용해서는 안 된다.

2) 슈퍼바이저는 전문적 기준에 의해 공정하게 책임을 수행하며, 사회복지사 · 수련생 및 실습생에 대한 평가는 저들과 공유해야 한다.

3) 사회복지사는 슈퍼바이저의 전문적 지도와 조언을 존중해야 하며, 슈퍼바이저는 사회복지사의 전문적 업무수행을 도와야 한다.

4) 슈퍼바이저는 사회복지사 · 수련생 및 실습생에 대해 인격적 · 성적으로 수치심을 주는 행위를 해서는 안 된다.

4. 사회복지사의 사회에 대한 윤리기준

1) 사회복지사는 인권존중과 인간 평등을 위해 헌신해야 하며, 사회적 약자를 옹호하고 대변하는 일을 주도해야 한다.

2) 사회복지사는 필요한 사회서비스를 개발하기 위한 사회정책의 수립 · 발전 · 입법 · 집행에 적극적으로 참여하고 지원해야 한다.

3) 사회복지사는 사회환경을 개선하고 사회정의를 증진시키기 위한 사회정책의 수립 · 발전 · 입법 · 집행을 요구하고 옹호해야 한다.

4) 사회복지사는 자신이 일하는 지역사회의 문제를 이해하고, 그것을 해결하는 일에 적극적으로 참여해야 한다.

5. 사회복지사의 기관에 대한 윤리기준

1) 사회복지사는 기관의 정책과 사업 목표의 달성 · 서비스의 효율성과 효과성의 증진을 위해 노력함으로써, 클라이언트에게 이익이 되도록 해야 한다.

2) 사회복지사는 기관의 부당한 정책이나 요구에 대하여, 전문직의 가치와 지식을 근거로 이에 대응하고 즉시 사회복지윤리위원회에 보고해야 한다.

3) 사회복지사는 소속기관 활동에 적극 참여함으로써, 기관의 성장발전을 위해 노력해야 한다.

6. 사회복지윤리위원회의 구성과 운영

1) 한국사회복지사협회는 사회복지윤리위원회를 구성하여, 사회복지윤리실천의 질적인 향상을 도모하여야 한다.

2) 사회복지윤리위원회는 윤리강령을 위배하거나 침해하는 행위를 접수받아, 공식적인 절차를 통해 대처하여야 한다.

3) 사회복지사는 한국사회복사협회의 윤리적 권고와 결정을 존중하여야 한다.

사회복지사 윤리강령의 내용은 사회복지사로서 사회복지 분야에서 활동하게 될 경우 공유해야 할 윤리적 지침이 제시된 것이다. 이 내용 중 대부분은 누구나 동의할 수 있는 일반화된 윤리적 지침에 해당할 것이다. 하지만 사람에 따라서는 낯선 내용이 포함되어 있다고 느낄 수도 있다. 윤리강령의 내용 중 다른 기관이나 사회복지사의 클라이언트에게 (단순한 호의였다고 해도) 전문적 원조를 제공하는 것은 부적절하다는 것, (모두에게 객관적이고 중립적 입장으로 대하는 것이 아니라) 사회적 약자를 대변하고 옹호하는 것, 슈퍼바이저는 실습이나 수련에서의 평가 결과를 대상자와 공유해야 한다는 것 등은 일반 상식적 수준에서는 예측하기 어려운 윤리적 지침일 수 있다. 윤리강령의 내용 역시 절대적이거나 고정된 것은 아니고 시대나 사회적 변화에 따라 바뀌는 것이다. 하지만 윤리강령의 내용에 동의하는가의 여부는 사회복지사로서 일할 수 있는 기본적 전제조건이 되므로 사회복지를 공부하는 사람이라면 반드시 윤리강령을 숙지해야 한다.

제 4 장

복지국가

우리 사회에서도 복지국가란 용어는 크게 낯설지 않다. 많은 정치인들이 우리나라가 지향해야 할 비전으로 복지국가를 이야기하기도 하고, 신문이나 TV 등 언론 매체들도 복지국가라는 표현을 자주 사용한다.

그럼에도 불구하고 막상 복지국가가 어떤 나라인가라는 질문을 받으면, 대답하기는 쉽지 않을 것이다. 산업화된 모든 국가를 복지국가라고 말하는 사람들이 있는가(Baldwin, 1996) 하면, 어떤 사람들은 서구 선진 자본주의 국가를 복지국가(Gough, 1979; 김연명, 이승욱, 2010)로 지칭하기도 한다. 이렇게 복지국가에 대한 생각은 사람들마다 다르고, 구체적으로 복지국가가 어떤 특징을 갖고 있는지, 그리고 현재는 어떤 모습을 보이는지에 대해 보통 사람들은 잘 알지 못한다.

이 장은 복지국가에 대한 기초적인 이해를 돕고자 한다. 복지국가가 무엇이고, 복지국가는 어떻게 형성되어 변화 발전하였으며, 위기 이후 복지국가는 어떻게 재편되었는지 등을 복지국가의 역사를 고찰함으로서 이해하고자 한다. 모든 복지국가의 모습이 다 같지는 않다. 스웨덴과 같이 상대적으로 사회복지가 크게 발전된 복지국가가 있는가 하면, 미국과 같이 국가의 복지수준이 상대적으로 떨어지는 복지국가들도 있다. 이렇게 복지국가의 다양한 모습들을 몇 가지로 유형화하여 살펴봄으로서 복지국가의 다양성 그리고 복지국가간 차이 등을 살펴 볼 것이다. 끝으로 현재 복지국가를 둘러싼 환경을 살펴봄으로서 복지국가의 미래를 전망해 보고자 한다.

1 절 복지국가의 정의

복지국가가 무엇인가에 대한 합의된 정의는 존재하지 않는다. 다만, 지금까지 복지국가에 관한 논의들을 보면, 다음과 같은 세가지 차원으로 복지국가가 정의되어 사용되고 있다(손병돈, 1998).

1. 사회복지가 발전된 국가

복지국가를 사회복지가 발전된 국가라고 정의하는 대표적인 사람은 윌렌스키 Wilensky이다. 그는 복지국가를 자선이 아닌 정치적 권리로 모든 국민에게 최소한의 수입, 영양, 건강, 주택 그리고 교육을 보장하는 국가라고 정의하였다(Wilensky, 1975). 그의 복지국가 정의에서 핵심은 모든 국민에게 최소 생활보장까지 국가가 복지를 권리로 제공해야 한다는 것이다. 요컨대 윌렌스키의 복지국가 정의는 국가가 제공하는 복지수준이 일정 수준 이상인 국가를 의미한다. 그는 1966년 당시 GNP에서 사회보장비가 차지하는 수준을 가지고 복지국가를 선진 복지국가the welfare-state leaders, 중진 지출국middle-rank spenders, 후진 복지국가the welfare-state laggards로 구분하였다(Wilensky, 1975). GNP에서 사회보장비가 차지하는 비율이 15%를 넘으면 선진복지국가로 정의하고, 여기에는 서독, 네널란드,프랑스, 스웨덴 등이 속하며, 중진지출국은 GNP에서 사회보장비가 차지하는 비율이 10-15%인 국가를 말하는데, 이에는 영국, 핀란드, 소련, 캐나다 등이 포함되며, 후진 복지국가는 그 비율이 10% 미만인 국가로서 스위스, 미국, 일본 등의 국가가 포함된다. 이러한 복지국가 정의는 단순히 국가의 복지 지출수준만을 기준으로 하여 복지국가 여부를 판단하고, 사회체제와는 무관하게 복지국가를 정의한다. 사회주의 국가든, 자본주의 국가든 국가가 제공하는 복지수준만 높다면, 복지국가라 할 수 있다. 일반적으로 언론이나 보통 사람들이 사용하는 복지국가라는 용어는 이렇게 사회복지가 발전된 국가를 뜻하는 경우가 많다.

2. 케인지언 이즘Keynesianism에 기반한 자본주의의 발전모델

복지국가에 대한 또 다른 정의는 복지국가를 케인즈 경제이론에 입각한 자본주의의 발전모델로 규정하는 것이다. 많은 학자들이 이러한 관점에서 복지국가를 설명하고 있다. 대표적인 학자로 브릭스Briggs, 제솝Jessop, 미쉬라Mishra 등을 들 수 있다.

앞에서 살펴 본 복지국가에 대한 정의인 사회복지가 발전된 국가라는 관점은 복지국가는 사회체제와 무관하게 정의될 수 있는데 반해, 이 관점에서 복지국가는 명백히 자본주의라는 사회체제 내에 존재하는 하나의 국가형태인 것이다.

제솝Jessop은 복지국가를 포디즘Fordism하의 이상적인 국가, 즉 케인지언 복지국가Keynesian Welfare State를 의미하며, 케인지언 복지국가의 주요한 기능이 민족국가내에서 유효수요의 관리를 통해 완전고용을 보장하고, 경제성장의 성과물을 전국민들이 공유하게 하는 것이라고 규정하고 있다(Jessop, 1994). 또한 브릭스는 자본주의 사회에서 시장을 수정하기 위하여 국가 권력을 가지고, 모든 국민에게 복지를 제공하는 국가라는 의미로 복지국가를 바라보고 있다(Briggs, 1961).

케인지언이즘은 자유방임자본주의 시대에 경험했던 공황 같은 시장 실패를 수정하기 위하여 국가가 시장에 항상 개입하여, 유효수요를 관리함으로서 자본주의의 안정적인 발전을 꾀하는 경제이론이다. 유효수요를 관리하는 주요한 정책 수단 중에 하나가 사회복지이다. 그러므로 복지국가를 케인지언이즘에 기반한 자본주의의 발전모델이라고 보는 관점은 복지국가를 자본주의, 특히 자유방임주의의 한계가 노출된 후 시장에 대한 국가개입이 제도적으로 구조적으로 이루어지는 수정자본주의 시대에 조응하는 국가 형태 중 하나인 것이다. 그러한 국가는 국민의 복지에 대해 많은 책임을 수행하므로, 사회복지가 발달한다. 사실상 1930년 세계 대공황이후 서구 선진 자본주의 국가들은 케인지언이즘에 기초하여 시장에 대한 국가개입이 항상 이루어졌고, 국민들의 기본적인 삶을 사회복지제도를 통해 보장하여 왔다. 그런 점에서 1930년대 이후 서구 선진 자본주의 국가들을 복지국가로 지칭한다고 해도 크게 잘못된 것은 아니라 할 수 있다.

3. 이상사회로서의 복지국가

이는 복지국가를 하나의 이상국가 내지 이상사회로 바라보는 것이다. 대표적인 사람이 롭슨Robson이다. 그는 사회, 경제적 상황, 노동조건, 환경, 오락시설 그리고 예술의 개발 등 국민생활 전반에서 바람직한 상태를 복지라고 규정하고 있는데, 복지국가를 이러한 이상적인 복지 실현에 전념하는 국가로 규정하고 있다(Robson, 1976; 손병돈, 1998). 이렇게 롭슨은 복지국가를 하나의 이상국가로 바라보고 있는데, 이러한 이상국가의 건설은 국가의 정책적, 제도적 노력뿐만 아니라 우애, 공공의식 등 국민들의 연대의식이 충만할 때 가능하다고 지적한다.

이와 같이 복지국가에 대한 세 가지 정의 내지 관점을 살펴보았는데, 세 번째 이상국가로서 복지국가를 바라보는 관점은 보편적이지는 않다. 많은 연구자들이나 언론에서 복지국가를 지칭하는 경우는 사회복지가 발달된 국가 또는 수정자본주의 체제라는 틀 내에서 사회복지가 발달된 국가인 케인지언 이즘에 기반한 자본주의의 한 발전모델이라는 의미로 사용하고 있다.

2 절 복지국가의 역사

복지국가를 보다 잘 이해하기 위해서는 복지국가를 역사적으로 살펴볼 필요가 있다. 전체 사회복지의 역사 속에서 복지국가가 갖는 위상을 이해하기 위하여 복지국가가 형성되기 이전 시대의 사회복지 역사를 간략히 살펴 본 후, 복지국의 역사를 살펴본다.

1. 복지국가 이전의 사회복지

인류의 역사를 복지의 관점에서 살펴본다면, 초기 사회복지의 역사는 민간에 의한 복지활동이 중심을 이루고, 국가에 의한 복지활동은 예외적으로, 부분적으로 이루어 졌다. 인류 역사의 초기인 원시사회 및 고대 사회에서 복지활동은 가족이나 친족, 이웃 등 비공식 집단들에 의해 주로 이루어 졌다.

유럽의 역사에서 국가가 사회복지 활동을 제도적인 형태로 시작한 것은 14세기에 들어서부터 이다. 중세 봉건제가 붕괴되며, 자본주의의 초기 형태가 맹아적으로 형성되기 시작하던 중상주의 시대에 빈민들에 대한 통제를 목적으로 하는 빈민법 the Poor Law이 만들어지며, 국가에 의한 사회복지가 시작되었다. 이 시기는 봉건제가 붕괴되고, 자본제가 형성되기 시작하는 과도기 시대이므로 사회가 혼란스러웠다. 특히 농지에서 쫓겨난 빈민들인 많은 유랑민들이 이리 저리 떠돌아다님에 따라 사회가 불안정하고, 혼란스러웠는데, 이러한 빈민들을 구제를 통해 통제할 목적으로 빈민법들이 제정되었다. 빈민법은 빈민들을 수용하여, 최소한의 구제를 제공함으로서 이들이 사회혼란을 야기하지 않도록 통제하는 것이 목적이었다(감정기, 최원규, 진재문, 2002).

이 시기 대표적인 영국의 빈민법인 1601년 엘리자베스 빈민법Elizabethan Poor Law

은 일할 수 있는 빈민들에 대해서는 강제노역시설인 작업장workhouse에 수용하여 강제 노역을 시키고, 최소한의 음식을 제공하여 구제하였고, 일할 수 없는 노인, 장애인과 과 같은 사람들에겐 구빈원almshouse이라는 구제시설에 수용하여, 최소한의 구제를 제공하였다. 이러한 빈민법은 14세기에서 18세기에 이르는 동안 여러 형태로 다양하게 만들어 졌다(감정기, 최원규, 진재문, 2002).

19세기 들어 자본주의가 지배적인 사회체제로 자리잡음에 따라 빈민법에 의한 빈민구제도 그에 맞게 변화하였다. 자본주의는 자조의 정신이 지배적인 가치이므로, 자본주의가 확립된 이후 국가는 빈민법을 통해 일할 수 없는 사람들을 중심으로 최소한의 복지 제공으로 한정하려 하였다. 대신에 민간차원의 자선기관들에 의한 복지활동이 활발하게 전개되었다. 자본주의가 확립됨에 따라 신흥 자본가들이 대거 등장하였고, 이들의 기부활동이 활발하였으며, 그에 따라 민간차원의 많은 자선기관이 만들어졌다. 이러한 자선기관들에 의한 민간 복지활동이 활발하게 전개되었다.

기본적으로 이 시기까지 사회복지는 스스로의 힘으로 살아갈 수 없는 사람들을 대상으로 한시적으로 제공되었다. 빈곤 등 사회복지의 문제는 개인적인 문제이며, 따라서 개인이나 가족의 책임으로 간주되었다. 국가의 역할은 치안유지, 국방 등의 역할에만 한정되고, 경제활동은 시장의 자유에 맡겨졌다. 소위 '보이지 않는 손'으로 일컬어지는 시장에 대한 절대적인 믿음을 가지고 시장의 효율성을 맹신하던 시대이다. 그렇기 때문에 이 시기까지 사회복지는 시장에서 도태된 사람들을 대상으로 매우 한정된 역할에 그쳤다.

2. 복지국가의 형성 및 발전

복지국가의 시작을 언제부터라고 볼 지는 논란이 될 수 있다. 앞의 복지국가 정의에서 살펴보았듯이 가장 보편적인 복지국가의 정의가 시장 자본주의의 불안정성에 대한 대응으로 케인지언이즘에 기반한 자본주의의 발전모델이라는 점에 근거한다면, 복지국가의 시작은 자본주의의 불안정성과 그에 대한 국가복지의 제도화라는 점에서 찾을 수 있다.

1) 세계 대공황과 복지국가의 형성

초기 자본주의는 시장에 모든 것을 맡기는 자유방임 자본주의였다. 그 결과 주기적으로 크고, 작은 불황이나 공황이 발생하여, 자본주의가 불안정한 사회체제라는 점을 드러냈다. 특히 독일은 후발 자본주의국가로서 관료주도에 의한 압축적인 자본주의화 과정을 겪고 있어서, 자본주의의 불안정성이 더 크게 나타났고 산업화 과정의 여러 가지 사회문제들도 함께 발생하였다. 그에 따라 독일 자본주의의 불안정성은 더욱 증폭되어 나타났다. 더욱이 그 당시 유럽 대륙에서 사회주의자들에 의한 사회주의 운동이 활발하게 전개되고 있었다. 이러한 배경하에서 세계에서 처음으로 1880년대에 독일에서 사회보험이 도입되었다. 사회보험의 도입은 기존 빈민법과 완전히 상이한 차원에서 국가가 사회복지에 개입함을 의미한다. 빈민법은 구제의 차원에서 스스로 살아가지 못하는 사람들에게 일시적으로 개입한 것이라면, 사회보험은 자본주의 사회에서 누구나 겪을 수 있는 사회적 위험들인 실업, 질병, 노령, 산재 등에 대한 제도적 대응으로서 사회복지에 대한 국가개입이 항시적으로 제도적으로 이루어진다는 것을 의미한다. 이렇게 독일에서 1880년대에 사회보험이 처음으로 도입되었는데, 이는 시장 자본주의의 불안정성에 대해 국가가 처음으로 사회복지의 제도화를 통해 개입하였다는 것을 의미한다. 그런 점에서 이를 복지국가의 시작으로 보기도 한다(김태성, 성경륭, 2001).

이때까지 시장자본주의의 불안정성이 자본주의의 체제를 위협할 만큼 전면화된 것은 아니었으며, 그리하여 시장에 대한 국가 개입이 모든 자본주의 국가에서 제도적으로, 항시적으로 이루어지지도 않았다.

전 지구적 차원에서 시장 자본주의의 불안정성이 드러난 것은 1920년대 말 세계 대공황이다. 제1차 세계대전으로 엄청난 호황을 누렸던 자본주의 시장경제는 1920년대 말 세계대공황으로 붕괴직전까지 갈 정도로 심각한 불안정성을 노출하였다. 세계 대공황의 여파는 세계 무역을 60% 정도나 감소시켰고, 미국의 실질 GNP를 1/3 정도 감소시켰으며, 1930년대 10년간 평균 실업율이 18%에 이를 정도로 엄청났다(Rimlinger, 1991). 이러한 시장 자본주의의 불안정은 미국에서만 나타난 것이 아니고 전 세계적 차원에서 나타난 것으로 자본주의를 시장에만 맡겨놓을 때, 그것이 효율적으로 작동하지 못함으로서 자본주의가 유지되지 못할 수도 있음을 보여준 것이었다. 이러한 시장의 한계에 대한 대응으로 나온 경제이론이 케인즈의 유효수요이론이다. 케인즈의 유효수요이론은 국가가 재정정책이나 금융정책 및 사회복지 정책 등을 통해 시장에 항시적으로 개입하여, 유효 수요를 관리하고 시장의 불안정성에 대응함으로서 자본주의의 안정적 발전을 꾀하는 경제이론이다. 케인즈의 유효수요이론의 한 축을 구성하는 것이 사회복지제도이다. 국가가 사회적 위험에 대한 대응으로 사회복지를 제도화하면, 경제가 지나치게 호황일 때는 조세와 보험료 징수를 통해 자동적으로 소비를 줄여주고, 경제가 불황에 빠지면 사회복지제도를 통해 노인, 빈자, 실업자 등 사회복지를 필요로 하는 사람들에게 사회복지를 제공함으로서 소비를 확대하는 등 유효수요를 관리한다.

이렇게 세계 대공황 이후 선진 자본주의 국가들은 케인즈의 유효수요이론을 채택함으로서 자유방임자본주의 시대는 끝나고, 국가가 시장에 항시적으로 개입하는 수정자본주의 시대가 시작되었다. 시장의 불안정성을 조절하는 국가의 정책 중 하나가 사회복지정책이다. 그런 점에서 세계대공황 이후를 복지국가의 시작으로 볼 수 있다.

세계 대공황과 함께 제1, 2차 세계대전 그리고 사회주의 국가의 등장도 복지국가의 형성에 영향을 미친 요인으로 지적된다(감정기, 최원규, 진재문, 2002). 두 번의 세계대전으로 재산의 손실, 가구주의 사망 등으로 전쟁 고아 및 미망인 등 사회복지를 필요로 하는 수많은 사람들을 발생시켰으며, 전쟁과정에서 형성된 사회적 연대의식 그리고 국가의 행정능력이 강화된 점도 제2차 세계대전 이후 서구 자본주의 국가들이 사회복지를 확대하고, 그것을 제도적으로 실행하는 것을 가능하게 한 요인이다(감정기, 최원규, 진재문, 2002). 복지국가의 사회복지 관련 틀을 만드는데 가장 많이 기여한 것으로 평가되는 베버리지 보고서는 영국이 제2차 세계대전 후 전후 복구를 위한 마스터 플랜차원으로 준비된 보고서인데, 그것의 주 내용이 사회보험을 중심으로 영국 사회보장의 틀을 형성하여, 영국 사회를 재건하는 것이었다.

소련에서 1917년 볼세비키 혁명을 통한 사회주의 국가의 형성도 복지국가 형성에 중요한 영향을 미친 요인으로 평가된다. 사회주의 국가인 소련은 국가가 모든 국민에게 기본적인 생활을 보장함으로서 국민들의 모든 삶을 자유방입적 시장에 맡기고, 사회적 위험으로부터 국민들을 보호하지 않는 자본주의 국가들과 대비되었다. 사회주의는 자본주의의 대안으로 제시되는 국가체제라는 점에서 자본주의 국가에게 일종의 체제 위협요인으로 작용하였다. 그런 점에서 사회주의 국가의 등장과 확산도 복지국가의 형성에 기여한 요인으로 평가된다.

이상과 같이 1930년대 세계대공황 이후 대부분의 선진 자본주의 국가가 자유방임자본주의 국가에서 시장에 대한 국가의 개입이 제도적으로, 정책적으로 항상 이루어지는 수정자본주의 국가로 이행하였다는 점에서 그 시점을 복지국가의 시작이라고 볼 수 있다. 하지만 세계대공황 이후 제2차 세계대전이 일어나 전쟁속에 있었다는 점에서 사회복지의 제도화와 확산은 일정 정도 한계가 있었다. 제2차 세계대전이 끝난 이후 사회복지의 제도화가 본격적으로 이루어졌다는 점에서, 제2차 세계대전 이후 서유럽 국가들에서 복지국가가 보편적으로 확립되었다고 보는 것이 일반적이라 할 수 있다(김상균, 1987).

2) 복지국가의 황금기

제2차 세계대전 이후인 1945년에서 1970년대 초까지의 시기를 '복지국가의 황금기the golden age of welfare state'라 부른다. 그것은 이 시기에 안정적 경제발전을 토대로 하여 복지국가의 모든 측면에서의 발전이 극대화되었기 때문이다. 이 시기에 사회복지가 얼마나 비약적으로 확대되었는지는 여러 가지 측면에서 확인할 수 있다. [표 4-1]을 보면, 이 시기에 서구 선진 자본주의 국가들의 사회복지 지출이 매우 크게 증가하였음을 알 수 있다.

[표 4-1] 서구 선진 자본주의 국가의 GDP 대비 사회지출 비율: 1960-1975

	1960년	1975년
캐나다	11.2	20.1
프랑스	14.4	26.2
독일	17.1	27.8
이탈리아	13.7	20.6
일본	7.6	13.7
영국	12.4	19.6
미국	9.9	18.7
호주	10.2	18.8
오스트리아	17.9	24.5
벨기에	17.6	34.5
덴마크	–	32.4

	1960년	1975년
핀란드	15.4	23.3
그리스	8.4	10.6
아일랜드	11.7	23.1
네덜란드	16.2	37.1
뉴질랜드	13.0	16.3
노르웨이	11.7	26.2
스웨덴	15.4	26.8
스위스	8.0	19.1
평균	12.5	23.1

출처: OECD, 1988;Pierson, 1991;김태성 성경륭, 1993; 이인재 외, 1999; 감정기, 최원규, 진재문, 2002.

1960년도에 평균 GDP 대비 사회복지 지출은 12.5%였는데, 15년 후인 1975년에는 23.1%로 거의 두 배 증가하였다. 벨기에, 네덜란드, 덴마크의 경우, 1975년 사회복지지출은 GDP의 1/3에 이를 정도로 많다.

이 시기에 사회복지가 크게 확대되었다는 것은 사회복지지출의 규모 측면뿐만 아니라 사회복지제도의 적용범위라는 측면에서도 확인할 수 있다. 1930년대 초까지 서유럽에서 노동인구의 절반만이 재해, 질병, 폐질, 노령보험에 적용되었고, 20%만이 실업보험에 적용되었다. 그런데 1970년대 중반에는 노동인구의 약 90% 이상이 질병, 폐질, 노령 관련 사회보험에 적용되었으며, 약 80%가 재해보험, 60%가 실업보험에 적용될 정도로 사회복지의 적용대상이 보편화되었다(Pierson, 1991; 감정기, 최원규, 진재문, 2002).

이렇게 서유럽 대부분의 국가들이 복지국가의 황금기 동안에 실업보험, 노령연금, 의료보장, 산업재해보험 등의 사회보험이 전국민을 포괄할 정도로 제도적으로 성숙되었으며, 그 외의 사회복지서비스도 크게 확대되어, 1970년대 중반에 이르러는 사회복지는 국가 지출의 가장 큰 부문이 될 정도로 성장하였다.

복지국가의 황금기 동안 복지국가가 크게 성장할 수 있었던 것은 안정적인 경제성장, 완전고용 및 정치 사회적 합의가 기반이 되었는데, 이러한 세가지 조건은 케인지언 복지국가 유지의 핵심 축으로 간주된다.

1950−1970년대 초 시기 동안 서구 자본주의 국가들은 엄청난 경제적 도약을 이

루었다. [표 4–2]에서 보는 바와 같이 주요 OECD국가들은 1950–1960년 시기 동안 연평균 4.4%, 1960–1973년 시기에는 연 평균 5.5% 실질 GNP 성장률을 기록할 정도로 복지국가의 황금기 동안 매우 높은 경제성장을 이룩하였다. 1973–1981년 시기 경제성장율은 이 시기의 절반내지 그 이하 수준에 불과하다는 점을 고려하면, 이 시기에 서구 복지국가들의 경제성장이 얼마나 크게 이루어졌는지 알 수 있다.

[표 4–2] 7개 주요 OECD 국가들의 연평균 GNP 성장률: 1950–1981년

	1950–1960	1960–1973	1973–1981
캐나다	4.0	5.6	2.8
프랑스	4.5	5.6	2.6
독일(서독)	7.8	4.5	2.0
이탈리아	5.8	5.2	2.4
일본	10.9	10.4	3.6
영국	2.3	3.1	0.5
미국	3.3	4.2	2.3
평균	4.4	5.5	2.3

출처: Pierson, 1991; 감정기, 최원규, 진재문, 2002.

안정적인 경제성장은 복지국가의 유지, 발전에 매우 중요하다. 안정적인 경제성장은 사회복지를 필요로 하는 사람들을 줄여 줌으로서 국가의 사회복지 지출 부담을 줄여 준다. 다시 말하여 안정적인 경제성장을 하면, 실업자 및 빈곤자가 적게 되어, 국가의 사회복지 지출을 줄일 수 있다. 또한 안정적인 경제성장은 국가가 사회복지를 제공할 수 있도록, 조세나 사회보험료와 같은 재원을 안정적으로 확보하게 함으로서 국가가 사회복지를 확대하는 것을 가능하게 해 준다.

복지국가의 황금기 동안에는 거의 완전고용 상태를 유지하였다. 실업율이 높아지면, 빈곤자도 증가할 수 있고, 따라서 국가의 사회복지지출도 늘어나게 된다. 뿐만 아니라 실업율이 높아지면, 사화복지의 재원인 세금이나 보험료 기여금의 확보를 어렵게 하여 국가에 재정적 부담으로 작용한다. 이런 점에서 완전고용은 복지국가의 유지에 중요하다.

복지국가의 황금기 동안 서유럽 국가들의 실업율을 보면, 대다수의 국가들이 1–2%대에 머물러 완전고용 상태를 유지하였다(Sharpf, 1984; Pierson, 1991; 김태성,

성경륭, 2001).

이 시기 동안 복지국가가 안정적으로 발전할 수 있었던 또 다른 요인은 정치, 사회적 합의이다. 이 시기에 국가-자본-노동 간 합의의 정치구조를 형성한 것도 복지국가의 유지 발전에 중요한 요소로 지적된다(김태성, 성경륭, 2001). 합의의 핵심은 다음과 같다.

첫째 국가나 노동계급이 소유-생산-경영에 관한 자본가 계급의 특권적 지위를 인정하며, 둘째 노동계급은 자본가계급과의 합의하에 또한 국가의 제도적 보장 속에서 경영참가와 단체협약의 형태로 경영 및 분배 과정에 참여하지만 소유-생산 영역을 사회화하려 하지 않는다는 것과, 셋째 국가-자본-노동의 협력의 결과로 이루어지는 경제성장은 자본계급에 이로울 뿐만 아니라 노동계급에게는 완전고용과 향상된 복지혜택을 보장하고, 국가에게는 재정수입을 보장하므로, 3자의 협력은 3자 모두에게 이롭다는 것이다.

3. 복지국가의 위기 및 변화

복지국가는 70년대 초반에 중동 전쟁을 계기로 비롯된 석유파동과 함께 소위 '위기'를 맞게 된다. 이러한 위기의 시기를 거쳐 1970년대 후반 들어 신보수주의 세력[1]이 서구 복지국가들에서 집권하면서 서구 복지국가는 신자유주의의 방향으로 재편 내지 변화의 과정을 겪는다. 여기서는 간단하게 복지국가의 위기 및 재편과정의 특징들을 살펴보고자 한다.

1) 복지국가의 위기 현상

1970년대 초반 석유파동을 계기로 하여 복지국가는 예전과 같은 계속적인 확

1 신보수주의는 국가와 가족의 전통적 권위 회복과 사회적 규율의 강화를 강조하고, 신자유주의는 자유시장을 옹호하고, 국가의 시장에 대한 개입을 반대한다는 점에서 차이가 있다(김태성, 성경륭, 2001). 하지만 신자유주의자들은 다른 한편으로 신보수주의 가치를 수용하고 주장한다는 점에서 사실상 신자유주의자와 신보주수의자는 동일하다.

대 성장을 하지 못하게 되고, 복지국가의 3가지 중심축인 안정적인 경제성장, 완전고용, 정치 · 사회적 합의가 붕괴되는 현상이 나타나게 된다. 이러한 복지국가 위기 현상을 보다 구체적으로 살펴보자.

먼저 서유럽 대부분의 복지국가들은 1970년대 중반들어 높은 인플레이션과 경제성장율 둔화 등 경제적 위기를 겪는다. 1960년대 OECD 국가들의 경제지표를 보면, 연 평균 물가상승율은 3.9%, 연 평균 GNP 증가율은 4.9%, 생산성 증가율은 3.9% 등 안정적인 경제성장을 하였으나, 석유파동 이후인 1973–81년 기간 물가상승율은 연평균 10.9%, GNP 상승률은 2.4%, 생산성 증가율은 1.4%로 (Pierson, 1991)로 경제성장율은 크게 떨어졌고, 높은 인플레이션을 겪었다. 높은 인플레이션과 경제 침체가 동시에 일어나는 것을 스태그플레이션stagflation이라고 한다. 스태그플레이션은 경기 침체로 소득은 늘어나지 않는데 물가는 오르므로, 시민들의 생활은 매우 힘들어진다. 이렇게 서구 복지국가들은 1970년대 초반 이후 장기간에 걸쳐 경제 침체를 겪었으며, 이러한 현상은 몇몇 국가들에 한정된 현상이 아니었다.

대체로 1970년대 초 이후로 서구 복지국가들은 1950, 1960년대 경험했던 안정적인 경제성장이 끝나고, 저성장 시대로 접어든 것으로 평가된다. 이러한 안정적인 경제성장의 종말은 케인지언 복지국가의 유지에 심각한 영향을 주는 요인이었다. 저성장은 빈곤층 및 실업자를 증가시켜 복지욕구를 증가시키면서 다른 한편으로 국가 복지의 재원인 조세 및 사회보험의 보험료 수입의 증대를 어렵게 한다는 점에서 복지국가 유지를 어렵게 하는 요인이다.

이러한 경제 위기와 함께 복지국가의 이론적 기반인 케인즈의 경제이론도 경제위기를 극복할 수 있는 대안이 되지 못하였다는 점도 케인지언 복지국가의 위기요인이라 할 수 있다. 이는 경제위기 이후 대부분의 복지국가들이 만성적인 재정적자에 빠졌다는 점과 적자 재정을 통해 의도적으로 정부지출을 늘렸음에도 불구하고, 경기침체를 극복하지 못했다는 점에서 확인된다(손병돈, 1998).

완전고용의 종말도 복지국가의 위기를 보여주는 주요한 현상이다. 완전고용은 국가복지에 대한 시민들의 요구를 줄여 주고, 복지국가의 재원 마련에 중요하다는 점에서 복지국가를 유지하는 데 핵심적인 요인이다. 그런데 복지국가들은 1970년대 초의 석유 파동을 계기로 실업율이 높은 상태를 장기간 지속됨으로서 사실상 완전고용의 종말을 고하였다. 1973년 석유파동 이후 서구 선진 자본주의 국가들의 대부분은 실업율이 3%를 넘어서기 시작하였고 계속 증가하여 1980년대에는 5–10%

수준 이상으로 유지되었다(OECD, 1998; 손병돈, 1998).

케인지언 복지국가 유지의 핵심적 조건 중 다른 하나는 복지국가와 관련한 정치 · 사회적 합의이다. 이러한 정치 · 사회적 합의는 1970년대 경제위기 이후 사실상 해체되었다. 노동과 자본간의 사회적 합의의 중요 내용이 노동은 자본에게 소유 및 경영권을 보장하고, 자본은 안정적인 경제성장의 성과물을 완전고용과 복지의 확대를 통해 노동계급과 공유한다는 것이다. 경제위기와 함께 노동과 자본간 정치 · 사회적 합의의 토대였던 안정적인 경제성장이 사실상 어렵게 되었으며, 완전고용도 종말을 고하였고, 복지의 확대도 예전처럼 기대할 수 없게 되었다. 그 결과 경제위기 이전과 비교하여 경제위기 이후 노동쟁의가 크게 증가하였으며, 그에 따른 노동 손실일도 크게 증가하였다(Lane et al., 1991).

정치 · 사회적 합의의 붕괴는 정당정치의 측면에서도 확인된다(손병돈, 1998). 이에 관한 근거로 서유럽 복지국가에서 복지국가에 반대하는 신보수주의 이념에 입각한 정치세력들이 집권하는 경우가 크게 증가하였다는 점을 들 수 있다. 1979년 영국 보수당의 태처Thatcher 정부, 1981년 미국 공화당의 레이건Reagan 정부, 1982년 독일 기민당의 콜Kohl 정부 등이 그 예이다. 뿐만 아니라 복지국가를 가장 강하게 지지하였던 사회민주당 계열 정당들의 영향력이 1970년대 중반 이후 크게 약화되었다는 점도 서유럽 복지국가에서 정치 · 사회적 합의의 구조가 붕괴되고 있음을 보여주는 근거이다. 1932년 이후 계속 집권해 오던 스웨덴의 사회민주당이 1976년 선거에서 집권에 실패하였으며, 1960–1974년 시기와 비교하여 1975–1989년 시기에 대부분의 서구 국가에서 사회민주주의 정당계열의 득표율이 떨어진 것으로 나타난다(Lane et al., 1991).

또한 복지국가에 대한 대중의 여론도 나빠졌다. 1970년대 초반 이후 서유럽 국가에서 복지국가에 대한 대중의 여론은 점점 나빠지는 경향을 보인다. 이러한 측면도 복지국가에 대한 대중적 합의가 약화되고 있음을 보여주는 근거 중 하나라고 할 수 있다(김태성, 성경륭, 2001).

이렇게 서유럽 복지국가들은 1970년대 초반 이후 복지국가가 성장, 발전하던 시기와 비교하여, 복지국가 유지의 핵심적인 조건들이 약화 내지 붕괴의 경향을 보여 주고 있는데, 이러한 현상들이 복지국가의 위기를 보여주는 것이라고 할 수 있다.

2) 위기 이후 복지국가의 변화 재편

서구 복지국가들은 1970년대 초, 중반 위기의 시기를 거쳐, 1970년대 말 이후 변화 재편의 시기를 갖는다. 그러한 변화 재편의 중심은 복지국가를 반대하는 신자유주의 이념에 기반한 정치세력에 의해 이루어 졌다. 그러한 대표적인 인물이 영국의 태쳐 수상, 미국의 레이건 대통령, 독일의 콜 수상 등이며, 이들은 복지국가를 반대하고, 복지국가의 축소와 케인즈의 유효수요이론과 대비되는 공급주의 경제학 supply-side economics에 기반하여 서구 복지국가의 재편을 시도하였다.

신자유주의자들은 국가의 경제개입이 자유시장 기제의 작동을 왜곡하고, 국가의 과도한 복지지출이 생산성을 떨어뜨려 복지국가가 위기를 맞았다고 주장하며, 시장에 대한 국가개입의 최소화와, 국가 복지의 축소를 주장하였다(Mishra, 1990). 신자유주의자들에 의한 복지국가의 재편은 몇몇 복지국가들에서만 나타난 현상이 아니다. 1980년대 이후 대부분의 서구 복지국가에서 그러한 방향으로 복지국가의 재편이 진행되었다(Pierson, 1991; 김태성, 성경륭, 2001). 구체적으로 복지국의 재편이 어떻게 이루어졌는지 살펴보면 다음과 같다(감정기, 최원규, 진재문, 2002).

첫째, 사회복지의 축소를 시도하였다. 신자유주의자들은 복지지출을 축소하고, 사회복지의 자격조건을 엄격히 함으로서 사회복지 수급자의 규모를 줄이고, 사회복지의 급여 수준을 낮추었다. 그 결과 1980년대 이후 사회복지 예산의 증가율은 이전과 비교하여 확실하게 감소하는 추이를 보였다.

둘째, 민영화와 규제완화를 시도하였다. 사회복지에서 민영화란 사회복지와 관련한 국가활동을 축소하고, 민간의 역할을 증대시키는 것을 의미한다(손병돈, 1994). 영국의 경우를 보면, 민간의료보험에 가입할 경우 세금 우대조치를 제공함으로서 민간의료보험 가입을 장려하고, 정부 운영 병원에서 세탁, 급식, 청소 등의 서비스를 민간기업에게 위탁계약 형식으로 맡기고, 공영주택들을 개인들에게 매각하였다(박광준, 1992).

셋째, 노동시장의 유연화 정책을 추진하였다. 구체적으로 노동자에 대한 기업의 해고 및 채용에 대한 규제를 완화함으로서 기업들의 필요에 따라 고용을 유연하게 할 수 있도록 하였으며, 임금에서도 고정급 형태가 아니라 성과급 형태를 도입할 수 있도록 규제를 완화하고, 시간제 고용이나 부분 노동 고용 등을 가능하게 하는 등 고용형태와 관련한 규제도 완화하였다. 그 결과 노동에 대한 기업의 권한은 강화되고, 노동에게는 고용의 안정성이 약화되고, 노동자들의 동질성이 약화됨으로서 노동자들의 단결력을 약화시키는 결과를 가져왔다.

이렇게 복지국가를 재편한 결과는 어떠하였을까? 우선 사회복지 지출이라는 측면에서 보면, 사회복지에 관한 총지출은 축소되지 않았다. 앞에서 살펴보았듯이, 사회복지 급여를 받을 수 있는 자격을 엄격히 하고, 급여 수준을 낮추고, 정부의 지출을 축소하였다. 그런데 복지국가의 위기 이후 복지국가에서 고령화가 진전되고, 실업자가 많아지고, 빈곤자가 증가하는 등 등 사회복지와 관련한 욕구가 크게 증가하였다. 그리하여 정부의 사회복지 지출 축소 노력에도 불구하고, 정부 사회복지 지출의 총액은 오히려 증가하였다. 하지만 사회복지 예산의 증가율이라는 기준으로 보면, 그 이전과 비교하여 하락하였다(구인회, 손병돈, 안상훈, 2010).

둘째, 복지다원주의 혹은 복지 혼합이라 불리는 방향으로 사회복지의 변화가 있었다(감정기, 최원규, 진재문, 2002). 복지다원주의란 사회복지 활동의 주체가 국가뿐만 아니라 가족, 비영리 기관, 시민단체, 기업, 종교기관 등 다양한 주체가 존재하며, 한 사회의 총 복지 수준은 이러한 다양한 복지주체들의 활동을 총합한 것이라는 관점이다. 1980년대 복지국가의 재편시기에 복지활동에서 상대적으로 국가의 역할보다 다양한 민간 주체들의 활동이 확대되었다. 이것은 대부분의 복지국가에서 나타난 현상이다.

셋째, 신자유주의적으로 복지국가가 재편되면서 대부분의 복지국가에서 사회적 불평등이 확대되었다. 신자유주의적 복지국가의 재편은 국가의 역할을 축소하고 시장의 역할을 확대하는 것이었다. 본래 자본주의 시장은 불평등을 야기한다. 1980년대 이후 신자유주의적 복지국가의 재편은 시장에서의 불평등을 예전보다 더욱 크게 확대시켰다. 이러한 시장의 불평등을 완화하는 국가의 역할을 축소시킴으로서 전반적으로 사회적 불평등이 확대되었다(감정기, 최원규, 진재문, 2002).

3 절 복지국가의 유형화

지금까지 복지국의 형성 및 발달, 위기 그리고 변화 재편의 과정을 살펴보았다. 서구 복지국가들은 대체로 이러한 변화의 과정을 공통적으로 경험하였다. 그렇다 하여 모든 복지국가가 동일한 경험과 발전의 과정을 경험한 것은 아니다. 복지국가라 일컬어지는 국가들 간에도 어떤 국가는 사회복지의 발달정도가 더욱 높고, 어떤 국가는 사회복지의 발달 정도가 떨어진다. 이러한 복지국가 간 발달의 차이에 대한 이해는 국가 간 비교의 방법을 사용하면 보다 쉽다. 그리하여 여기서는 복지국가들 간 차이를 몇 가지 유형으로 구분한 복지국가의 유형화를 통해 살펴보고자 한다.

복지국가에 대한 유형화 작업은 여러 학자들에 의해서 이루어졌는데, 그중에서 비교적 최근에 이루어졌으며, 세계적으로 널리 인정되고, 인용되는 복지국가 유형화가 에스핑-앤더슨Esping-Anderson의 연구(Esping-Anderson, 1991)이다. 그는 복지국가를 탈상품화de-commodificaton[2]의 정도를 중심으로 자유주의적 복지국가liberal welfare state, 보수주의적 혹은 조합주의적 복지국가conservative or corporatist welfare state, 사민주의적 복지국가social democratic welfare state로 유형화하였다. 다음에서는 에스핑-앤더슨이 분류한 세 가지 복지국가 유형을 중심으로 복지국가 간 차이를 살펴보겠다.

1. 자유주의적 복지국가

자유주의적 복지국가에는 미국, 영국, 캐나다, 호주, 뉴질랜드 등의 국가가 포함된다. 이 유형은 개인책임과 자조를 중요한 가치로 여기며, 사회복지에서 시장 메

2 탈상품화란 사람들이 자신의 삶을 시장에 의존하지 않고 살아갈 수 있는 정도를 말한다. 국가가 복지를 많이 제공하면 할수록 국민들은 자신들의 삶을 시장에 의존하지 않고도 살아갈 수 있는 정도가 커질 것이다. 그러한 사회는 탈상품화 정도가 높은 사회라 할 수 있다.

카니즘을 강조한다. 국가 복지의 대상은 시장이나 가족이 제 기능을 수행하지 못하는 개인이나 가족들이며, 따라서 자산조사에 기반한 공공부조를 중심으로 사회복지제도가 설계되었다.

전반적으로 가족과 민간에 대한 복지의 의존도가 높으며, 국가의 복지에 대한 개입은 최소한으로 한정되어야 한다는 입장이다. 사회복지 정책은 시장과 경제정책에 종속적이며, 시장을 훼손하지 않는 범위까지만 국가의 복지활동을 한정하려 하였다(김태성, 성경륭, 2001).

그 결과 소수의 복지수급자들에 대한 제한된 평등, 다수에 대한 시장 기준의 분화된 복지, 이 두 집단 사이의 계급 정치적 이중구조가 어우러져 사회계층적 질서를 형성하였다(감정기, 최원규, 진재문, 2002). 기본적으로 이 유형의 복지국가는 시장에 의존적이므로 탈상품화의 정도가 낮고, 따라서 국가의 재분배 기능도 약하며, 사회적 불평등 수준은 세 가지 복지국가 유형 중 가장 높다.

2. 보수적 혹은 조합주의적 복지국가

이 유형에 속하는 대표적인 국가들은 독일, 프랑스, 오스트리아, 이탈리아 등 유럽 대륙국가들이다. 이들 국가에서 사회복지 제공은 사회적으로 존재하는 계급, 계층, 지위의 차이를 유지하는 것과 밀접하게 관련되어 있다. 그러므로 사회복지 급여는 사회적 지위의 차이를 반영하도록 시장에서의 임금차이와 밀접한 관계를 맺고 있다.

이 유형의 국가들에서 사회복지를 제공하는 주체는 주로 국가였으며, 민간보험이나 기업복지의 역할은 상대적으로 덜 중시되었다. 또한 전통적으로 교회의 역할이 컸으며, 전통적으로 가족의 기능을 유지하는 데 중점을 둔다는 점에서 보수적이라는 평가를 받는다. 이 유형에서 사회복지의 주요한 제도 형태는 사회보험이다. 사회보험은 시장에서 임금 차이를 반영하도록 제도가 설계되어 있어, 급여를 받을 때도 시장에서의 임금 차이와 마찬가지로 계층이 유지된다. 다시 말하여 시장에서 임금을 많이 받았던 사람들은 사회보험의 급여를 받을 때도 상대적으로 많은 급여를 받고, 시장에서 적은 임금을 받았던 사람들은 사회보험의 급여도 상대적으로 적게 받는 등 사회복지의 급여를 받을 때도 시장에서의 계층 차이가 유지된다. 또한 사회보험은 시장에서의 소득활동을 기반으로 함으로 소득활동을 하지 않는 주부들은 급여 대상에서 배제된다. 이들 국가들에서는 가족에 대한 사회복지서비스도 가족내에서 주부들의 역할을 고무하는 방향으로 제공됨으로서 전통적인 가족기능을 강조한다(감정기, 최원규, 진재문, 2002).

이 유형의 복지국가들은 탈상품화의 정도가 자유주의적 복지국가 보다는 높지만, 사회민주적 복지국가보다는 낮으며, 그 결과 사회적 불평등 수준도 사회민주적 복지국가보다는 높다.

3. 사회민주적 복지국가

이 유형의 복지국가에는 스웨덴, 노르웨이, 핀란드, 덴마크 등 북유럽 국가들이 포함된다. 이 유형에 속하는 국가들은 사회복지의 적용대상과 대응하는 사회적 위험의 범위에서 보편주의를 추구하고, 급여수준도 중산층의 생활수준까지 상향시켰다.

이들 국가들에서는 사회의 모든 계층이 하나의 보편적이고 포괄적인 복지체계에 통합된다. 다시 말하여 시장의 복지기능을 최소화하고, 대신 국가가 모든 국민에게 중산층의 생활수준까지 복지를 제공함으로서 모든 국민의 보편적인 결속을 도모한다. 사회의 모든 구성원은 사회복지의 급여를 받고, 국가에 의존하며, 또한 모두 세금을 납부해야 할 의무를 가진다(김태성, 성경륭, 2001).

사회민주적 복지국가들은 복지의 대상자들에 대한 가족이나 시장의 보호나 보장 능력이 소진될 때까지 기다리기보다는 적극적으로 개입하고, 민간부문의 보호비용을 사회화시킴으로서 가족에 대한 의존을 강화시키기 보다는 개인들의 독립능력을 강화하고자 하였다(감정기, 최원규, 진재문, 2002). 그리하여 아동, 노인, 장애인 등 보호를 필요로 하는 사람들에 대한 보호의 책임을 국가가 가지는 등 돌봄노동을 사회화시킴으로서, 여성의 노동시장 참여를 극대화하였다.

이들 국가들은 경제정책과 사회복지 정책이 통합되어 있으며, 적극적 노동시장 정책과 완전고용을 강조하였다. 그럼으로서 실업의 예방을 통한 사회복지의 욕구를 완화하고 다른 한편으로 사회복지를 위한 재원 확보를 용이하게 하였다. 이렇게 사회민주적 복지국가들은 탈상품화의 정도가 중산층의 생활수준까지 높으며, 그 결과 세 복지국가 유형 중 사회적 불평등 수준은 가장 낮다.

4 절 복지국가에 대한 전망

앞으로 복지국가가 어떤 모습을 보일지는 예단하기 어렵다. 여전히 복지국가를 둘러싼 환경은 변화하고 있으므로, 복지국가가 앞으로 어떠할지를 전망하는 것은 쉽지 않은 일이다.

복지국가 위기 이후 복지국가의 변화 과정을 통해서 기존 복지국가를 유지, 발전시켜 왔던 요인들이 약화되고 있다는 점을 고려하면 복지국가의 후퇴 내지 해체를 전망할 수도 있다. 복지국가의 성장 및 발전은 국가, 노동, 자본간 힘의 균형이 큰 역할을 하였다. 그런데 1970년대 복지국가의 위기 이후의 과정은 이러한 세 주체 간 힘의 균형이 점차적으로 깨져 나가고 있음을 보여준다. 노동계급은 1950-60년대처럼 동질적이지 않으며, 사무직 노동자, 육체노동자 그리고 정규직 노동자, 비정규직 노동자 등 여러 갈래로 분화되고, 이질화되고 있다. 그 결과 노동계급의 조직화 및 단결력은 예전과 같지 못하다. 반면 세계화와 신자유주의적 흐름을 통해 자본은 노동 및 국가와의 관계에서 훨씬 강한 힘을 가질 수 있는 환경이 조성되고 있으며, 그 결과 자본의 힘은 더욱 강화되고 있다. 그에 따라 국가는 자본과의 관계에서 예전만큼 강력한 힘을 갖지 못하고, 자본에 대한 통제력이 점차 약화되고 있다. 이렇게 복지국가의 팽창시기에 유지되었던 국가, 노동, 자본간 힘의 균형이 자본 우위로 재편되어 나가고 있다. 또한 세계화라는 흐름도 복지국가의 형성 및 유지 발전의 토대였던 일국 자본주의가 붕괴되고 세계 자본주의 체제로 나아가고 있다는 점도 기존 복지국가의 틀이 유지될 것이라는 전망을 어둡게 한다.

하지만 복지국가와 관련한 다른 측면들을 보면, 복지국가가 유지되거나 또는 최소한 더 이상 후퇴하지 않을 것이라는 전망을 가질 수도 있다. 신자유주의적 자본주의의 재편 과정은 한편으로 자본주의의 모순과 시장의 불안정성을 더욱 증폭시키고 있다. 1980년대 이후 신자유주의적 자본주의의 재편을 통해, 어느 나라에서나 불평등은 더욱 확대되고, 양극화는 더욱 심화되고 있다. 그에 따라 계층 갈등 내지

계급갈등의 가능성도 더욱 크게 잠재되어 나타나고 있다. 실제로 2011년 9월 미국 뉴욕에서 시작된 '월가를 점령하라occupy Wall Street'라는 시위가 세계 각국에서 호응을 받으며 오랫동안 확산되었던 점은 이러한 문제가 현재 잠복되어 있음을 보여준다. 또한 2008년 세계 금융위기는 신자유주의적 자본주의적 재편과정이 시장의 불안정성을 더욱 심화시키고 있음을 다시 한번 보유준 것으로 결코 시장이 효율적으로 작동하지 않는다는 것을 보여준다. 이러한 측면들은 자본주의 체제의 유지, 안정화를 위해 국가의 개입, 특히 모든 국민에 대한 최소한의 보장이 필요하다는 점을 확인시켜 주는 것이라 할 수 있다. 그런 점에서 보면, 아직도 복지국가체제가 유지될 필요성이 있음을 보여주는 것이라 할 수 있다.

이와 같이 앞으로 복지국가가 어떤 모습으로 변화 내재 재편의 과정을 겪을지는 예상하기는 어렵다. 복지국가의 해체를 가속화하는 요인이 강하게 작용할지 아니면, 복지국가 유지의 필요성을 강화하는 요인들이 더 강하게 작용할지 그리고 복지국가의 해체를 주장하는 세력과 복지국가의 유지를 주장하는 세력 간 균형추가 어떤 방향으로 기우냐에 따라 복지국가의 미래도 결정될 것으로 보인다.

제 5 장

사회복지법제론

1절 서설

사회복지법은 글자 그대로 '사회복지'에 관한 '법'이다. 달리 표현하면 '사회복지'라는 전문영역과 '법'이라는 전문영역의 공약수가 사회복지법인 것이다. 또한 사회복지는 제도화를 통해서 효과적인 실천이 가능하며 따라서 법제화의 노력이 제도화의 핵심이며 필요불가결한 것이다.

그러나 사회복지학에서도 그동안 사회복지법에 대한 관심과 연구가 상대적으로 부족하였으며 법학에서도 '사회보장법'이라 하여 주로 사회보험과 공공부조를 중심으로 논하였지만 사회복지서비스영역을 도외시하는 경향이었음을 부인할 수 없다.

그러므로 사회보험 관련법과 공공부조 관련법은 물론이고 사회복지서비스 관련법(사회복지사업법, 노인복지법, 아동복지법, 장애자복지법 등) 및 기타 사회복지 관련법을 포괄하는 넓은 의미의 '사회복지법'에 대한 체계적인 연구의 필요성이 증대되었던 것이다.

이와 더불어 김영삼, 김대중 정부 및 노무현 정부에서 윤석열 현 정부에 이르기까지 최근 30년 동안 사회복지분야에서 새로운 입법 내지 개정법 률이 봇물처럼 쏟아져 나와 사회복지법이 양과 질 양 측면에서 엄청난 변화를 맞이하고 있으며 이 또한 사회복지법에 대한 관심이 고조되는 계기가 되었다.

이와 같은 시대적 흐름에 발맞추어 전국에 있는 유수한 대학의 사회복지학과에 사회복지 법제론이 정식 교과목으로 편성되었으며, 사회복지사업법의 시행령 개정에 따라 1급 사회복지사 자격시험에 사회복지법제론이 필수과목으로 채택되기에 이르렀다. 2022년 부터는 교과목이 '사회복지법제와 실천'이라고 변경되었다.

본서에서는 사회복지법제의 기본적인 내용을 중심으로 사회복지법의 체계화와 사회복지법상 중요 쟁점에 대하여 간략하게 소개하기로 한다,

2 절 사회복지법의 의의와 존재모습(법원)

1. 사회복지법의 의의

1) 사회복지법의 개념

(1) 사회복지법 개념 정립의 의의 및 필요성

사회복지법은 사회복지와 법이 결합된 단어이고, 이미 우리는 법이란 무엇인지를 살펴보았기 때문에 사회복지가 무엇인지만을 규명한다면 사회복지법을 쉽게 정의할 수 있을 것처럼 보인다. 그러나 사회복지법 개념정립은 그 용어뿐 아니라 개념에서 학자에 따라 다양하게 정의되고 있듯이 반드시 쉬운 것만은 아니다.

사회복지법의 개념을 규명하는 것은, 다른 법들과 구별되는 사회복지법의 독자적 지위 내지 정체성을 밝히는 것일 뿐 아니라 사회복지법 자체의 체계를 확립하기 위한 것이다. 특히 현대사회는 실질적 법치주의에 근거한 복지국가의 출현으로 사회복지의 주체 · 대상 · 내용 등에서 확대되고 있기 때문에 사회복지법의 연구대상과 범위를 확정하기 위한 전제로서 사회복지법의 개념정립이 필수적이라 할 수 있다.

(2) 사회복지법 개념정립의 어려움

사회복지법의 개념정립이 곤란한 가장 근본적인 이유는 '사회복지법'이라는 단일법전이 없기 때문이다. 물론 사회보장기본법과 사회복지사업법 등이 있어 어느 정도 법체계를 갖추고 있으나, 학문으로서의 사회복지법 연구에 있어서는 부족하다고 할 수 있다.

2) 형식적 의미의 사회복지법과 실질적 의미의 사회복지법

(1) 형식적 의미의 사회복지법

형식적 의미의 사회복지법이란 '사회복지법'이라는 이름을 가진 성문의 법전을 말한다. 따라서 엄격한 의미에서 우리나라 등 다수의 국가에서는 형식적 의미의 사회복지법이 없다고 보아야 한다. 사회복지법은 최근에 생성하여 발전과정에 있는 새로운 법 영역이므로 다른 법들과는 달리 통일법전의 형식을 갖추지 못하고 있는 것이다. 최근 독일의 경우처럼 사회법전과 같은 통일법전 형식의 사회복지법이 존재하는 국가도 있는데, 총칙에서 기본원리를 규정하고 각칙에서 각 제도별로 구분하여 사회복지에 관한 법 전체를 하나의 법전으로 성문화한 입법례도 있다.

우리나라의 경우 형식적 의미의 사회복지법이라고 할 수 있는 것은 사회보장기본법, 사회복지사업법 외에 국민연금법 등의 사회보험관련법, 국민기초생활보장법 등의 공공부조관련법, 노인복지법 등의 사회서비스관련법 등이 있다고 할 것이다.

(2) 실질적 의미의 사회복지법

실질적 의미의 사회복지법이란 법의 존재형식이나 그 명칭에 관계없이 법의 내용이 실질적으로 사회복지에 관한 사항을 포함하고 있는 것을 말한다. 따라서 실질적 의미의 사회복지법의 범위를 확정하기 위하여는 '사회복지에 관한 사항'이 무엇인지를 확정하는 것이 필요하다. 일반적으로 실질적 의미의 사회복지법은 사회복지에 관한 사항의 포괄범위에 따라 넓은 의미의 사회복지법과 좁은 의미의 사회복지법으로 나눌 수 있다.

① 넓은 의미의 사회복지법

넓은 의미의 사회복지법은 사회복지정책 또는 사회정책의 실현과 관련된 제반 법률을 의미한다. 이때 사회복지의 개념은 넓은 의미로 해석되고 이와 관련된 법규범을 사회복지법이라고 한다. 다시 말해 넓은 의미의 사회복지법은 전국민의 물질적 · 정신적 · 사회적 기본 욕구를 해결함으로써 인간다운 생활을 영위케 하는 공 · 사의 제반사회적 서비스와 관련된 법률을 말한다.

② 좁은 의미의 사회복지법

좁은 의미의 사회복지법이란 스스로 자신의 생활을 영위하지 못하는 사회적 약자들에 대하여 제한적으로 도움을 제공하는 노력의 총화와 관련된 법규이다. 즉 좁은 의미의 사회복지법은 현실상황에서 어려움을 겪는 사회적 약자 혹은 요보호대상자를 위한 한정적인 제반 사회복지정책 및 사회정책을 의미한다.

(3) 결어

사회복지법의 개념을 파악하는 데 있어 의미 있는 개념은 실질적 의미의 사회복지법 개념이라고 할 수 있다. 실질적 의미의 사회복지법은 그 기준 여하에 따라서 때로는 다른 법분야와의 구별이 모호해지거나 그와의 중복을 면치 못하는 단점이 있으나, 그 법의 공통된 특성을 개념기준으로 삼아 변동하는 여건에의 적응과 새로운 규범의 수용을 용이하게 하는 장점이 있다.

한편, 우리나라의 경우 사회복지법의 학문적 개념으로는 넓은 의미의 사회복지법을 선호하는 경향이 있는바, 좁은 의미의 사회복지법 개념은 사회복지법의 독자성과 고유범위를 확정하는 데 편리하기는 하지만 현대사회복지국가가 지향하는 사회복지의 적극적 개념을 축소하게 될 위험이 있다. 따라서 비록 사회복지법이 다른 법률이나 학문분야와 규범의 내용이나 기능에 있어서 중복되는 면이 있다 하더라도 인간다운 생활을 보장하기 위한 규범으로서의 사회복지법 개념을 적극적으로 확장하여 파악하여야 할 것이다.

2. 사회복지법의 존재모습(법원)

위에서 언급한 국민의 헌법상 권리인 생존권은 헌법에 명시되어 있으며, 헌법의 하위 법률인 사회복지법, 사회복지관련법 등에 구체적으로 표현되어 있다. 이러한 생존권 보장을 위한 우리나라의 생존권 관련 헌법 및 법률 등이 넓은 의미의 사회복지법의 법원이 되는 것이다.

1) 헌법

헌법은 국가와 국민 간의 권리, 의무에 관한 기본법으로서 생존권 이념도 헌법의 규정에 따라 국가의 의무와 국민의 권리를 명시하고 있다. 또한 생존권에 관한 헌법의 조항의 하위법의 제정근거가 되고, 하위법의 제정방향을 제시해 주는 최고법으로서의 기능도 하고 있다. 만약 하위법규가 헌법의 규정에 저촉되거나 위배될 때에는 그 하위법규들은 효력을 상실하게 된다.

헌법상 생존권 이념은 헌법 전문, 제10조, 제31조부터 제36조에 명시적으로 규정되어 있고 기타 다른 조항에도 생존권 이념과 관련된 조항들이 있다.

이하에서는 헌법에 규정되어 있는 생존권에 관한 내용을 대체적으로 분석해 보면 다음과 같다.

(1) 자유민주주의 이념에 입각한 기회의 균등 및 생존권 보장

헌법 전문에는 "… 정치, 경제, 사회, 문화의 모든 영역에 있어서 각인의 기회를 균등히 하고, 능력을 최고도로 발휘하게 하며 … 자유와 권리를 따르는 책임과 의무를 완수하게 하며, 안으로는 국민생활의 균등한 향상을 기하고…"라고 규정함으로써 국민 각자가 정치, 경제, 사회, 문화 등 모든 부문에서 능력을 충실히 발휘할 수 있도록 생존권 확보를 위하여 국민 각자가 책임과 의무를 다할 것을 요구하고 있다.

(2) 인간의 존엄성과 행복을 추구할 권리

헌법 제10조는 "모든 국민은 인간으로서의 존엄과 가치를 가지며, 행복을 추구할 권리를 가진다. 국가는 개인이 가지는 불가침의 기본적 인권을 확인하고 이를 보장할 의무를 진다."라고 규정하여 인간의 존엄성과 행복추구권에 대한 국민과 국가의 권리, 의무관계를 확실하게 밝히고 있다.

(3) 교육을 받을 권리

헌법 제31조는 "① 모든 국민은 능력에 다라 균등하게 교육을 받을 권리를 가진다. ② 모든 국민은 그 보호하는 자녀에게 적어도 초등교육과 법률이 정하는 교육 등을 받게 할 의무를 진다. ③ 의무교육은 무상으로 한다. ④ 교육의 자주성, 전문성, 정치적 중립성 및 대학의 자율성은 법률이 정하는 바에 의하여 보장된다. ⑤ 국가는 평생교육을 진흥하여야 한다. ⑥ 학교교육 및 평생교육을 포함한 교육제도와 그 운영, 교육재정 및 교원의 지위에 관한 기본적인 사항은 법률로 정한다."라고 규정하여 교육을 받을 권리를 명시하고 있다.

헌법이 교육을 받을 권리를 중시하는 이유는 교육권이 기본적 인권을 확보하는 데 있어 가장 중요한 기본권 중의 하나가 된다는 점과 생존권을 보장하기 위한 기회의 평등이 교육을 받을 권리로부터 구현될 수 있기 때문이다.

(4) 근로의 권리

헌법 제32조는 "① 모든 국민은 근로의 권리를 가진다. 국가는 사회적, 경제적 방법으로 근로자의 고용의 증진과 적정임금의 보장에 노력하여야 하며, 법률이 정하는 바에 의하여 최저임금제를 시행하여야 한다. ② 모든 국민은 근로의 의무를 진다. 국가는 근로의 의무의 내용과 조건을 민주주의 원칙에 따라 법률로 정한다. ③ 근로조건의 기준은 인간의 존엄성을 보장하도록 법률로 정한다. ④ 여자의 근로는 특별한 보호를 받으며, 고용, 임금 및 근로조건에 있어서 부당한 차별을 받지 아니한다. ⑤ 연소자의 근로는 특별한 보호를 받는다. ⑥ 국가유공자, 상이군경 및 전몰군경의 유가족은 법률이 정하는 바에 의하며 우선적으로 근로의 기회를 부여받는다."라고 규정하고 있고, 헌법 제33조에는 "① 근로자는 근로조선의 향상을 위하여 자주적인 단결권, 단체교섭권 및 단체행동권을 가진다. ② 법률이 정하는 주요 방위산업체에 종사하는 근로자의 단체행동권은 법률이 정하는 바에 의하며 이를 제한하거나 인정하지 아니할 수 있다."라고 규정되어 있다.

헌법이 노동의 권리와 노동3권을 규정하고 있는 이유는 모든 국민이 그 자신과 가족을 부양하기 위해서 필요한 소득을 스스로의 노력에 의해서 해결할 수 있도록 노동의 기회와 노동능력을 향상해 주기 위함이다. 현대 독점자본주의 체제에 있어서 근로의 의사와 능력을 보유하고 있다 할지라도 노동시장에서 실패한 근로자는 생계유지가 곤란하며 인간의 존엄성과 행복추구권이 실제로 상실되는 결과를 초래하기 때문에 근로자의 안정된 경제생활을 보장할 필요에서 근로권과 노동3권의 보장이 절실하게 요구되는 것이다.

(5) 인간다운 생활을 할 권리

헌법 제34조는 "① 모든 국민은 인간다운 생활을 할 권리를 가진다. ② 국가는 사회보장, 사회복지의 증진에 노력할 의무를 진다. ③ 국가는 여자의 복지와 권익의 향상을 위하여 노력하여야 한다. ④ 국가는 노인과 청소년의 복지향상을 위한 정책을 실시할 의무를 진다. ⑤ 신체장애자 및 질병, 노령, 기타의 사유로 생활능력이 없는 국민은 법률이 정하는 바에 의하여 국가의 보호를 받는다. ⑥ 국가는 재해를 예방하고 그 위험으로부터 국민을 보호하기 위하여 노력하여야 한다."라고 규정하여 모든 국민의 인간다운 생활의 권리성을 헌법에 명시적으로 인정하고 있다.

인간다운 생활을 할 권리를 구체적으로 구현하기 위해서 국가는 사회보장 및 사회복지의 증진 노력, 여자의 복지와 권익의 향상, 노인과 청소년의 복지향상, 생활 무능력자의 국가보호, 재해의 예방과 재해민을 보호할 의무를 진다.

이 헌법규정은 인간다운 생활에 관한 국민과 국가와의 권리, 의무관계 규정으로서 좁은 의미의 생존권이라고 볼 수 있으며 다른 조항과는 달리 사회복지에 관련된 직접적인 헌법 규정으로서, 이 생존권 규정은 사회보장제도, 즉 사회보험, 공공부조, 사회복지서비스 등의 부문으로 구체적으로 구현되는 것이다.

이 조항은 사회적 약자인 여성, 노인, 아동, 장애인, 모자 등의 생존권을 특히 보장하여야 한다고 강조하고 있고 사회적 무능력자의 국가에 의한 생계보호를 강조하고 있으며 재해시의 국민을 보호하여야 한다는 국가적 의무를 규정함으로써 취약하거나 재해를 입은 국민의 인간다운 생활의 보장을 목적으로 하고 있다.

(6) 환경권

헌법 제35조는 "① 모든 국민은 건강하고 쾌적한 환경에서 생활할 권리를 가지며, 국가와 국민은 환경보전을 위하여 노력하여야 한다. ② 환경권의 내용과 행사에 관하여는 법률로 정한다. ③ 국가는 주택개발정책을 통하여 모든 국민이 쾌적한 주거생활을 할 수 있도록 노력하여야 한다."라고 규정함으로써 환경권을 생존권의 한 분야로 천명하고 있으며 환경권을 기본적 인권의 개념으로 승인하고 있다.

(7) 혼인과 가족 · 보건에 관한 권리

헌법 제36조는 "① 혼인과 가족생활은 개인의 존엄과 양성의 평등을 기초로 성립되고 유지되어야 하며, 국가는 이를 보장한다. ② 국가는 모성의 보호를 위하여 노력하여야 한다. ③ 모든 국민은 보건에 관하여 국가의 보호를 받는다."라고 규정함으로써 혼인과 가족생활의 국가보장, 국민의 건강을 위한 보건권 보장, 자녀를 가진 모성의 특별한 보장을 국가의 의무를 지우고 있다.

개인의 존엄과 양성 평등에 기초한 혼인과 가족생활의 보장은 혼인이 인간의 존엄성과 남녀평등을 기초로 성립되어야 하고, 혼인에 의한 가족생활이 인간의 존엄성과 평등원칙에 입각하여 유지되게 함으로써 기본적 인권인 생존권이 보다 구체적으로 실현될 수 있다는 점을 천명한 것이며, 가족이 국가를 구성하는 기본단위인

점을 고려해 볼 때 혼인과 가족생활의 국가 보장은 기본적이고 원초적인 생존권 보장을 의미하는 것이다.

2) 사회복지법

개별 사회복지법은 헌법에 규정된 생존권의 이념을 구체적으로 실현하기 위한 법규범으로서 국민의 소득욕구, 의료욕구, 빈곤문제, 심리사회적 욕구 등을 대응하여 이들 사회적 욕구를 해결하기 위한 법규이다. 이들을 구체적으로 열거하면 다음과 같다.

(1) 사회보장기본법

이 법은 사회보장에 관한 법률을 폐지하고 새로 제정한 법으로서 사회보장에 관한 국민의 권리와 국가 및 지방자치단체의 책임을 정하고 사회보장제도에 관한 기본적인 사항을 규정함으로써 국민의 복지증진에 기여함을 목적으로 하고 있다. 이 법이 1995년 제정됨으로써 사회보장의 이념, 체제가 확립되었고 사회보장의 범위와 구성이 명확히 되었다.

(2) 사회보험법

공무원연금법, 군인연금법, 사립학교교원연금법, 즉 특수직역연금법과 소위 4대 사회보험법인 국민연금법, 국민건강보험법, 산업재해보상보험법, 고용보험법이 있다.

(3) 공공부조법

생활이 어려운 자에게 필요한 급여를 행하여 이들의 최저생활을 보장하고 자활을 조성하는 것을 목적으로 하는 국민기초생활보장법을 비롯하여 의료급여법, 재해구호법 등이 있다.

(4) 사회서비스법

사회복지사업에 관한 기본적 사항을 규정하여 그 운영에 공정 · 적절을 기함으로써 사회복지의 증진을 도모함을 목적으로 하는 사회복지서비스 분야의 기본법인 사회복지사업법를 비롯하여, 사회복지서비스의 구체적인 각론에 해당하는 아동복지법, 노인복지법, 장애인복지법, 한부모가족지원법, 영유아보육법, 정신보건법 등이 있다.

(5) 사회복지 관련법

근로자에 대하여 임금의 최저수준을 보장하여 근로자의 생활안정과 노동력의 질적 향상을 기함으로써 국민경제의 건정한 발전에 이바지하게 함을 목적으로 하는 최저임금법을 비롯하여 근로기준법, 주택법, 국가유공자예우등에관한법률 등이 있다.

3 절　사회복지법의 기본이념

1. 서설

사회복지법의 이념을 사회복지법이 존재하는 목적 내지 사회복지법이 추구하는 가치라고 할 때 현대사회복지국가에 있어서 사회복지법의 이념이 국민의 기본권 중의 하나인 생존권적 기본권의 보장이라는 명제는 당연한 것으로 받아들여지고 있다.

모든 국민은 인간으로서의 존엄과 가치를 가진다(헌법 제10조 제1문 전단). 인간의 존엄과 가치는 모든 기본권의 이념적 전제이면서 목적이기도 하다. 즉, 인간의 존엄과 가치는 모든 기본권의 근원 내지 핵심이 되며, 다른 기본권은 인간의 존엄과 가치를 달성하기 위한 수단적 지위를 갖게 되는 것이다. 생존권적 기본권 역시 인간의 존엄과 가치를 추구하기 위한 기본권인 것이다.

결국 사회복지법은 이와 같은 헌법상 생존권적 기본권을 추구하는 법이며, 따라서 보다 궁극적으로는 모든 국민의 인간으로서의 존엄과 가치를 지향하는 법체계라고 할 수 있다.

2. 생존권적 기본권의 의의

생존권적 기본권 또는 생존권이라 함은 단체주의적 사회정의의 실현을 국가목적으로 하는 사회국가 내지 복지국가에서 국민이 인간다운 생활을 확보하기 위하여 일정한 국가적 급부와 배려를 요구할 수 있는 국법상의 권리를 말한다.

중세봉건주의를 타파한 시민혁명을 통해 탄생한 근대시민국가는 자유주의, 개인주의를 사상적 기반으로 한 자본주의를 그 경제질서로 받아들였다. 자본주의는 모든 인간을 자유의사를 가진 대등한 인격자로 상정하고 절대적인 소유권의 보장과 계약자유의 원칙을 내세워 인류의 눈부신 번영과 발전을 이루어내었지만, 자본주의가 고도로 발전함에 따라 빈부의 격차, 노사의 갈등, 독점자본가의 출현, 실업의 급증 등 많은 사회문제를 야기하고 불평등을 초래하는 이른바 자본주의의 모순을 드러내게 되었다. 자유주의적 자본주의하에서의 인간은 결코 평등하지 않으며 자유롭지 않다는 사실을 노정하며 근본적으로 인간의 생존 자체를 위협할 수 있다는 사실을 보여준 것이다.

여기서 모든 사회구성원들의 최저한의 인간다운 생존을 보장하고 나아가 실질적 평등이라는 사회정의를 구현하기 위한 생존권적 기본권사상이 강조되었다. 국가의 적극적인 공법적 개입에 의하여 국민의 실질적인 자유와 평등을 요구하기에 이르렀고 이러한 토대위에서 성립한 것이 생존권적 기본권이라 할 수 있다.

3. 생존권 이념의 형성과정 및 생존권 보장을 위한 국제적 노력

1) 생존권 이념의 형성과정

자본주의가 고도로 발달함에 따라 사람들 사이의 빈부의 차는 점점 커져 갔고, 노동자와 자본가의 대립의 격화해 갔으며, 구체적인 사람은 결코 자유 · 평등한 인격이 아니라는 것이 명백해져 갔다. 즉, 계약의 자유라는 이름 밑에 경제적 강자에 의한 계약의 강제가 있게 되어 계약자유는 가지는 자의 무기가 되고, 가지지 않는 자는 계약자유의 원칙 아래에 점점 계약의 자유를 잃어 갔다. 또한 소유권절대의 원칙은 소유자의 이용권자에 대한 지배권으로서의 성격을 가지게 되었으며, 과실책임의 원칙에 의하여 경제적 강자는 경제적 약자에 대한 책임을 회피할 수 있는 수단으로 이용되었던 것이다.

자본주의하에서는 봉건사회에 있어서의 신분의 높낮이에 갈음하여 부에 의한 위 · 아래의 계급이 생기고, 평등의 사상은 자유의 이름으로 유린되는 현상을 가져왔다. 법률적으로 자유로운 인격자에게 평등하게 주어진 가능성은 실제로는 속이 텅 빈 것이었으며, 현실적으로 나타난 것은, 단순한 법률적 · 형식적인 자유와, 경제적 · 실질적인 불평등이라는 상태였다.

여기서 국가는 현실적인 불평등을 직시하고, 실질적인 자유와 평등을 이루기 위하여 적극적으로 관여하게 되었음은 피할 수 없는 일이었다. 그런데 소위 근대 사법의 3대 원칙(사유재산존중의 원칙, 계약자유의 원칙, 과실책임의 원칙)이 초래한 여러 폐해의 근본적 원인은, 사람을 구체적으로 사회생활의 현실에서 파악하면 결코 자유 · 평등하지 않으며, 사회적 · 경제적으로 커다란 차이가 있음에도 불구하고, 근대시민법이 사람을 어디까지나 추상적으로 자유 · 평등한 인격자로 파악한 데에 있었다.

하지만 새로운 법질서의 기본원리는 인간을 추상적 인격자로서의 인간이 아니라 구체적으로 현실세계에 존재하는 인간을 전제하고, 그러한 구체적인 인격체에게 실질적인 자유와 평등을 보장하여 사람다운 생존, 즉 헌법상의 국민의 기본권인 생존권을 실현하는 것을 요청받게 된 것이다.

생존권적 기본권이 최초로 헌법에 규정된 것은 1919년의 바이마르헌법이다. 동 헌법 제151조 제1항은 '경제생활의 질서는 모든 국민에게 인간다운 생활을 보장하여 주기 위하여 정의의 원칙에 합치하여 한다. 이 한계 내에서 개인의 경제적 자유는 보장된다'라고 하여 헌법의 차원에서 생존권적 기본권의 이념을 강조하였다.

바이마르헌법의 생존권적 기본권조항은 제2차 세계대전 이후 세계 각국의 헌법과 세계인권선언 · 유럽사회헌장(1961) 등에 계승되어 인간다운 생활에 대한 국민의 요구와 그 실천적 운동을 뒷받침하고 있다.

2) 국제기구의 생존권 보장노력

1919년 독일 바이마르 헌법에 규정된 생존권 이념은 국제노동기구의 활발한 노력에 힘입어 국제사회에 커다란 영향을 미치었다. 특히 제2차 세계대전 이후 여러 국제기구가 조직되어 생존권 보장을 위한 노력을 전개함으로써 인권의 보장은 단일 국가의 경계를 뛰어 넘어 국제적 보장이라는 차원으로까지 발전하였다. 생존권 보장의 국제화를 위하여 노력한 대표적인 국제기구로는 국제노동기구와 국제연합이 있으며 이들 기구의 활동이 두드러진다.

4 절 사회복지법의 체계

1. 서설

사회복지법은 실정법에 속하며 국회나 지방자치단체 및 행정부 등 입법권을 행사하는 기관에 의해 일정한 절차를 거쳐 제정된 성문법이 대부분이다.

사회복지법은 법의 분류 중 3분법, 즉 공법, 사법, 사회법 가운데 사회법에 속한다. 사회법과 사회복지법은 국회에서 의결을 거쳐 법률로 제정되고 대통령이나 행정 각부 장관이 세부적인 시행을 위하여 시행령, 시행규칙을 정한다. 또한 지방자치단체나 그 단체장이 자치법규를 제정하는 바, 지방의회 의결을 거쳐 제정되는 조례와 자치단체의장이 제정하는 규칙이 있다.

2. 우리나라의 사회복지법의 체계

학자에 따라서는 사회복지법의 체계에 대하여 독일식 체계론에 따라 설명하는 견해, 일본식 체계론에 따라 설명하는 견해 등을 비롯하여, 기타 사회복지법의 개념에 따라 설명하는 견해 등 여러 가지 방식으로 설명하고 있다.

하지만 본서에서는 사회복지법의 개념을 앞서 언급한 바와 같이 넓은 의미의 사회복지법 개념을 취하며, 사회복지의 의미에 대하여 사회보장기본법 제2조의 사회보장에 관한 정의규정을 강학상의 사회복지와 같은 개념으로 이해하고 사회복지법을 체계화하기로 한다.

즉, 사회복지법을 넓은 의미로 이해하여 사회복지일반에 관한 기본법은 사회보장기본법이고 내용적으로 사회복지법은 사회보험법, 공공부조법, 사회서비스법 및 사회복지관련법으로 분류된다.

사회보험법은 4대 사회보험법인 국민연금법, 국민건강보험법, 고용보험법, 산업재해 보상보험법을 주된 내용으로 하고 있으며 군인연금법, 공무원연금법, 사립학교교직원연금법을 포함한다.

공공부조법은 구법인 생활보호법을 대신한 국민기초생활보장법, 구법인 의료보호법을 대신한 의료급여법을 주된 내용으로 하고 재해구호법 등이 포함된다.

사회서비스법은 사회복지사업법을 기본법으로 하고 내용상 아동복지법, 한부모가족지원법, 청소년보호법, 노인복지법, 장애인복지법, 정신건강증진 및 정신질환자 복지서비스지원에 관한 법률(약칭, 정신건강복지법) 등이 포함된다.

사회복지 관련법은 최저임금법을 비롯하여 근로기준법, 주택법, 국가유공자예우등에관한법률 등이 있다.

[표 5-1] 사회복지법

구분	사회복지법	
사회복지일반에 관한 법률	사회보장기본법	
사회보험 관련법	국민연금법, 국민건강보험법, 산업재해보상보험법, 고용보험법, 공무원연금법, 사립학교교직원연금법, 군인연금법, 선원보험법	
공공부조 관련법	국민기초생활보장법, 의료급여법, 재해구호법, 의사상자예우에관한법률, 북한이탈주민의보호및정착지원에관한법률, 일제하일본군위안부에관한생활안정지원법	
사회복지서비스 관련법	일반법	사회복지사업법
	아동복지	아동복지법, 영유아보육법, 입양촉진및절차에관한특례법
	가족복지	한부모가족지원법, 가정폭력방지및피해자보호등에관한법률, 가정폭력범죄의처벌등에관한특례법
	청소년복지	청소년기본법, 청소년보호법, 청소년활동진흥법, 청소년복지지원법, 청소년성보호에관한법률
	여성복지	윤락행위등방지법, 성폭력범죄의처벌및피해자보호등에관한법률, 장애인 · 노인 · 임산부등의편의증진보장에관한법률
	장애인복지	장애인복지법, 장애인고용촉진및직업재활법, 장애인 · 노인 · 임산부등의편의증진보장에관한법률
	노인복지	노인복지법, 고용상연령차별금지및고령자고용촉진법,장애인 · 노인 · 임산부등의편의증진보장에관한법률
	정신보건	정신건강증진 및 정신질환자 복지서비스지원에 관한 법률(약칭, 정신건강복지법)

구분	사회복지법	
사회복지서비스 관련법	지역복지	사회복지공동모금회법
	교정복지	보호관찰등에관한법률
관련 복지제도에 관한 법률	최저임금법, 근로기준법, 주택법, 국가유공자예우등에관한법률	

5 절 사회복지수급권(사회보장수급권)

1. 사회복지수급권의 의의

1) 사회복지수급권의 개념

사회복지수급권이라 함은 모든 국민이 사회복지법상 사회복지서비스를 받을 권리를 말한다. 사회보장기본법은 이를 사회보장수급권이라고 하고 있다(법 제2장). 이하에서는 사회복지수급권이라고 한다.

이를 분설하면 다음과 같다.

첫째, 사회복지수급권은 사회복지법의 최고이념인 생존권을 구체적으로 보장하기 위하여 법적으로 인정된 권리를 말한다. 사회복지법의 이념이 생존권적 기본권의 보장임은 이미 살펴보았다. 사회복지수급권은 이와 같은 생존권을 실현하기 위해 인정된 권리인 것이다.

둘째, 사회복지수급권은 권리이다. 종래 사회복지급여는 구빈적 시혜 내지 자선으로 간주되거나, 국가행정작용에 의한 경우에 있어서도 반사적 이익에 불과한 것으로 파악되었다. 자유주의 · 개인주의를 기초로 한 시민법체계에서 생존권은 오로지 자신에 주어진 운명이거나 시혜의 대상에 지나지 않았던 것이다. 그러나 시민법체계의 경제질서인 자본주의가 모순을 드러내자 국민의 생존권 이념은 싹트고 시민법원리의 수정은 불가피하였다. 생존권 이념을 구현하기 위한 각종 사회입법의 출현은 사회복지수급권을 권리로 고양시킨 것이다.

셋째, 사회복지수급권은 모든 국민이 그 주체이다. 노동법이나 경제법이 그 규율대상을 근로관계 또는 경제관계에 한정하여 근로자로서의 인간 또는 경제인으로서의 인간만을 대상으로 하는 것과는 달리 사회복지법은 인간으로서의 국민 즉, 모든 국민을 그 대상으로 규율하고 있는 것이다. 따라서 모든 국민이 사회복지수급권의 주체가 될 수 있다.

2) 사회복지수급권의 법적 성격

첫째, 사회복지수급권은 헌법이 보장하는 생존권적 기본권을 구체적으로 실현하기 위하여 입법된 법률을 통하여 구체화된 권리이다. 즉, 사회복지수급권은 생존권적 기본권의 법률적 표현이라고 할 수 있다.

둘째, 사회복지수급권은 공법적 권리이다. 그런데 사회복지법은 근본적으로 모든 국민이 국가에 대하여 인간으로서의 생존을 요구할 수 있는 권리로서 국민의 국가를 향한 권리가 핵심인 것이다. 또한 사회복지수급권은 개인적 공권에 해당한다.

즉, 사회복지수급권은 사회복지급여 관리운영주체와 수급권자 사이에 존재하는 사회복지법 관계에서 발생하는 사회복지급여의 지급을 청구할 수 있는 권리로서 공법상의 쟁송방법을 통하여 실현할 수 있는 수급권자의 공법상 권리인 것이다.

셋째, 사회복지수급권은 일신전속적인 권리이다. 일신전속적인 권리라 함은 권리와 그 주체와 긴밀하게 관련되어 있어 그 권리의 성질상 타인에게 귀속할 수 없는 것, 즉 양도 · 상속 등으로 타인에게 이전할 수 없는 권리(이를 귀속상의 일신전속권이라고 함)를 말한다. 사회복지법은 사회복지수급권자로 하여금 권리를 향유하게 하여 그 이익을 직접 받을 수 있도록 하는 것이 그 입법의 취지이다. 그리하여 사회복지수급권은 이를 양도하거나 담보로 제공하는 등의 처분행위에 제한을 받는다.

2. 사회복지수급권의 내용

사회복지수급권은 국가 등으로부터 사회복지에 관한 금전 및 서비스를 받을 권리를 말하는 바, 그 급여내용에 따라 사회보험, 공공부조, 사회복지서비스로 나눌 수 있다.

한편, 사회복지수급권의 내용인 사회복지급여의 수준에 대하여 사회보장기본법 제10조는 "① 국가와 지방자치단체는 모든 국민이 건강하고 문화적인 생활을 유지할 수 있도록 사회보장급여의 수준 향상을 위하여 노력하여야 한다. ② 국가는 관계 법령에서 정하는 바에 따라 최저보장수준과 최저임금을 매년 공표하여야 한다.

③ 국가와 지방자치단체는 제2항에 따른 최저보장수준과 최저임금 등을 고려하여 사회보장급여의 수준을 결정하여야 한다."라고 규정하여 일반적인 기준을 제시하고 있다.

3. 사회복지수급권의 보호

헌법은 생존권적 기본권을 국민의 기본권으로서 보장하고 있다. 사회복지법령은 생존권적 기본권의 실현을 그 이념으로 실천하기 위하여 사회복지수급권의 보호에 관한 규정을 두고 있다. 특히 일반법인 사회보장기본법은 "사회보장수급권은 관계 법령에서 정하는 바에 따라 다른 사람에게 양도하거나 담보로 제공할 수 없으며, 이를 압류할 수 없다."(법 제12조)고 규정하여 이를 명문으로 규정하고 있다.

개별 사회복지법령에도 이와 유사한 규정을 두고 있는 경우가 보통이지만, 이러한 명문규정이 없는 경우에도 사회복지수급권은 사회보장기본법에 의하여 당연히 보호된다고 보아야 할 것이다.

사회복지법령이 규정하고 있는 보호의 내용을 구체적으로 살펴보면 다음과 같다.

1) 처분, 압류 및 상계의 금지

(1) 사회복지수급권은 이를 양도하거나 담보로 제공하는 등의 처분행위가 금지된다(사회보장기본법 제12조 등 참조). 그 이유는 첫째, 사회복지수급권은 근본적으로 공법상의 권리에 해당하므로 이를 처분할 수 없는 것이다.둘째로 사회복지수급권은 그 성질상 일신전속적인 권리에 해당하기 때문이다. 만일 수급권자가 이 권리를 자유로이 처분할 수 있다고 한다면 수급권자의 인간다운 생활 보장이라는 사회복지법의 목적을 실현할 수 없을 뿐 아니라 수급권자에 대한 국가적 · 사회적 보호라는 의미도 퇴색하게 될 것이다. 즉, 사회복지수급권자에게 직접 그 이익을 향수케 하는 것이 사회복지법의 입법취지인 것이다.

(2) 또한, 사회복지수급권은 그에 대한 압류가 금지된다. 압류란 특정의 재산권에 대한 권리자의 처분권한을 박탈하여 이를 집행기관 등에 귀속시키는 처분을

말하는데, 만일 수급권자에 대한 채권자가 사회복지수급권을 압류할 수 있다고 한다면 사회복지급여의무자는 수급권자에게 사회복지급여를 제공할 수 없게 된다. 그 결과 수급권자는 사회복지급여를 받지 못하여 사실상 사회복지수급권을 처분한 것과 같은 결과가 발생하며, 또한 처음부터 사회복지급여를 받지 못한 상태로 돌아가고 만다. 결국 사회복지수급권에 대하여 압류가 가능하다면 이는 공법상의 권리인 사회복지수급권을 처분한 것과 같이 되어 사회복지법의 입법목적을 달성할 수 없게 되는 것이다.

(3) 같은 이유에서 사회복지급여의무자는 사회복지수급권자에 대한 채권을 가지고 사회복지수급권을 대하여 상계를 할 수 없는 것이 원칙이다.

2) 조세 기타 공과금의 부과금지

사회복지수급권은 사회복지급여를 통해 수급권자의 인간으로서 최소한의 생활을 보장하려는 데 그 목적이 있으므로 사회복지수급권자가 받을 사회복지급여에 각종 조세 기타 공과금이 부과된다면 이러한 목적의 달성은 희석될 수밖에 없다. 이 때문에 세계 각국은 사회복지급여에 대한 조세 기타 공과금의 감면에 관한 규정을 두고 있으며, 우리나라도 개별 사회복지법령에 이를 규정하고 있다(국민연금법 제60조, 산재법 제91조).

3) 불이익변경금지의 원칙

사회복지수급권은 수급권자의 인간다운 생활을 보장하려는 것이기 때문에 사회복지급여의 지급중단 또는 그 내용의 불리한 변경은 수급권자의 생존 자체를 위협할 수 있다. 국민기초생활보장법은 "수급자에 대한 급여는 정당한 사유 없이 이를 불리하게 변경할 수 없다."(제34조)라고 규정하고 있는데 이와 같이 이미 결정되어 지급된 사회복지급여에 대하여 정당한 이유 없이 그 지급을 중단하거나 그 내용을 불리하게 변경하는 것은 금지된다는 것을 불이익변경금지의 원칙이라고 한다. 이는 사회복지법에 있어서 신뢰보호원칙의 또 다른 표현이라고 할 수 있다. 한편 이 원칙에 대하여 다른 사회복지법령에는 그 규정이 없다. 그러나 사회복지급여를 내용으로 하는 사회복지법령에서도 동일하게 해석 · 적용하여야 할 것이다.

4. 사회복지수급권의 제한

1) 의의

사회복지수급권은 사회적 약자가 인간으로서 최저한의 생활을 영위할 수 있도록 보장하기 위한 권리이므로 이를 제한한다는 것은 곧 이들의 삶을 위협하여 인간으로서의 존엄과 가치를 중대하게 침해하게 된다. 그리하여 사회보장기본법은 "사회보장수급권은 제한되거나 정지될 수 없다."(법 제13조 제1항 본문)라고 규정하여 사회복지수급권을 보장하고 있다.

하지만 사회보장기본법은 "다만, 관계법령이 따로 정하고 있는 경우에는 그러하지 아니한다."(동조항 단서)라고 규정하여 사회복지급여의 제한 및 정지에 관한 근거 규정은 마련하고 있다.

2) 제한의 내용

(1) 과잉 · 중복된 사회복지급여의 제한 및 조정

우선 사회복지급여는 그 내용이 사회복지수급권자의 욕구를 충족시킬 수 있는 것이어야 한다. 여기서 동일한 사회복지수급권자에게 생긴 동일한 사유로 수개의 사회복지법령에 의하여 수개의 급여요건을 충족시키는 경우에는 어떠한 급여를 행할 것인지가 문제된다.

사회보장기본법은 이에 대하여 국가 등 사회복지급여주체로 하여금 재량적 판단에 따라 지급할 사회복지급여의 내용을 정하게 하지 아니하고 사회복지수급권자가 그 내용을 선택할 수 있도록 하고 있다(국민연금법 제56조). 누구보다도 자신의 상태를 정확히 알고 있는 수급권자로 하여금 자신의 이익을 극대화하고 욕구를 충족시킬 수 있는 최선의 방법을 선택하게 한 것이다.

한편 사회복지급여의 수준은 수급권자의 인간다운 생활의 보장이라는 사회복지법의 이념과 사회정의 이념이 조화될 수 있는 것이어야 한다. 즉 사회복지급여는 수급권자의 인간다운 생활을 보장하기 위하여 지나치게 적지도 않아야 하지만, 사회복지수급권자의 자립의지와 모든 국민의 사회적 약자에 대한 국가적 · 사회적 책임감을 훼손할 정도로 과잉급여도 바람직하지 않다는 뜻이다.

이러한 과잉급여의 금지와 관련하여 국민연금법(제56조) 등은 여러 개의 급여

중 하나만을 지급하고 다른 급여의 지급의 정지된다고 하여 사회복지급여의 병급조정과 정지에 관하여 규정하고 있다.

헌법재판소는 이러한 법조항에 대하여 합헌이라고 판단한 바 있다.

(2) 사회복지수급권의 악용 · 남용금지

사회적 약자인 사회복지수급권자에게 부여된 사회복지수급권은 사회공동체의 분담 또는 기여를 원천으로 한다. 즉, 사회복지수급권자에 대한 급여의 재원은 결국 국민의 세금이나 기여금으로 충당되는 것이다. 그러므로 사회복지수급권자가 고의 또는 중대한 과실로 사회복지급여의 지급사유를 발생시키는 것은 사회공동체의 다른 구성원들에게 부당하게 불이익을 주는 것이 된다. 사회복지수급권자에게 사회복지급여의 지급사유가 발생한 것처럼 부당하게 사회복지급여를 받거나, 고의 또는 중대한 과실에 의한 범죄행위나 고의로 질병 · 부상 또는 그 원인에 되는 사고를 발생시켜 부당하게 사회복지급여를 받는 경우에는 사회복지급여가 제한된다.

3) 제한의 한계

위와 같이 사회복지수급권자의 책임 있는 사유 등으로 사회복지급여를 제한하는 경우에 있어서도 이러한 제한은 사회복지수급권의 실현을 위해 급여를 행하는 것이 오히려 부당하며 사회정의에 위배된다고 인정되는 경우에 한하여 가능하다고 보아야 한다.

그리하여 사회보장기본법은 "제1항 단서에 따라 사회보장수급권이 제한되거나 정지되는 경우에는 제한 또는 정지하는 목적에 필요한 최소한의 범위에 그쳐야 한다."(사회보장기본법 제13조 제2항)라고 규정하고 있는데 이는 기본권 제한의 한계에 관한 헌법 제37조 제2항의 과잉금지의 원칙을 확인하는 규정이라고 할 수 있다.

5. 사회복지수급권의 소멸

1) 일반적 소멸사유

사회복지수급권은 사회적 약자인 수급권자의 생존권을 실현하기 위한 권리이므로 법률의 규정이 없는 한 원칙적으로 소멸되지 않는다고 할 것이다.

(1) 사망

사회복지수급권은 일신전속적인 권리이므로, 당해 수급권자에 있어서는 재산권적 성격을 갖는다고 하더라도 이는 상속되지 아니한다. 사망으로 간주되는 실종선고의 경우에도 마찬가지이다.

(2) 포기와 포기의 취소 · 제한

사회복지수급권은 공법상의 권리이며 개인적 공권으로서 사회전체의 이익을 위하여 인정되는 측면이 있으므로 이를 포기할 수 없는 것으로 볼 수 있다. 그러나 사회복지수급권은 권리이지 의무가 아니므로 사회복지급여를 받기를 거부하는 자에게 대하여서까지 수급을 강제할 수는 없다고 할 것이다. 이에 사회보장기본법은 제14조는 "① 사회보장수급권은 정당한 권한이 있는 기관에 서면으로 통지하여 이를 포기할 수 있다. ② 사회보장수급권의 포기는 이를 취소할 수 있다. ③ 사회보장수급권의 포기가 타인에게 피해를 주거나 사회보장에 관한 관계 법령에 위반되는 경우에는 이를 포기할 수 없다."라고 규정하고 있다.

(3) 시효

"권리 위에 잠자는 자는 보호받지 못한다"는 법언은 사회복지수급권에도 그대로 타당하다. 사회복지수급권자가 일정한 기간 동안 권리를 행사하지 않는다면 이를 보호할 가치가 소멸된다고 보아야 하기 때문이다. 사회복지수급권의 소멸시효에 관하여는 각 개별 사회복지법령에 규정되어 있을 뿐 통일된 규정은 없다. 개별 사회복지법령에 규정되어 있지 아니한 경우에 사회복지수급권은 민법규정에 의하여 시효로 소멸되는 것으로 해석하여야 할 것이다.

2) 개별적 소멸사유

이는 개별 사회복지법령에 구체적으로 규정되어 있다. 예컨대 국민연금법상의 유족연금수급권의 경우, 배우자인 수급권자가 재혼한 때, 자녀 또는 손자녀인 수급권자가 다른 사람에게 입양되거나 파양된 때에는 그 수급권이 소멸된다(동법 제52조).

6 절 사회복지법상의 권리구제제도

1. 권리구제의 의의

현대사회복지국가에 있어서 사회복지수급권은 더 이상 국가의 시혜적 · 은혜적 법집행의 반사적 이익이 아니라 권리로 고양되었다. 사회복지수급권자는 권리로서 국가 등 사회복지급여주체에 대하여 사회복지급여를 청구할 수 있는 것이다. 그런데 이러한 사회복지수급권이 침해되었을 경우 이를 구제받지 못한다면 그 권리는 실질적으로 보장된다고 할 수 없을 것이다. 사회복지법상의 권리구제란 사회복지급여주체의 사회복지급여와 관련한 사회복지수급권을 침해받은 자가 법정의 절차를 거쳐 사회복지급여주체나 각종 심사위원회 또는 법원에 청구하여 구제받는 것을 말한다.

2. 권리구제수단의 종류

1) 사회복지법상 행정심판

사회복지법상의 권리구제수단에는 크게 이의신청과 심사청구 및 재심사청구가 있다. 이를 살펴보면 다음과 같다.

[표 5-2] 권리구제수단

법률	권리구제 수단	비고
국민기초생활보장법	2단의 이의신청	1단계 : 시 · 도지사에 대한 이의신청(제38조)
		2단계 : 보건복지부장관에 대한 이의신청(제40조)
국민연금법	심사청구	국민연금심사위원회(공단)(제108조)
	재심사청구	국민연금재심사위원회(보건복지부)(제110조)

법률	권리구제 수단	비고
국민건강보험법	2원적 이의신청	국민건강보험공단에 대한 이의신청(제87조) 건강보험심사평가원에 대한 이의신청
	심사청구	건강보험분쟁조정위원회(보건복지부)(제77조)
고용보험법	심사청구	고용보험심사관(지방노동청)(제89조)
	재심사청구	고용보험심사위원회(고용노동부)(제99조)
산업재해보상보험법	심사청구	근로복지공단(제103조)
	재심사청구	산업재해보상보험재심사위원회(고용노동부)(제106조)
노인복지법	이의신청	제50조
장애인복지법		제84조
한부모가족지원법	심사청구	제28조
의료급여법	이의신청	제30조
북한이탈주민의보호및 정착지원에관한법률		제32조

이의신청과 심사청구 및 재심사청구 등은 행정심판에 해당한다. 행정심판은 널리 행정기관이 행하는 행정법상의 분쟁에 대한 심리 · 판정절차를 말하는바, 실정법상으로는 이의신청, 심사청구, 심판청구, 행정심판 등의 여러 가지 명칭으로 불리고 있다. 이러한 행정심판은 일반적으로 분쟁에 대한 심판작용이면서 동시에 그 자체가 행정작용이라는 이중적 성격을 가진다.

사회복지법상의 이의신청과 심사청구는 주로 불복의 대상이 되는 처분을 행한 행정기관에 대하여 그 취소 또는 변경을 구하는 것이고, 재심사청구는 처분을 행한 행정기관의 직근상급기관에 대하여 그 취소 또는 변경을 구하는 행정심판에 해당한다. 이와 같은 행정심판을 모두 거치고도 권리구제를 받지 못한 경우에는 법률상 쟁송인 행정소송으로서 그 구제를 받을 수밖에 없다.

2) 행정소송

행정소송이란 법원이 행정법상의 법률관계에 관한 분쟁에 대하여 당사자의 소의 제기에 의하여, 이를 심리 · 판단하는 정식재판절차를 말한다. 사회복지법률관계도 근본적으로는 공법관계로서 행정법상의 법률관계에 해당한다. 따라서 사회복지법상의 법률관계에 관한 분쟁에 대하여 당사자는 행정심판을 거치거나 거치지 아니하고 곧바로 행정소송을 제기할 수 있다.

한편 현행 행정소송법은 "행정소송은 법령의 규정에 의하여 당해 처분에 대한 행정심판을 제기할 수 있는 경우에도 이를 거치지 아니하고 제기할 수 있다. 다만, 다른 법률에 당해 처분에 대한 행정심판의 재결을 거치지 아니하면 행정소송을 제기할 수 없다는 규정이 있는 때에는 그러하지 아니하다."라고 규정하여 행정심판 임의적 전치주의를 채택하고 있다.

사회복지법상의 행정심판에 대하여는 이를 반드시 거쳐야 한다는 규정이 없다. 따라서 사회복지법상의 각종 처분에 대하여 불복하는 자는 이의신청 등을 거치지 아니하고 곧바로 행정소송을 제기할 수 있다고 할 것이다.

3) 국가배상청구

현행 헌법 제29조 제1항은 "공무원의 직무상 불법행위로 인하여 손해를 받은 국민은 법률이 정하는 바에 의하여 국가 또는 공공단체에 정당한 배상을 청구할 수 있다. 이 경우 공무원 자신의 책임은 면제되지 아니한다."라고 규정하여 국가 또는 공공단체의 불법행위책임을 일반적으로 인정하고 있다. 이러한 헌법규정에 근거한 국가배상법 제2조 제1항 본문도 "국가 또는 지방자치단체는 공무원이 그 직무를 집행함에 당하여 고의 또는 과실로 법령에 위반하여 타인에게 손해를 가한 때에는 이 법에 의하여 그 손해를 배상하여야 한다."라고 규정하고 있다.

따라서 국가 등 공적 사회복지급여주체에 속하여 공무원의 지위를 갖는 자가 고의 또는 과실로 법령에 위반하여 사회복지수급권자 등에게 손해를 가한 때에는 사회복지수급권자는 일반법인 국가배상법에 터잡아 국가 등을 상대로 손해배상을 청구하여 권리구제를 받을 수 있는 것이다.

4) 기타 민사소송

사회복지법률관계는 근본적으로 공법상의 법률관계에 해당한다. 따라서 사회복지급여와 관련하여 사회복지수급권자와 사회복지급여주체 사이에 민사상의 법률적 쟁송이 발생할 여지는 거의 없다. 다만, 사회복지법에는 사회복지수급권자에 대한 사회복지급여의 원인이 당사자 본인이 아닌 제3자에 의하여 발생한 경우에 보험자인 사회복지급여주체가 피보험자인 사회복지수급권자에 대하여 사회복지급여를 행하고 피보험자를 대위하여 제3자에게 손해배상을 청구할 수 있는 근거규정을 두는 것이 일반적이다. 예컨대 국민연금법 제94조 제1항은 "공단은 제3자의 행위에 의하여 장애연금 또는 유족연금의 지급사유가 발생하여 장애연금 또는 유족연금을 지급한 때에는 그 급여액의 범위 안에서 수급권자의 제3자에 대한 손해배상청구권에 관하여 수급권자를 대위한다."라고 규정하고 있다. 이러한 경우 민사소송제도를 이용하게 된다.

5) 헌법소원

국민의 헌법상 권리가 국가권력에 의하여 침해된 경우 헌법재판소에 제소하여 침해된 권리를 보호하는 제도이다. 소위 법령에 대한 헌법소원(법령소원)의 경우 법률 또는 구체적 법률조항이 국민의 생존권을 침해하는 경우 국민이 헌법재판소에 헌법소원을 제기하여 그 법률 또는 조항의 위헌성을 확인하여 그 법률 또는 조항을 무효화시키기 위하여 제기하는 권리구제제도인 것이다.

7 절 사회복지법 각론

개별 사회복지법은 헌법에 규정된 생존권의 이념을 구체적으로 실현하기 위한 법규범으로서 국민의 소득욕구, 의료욕구, 빈곤문제, 심리사회적 욕구 등을 대응하여 이들 사회적 욕구를 해결하기 위한 법규이다. 이들을 구체적으로 고찰해 보면 다음과 같다.

1. 사회보장기본법

이 법은 사회보장에 관한 법률을 폐지하고 새로 제정한 법으로서 사회보장에 관한 국민의 권리와 국가 및 지방자치단체의 책임을 정하고 사회보장제도에 관한 기본적인 사항을 규정함으로써 국민의 복지증진에 기여함을 목적으로 하고 있다. 이 법이 1995년 제정됨으로써 사회보장의 이념, 체제가 확립되었고 사회보장의 범위와 구성이 명확히 되었다.

2. 사회보험법

1) 특수직역 연금법

공무원연금법, 군인연금법, 사립학교교원연금법, 즉 특수직역연금법은 공무원, 군인, 사립학교교직원의 노령, 질병, 장해, 폐질, 또는 사망 등에 대하여 사회연대에 의하여 적절한 급여를 지급하여 줌으로써 공무원, 교직원, 군인 및 그 유족의 생활안정과 복리향상에 기여함을 목적으로 한다.

2) 국민연금법

국민연금법은 국민의 노령, 폐질, 또는 사망에 대하여 연금급여를 실시함으로써 국민의 생활안정과 복리증진에 기여함으로 목적으로 한다.

3) 국민건강보험법

국민건강보험법은 국민의 질병 · 부상에 대한 예방 · 진단 · 치료 · 재활과 출산 · 사망 및 건강증진에 대하여 보험급여를 실시함으로써 국민보건을 향상시키고 사회보장을 증진함을 목적으로 한다.

4) 산업재해보상보험법

산업재해보상보험법은 근로자의 업무상의 재해를 신속하고 공정하게 보상하고 재해예방, 기타 근로자의 복리증진을 통하여 근로자의 보호에 기여함을 목적으로 한다.

5) 고용보험법

고용보험법은 실업자에 대해 필요한 급여를 행함으로써 근로자 본인 및 부양자의 생활을 안정시키는 것과 구직활동을 용이하게 하는 것, 실업예방, 고용기회의 증대, 고용구조의 개선, 능력개발, 기타 근로자의 복지증진을 목적으로 하고 있다.

3. 공공부조법

1) 국민기초생활보장법

국민기초생활보장법은 생활이 어려운 자에게 필요한 급여를 행하여 이들의 최저생활을 보장하고 자활을 조성하는 것을 목적으로 한다.

2) 의료급여법

의료급여법은 생활이 어려운 자에게 의료급여를 실시함으로써 국민보건의 향상과 사회복지의 증진에 이바지함을 목적으로 한다. 즉, 이 법은 빈곤한 상태에 있는 자에게 공공부조의 정신에 입각하여 의료급여를 행하는 것을 목적으로 하는 법이다.

3) 재해구호법

재해구호법은 비상재해가 발생하였을 때에 응급적인 구호를 행함으로써 재해의 복구, 이재민의 보호가 사회질서의 유지를 기함을 목적으로 한다. 비상재해라 함은 냉해, 풍해, 수해, 화재 기타의 재해를 말하며, 구호라 함을 비상재해가 동일지역 내에서 발생하여 다수의 이재자가 생겼을 때 취하는 응급적인 구호를 말한다.

4. 사회(복지)서비스법

1) 사회복지사업법

사회복지사업법은 사회복지사업에 관한 기본적 사항을 규정하여 그 운영에 공정 · 적절을 기함으로써 사회복지의 증진을 도모함을 목적으로 한다. 여기에서 기본적 사항이란 ㉠ 민간 사회 복지사업의 순수성 · 공공성을 높이고, 그 적정하고 확실한 경영을 하기 위하여 사회복지법인을 두는 것, ㉡ 사회복지사 자격규정을 두고, 사회복지에 관한 전문지식과 기술을 가진 자에게 사회복지사 자격증을 교부하며 또한 사회복지법이 일정 수 이상의 사회복지사를 채용하도록 한 것, ㉢ 사회복지법인에게 수익사업을 허용하되 한계를 두어서 건전한 운영을 기하도록 한 것 등을 들 수 있다.

또한 동법에서 사회복지사업이라 함은 국민기초생활보장법, 아동복지법, 노인복지법, 장애인복지법, 한부모가정지원법, 영유아보육법, 성매매방지및피해자보호등에과한법률에 의한 보호 · 선도 또는 복지에 관한 사업과 사회복지상담 · 재가복지 · 부랑인선도 · 직업보도 · 의료복지 · 무료숙박 · 지역사회복지 · 모부자복지 · 의료보호 · 사회복지관 운영 · 정신질환자 및 나완치자 사회복귀에 관한 사업 등 각종 복지사업과 복지시설의 운영 및 지원을 목적으로 하는 사업을 말한다.

2) 아동복지법

아동복지법은 아동이 건전하게 출생하여 행복하고 건강하게 육성되도록 그 복지를 보장함을 목적으로 한다. 이 법은 아동이 보호자로부터 유실, 유기 또는 이탈할 경우 보호자가 아동을 육성하기에 부적당하거나 양육할 수 없는 경우, 아동의 건전한 출생을 기할 수 없는 경우 등 요보호아동 뿐만 아니라 일반 아동의 건전한 육성을 위한 보호대책을 실시하려는 데 그 목적이 있다.

영유아보육법은 영유아를 보호하고 있는 자(친권자, 후견인 또는 기타 사실상의 보호자)가 근로 또는 질병 기타의 사정으로 인하여 보호하기 어려운 영아 및 유아의 심신의 보호와 건전한 교육을 통하여 건강한 사회성원으로 육성함과 아울러 보호자의 경제적, 사회적 활동을 원활하게 함으로써 가정복지 증진에 기여함을 목적으로 제정된 법이다.

3) 노인복지법

노인복지법은 노인의 심신의 건강의 유지 및 생활안정을 위하여 필요한 조치를 강구함으로써 노인의 복지증진에 기여함을 목적으로 한다. 이 법은 복지의 원리로 ㉠ 노인은 후손의 양육과 국가 및 사회의 발전에 기여하여 온 자로서 존경받으며, 건전하고 안정된 상황을 보장받는다. ㉡ 노인은 그 능력에 따라 적당한 일에 종사하고 사회적 활동에 참여할 기회를 보장받는다. ㉢ 노인은 노령에 따르는 심신의 변화를 지각하여 항상 심신의 건강을 유지하고, 그 지식과 경험을 활용하여 사회의 발전에 기여하도록 노력하여야 한다는 것 등이다.

4) 장애인복지법

장애인복지법은 장애인 대책에 관한 국가, 지방자치단체 등의 책무를 명백히 하고 장애발생의 예방과 장애인의 의료, 훈련, 보호, 교육, 고용의 증진, 수당의 지급 증 장애인복지대책의 기본이 되는 사업을 정함으로써 장애인복지대책의 종합적 추진을 도모하며, 장애인의 자립 및 보호에 관하여 중요한 사항을 정함으로써 장애인의 생활안정에 기여하는 등 장애인의 복지증진에 기여함을 목적으로 한다. 즉 장애의 예방, 치료, 재활 등 장애인의 보호와 생활안정을 주 목적으로 하는 법이다.

5) 한부모가족지원법

한부모가족지원법은 한부모가족이 건강하고 문화적인 생활을 영위할 수 있도록 함으로써 한부모가족의 생활 안정과 복지 증진에 이바지함을 목적으로 제정한다.

6) 정신건강복지법

정신건강증진 및 정신질환자 복지서비스지원에 관한 법률(약칭, 정신건강복지법)은 정신질환의 예방과 정신질환자의 의료 및 사회복귀에 관하여 필요한 사항을 규정함으로써 국민의 정신건강증진에 이바지하여 정신질환의 예방과 치료를 중요한 목적으로 하고 있다.

5. 사회복지 관련법

사회복지 관련법으로는 최저임금법을 비롯하여 근로기준법, 주택법, 국가유공자예우등에관한법률 등이 있다.

이 중 사회보방기본법에도 규정되어 있는 최저임금에 관한 법률인 최저임금법은 근로자에 대하여 임금의 최저수준을 보장하여 근로자의 생활안정과 노동력의 질적 향상을 기함으로써 국민경제의 건정한 발전에 이바지하게 함을 목적으로 한다. 여기에서 최저임금액은 시간 · 일 · 주 · 월을 단위로 정하며 "최저임금심의위원회"가 심의 · 의결한다.

사용자는 최저임금의 적용을 받는 근로자에 대하여 최저임금액 이상의 임금을 지급하여야 하고 종전의 임금수준을 저하시켜서는 안 되며, 근로자와 사용자 사이에 최저임금액에 미달하는 임금을 정한 근로계약은 무효이다.

제 2 부

사회복지 실천방법론

제 6 장

사회복지실천 및 기술론

1 절 사회복지실천

1. 사회복지실천의 의미

사회복지실천social work practice는 인간의 사회적 기능수행을 원조하는 사회복지사의 전문적 개입 활동이다. 사회복지실천은 개인 또는 집단, 지역사회가 자신들의 사회기능을 위한 능력을 향상하거나 회복하도록 원조하고, 이들이 자신의 목표에 알맞은 사회조건을 조성하도록 원조하는 전문활동이다. NASW에서는 사회복지실천에 대해 "사람들이 자신에게 필요한 서비스를 얻거나, 개인 · 가족 · 소집단에게 상담이나 심리적 치료를 실행하거나, 지역사회나 집단을 지원하거나, 사회서비스를 개선하거나, 정책을 만드는 과정에 참여하는 것과 같은 목적을 달성하기 위해 사회복지의 가치, 원리, 기법을 적용하는 전문적 활동으로 구성된다."라고 정의하고 있다(NASW, 2022). 때문에 사회복지실천은 인간행동과 발달, 사회 · 경제 · 문화적 제도, 이러한 요소들의 상호작용에 대한 지식을 필요로 한다.

사회복지실천을 수행하는 주체는 전문가인 사회복지사social worker이다. 주체인 사회복지사는 가치, 지식, 기술이라는 세 가지 측면에서 고유한 사회복지의 전문성을 갖춘 인력이다. 때문에 대개의 나라에서는 사회복지사에게 자격을 부여하고 있으며, 고등교육기관의 교육과정을 마련하고 있다. 우리나라에서도 대학의 전공학과에서 필요한 교과목을 이수할 것, 국가가 법으로 주관하는 자격증 시험 등을 통과해야 할 것 등을 사회복지사 자격의 기준으로 삼고 있다.

사회복지실천의 대상은 개인 또는 가족이나 소집단, 지역사회 등이 될 수 있다. 사회복지실천의 객체인 대상을 보통 클라이언트client라 한다. 클라이언트는 사회복지실천 과정을 통해 사회적 기능의 회복이나 향상 등 이득을 보는 사람이다. 하지만 클라이언트가 항상 사회복지사 실천의 직접 대상은 아니다. 클라이언트 체계client system와 표적 체계target system는 달라지기도 한다. 아동의 사회적 관계와 권익을 증진하기 위해 해당 아동만이 아니라 아동에게 어려움을 주는 부모나 친구에게 개입을 수행할 수도 있다. 학대나 따돌림 등의 경우로 아동이 피해를 보고 있는 경우가 그러할 것이다. 이 경우 클라이언트 체계는 아동인데도 표적체계는 해당 아동이라기보다는 아동의 부모 혹은 학교 친구들이 될 수도 있다. 이처럼 클라이언트 체계와 표적 체계는 서로 달라지기도 한다.

주체와 객체 간의 상호작용인 사회복지실천 활동은 전문성을 기초로 하여 대개는 대면적 접촉을 통해 이루어진다. 사회복지사와 클라이언트는 계획된 변화과정planned change process에 함께 참여한다. 이러한 변화과정은 사회복지사가 주도하기도 하지만 변화할 것인지의 여부나 사회복지사가 제공하는 자원을 활용할 것인지의 최종결정은 클라이언트가 한다. 사회복지사는 대상자인 클라이언트의 기본적 주체성을 인정한 상태에서 변화과정에 다양한 전문적 수단을 활용하게 된다.

사회복지실천은 인간과 환경의 공유영역에 대한 개입이다. 사회복지실천은 인간 내부와 환경에 대한 동시적인 초점을 가지기 때문에 환경 속의 인간person in environment 혹은 전체로서의 인간whole person을 강조한다. 사회복지실천은 인간의 심리 내적 측면에 상대적으로 초점을 두는 일반 심리적 상담과는 차이가 있다. 반대로 환경 영역에만 초점을 두어 물적 자원이나 서비스를 제공하는 행정적 조치들과도 차이가 있다. 동주민센터에 근무하는 사회복지사는 다른 행정직 공무원처럼 민원서류만을 처리하는 것이 아니라 복지서비스 제도에 규정된 수급자격을 가지고 있는지에 대한 판단, 서비스의 전달과 점검, 그리고 그 과정에서 클라이언트인 주민이 가질 수 있는 정서적, 사회적 문제를 탐색하고 필요한 서비스 욕구를 확인하여 적절한 자원이나 서비스를 연계, 제공한다. 동시에 클라이언트의 진전상황이나 욕구해결 정도에 대해 점검 평가하는 일을 한다.

사회복지 정책이나 법, 제도 등 사회복지의 다른 영역이나 분야와 비교할 때, 사회복지실천은 개입의 단위라는 측면에서 미시적micro인 특성을 가지고 있다. 그 때문에 사회복지실천에 대해 미시적 실천이라는 용어를 사용하기도 한다.[1] 사회복지실천의 개입단위는 개인, 가족, 소집단 등이다. 많은 경우 개인을 단위로 한 개입

1 사회복지분야의 실천을 거시(macro)적 실천, 중시(messo)적 실천, 미시(micro)적 실천으로 구별하여 제시하기도 한다. 이때 통상적으로 거시적 실천은 제도나 정책을 통한 개입, 중시적 실천은 지역사회조직을 통한 개입, 미시적 실천은 개인이나 가족 혹은 소집단에 대한 개입을 의미한다.

방법과 기술에 초점이 두어져 있다. 사회복지실천에서는 클라이언트를 위해 사회 조건을 개선하려고 법적 · 정책적 활동 등을 진행하기도 하지만 기본적으로는 대면 접촉을 통한 원조활동이라는 부분을 핵심 요체로 한다.

2. 사회복지실천의 원칙과 관점

사회복지실천은 전문성에 기반한 원조활동이므로 개입과정에서 사회복지사는 개인적인 주관성에 기초한 판단이 아니라 전문직의 원칙에 따라 기본적인 개입과정을 진행하여야 한다. 사회복지실천의 원칙은 사회복지사가 클라이언트를 대하는 기본적 자세와 직접적으로 관련된다.

1) Biestek의 사회복지실천 관계에서의 원칙

Biestek은 사회복지실천에서 대면적 관계의 7개의 핵심적 원칙을 제시한 바 있다(Biestek, 1957). 이는 매우 고전적인 것으로 지금까지도 사회복지사가 클라이언트와의 관계에서 지켜야 할 핵심적 원칙으로 여겨지고 있다.

(1) 개별화

개별화란 클라이언트가 고유한 한 개인으로 인식되어야 한다는 것이다. 모든 클라이언트는 다 다르고 고유한 복지 욕구나 상황에 있다. 사회복지사는 클라이언트를 특정 '부류'로 묶어서 취급하거나 편견을 가지고 대해서는 안 된다. 이혼 후 빈곤상황에 처한 두 명의 여성 클라이언트는 절대 같지 않다. 서로 다른 욕구를 가지고 있고 서로 다른 상황에 있다. 사회복지사는 클라이언트를 대할 때 모두 개별적인 욕구를 가지고 있는 존재로 보아야 한다.

(2) 의도적인 감정표현

사회복지사는 클라이언트가 감정을 자유롭게 표현할 수 있도록 격려해야 한다. 감정의 자유로운 표현 자체가 클라이언트의 욕구이고 문제일 수 있다. 긴장이나 압박을 해소하는데 도움이 된다. 또한 클라이언트는 감정을 표현하고 정화함으로 인해 어려운 상황에 보다 잘 대처할 수 있는 준비를 갖추게 되기도 한다.

(3) 통제된 정서적 관여

사회복지사는 클라이언트의 감정표현에 대해 민감하게 이해하고 반응해야 한다. 다만, 이 사회복지사 정서적 반응은 적절히 통제되고 전문적 관계와 사회복지실천 과정에 도움이 되어야 한다. 클라이언트는 '자유롭게' 감정을 표현하도록 하지만 사회복지사는 이 표현에 '적절한' 반응으로 대응해야 한다.

(4) 수용

수용은 클라이언트를 있는 그대로 존엄하고 가치 있는 존재로 받아들인다는 것이다. 클라이언트는 비행청소년일 수도 있고, 적절치 않은 생활습관을 가지고 있을 수도 있다. 경우에 따라서는 범죄자이거나 학대 가해자일 수도 있다. 하지만 사회복지사에게 클라이언트로서 함께 활동하는 동안에는 이들은 그 자체로 존엄성을 가지는 '인간'으로서 존중되고 최선의 서비스를 받아야 한다. 물론 이는 클라이언트의 부적절한 행동까지도 모두 적절하거나 불가피한 것이었다고 인정한다는 의미는 아니다.

(5) 비심판적 태도

사회복지사는 클라이언트에 대해 잘잘못을 평가하거나 심판하는 일을 하지 않는다. 사회복지사가 실천과정에서 주목하는 것은 과거의 잘잘못이 아니라 현재의 사회적 기능수행, 그리고 미래에 대한 대처의 준비이다. 사회복지사가 클라이언트에게 "그때 그런 행동을 하지 말았어야 했는데…"식으로 클라이언트에게 심판적인 언동을 자주 할 경우에 클라이언트는 사회복지사에게 솔직한 이야기를 털어놓지 않게 되고 전문적 원조관계는 활성화되지 못한다.

(6) 자기결정

사회복지실천에서는 클라이언트에게 적절하고 필요한 정보를 제공하고 자신의 인생과 관련된 결정에 스스로 주체성을 발휘하도록 격려해야 한다. 최선의 선택이 이루어지도록 하기 위해서라도 사회복지사가 대신 결정을 내려주는 것은 부적절하다. 물론 사회복지사가 클라이언트의 자기결정 원칙을 남용하여 방임적이고 무책임한 태도를 나타내어서도 안된다. 클라이언트에게 필요한 정보를 제공하고 각 선택의 과정이나 결과에서 나타날 일들에 대해 함께 논의하여야 한다. 그리고 최종적인 판단은 클라이언트의 몫이 되도록 사회복지사가 원조 과정을 진행해야 한다.

(7) 비밀보장

사회복지사가 실천 과정에서 클라이언트에 대해서 알게 되는 정보는 매우 민감한 개인정보일 수 있다. 이를 가볍게 다루면 클라이언트에게 큰 피해나 상처가 유발될 수 있다. 클라이언트에 대해 철저히 비밀을 보장하는 것은 사회복지실천에서 절대적인 원칙이다. 물론 사회복지실천의 수준을 높이기 위한 수퍼비전supervision이거나 행정적 규칙으로 인한 서류작업, 법정에서 요구하는 경우 등에서는 클라이언트에 대한 정보를 이야기해야 할 수도 있다. 이 경우에는 수퍼비전이나 혹은 법적 · 행정적 활동에 참여해서 클라이언트의 정보를 알게 된 모두가 비밀보장의 의무를 가지게 된다. 이를 '확대된 비밀보장'이라 부르곤 한다.

2) 효과적인 원조 관계의 창출을 위한 원칙과 사회복지사의 자세

효과적인 원조 관계를 창출하기 위해서 사회복지사가 지녀야 할 핵심적인 조건 혹은 특성을 조금 다른 각도에서 원칙으로 제시하기도 한다. 이는 기본자세이기도 하며 동시에 클라이언트에게 전달되어야 할 부분이기도 하다. 감정이입empathy, 긍정적 고려positive regard, 온화함warmth, 진실성genuineness이 대표적이다(남기철 · 정선욱 역, 2020: 159–161).

(1) 감정이입

감정이입이란 사회복지사가 클라이언트의 경험과 감정을 정확하게 지각하고 이것이 클라이언트에게 주는 의미를 잘 포착하는 것을 말한다. 이는 단지 '안다'는 인지적 측면의 이해 수준이 아니라 '대신 느낄 수 있는' 정서적 교감의 특성을 포함하는 것이다. 감정이입은 클라이언트에게 언어적 비언어적 수단을 통해 클라이언트에게 충분히 전달되어야 한다.

(2) 긍정적 고려

긍정적 고려는 클라이언트가 가치 있는 존재이며 존엄성을 인정받아야 한다는 사실을 사회복지사가 충분히 인식하고 있어야 함을 말한다. 사회복지사는 실천활동에서 클라이언트의 권익에 대해 호의적이고 옹호하는 태도를 반드시 견지하고 있어야 한다.

(3) 온화함

사회복지사의 온화함은 클라이언트가 신뢰감과 안정감을 가지고 접근할 수 있도록 하는 태도이다. 온화함은 말로 전달되기보다는 표정이나 미소, 자세 등 비언어적 수단을 통해 더 많이 드러난다. 클라이언트에게 호의와 수용하려는 정서적 메시지를 충분히 전달할 수 있어야 한다.

(4) 진실성

진실성은 사회복지사가 사실적인 태도를 가지고 자기 자신에 대해서 거짓 없이 클라이언트에게 전달함을 말한다. 대개의 사람들은 일상적인 접촉에서 큰 의미 없이 악의 없는 거짓을 말하곤 한다. 하지만 사회복지사는 직업적 관계 속에서는 이에 대해 경계해야 한다. 진실성을 견지하고 있는 사회복지사는 방어적이지 않고 자발적이며 말과 행동이 일치한다. 물론 모든 면에서 즉각적으로 사실 그대로를 드러내야 한다는 의미는 아니다. 거짓을 말하지 않는다는 것과 모든 것을 사실대로 드러낸다는 것은 크게 다르다.

3) 사회복지실천의 관점 : 생태체계, 강점, 역량강화

사회복지실천이 일반적 상담이나 심리치료 혹은 교육기법과 차이를 나타내는 것에는 사회복지실천의 고유한 관점이 크게 작동한다. 사회복지실천의 고유한 관점으로 대표적인 것은 생태체계적 관점, 강점의 관점 등이라 할 수 있다. 생태체계적 관점은 클라이언트의 문제나 욕구를 개인 내부에 고립적으로 존재하는 것으로 파악하는 것이 아니라 개인과 환경과의 상호작용과 적응의 맥락에서 파악하는 중요한 틀이다. 생태체계적 관점은 생태학적 관점과 일반체계이론의 결합이라 할 수 있다.

강점관점은 사회복지사가 클라이언트를 결함이 있거나 문제를 가진 사람이라는 측면에서만 보는 것이 아니라 클라이언트가 가지고 있는 고유한 강점을 더 강조한다는 것이다. 약점을 고치기보다는 강점을 활용하여 향후의 사회적 기능을 향상시키는 것을 강조하고 클라이언트가 가진 강점에 주목하는 것이 사회복지실천의 특징이다. 이러한 측면에서 사회복지실천의 생태체계적 관점과 강점 관점은 클라이언트의 문제를 병리적으로 해석하는 의료적 관점과 큰 차이를 나타낸다.

이는 클라이언트에 대한 역량강화empowerment와도 연결되는 것이다. 역량강화는 사회복지실천의 한 모델로 이야기되기도 하지만 최근에는 모든 실천에서 클라이언트의 역량을 강화하기 위한 방향에 초점을 두는 것을 기본적 원칙으로 이야기하기도 한다. 역량강화의 관점은 사회복지실천을 미시적이고 즉각적인 당면욕구의 충족이라는 차원에만 머무르는 것이 아니라 점차 거시적이고 제도적인 옹호의 활동으로까지 일관성 있게 연결해가는 과정을 묘사하기도 한다. 장애인 클라이언트에 대한 사회복지사의 실천이 해당 개별 장애인에 대한 즉각적인 서비스 연결에만 그치는 것이 아니라 클라이언트와의 협력 활동 속에서 점차 장애인에 대한 활동지원 제도의 보강과 확충을 모색하는 것에까지 연결되도록 한다는 것이다. 그리고 이 과정에서 클라이언트가 단지 사회복지사나 기관에게 도움을 받는 수급자에 머무르지 않고 자신의 삶의 조건이나 사회적 제약의 맥락을 이해하고 이를 개선해가는 사회적 역량을 키우게 한다는 것이다.

[표 6-1] 역량강화실천 관점의 다차원성

1차원	2차원	3차원	4차원
• 사회복지사-클라이언트 관계의 확립 • 당면한 욕구의 충족	• 교육 • 기술개발 • 자조	• 자원확보 • 체계사정	• 사회행동 • 정치적 행동(거시) • 변화 • 지역, 전국, 국제적 행동
• 개인, 가족을 현존하는 서비스와 연결 • 의식향상과정의 시작 • 자원을 찾고 요구하는 방법에 대한 실제적 학습	• 지식발달 • 문제해결의 물리적 심리적 사회적 국면들 • 옹호나 중재와 같은 새로운 기술의 개발 • 선정된 문제에 대한 구체적 지식 • 공통 문제와 해결을 다루기 위한 집단의 활용 • 자기원조 대 다른 사람에 대한 원조 • 상호 문제해결 기술	• 자원과 조직에 대한 지식 개발 • 전문가 및 조직과 의사소통하는 기술의 개발 • 조직적 지역사회 변화의 기술 개발 • 조직 변화에 참여 • 의사결정체의 기회에 참여 • 공식적 자조 프로그램과 조직의 조성, 합류	• 정치적 경제적 체계, 전국적인 쟁점에 대한 지식의 개발 • 전국적인 쟁점(거시)을 다루고, 조직과 작업하는 기술의 개발 • 개인적 문제에 대한 정치적 성격의 명확화 • 편지, 전화캠페인, 협의, 중재 • 로비, 피켓팅
주요참여자			
• 개인, 가족 • 사회복지사	• 개인, 가족 • 소집단 • 사회복지사	• 개인, 가족 • 소집단, 대집단 • 초점화된 문제의 연결망	• 개인, 가족 • 소집단, 대집단 • 지역사회 • 전국적 조직 • 지역단위 조직

주요변화표적			
• 개인, 가족	• 개별, 집단의 상황 • 공통적인 문제해결	• 조직 • 기관 • 개인 • 공통문제	• 대집단 • 지역사회 • 법률, 정책 • 지방정부, 중앙정부

출처 : 김혜란 외 역(2006)

3. 사회복지실천의 과정

사회복지실천은 대인관계를 통한 전문적 원조 과정이다. 전문적 원조 과정으로서의 관계이므로 시간제한성, 목표지향성, 전문성 등의 특징을 가진다. 일반적인 사적 관계와는 달리 계약에 기초하여 일정한 기간 동안 목표를 달성하기 위해 전문적 수단이 동원된 관계를 형성하는 것이다. 이는 일련의 과정적 흐름을 가진다. 이 과정은 학자마다 서로 다른 단계로 묘사되고 있다. 초기, 중기, 후기 과정으로 묘사하기도 하고 각 국면에서의 활동 내용에 초점을 두어 접수와 사정, 계약, 개입, 평가와 같이 과정을 묘사하기도 한다. 하지만 그 기본적 내용은 유사하며 표현상에서의 차이라 할 수 있다.

사회복지사는 상담과 유사한 과정을 통해 계획된 원조 과정을 이끌어가며 이 과정에서는 클라이언트에게 필요한 물질적 자원, 교육이나 훈련, 프로그램, 정서적 지지 등의 지원이 통합적으로 이루어지게 된다.

[표 6-2] 사회복지실천의 과정

구분		주요활동	내용
초기	접수 및 사정	접수	• 사례담당 여부의 판단과 의뢰 • 라포르 형성 • 체계적 자료의 수집 • 사정도구의 활용
		자료수집	
		사정	
	계획 및 계약	목표설정	• 개입 목표의 설정과 합의 • 개입 방법의 계획 • 서비스 동의 형성과 계약
		계약	
중기	개입	개입	• 전문적 수단의 동원 • 개입의 진행과정 점검 및 수정
		점검	

구분		주요활동	내용
후기	종결	종결 및 의뢰	• 종결에 따른 클라이언트와의 관계 해소 준비 • 의뢰 여부의 판단 • 개입 결과의 평가 • 종결 후 사후관리
		평가	
		사후관리	

1) 접수 및 사정

접수intake는 클라이언트가 찾아와 신청하거나 사회복지사와 소속 기관의 직접 발굴, 혹은 다른 기관으로부터의 의뢰에 의해 이루어진다. 서면 신청이나 대면 신청 혹은 양자 모두를 활용하여 사례를 접수하게 된다. 접수 과정을 통해 해당 사회복지사가 담당하는 것이 적절한지에 대해 판단한다. 접수 결과 해당 사회복지사가 원조 과정을 진행하는 것이 적절치 않다고 판단될 경우 다른 전문가나 기관으로의 의뢰 refer 활동이 이루어진다.

접수가 이루어지고 나면 사회복지사는 클라이언트의 욕구나 상황에 대해 자료를 수집한다. 이 초기과정에서는 사회복지사와 클라이언트 간 신뢰 관계rapport 형성이 매우 중요하다. 신뢰 관계는 정보를 정확히 수집 및 판단할 수 있는 근거가 되며 동시에 클라이언트와의 향후 개입을 효과적으로 진행하기 위해서도 필수적 요소가 된다.

사정assessment은 자료의 수집과 수집된 자료에 입각한 전문적 판단이라는 두 가지 요소의 결합이다. 이를 통해 클라이언트와 실천과정을 진행할 초점을 잡는다. 사정 과정에서는 문제상황만이 아니라 클라이언트가 가지고 있는 강점에 대해서도 파악하는 것이 중요하다. 사회복지실천은 강점에 기초하여 진행하는 부분이 많기 때문에 클라이언트를 취약성과 문제를 가진 사람으로서만 규정해서는 곤란하다. 과거 진단diagnosis이라는 용어를 많이 사용하다가 사정이라는 용어로 바뀐 것도 이러한 맥락에 따라서이다. 자료를 수집하고 판단하기 위해서 도구들을 활용하기도 한다. 각종 검사나 서식 등이 이에 해당한다. 사회복지실천 분야에서 가장 자주 활용되는 대표적인 것은 가계도genogram와 생태도ecomap이다.

[그림 6-1] 가계도와 생태도에 사용되는 대표적 기호와 약식 가계도 사례

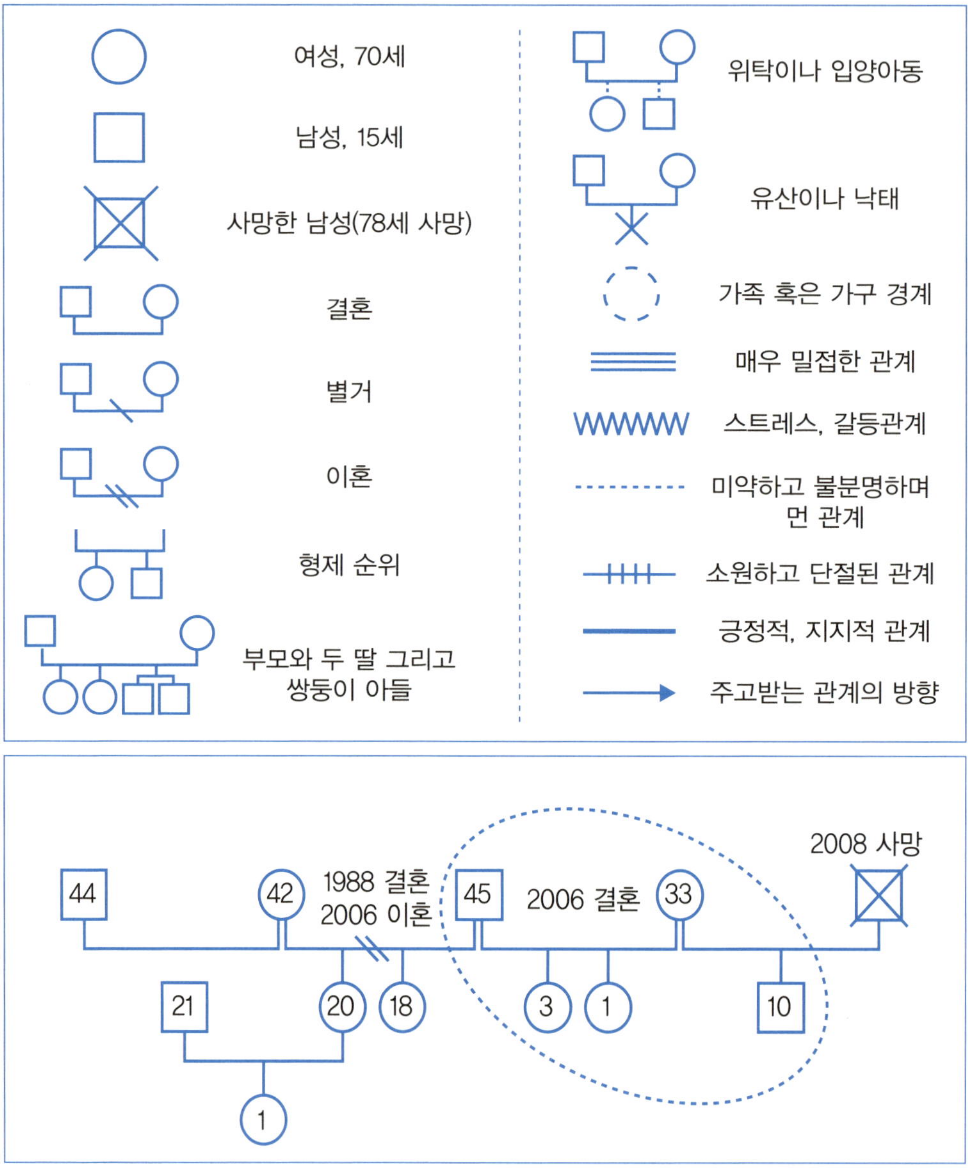

출처 : 남기철 · 정선욱 역(2020: 277)

2) 계획 및 계약 단계

사정 과정을 통해 클라이언트의 복지 욕구가 확인되고 나면, 개입을 위한 계획이 수립되어야 한다. 개입계획 수립은 목표를 설정하는 것으로부터 출발한다. 보통 목표objective라는 용어는 목적goal과 구별된다. 목표는 보다 구체적이고 측정이 가능해서 달성되었는지를 직접적으로 확인할 수 있는 것을 의미한다. 사회복지사와 클라이언트의 원조 과정은 구체적인 목표를 가지고 진행되어야 한다. 이 목표가 하나이어야 할 이유는 없다. 많은 경우 개입의 목표는 상호 관련된 3-4개 가량 복수로 구성되곤 한다. 개입의 목표는 구체적으로 수립되고 이는 클라이언트와 합의가 이루어진 것이어야 한다.

목표가 설정되고 나면 목표에 이르기 위한 수단, 즉 개입의 방법들에 대한 계획을 수립하게 된다. 개입의 방법은 매우 다양하다. 따라서 이 방법의 선택이 더욱 중요한 의미를 가진다. 개입 방법은 근거기반evidence-based의 전문성, 실현 가능성, 클라이언트의 상황 등 요소를 감안하여 선택하여야 한다. 즉, 선택된 개입 방법이 클라이언트의 욕구상황과 목표에 효과적이라는 입증 근거가 있어야 하고, 예산과 시간적 제약 등을 감안해서 사회복지사가 실제로 활용 가능한 방법이어야 한다. 또한 클라이언트의 연령이나 심리사회적 조건에 부합하는 방법이어야 한다.

개입 목표와 방법에 대한 계획의 수립은 사회복지사의 전문성에 기반할 뿐만 아니라 클라이언트의 적극적 참여 속에 이루어져야 한다. 전문성과 클라이언트 참여성 사이의 균형을 맞추는 것은 쉽지 않은 과제이다. 클라이언트의 참여는 최종적으로 개입의 목표와 방법에 대한 설정 후 개입 계획에 대한 동의 과정에서 확인되어야 한다. 최근에는 사회복지사 혹은 사회복지사가 소속된 사회복지기관과 클라이언트 혹은 그 보호자나 후견인 사이에 서면으로 작성된 계약contract을 체결하는 것을 원칙으로 삼는다. 이 계약서에는 개입의 목표와 방법, 사회복지실천 개입의 주기와 기간, 사회복지사와 클라이언트 상호 간의 책임과 의무 등이 포함된다. 계약은 클라이언트가 관련된 정보를 충분히 제공받았으며 자발적으로 서비스 계획에 참여 내지는 동의하였다는 것을 나타내는 것이다. 동양적인 사고에서는 사회복지사와 클라이언트가 서면의 계약을 맺는다는 것이 다소 비인간적이고 경직된 분위기로 느껴질 수도 있으나 적절한 계약의 체결은 그 자체만으로도 클라이언트의 문제 해결에 도움을 줄 수 있다고 여겨진다. 문제와 목표, 해결 방법에 대한 명확한 인식을 유도할 수 있기 때문이다.

3) 개입 단계

개입 단계는 전체 사회복지실천 과정 중에서 가장 긴 시간을 차지하는 핵심 과정이다. 이 단계에서는 서비스 계약에 근거하여 이전 과정에서 확인된 욕구에 대해 전문적 원조가 실제로 진행된다. 개입 단계에서 활용되는 수단은 사례마다 그리고 개입계획마다 다르고 다양하다. 다음 절에서 살펴보게 될 사회복지실천기술, 사회복지실천의 모형에 따른 개입 모듈의 진행, 사례관리 등의 방법이 동원될 수 있다. 개인 중심의 개입 방법 외에도 소집단이나 가족, 혹은 지역사회 단위의 개입이 진행되기도 한다.

개입 단계에서는 아무리 좋은 서비스 계획이라도 실제 실천과정에서 수정 보완이 필요하기 마련이다. 사전의 정보가 불충분하거나 수정되어야 할 필요도 있고 예상치 않았던 돌발상황이 나타날 수도 있다. 따라서 개입과정에서는 점검monitoring이 필수적인 요소이다. 점검은 총괄적 평가evaluation와는 다르다. 평가가 최종단계에서 목표의 달성 여부와 관련된 판단을 위해 이루어지는 것이라면 점검은 개입의 진행 상황을 살펴보아 필요한 수정(혹은 원래대로의 진행)을 만들고자 하는 것이다. 개입과정의 점검은 해당 사회복지사에 의해 수시로 이루어지기도 하지만 그 시기나 방법 등이 계획 단계에서 이미 결정된 바대로 정해진 시점에 이루어지는 경우도 많다.

상대적으로 가장 긴 시간에 해당하는 개입 단계는 그 이전 단계의 사회복지사 활동이 얼마나 충실하게 이루어졌는가에 의해 그 원활함이 결정되곤 한다.

4) 종결 단계

사회복지사와 클라이언트의 활동은 무제한적인 것이 아니다. 종결이 예정되어 있는 활동이다. 종결은 몇 가지 유형이 있다. 목표 달성에 따른 종결, 계약기간의 만료에 의한 종결, 클라이언트의 상황(건강 문제나 사망, 거주지 이전, 가족 상황 등)에 의한 종결, 사회복지사나 소속 기관의 여건(퇴직, 전직 등)에 의한 종결, 클라이언트의 불참에 의한 우발적 종결 등이다. 이 중 목표가 달성되어 이루어지는 종결이 가장 이상적이지만 그렇지 않은 경우도 많다. 종결은 반드시 사회복지사에 의해 준비되어야 한다. 사전에 준비되지 못한 종결은 부정적인 것이라 할 수 있다.

종결단계에서는 사회복지사와의 관계가 정리되는 것이므로 반드시 클라이언트의 정서적 문제를 다루어야 한다. 자칫 클라이언트의 상실감 유발이나 자아존중감

하락과 같은 부작용이 우려되지는 않는지 확인하여야 한다.

종결단계에서 핵심적으로 수행해야 할 과업은 역시 평가이다. 평가는 계획과 계약 단계에서 형성된 개입 목표와 직결되어야 한다. 평가는 목표를 얼마나 달성했는지에 대한 사회복지사와 클라이언트의 공통된 인식에 기반해야 한다. 평가는 단지 만족도와 같은 주관적인 측면에만 머무르지 않는 것이므로 객관성을 확보하고자 하는 여러 측정 도구가 개발되어 활용되고 있다. 개별화된 평정척도, 목표달성척도goal achievement scale: GAS, 과제달성척도task attainment scale: TAS 등의 도구가 대표적으로 많이 활용되는 것이다. 이러한 측정 도구를 통해 개입목표와 관련된 부분에 대해 측정한 후 이를 개입 이전의 상태와 비교하는 방식으로 평가하는 방법이 가장 흔히 이루어지곤 한다. 평가를 위한 조사설계research design는 개입에 대한 계획 때부터 이미 결정되어 있어야 한다. 개입이 끝난 이후에 평가가 이루어지지만, 평가에 대한 계획은 초기부터 마련되어 있어야 한다. 계량적으로 효과성을 분석하기 위해 통계적 분석방법도 많이 활용된다. 사회복지실천은 한 번에 많은 인원에게 이루어지지는 않으므로 비모수적 통계분석 방법이 활용되곤 한다.

평가와 아울러 종결 과정이 진행되고 나면 일정 기간 동안 사후관리follow-up가 이루어진다. 이는 개입과정에서 얻어진 효과를 클라이언트가 지속적으로 유지할 수 있는지, 그리고 효과를 위해 합의된 내용들이 클라이언트에 의해 지켜지고 있는지 등 개입종결 이후에 이루어지는 점검과정이라 할 수 있다. 대개 사후관리의 기간이나 정도 역시 개입계획에 포함되어 있는 경우가 많다. 그렇지 않은 경우라면 서비스 평가와 종결 과정에서 사후관리에 대한 추가적 동의와 계약을 필요로 할 수도 있다.

평가 결과나 사후관리 과정에서의 상황에 따라 클라이언트를 다른 추가적 서비스 기관이나 담당 인력에게 의뢰할 수 있다. 이때 의뢰는 클라이언트에게 다른 기관이나 담당자의 연락처를 알려주거나 연락하라고 말하는 것만으로는 적절한 것이라 할 수 없다. 의뢰는 연락처를 연계하는 것이 아니라 클라이언트에게 서비스를 연계하는 것이어야 한다. 즉, 클라이언트에게 추가적으로 필요한 서비스에 대해 사회복지사가 연락을 수행하고 서비스를 확보하여 만나야 할 담당자에게도 사전 연락이 이루어져야 한다. "A 기관으로 연락해보세요"가 아니라 "A 기관 OOO에게 B 서비스를 받아야한다고 이야기를 해두었습니다"가 의뢰에 해당하는 것이다.

2 절 사회복지실천 기술과 모델

1. 사회복지실천의 기술

사회복지사의 활동은 특정한 기법이나 기술의 형태로 나타나곤 한다. 기법과 기술은 다르다. 기법technique은 특정한 성과를 달성하기 위해 취하는 행동의 종합이고 하나의 모듈이다. 이는 대개 기존의 이론이나 선행 실천의 경험을 통해 어떤 방식으로 어떤 활동을 수행해야 할지가 정해져 있는 하나의 조합이다. 예를 들어 '빈 의자empty chair'는 하나의 기법 명칭이다. 반면 기술skill은 사회복지사가 실천과정을 이끌어가는 종합적인 능력을 말한다. 기술은 기법을 진행하고 얼마나 목적에 맞추어 능숙하게 발휘할 수 있는가의 문제이다. '빈 의자 기법을 얼마나 잘 수행할 수 있는지의 능력'이 드러나는 것이 기술이라 할 수 있다. 서로 다른 두 사회복지사의 기술에는 차이나 우열이 있지만, 기법이 사회복지사마다 서로 다른 것은 아니다. 사회복지실천 과정은 사회복지사의 판단과 기술에 따라 고유한 특성을 가지고 모두 상이하게 나타나므로 이를 'art'라는 단어로 그 성격을 묘사하기도 한다.

사회복지사는 클라이언트와 함께 개입의 전 과정을 개입의 목표에 맞추어 목적의식적으로 기획하고 실행해간다. 사회복지사가 사회복지실천 과정에서 사용하는 기술은 매우 많고 다양하다. 이 중 대표적인 부분만 살펴보면 다음과 같다.

1) 면접 과정의 의사소통 기술

사회복지실천의 가장 많은 부분은 클라이언트와의 의사소통 과정을 통해 이루어진다. 사회복지사는 면접 과정을 개입 목표에 따라 목적의식적으로 진행해간다. 때문에 의사소통을 위한 기술은 사회복지사에게 가장 필수적인 요소가 된다.

그중에서도 가장 기본이 되는 부분은 '경청listening'이다. 경청은 정보를 정확하게 얻기 위해 중요하기도 하지만 특히 클라이언트가 자유롭게 표현하도록 격려하고 신뢰관계를 형성하는데 가장 핵심이 된다. 사회복지실천의 면접 과정에서 사회복지사는 "큰 귀와 작은 입을 가져야 한다"라고 한다. 잘 듣는 것은 가장 중요한 의사소통 기술이다. 듣는 도중에 말을 하려고 준비하고 있다면 잘 들을 수 없다. 또한 경청은 실제로 잘 듣고 있는 만큼 클라이언트에게 잘 듣고 있다는 사실을 전달하는 것도 포함하는 활동이다. 이 역시 언어적 · 비언어적으로 다양한 수단을 통해 전달될 수 있다. 클라이언트에게 호의적 관심을 가지고 있다는 자세, 눈 맞춤, 적절한 언어적 대답이나 반응이 필요하다.

반영reflection은 클라이언트의 이야기에 대해 정서적이나 내용적인 부분에 대해 사회복지사의 인식을 전달하는 방법이다. 반영은 경청을 표현하는 것일 수도 있다. "아드님이 그렇게 말씀하셔서 많이 실망하셨겠어요" 혹은 "더 이상은 견디기 힘들겠다고 생각하셨군요"와 같이 클라이언트의 느낌이나 이야기에 대해 적절하게 반응하는 것은 중요하다. 경우에 따라서는 클라이언트 이야기의 마지막 부분을 따라하거나paraphrasing, 이야기를 요약summarizing하는 것도 유용할 수 있다. 호의적인 침묵을 자세나 표정 등 비언어적으로 제공하는 것 역시 방법이 되기도 한다.

의사소통 과정에서 클라이언트에게 재보증과 격려를 제공해야 할 경우가 많다. 클라이언트의 변화에 대한 시도나 그 능력을 강화하기 위해서이다. 재보증 reassurance이란 사회복지사가 클라이언트의 능력에 대한 신뢰를 전달하는 것을 말한다. 잘 해낼 수 있다는 신뢰의 표현을 통해 클라이언트의 개선 시도가 나타날 수 있도록 유도하는 것이다. 격려encouragement는 클라이언트의 태도나 행동, 시도에 대해 긍정적으로 평가하고 지속적인 노력을 고무하려는 것이다. 재보증과 달리 이미 이루어진 시도나 노력에 대한 평가의 부분에 초점이 있다. 재보증이나 격려는 사회복지사가 클라이언트의 긍정적인 부분과 강점에 입각한 활동을 전개하는 기술인데, 지나치게 비현실적인 보증을 하거나 거짓으로 긍정적인 격려를 수행하는 것은 좋지 않으므로 실제 긍정적인 부분을 찾아내고 사실에 입각하여 활용하는 것이 중요하다.

질문question은 정보를 얻기 위해 면접 과정에서 필요한 부분이다. 질문은 소위 개방형 질문을 통해 클라이언트가 자유롭게 많은 이야기를 할 수 있도록 해야 한다. 물론 경우에 따라서는 초점 있는 정확한 정보를 확인하기 위해 폐쇄형 질문이 필요하기도 하다. 하지만 폐쇄형 질문이 연달아 이어지는 경우 클라이언트가 취조받는다는 느낌을 받게 되므로 부적절할 수 있다. 질문을 한꺼번에 여러 개를 중첩적으로 던지거나 유도하는 방식의 질문을 하는 것도 부적절하다. "자녀들에게 그렇게 말씀하시는 것이 좋았다고 생각하시나요?"와 같이 질문이 특정한 판단이나 의도를 가지고 유도하는 방식이 되면 클라이언트는 솔직하게 답변하기보다는 사회복지사가 납득할 수 있는 내용으로 대답을 만들게 된다. 이 경우 사실에 해당하는 정보를 얻을 수 없으며, 질문으로서의 유용성도 없다. 한편으로 클라이언트가 침묵하고 있는 경우에 어색함을 피하기 위해 침묵을 빨리 벗어나려는 의도의 섣부른 질문을 하기 보다는 침묵을 견디면서 그 의미를 탐색하는 것도 필요하다.

일반화generalizing는 자신이 닥친 상황에 압도되어 있는 클라이언트의 불안과 압박을 경감하기 위해 사용되곤 하는 기술이다. 이는 클라이언트가 가진 문제나 어려움이 다른 사람들에게도 나타나는 것이라는 점을 전달하는 것이다.

사회복지사는 면접 과정에서 수동적인 존재가 아니므로 클라이언트에게 필요한 메시지를 전달하여야 하는 경우도 많다. 이때 주의해야 하는 부분은 성급한 조언이 가지는 부작용이다. 특히 초기과정에서는 조언은 가급적 자제하는 것이 좋다. 조언이 필요한 경우라 하더라도 조언은 약한 방식으로 이루어지는 것이 좋다. 제안은 약한 방식의 조언이라 할 수 있다. 반대로 지시나 명령으로 받아들여지는 조언은 강한 형태의 조언에 해당할 수 있어 특히 주의가 필요하다.

의사소통 기술은 언어적 방법으로만 발휘되는 것은 아니다. 인간의 의사소통은 자세나 표정, 특정 행동이나 몸짓 등 비언어적 수단을 통해 이루어지는 부분이 더 많고 중요한 경우가 있다. 클라이언트의 이야기 과정에서 언어적으로 표현된 내용과 비언어적인 표현이 서로 일치하지 않는다고 판단될 때는 비언어적 부분에 더 집중하고 이 의미를 탐색해야 하는 것이 일반적 원칙이다. 마찬가지로 사회복지사도 면접 과정에서 적절한 비언어적 의사소통을 수행해야 한다. 비언어적 의사소통 기술의 가장 핵심이 되는 부분은 관찰이다. 클라이언트가 나타내는 행동이나 자세, 몸짓 등에 대해 주목하여야 한다.

이밖에도 클라이언트가 불안감 등으로 인해 중요한 이야기를 감추고 있는 방어적 측면이 있어서 문고리 의사소통(면접을 마치고 일어나는 시점에서 중요한 이야기를 살짝 꺼내는 방식)을 나타내는 경우가 많다. 때문에 면접 회기마다 종료 전의 시간을 알려주는 것이 좋다. 전반적으로 전체적인 개입 과정만이 아니라 각 면접 회기의 기획이나 초점화도 필요하다. "지난번 면접이 끝날 때에 둘째 자녀분의 학교생활에서의 어려움에 대해 말씀을 잠깐 꺼내셨는데요. 오늘은 그 이야기를 조금 더 해보았으면

합니다.”와 같은 식으로 시작하는 것도 방법이다.

전반적으로 사회복지사는 면접 과정에서 지시보다도 지지support나 환기 ventilation의 유용성을 잘 인식하고 있어야 한다.

2) 소집단의 활용 기술

사회복지사는 개인이 아닌 소집단을 대상으로 개입 과정을 진행하기도 한다. 집단은 집단구성원 개인의 단순 합계가 아니다. 집단으로 모여 있을 때 소위 ‘+α’의 효과가 나타나기도 한다. 사회복지사가 소집단을 대상으로 개입을 진행하는 것은 집단으로서 함께 있을 때의 효과를 활용하기 위한 것이다. 즉, 목적은 클라이언트 개인의 사회적 기능수행을 증진하기 위한 것이지만 각 개인에 대해 따로따로 개입하기보다는 여러 클라이언트가 모여 있는 상황을 수단으로 활용하는 것이다.

한 명의 청소년 클라이언트가 개인으로서는 사회복지사 앞에서 감정이 고양되고 솔직한 이야기를 털어놓기는 힘들 수 있다. 하지만 집단으로 모여 잘 조성된 분위기에서 ‘촛불 의식’을 진행하게 될 경우에는 깊은 내면의 이야기나 정서를 잘 노출하곤 한다. 그리고 다른 집단 구성원의 이야기나 표현을 통해 상호작용 과정에서 성장 효과를 가질 수 있다. 집단은 독특한 힘을 가지고 있다. 집단으로 존재하면서 그 내부에서 나타나는 독특한 과정을 집단역동성group dynamics이라 부른다. 집단 초기의 탐색 과정, 집단 규범의 발생, 집단으로서의 응집력 형성, 하위집단의 형성, 집단 구성원 간 상호지지, 일반화의 경험 등이 모두 집단역동성의 한 부분이라 할 수 있다. 소집단 내에서의 활동과 상호작용을 통해 클라이언트는 과거 자신의 경험을 반추하거나 교정하는 기회를 가지기도 한다. 그리고 일반적 상황에서 시험할 수 없었던 대인관계에서의 시도를 소집단 내에서 시험해볼 수 있는 경험도 가진다. 사회복지사는 집단 성원의 이러한 경험이나 시도들이 안전하고 개방적으로 이루어질 수 있는 분위기를 연출해야 한다.

소집단은 대개 8명에서 12명 이내의 규모로 구성되지만 개입의 목표에 맞추어 집단의 규모가 다르게 결정된다. 집단 구성원을 동질적으로 구성하느냐 아니면 이질적인 성격을 반영하여 구성하느냐 하는 구성의 문제 역시 개입의 목표에 따라 달라진다. 어디까지나 목표는 개인의 사회적 기능수행 향상이며 집단은 수단의 측면에서 활용되는 것이라 할 수 있다. 이에 따라 사회복지사가 활용하는 소집단의 특성을 발달적 집단, 교육적 집단, 치료적 집단 등으로 구별하기도 한다. 사회복지사는 집단 발달의 초기 탐색과 시험의 단계, 중기의 목표지향적 활동 단계, 성과를 검토하고 종결을 준비하는 후기의 각 단계별 특징에 맞추어 집단 과정을 진행하여야 한다. 소집단을 활용한 개입은 사회기술 훈련social skill training과 같이 구조화된 프로그램을 활용하는 경우도 많다. 하지만 사회복지실천에서의 소집단에 대한 개입은 프로그램 수행 자체가 아니라 그로부터 얻어지는 경험의 의식적 활용이 본질이다. 때문에 구조화된 프로그램보다는 상호작용과 의사소통을 더 강조하곤 한다.

3) 가족 관련 개입 기술

가족이 개입의 단위가 되는 경우도 많다. 가족은 인간 생활과 발달의 최소한의 단위이면서 가장 원초적이고 본질적인 특징을 가진다. 가족은 많은 사람들에게 가장 친밀하고 안정된 환경이다. 하지만 경우에 따라서는 개인에게 심각한 상처와 사회적 기능 수준을 제약하는 원인이나 맥락이 되기도 한다. 아동이나 노인에 대한 학대나 배우자의 폭력 등은 그 극단적 형태라 할 수 있다. 학대나 폭력만큼 심각하지 않은 상황이라고 해도 부부 간의 적절하지 않은 의사소통 방식(예를 들어 부부가 서로 기분이 나쁠 때, 직접 대화하기 보다는 자녀를 통해 기분을 전달하거나 대화를 대신하는 방식 등)이 자녀들에게는 큰 심리사회적 어려움이나 부적응 행동을 유발하는 원인이 될 수도 있다. 때문에 사회복지사의 사회복지실천에서는 가족 구성원 전체나 혹은 일부를 대상으로 하는 개입이 많이 사용되곤 한다.

가족에 대한 개입 중에 가족의 부적응적 양상에 대해 적극적으로 변화를 가져오기 위한 전문적 활동을 가족치료family therapy라 부르기도 한다. 가족치료에도 전략적 가족치료, 구조적 가족치료, 해결중심적 단기가족치료 등 다양한 유형이 존재한다. 가족치료의 모델별로 여러 가지 실천기법이나 기술이 다양하게 활용된다. 흔히 사용되는 기법으로 가족조각family sculpture은 해결중심적 단기가족치료에서 가족의 평소 역동성을 가시적으로 확인해보기 위해 사용되는 기법이다. 앞서 살펴보았던 자료수집과 사정도구로서의 가계도 역시 보웬Bowen의 가족치료 기법에서 나타난 기법이 일반화된 것이라 할 수 있다.

사회복지사는 사회복지실천 과정에서 직접적으로 가족치료를 수행하지 않더라도 클라이언트의 가족 체계에 대해서는 특별한 관심을 가지고 그 구조, 기능, 역할,

상호작용의 방식에 대해 사정하고 개입의 필요성을 확인해 보아야 한다.

4) 환경에 개입하는 기술

사회복지사는 개인을 둘러싼 환경 체계에 대해 각별한 관심을 기울여야 한다. 사회복지실천 자체가 인간과 환경의 공유영역에 개입하는 것이니만큼 환경 요소에 대한 관심은 일반적 심리치료나 상담과 사회복지실천을 구별시켜주는 중요한 특징이기도 하다.

소극적인 측면에서는 사회복지실천 현장이 클라이언트의 긍정적 변화를 지원할 수 있는 것이 되도록 조성해야 한다. 면접이 수행되는 공간의 물리적 여건을 잘 조성하는 것도 이와 관련될 수 있다.

하지만 더 적극적인 측면에서는 클라이언트의 생활환경에 변화를 가져오는 활동을 수행하기도 한다. 클라이언트에게 중요한 의미를 가지는 환경, 예를 들어 가족, 학교, 직장, 중요한 주변 인물, 관습이나 제도, 문화를 포함한 전반적 환경이 최대한 클라이언트에게 우호적으로 작용할 수 있도록 변화를 도모한다. 예를 들어 학대 아동을 원가정으로부터 분리시키는 활동도 가장 극단적 형태의 환경변화라 할 수 있다.

2. 사회복지실천의 모델

사회복지실천은 근거하고 있는 지향이나 이론, 지식체계 등에 따라 나타나는 양상이 서로 다르다. 이를 몇 가지 대표적인 유형으로 구분하곤 한다. 이때 실천모델이라는 용어가 사용되곤 한다. 실천모델은 어떤 개입 활동을 안내하는데 사용되는 개념과 원리의 종합이다. 모델은 특정 이론과 관련성을 가지지만 이론적 설명의 부분에 크게 구속되는 것은 아니다. 이론이 관련되기는 하지만 이보다도 실천의 경험에 기반하여 어떤 지향과 방법으로 사회복지실천의 과정을 이끌어가는가를 구조화한 것이 실천모델이라 할 수 있다. 사회복지실천의 모델로 대표적인 것은 다음과 같다.

1) 심리사회적 실천모델

심리사회적 실천모델은 정신분석학적 전통에서 출발한 실천방식이다. 이는 고전적인 프로이드 유파식의 접근보다는 사회적 요소에 대한 관심이 더 높아진 것이다. 하지만 여전히 핵심은 상대적으로 장기간의 면접을 통해 클라이언트 부적응의 정신역동적 근원을 찾아내는데 초점을 둔다. 사회복지사의 전문성은 클라이언트 문제의 정확한 근원을 찾아내는 것이고, 이 전문성의 발휘를 통해 본질적인 문제에 대한 이해가 만들어지면 이를 통해 해결이 이루어질 수 있다고 본다.

2) 행동주의 실천모델

이 실천모델은 행동주의 심리학이나 학습이론에 근거한 것으로 소위 강화reinforcement와 처벌punishment에 의한 행동의 수정 방법을 클라이언트와 표적체계에 적용하는 것이다. 여기서는 심리사회적 모델 혹은 정신역동적 접근처럼 문제의 원인이나 추상적 분석이 큰 의미가 없다고 본다. 눈에 보이는 직접적인 행동의 수정원리를 통해 클라이언트의 사회적 기능이 가장 잘 증진되는 것이라 간주한다. 그 때문에 행동을 수정하기 위한 여러 가지 강화나 처벌의 스케줄을 체계화하여 개입한다.

3) 인지행동적 실천모델

인지행동적 실천모델은 인지를 수정하여 행동과 정서에 개입할 수 있다고 보는 점에 특징이 있다. 고전적인 정신역동적 접근에서는 정서가 더 본질적이고 인지는 정서에 종속된다고 본다. 또한 행동주의 학습이론에서는 행동 자체의 교정이 중요하다고 본다. 인지행동적 모델은 이들과는 달리 왜곡되고 비합리적인 인지방식이 클라이언트의 부적응 양상을 유발한다고 보고 비합리적인 인지를 합리적인 인지방식으로 전환하는데 개입의 초점을 둔다. Beck의 우울증 치료기법이 대표적인 예가 될 수 있다. 합리적인 인지를 보강하면 우울증이 완화된다는 논리에 기반하여 우울증을 가진 대상자에게 개입을 하고 또한 이러한 방식이 우울증의 완화에 크게 기여한다는 실증적 보고도 많이 나타난 바 있다.

4) 클라이언트 중심 모델

클라이언트 중심모델은 철학적으로 실존주의적 관점, Rogers의 인본주의적 관점에 기반하고 있는 사회복지실천의 모델이다. 여기에서는 경험과 상황에 대해 클라이언트 개인이 부여하고 있는 의미를 강조한다. 이 개인적 · 주관적 의미를 탐색하는 것이 사회복지사의 핵심적 역할이다. 졸업이라는 사건은 그 자체로서가 아니라 각 개인이 자신의 상황에 따라 졸업에 대해 부여하게 되는 의미가 다르고, 이 개인이 부여하고 있는 주관적 의미가 더 중요하다고 본다. 자신이 처한 문제나 사회복지적 욕구에 대해서는 클라이언트 자기자신이 최고의 전문가이고 이에 따라 스스로 해결하는 것이 본질이라고 본다. 따라서 사회복지사는 클라이언트 자신의 변화능력이 원활하게 이루어질 수 있도록 지원하고 촉진하는 방식으로 개입하는 것이 본연의 역할이라고 간주한다.

5) 과제중심 모델

과제중심task-centred 모델은 단기적 개입, 실증적 근거에 기반한 실천, 사회복지사와 클라이언트의 공동작업, 초점 있는 과제의 활용이라는 측면에서 독특성을 가지는 실천모델이다. 이 실천모델에서는 클라이언트가 취약하다고 호소하는 사회적 기능의 부분에 대해 사회복지사와 클라이언트가 해결해야 할 부분을 구체적으로 선정한다. 그리고 이를 해결하기 위한 단계적 과업을 만들고 이를 한 단계씩 수행해보고 일반화하는 경험을 통해 전반적으로 사회적 기능과 적응을 향상시킬 수 있다고 보는 것이다. 고부 간의 갈등과 의사소통 문제가 부각되는 경우에 처음부터 이 자체의 근본적 해결을 도모하기보다는 일단 '하루에 한 번씩 일정 시간 동안 통화하기'의 과제를 수행하는 것이 유용하다는 것이다. 이러한 과제를 성공적으로 수행한 경험에 근거하여 그 수준을 점점 상승시킨다. 점차 개선 과업의 내용을 확장해가면서 향후 고부관계 전반을 개선할 수 있는 능력이 클라이언트에게 함양된다는 것이다.

이 모델에서 사회복지사의 전문성은 목표에 부합하는 구체적 과제를 얼마나 적절하게 만들고 제시할 수 있는가 하는 점이 핵심이다. 과제는 개입 면접 도중에 연습을 실행하기도 하고, 혹은 다음 면접까지의 시간 동안 일상생활에서 어떤 방식으로 연습해 올 것인지의 활동을 부과하는 것이 되기도 한다.

6) 위기개입 모델

위기개입crisis-intervention 모델은 일상적이지 않은 위기를 경험한 사람들이 일상적인 균형상태를 회복할 수 있도록 지원하는데 초점을 두는 실천모델이다. 위기 자체가 시간제한적인 속성을 가지기 때문에 위기개입 역시 시간제한적인 단기적 접근에 해당한다. 성폭력 피해, 재난재해의 피해자, 그 밖에 감당하기 힘든 심각한 사건에 맞닥뜨린 클라이언트에게 보통 활용되는 모델이다. 위기개입은 그 본질적 특성상 신속하고 압축적인 활동을 전개한다. 그리고 위기개입의 목표는 다분히 제한적인 성격을 가진다. 기능수행의 향상이나 발전보다는 대처 능력의 붕괴를 막고 위기 이전의 평정상태로 되돌리기 위한 것이 위기개입의 본질이다.

7) 반 배제적anti-exclusion 사회복지실천모델

이는 고전적이고 일반화된 실천모델이라 할 수는 없다. 클라이언트들이 공통적으로 가지고 있는 문제인 빈곤에 대해 경제적 측면만 고려하지 않고, 다방면의 분야에서 배제되고 고립되어 가는 사회적 과정에 주목해야 한다는 것이 사회적 배제social exclusion의 논의이다. 이 논리에 기반하여 클라이언트를 사회 주류로부터 배제 혹은 격리시키는 사회적 압력에서 벗어나도록 사회복지실천의 역할을 조직화하는 것이 반 배제적 사회복지실천의 모델이라 할 수 있다.

반 배제적 사회복지실천에서는 클라이언트가 지속적으로 배제되어 가는 과정의 고리를 막는 것이 사회복지실천의 기본 임무라고 설정하고 이를 위해서는 다른 영역의 사회적 서비스와 함께 다음과 같은 다섯 가지의 과제를 수행해야 한다고 보고 있다(Pierson, 2000).

- 소득과 복지서비스 수급권의 극대화
- 사회적 지지와 관계망 강화
- 기관과 지방조직과의 연계 속에서 활동
- 서비스 활용자, 지역 주민, 지역 단체들의 효과적인 참여를 위한 채널 창출
- 전체적인 근린 이웃에 대한 초점 유지와 지역사회의 역량 강화

그리고 사회복지실천의 각 개입은 이 다섯 가지의 과제에 명백히 부합하는 것

으로 기획되고 배치되어야 함을 역설하고 있다. 기존에 관성적으로 이루어져 오던 실천이나 서비스가 이 중 어느 하나의 과제에 부합하더라도 다른 요소를 저해하는 것이 있는지를 검토하고, 다섯 가지 과제에 미치는 영향을 종합적으로 고려하여 사회복지실천의 방법과 전략을 기획 · 집행해야 한다는 것이다.

8) 사례관리

최근의 사회복지실천에서는 사례관리case management가 강조되고 있다. 사례관리는 실천의 모델이라기 보다는 실천의 방법이라 할 수 있다. 사례관리란 사회복지사가 클라이언트에게 특정한 서비스를 제공하는 것도 중요하지만 여러 서비스를 종합적으로 관리하여 클라이언트가 최선의 방식으로 활용할 수 있도록 하는 것이 더 중요하다는 맥락에서 강조되는 것이다. 사례관리는 클라이언트의 욕구는 복합적이고 이 복합적 욕구에 대응하기 위한 지역사회의 자원들도 복합적이라는 상황인식에 기초한다. 때문에 사회복지사는 지역사회의 다양한 자원들을 점검하고 개입의 목표와 논리에 따라 연계의 순서와 방법을 결정해야 한다. 때문에 사례관리는 '서비스 자체라기보다는 서비스가 제공되는 방식'에 초점을 둔 사회복지실천이다.

사례관리는 해당 클라이언트와 지역사회 자원에 대한 종합적인 파악에 기초하는 것이므로 몇 명의 사례를 담당하느냐에 따라 그 구체적 방식이 달라진다. 담당하는 사례가 적을수록 적극적인 사례관리가 가능하지만, 담당 사례가 많다면 각 사례마다 기울일 수 있는 사례관리의 집중도는 약해질 수밖에 없다. [표 6-3]과 같이 담당하는 적절한 사례량과 방식에 기초하여 사례관리도 여러 가지의 모형이나 방식이 구별되곤 한다.

[표 6-3] 대표적인 사례관리의 유형

구분	직접 서비스	연결, 의뢰, 옹호	서비스 기간 담당인구	실천가	비고
집중적 사례관리 :ICM (Intensive Case Management)	일부	광범위	지속적 10:1 혹은 15 : 1 에 서 40:1	• 지역사회기반 개인직원 • 일반실천가 (generalist)	클라이언트가 필요한 서비스에 접근하도록 지원하고 필요한 옹호를 하는 아웃리치 강조

구분	직접 서비스	연결, 의뢰, 옹호	서비스 기간 담당인구	실천가	비고
단정적 지역사회 처치 : ACT (Assertive Community Treatment)	집약적	일부	지속적 10:1	• 지역사회기반 팀 직원 • 다학문적	현장에서 개인에게 집중적으로 개입하고 서비스를 지지하는 것을 강조, 사례를 공동개입하는 다학문적 팀워크를 강조하며 집중성을 가짐
임상적 사례관리 : CCM (Clinical Case Management)	집약적	일부	지속적 10:1 혹은 20:1	• 지역사회기반 개인직원 • 전문실천가 (specialist)	주 개입(치료)자와 클라이언트 사이의 개별적인 치료 관계를 상대적으로강조
사회적 관계망 사례관리 : SNCM (Social Network Case Management)	일부	일부	10:1 혹은 20:1	• 지역사회 혹은 사무실 기반 개인직원	클라이언트가 사회적 관계망을 확장하고 강화하도록 원조하는 것에 초점
중개적 사례관리 : BCM (Broker Case Management)	최소	광범위	약간 지속적 50:1에서 85:1	• 사무실 혹은 지역사회기반 개인직원 • 일반실천가 (generalist)	다른 사람이 제공하는 서비스나 자원이 필요한 곳을 사정하고 기획, 의뢰하여 클라이언트가 잘 접근하도록 지원
결정적 시기 개입 : CTI (Critical Time Intervention)	일부	광범위	시간제한적	지역사회기반	시설에서 지역사회로의 복귀와 같은 중요한 시기의 집중적 사례관리, 실천 내용에서 '집중적 사례관리'와 유사하지만 클라이언트의 안정적 지지망 구축에 더 많은 관심

출처 : Morse, G.(1998)

우리나라의 실제 사회복지실천 현장으로 사례관리가 대표적으로 수행되는 곳은 지역사회복지관, 그리고 공공부조제도와 관련된 시군구나 읍면동의 사회복지전담공무원 실천현장 등이다. 우리나라 실천현장에서는 대체로 사례관리의 집중도를 '집중형', '일반형', '단순형' 등과 같이 구별하고 있다.

사회복지사의 사회복지실천은 인간발달, 심리학, 사회학, 조직학 등 다양한 분야의 이론에 대한 지식을 필요로 한다. 또한 직접적 대면관계 속에서 이루어지는 것이므로 많은 경험과 통찰력 역시 필요로 한다. 적절한 실천 기술은 지식만이 아니라 현장경험에서 얻어지는 부분이기도 하다. 대학교의 사회복지학과 어디에서나 현장실습을 필수과목으로 채택하고 있는 이유이기도 하다. 높은 수준의 지식과 기술을 갖춘 사회복지사가 되어 좋은 수준의 사회복지실천을 행할 수 있기 위해서는 상당히 많은 자기 계발의 노력이 필요하다. 사회복지실천은 선의지good will도 중요하지만 이보다는 능력capacity이 본질적인 부분이다.

제 7 장

지역사회복지론

1 절 들어가는 말

시 칸Si Kahn은 지역사회복지 활동방법으로 사회복지서비스 제공만이 아니라 부당한 금권이나 권력에 맞서 싸우기엔 미약한 사회적 약자들을 위한 옹호 활동 advocacy, 사회취약계층 당사자들을 단기 쟁점과 의제에 동참하도록 일시적으로 조직하고 동원하는 것mobilizing, 나아가 강력한 지역사회단체를 결성하여 권력이나 자본 등의 부당한 외부세력에게서 강요되는 자기 삶의 부당한 침해에 대해 스스로 맞서 싸우며 자기 목소리를 내도록, 주민들을 사회구조 문제에 대항하는 주체로 조직하는 지역사회조직화community organizing의 방법을 강조했다(이문국, 이인재 역, 2002).

이에 비해 우리 지역사회복지계는 오로지 우리 손에 주어지는 보조금 전달자 내지는 지역복지서비스 공급자의 역할과 기능에 너무 국한되어 활동하여 온 것은 아닌지, 비록 개론 수준이지만 지역사회복지 실천에 대해 보다 근본적 성찰을 하면서 본 장의 논의를 풀어가고자 한다. 아무튼 이러한 관점의 일관성을 유지하면서 논의를 끌어가고자 한다.

2 절 지역사회복지community welfare의 개념과 의의

지역사회복지의 개념을 검토하기 위해서는 먼저 지역사회복지라는 어휘에서 복지에 선행하는 지역사회라는 개념을 우선 파악할 필요가 있을 것이다. 이를 토대로 이런 개념을 지닌 지역사회라는 어휘와 결합한 복지가 무엇인지를 파악함으로써, 본격적으로 지역사회복지의 개념과 의의가 무엇인지를 검토하면 다음과 같다.

1. 지역사회의 개념과 정의

지역사회를 의미하는 영어의 커뮤니티community를 지역사회로 번역하는 것이 올바른가에 대한 문제의식은 다양하게 제기된다. 심지어 커뮤니티 자체에 대해서도 마술처럼 복잡 다양한 특성과 변화무쌍함으로 악명이 높다고 문제 제기하며(오정수, 류진석, 2006), 커뮤니티라는 개념보다 더 어려운 개념은 없다고 고충을 토로하기도 한다. 심지어 지역사회라는 의미에는 90여 개의 상용사례가 있다고 한다(류혜정 역, 2007). 그렇지만 지역사회의 문제가 무엇이고 그 해결을 위한 방법은 무엇인지 올곧게 고민하기 위해서는 적당한 수준에서나마 그 혼란스럽고 악명높은 개념을 정의하지 않을 수 없다.

우리말 자체에서도 지역사회라는 어휘의 의미는 지리-공간적 의미, 공동체성을 뜻하는 기능적 의미, 지리-기능성을 공유하는 통합적 의미를 지닌다. 그래서 커뮤니티에 대해 단순히 '지역사회'라는 번역어보다는 '지역공동체'라는 번역어가 선호되기도 한다. 이를 기초로 커뮤니티의 번역어인 지역사회를 지역공동체라는 의미가 계속 유지되도록 정의하면 다음과 같이 정의된다, 첫째, 지리적 지역사회, 둘째, 기능적 지역사회, 셋째, 지리-기능 통합적 지역사회로 삼분하여 개념을 구분할 수 있다.

1) 지리적 지역사회geographical community

커뮤니티의 번역어인 지역사회는 먼저 공간적 점유의 지리적 의미를 담고 있다. 작게는 루빈&루빈(Rubin & Rubin, 2008)이 제시한 근린 지역neighborhood을 의미하는 촌락 혹은 부락 정도나 읍면동 수준의 단위 행정구역을 의미한다. 가장 통상적인 의미의 지역사회 개념적 정의일 것이다. 가장 넓게는 지구 전체를 의미하는 지구공동체global community를 뜻하기도 한다. 그런데 땅 한 평도 없는 사이버공동체cyber community 혹은 카페라는 이름의 포털 사이트 사회적 네트워크 공동체social network community도 사이버라는 명백한 가상공간을 점유하고 있는 지리적 커뮤니티에 해당한다. 그래서 커뮤니티는 대단히 혼란스럽고 어려운 개념임에는 분명하다(이문국 외, 2016).

본 지리적 개념은 친목이나 정서적 동질성을 뜻한다면 지리적 근접성이 공동체적 연대감을 보장해주지 못하는 한계가 있다(유동철, 홍재봉, 2016). 같은 아파트에 사는 사람들일수록 바로 옆집 이웃과 철저히 소원한 관계인 것을 감안하면 더욱 그러하다. 그래서 지역사회의 기능적 개념이 부각된다.

2) 기능적 지역사회functional community

로스(1967)는 기능적 지역사회를 복지, 농업, 교육, 종교 등 공통의 관심과 기능을 함께 하는 사람들의 집단으로 정의하였다. 이처럼, 지리적 의미는 완전히 도외시하고 오로지 공동의 관심과 다양한 지역사회의 기능성만을 강조하는 개념적 정의이다.

루빈&루빈(Rubin & Rubin, 2008)은 민족이나 종교집단 등 공동체적 유산을 함께 나누는 지역사회로서 '연대적 지역사회solidarity community', 자본가와 노동자 혹은 부자와 빈자와 같은 사람들 간의 사회경제적 지위 차이를 반영하는 '사회계급social class', 각종 협회와 같은 이해관계를 공유하는 조직체나 희귀-난치 환자 모임 및 발달장애인 부모 모임과 같은 공통 욕구를 지닌 사람들의 집단인 '이익-추구형 지역사회communities of interest'를 기능적 지역사회로 구분하여 별도 제시한다.

본 기능적 개념이 지리적인 경계를 무시하고 오로지 공통적인 속성만을 강조하는 경우, 흔히 상식적 수준으로 이해되는 지역사회에서 '지역'이라는 공간적 맥락이 너무 소원시 되는 분명한 한계가 있다. 그래서 두 개념을 통합하여 지리-기능적 지역사회 개념이 부각된다.

3) 지리-기능적 지역사회geographical-functional community

지리적 관점이나 기능적 관점만으로는 이상과 같은 문제점들이 노출되므로, 대다수 학자들은 두 측면을 함께 아울러 정의하며, 마을공동체의 의미가 부각되도록 정의하는 것을 선호한다. 힐러리Hillery는 기존 지역사회 정의를 분석하여 ① 지리적 영역, ② 사람, ③ 사회적 상호작용, ④ 공동의 연대감을 지역사회의 네 가지 공통 요소로 분해하면서 지역사회를 정의하길, "일정한 지리적 영역 안에서 사회적 상호작용을 통하여 형성된 공동의 연대감을 갖춘 주민 집단"으로 정의한다. 포프린Poplin 역시 지역사회의 세 가지 요소로서 지리적 공간, 사회적 상호작용, 공동유대를 제시하면서, 이들을 각각 영토 변수, 사회학적 변수, 심리-문화적 변수로 구분하였다(유동철, 홍재봉, 2016, pp. 29-30 재인용).

2. 개념 정의를 위한 지역사회복지역사의 검토: 공동체성의 상실과 그 복원의 열망

지역사회에서 검토된 바와 같이 어렵고 혼란스러운 개념의 정의를 위해 지역사회복지 실천 활동의 역사 속에서 그 의미를 찾고자 한다. 이를 한마디로 요약하면 지역공동체의 상실과 이를 복원을 위한 열망과 노력의 역사라고 결론지을 수 있다. 미국 지역사회복지 역사를 중심으로 지역사회복지 활동을 알아보면 아래와 같다.

미국 지역사회복지 실천의 역사를 검토하면 철저히 지역사회의 공동체 의식 상실에 대한 문제의식과 이 공동체 의식의 복원을 위한 제반 활동이 지역사회복지 실천 활동의 근본이었음을 알 수 있다. 즉, 힐러리의 지역사회 정의에서 보는 바와 같이, 일정한 지리적 공간 안에서 서로 소원한 사람들 간의 상호작용을 활성화하여 공동체적 유대감을 회복시키는 활동이 바로 지역사회복지 실천의 알파이자 오메가였다.

미국 자선조직협회COS와 인보관 운동을 주도했던 19세기 말 20세기 초의 초창기 지역사회복지사들은 사회해체 현상을 해결하는 방안으로, 미국의 도시들을 과거의 유기체적 마을 공동체the organic communities로 바꾸어내어야 한다고 제안했다. 개별사회사업을 체계화한 메리 리치몬드Mary Richmond 여사는 근린 지역neighborhood의 힘과 지역공동체의 일상생활에서 나타나는 사람들 간의 관계 형성involvement의 가치에 대한 신봉자였다. 보스톤 사우스 엔드Boston South End 지역 인보관의 창업자였던 로버트 우즈Robert Woods는, "우리는 도시 내 근린 지역으로 접근하여 인내심을 가지고 그 지역들을 건강한 마을 생활로 복귀시키도록 노력하고 있으며, 이를 통해 주민들이 과거처럼 서로에 대해 잘 알고 지내고 또한 서로 배려하는 관계로 변할 것임"을 다른 인보관 활동가에게 설명했다. 나아가 자선조직협회와 인보관 활동가들은 공중보건, 산업안전, 교육, 주거, 아동노동과 같은 사회적 이슈에 대해서도 적극적으로 관여하며 사회적 개혁 활동을 이끌었다(이문국 외 역, 2005, p. 270−271).

이후 미국 사회복지계는 30−50년대 임상 치료 중심의 개인적 접근에서, 1960년대 미국사호의 심각한 사회문제에 대한 대응방안으로 등장한 '빈곤과의 전쟁war on poverty'을 계기로 지역사회복지의 흐름은 근린 지역사회조직이라는 방법이 부활하였다. 대표적으로 제반 프로그램의 기획과 집행 과정에 주민 참여를 강조하여 지역사회 주민을 위원회의 위원이나 유급 직원으로 참여시키는 성과를 낳은 지역사회행동프로그램community action program이 있다. 또한 1966년에 시작된 모델 도시 프로그램model city program은 도시 내 특정 저소득지역을 대표하는 집단에게 재정 지원을 하여 그들의 문제를 스스로 해결하는데 필요한 사업을 추진하거나 새로운 기관을 만들도록 하는 것이었다. 이는 일종의 오늘날 '마을만들기' 프로그램의 하나라고 볼 수 있다. 이상과 같이 지역사회복지 내용은 지역사회 주민의 참가를 통한 지역사회의 강화와 통합을 추구하는 것에서 더 나아가 지역사회 자원의 합리적 배분과 지역사회 자체의 변화까지 추구하는 것으로 변화해갔다(유동철, 홍재봉, 2016, p. 80−81 재인용).

우리나라 지역사회복지계에서도 과거 주로 단순한 지역사회복지서비스 전달 중심의 수동적 사업에서 주민 조직화와 마을만들기 및 사회적협동조합이나 사회적기업, 마을기업, 자활기업과 같은 공동체 추구 기업 활동을 매개로 한 주민참여와 공동체 마을만들기 등 사회적 경제 영역에서의 적극적 활동이 활성화되는 추세이다. 이러한 움직임의 역사적 실천 배경에는 빈민 지역 운동가 혹은 활동가라는 정체성을 지니고, 과거 19세기 말 20세기 초 영미의 인보관의 역할과 거의 일치 되는 활동을 수행했던 산동네 주민센터의 활동에서 살펴볼 수 있다. 그들은 주민 조직화의 전략으로 마을공동체를 추구했던 실천 운동에서 그 원형을 찾을 수 있다(빈민지역운동사 발간위원회, 2017).[1] 결국 우리나라도 미국과 약 백여 년의 시차를 두고 매우 유사한 지역사회복지 실천의 역사 경로를 밟은 것으로 검토된다.

3. 지역사회복지 실천역사에 근거한 지역사회복지 개념의 정의

1) 공동체의 의미와 실천 목표

지금까지 논의한 바와 같이 지역사회는 공동체라는 의미가 깊게 담겨 있다. 그래서 지역사회복지의 개념 정의를 위해 선행 개념인 공동체의 의미를 분석하고자 한다. "공동체란 무엇인가"라는 연역적 질문은, 공동체 자체가 대단히 추상성이 높은 개념으로, 이것이 공동체라고 정의를 내리는 순간 오히려 자기모순과 순환의 오류에 빠질 가능성이 크다. 그래서 공동체란 무엇인가라는 질문보다는 역으로 현실세계에서 "무엇이 공동체인가"라는 귀납적 질문으로 접근할 필요가 있다.

이러한 접근 방법으로 포피노 부부Popenoe & Popenoe는 8개국 18개의 마을 공동체를 귀납적 방법으로 사례 연구하였다(이문국 외, 2016, p. 112 재인용). 이들 18개 마을 공동체 중 5개 마을 사례는 '공동체적 이념이 거의 완벽하게 구현된 사례'라고 분류하였는데, 그 핵심 지표는 '모든 재산이 완벽한 집단 소유의 형태'인 경제공동체였다. 다른 3개 마을 사례는 중산층의 삶을 그대로 영위하면서 '공동체적 노력과 관심'만 경미하게 보이는 지극히 제한적인 명목상의 관념적 공동체였다. 그리고 나머지 10개 마을 공동체는 공동체적 이념과 이상을 가지고 공동체가 되고자 하는 노력과 활동을 동시에 전개하는 등 강력한 결속력을 보이지만 사적 재산 소유는 그대로 인정하는 중간적 위치를 점하는 중-범위 마을 공동체였다.

이로부터 공동체를 구성하는 기준으로 '공동체적 이상의 공유, 그 실현을 위한 공동 노력과 활동, 개별 재산의 공동 소유'라는 세 변수를 설정할 수 있다(최협 외, 2001, p. 230-231 재인용). 이 기준에서 첫 번째인 '공동체적 이상의 공유'라는 기준만

1 여기에 인용된 책 제목 자체가 〈마을공동체 운동의 원형을 찾아서〉이다. 지역 활동의 과정이자 목표가 '마을만들기'라는 과정으로서의 활동 매개를 통해 '마을공동체'를 형성을 목표로 하는 활동이었다. 이는 오늘날 마을(도시)재생, 마을만들기, 사회적 경제 운동의 우리 사회에서의 근원적 뿌리에 해당한다. 또한 이 당시 활동가들은 미국 초기와 마찬가지로 제도화된 사회복지사가 아닌 마을 활동가 혹은 조직가로 스스로에 정체성을 부여했다.

을 충족시키는 공동체는 넓은 의미의 '광범위 공동체'로 정의된다. 두 번째 기준인 공동체 실현을 위한 공동 노력과 활동이라는 기준까지 충족시키는 공동체는 '중-범위 공동체'로 정의된다. 세 번째 기준인 재산의 공동 소유라는 기준마저 충족되면 '협의의 공동체'로 정의된다.

이와 같은 공동체에 대한 사례 연구와 이론적 배경을 기초로 우리나라 지역사회복지실천에서 구현하고자 하는 공동체 지향 활동의 과정과 목표를 적용하면 다음과 같이 정리된다. 근린 지역 주민들이 서로 나누고 더불어 살아가는 이상을 공유하면서, 공동체적 이념을 구현하기 위한 제반 활동과 노력에 자발적으로 참여케 하는 중-범위 수준의 공동체 지향을 우리 실천 현장은 현실적으로 선택 가능할 것이다.

2) 지역사회복지community welfare 개념 정의

지금까지의 역사적 고찰과 현장 사례 분석 및 이론적 배경을 기초로, 공동체적 의미를 강조하는 '지역사회'에 '복지'가 결합한 '지역사회복지'를 개념 정의하면 다음과 같다.

먼저, 자구적 사전적 의미로 개념을 검토하면, 지역사회는 'comm-'과 '-unity'가 결합 된 개념이다. 즉, 의사소통communication을 뜻하는 접두어 'comm-'과 다양한 요소가 하나로 통일되는 접미어인 '-unity'가 결합 된 어휘이다. 후자에는 '통합, 단결, 통일체'의 의미를 지닌다. 또한 단위체를 의미하는 'unit'의 의미도 내포되어 있다. 여기에서 'unite'라는 동사가 되면 '통합하다, 단결하다, 통일하다'의 의미를 지니게 된다. 두 접두어와 접미어를 결합하여 정리하면, 기능적 의미가 강조된 '의사소통 공동체'라는 의미를 지닌다. 또한 지리적 의미가 강조된 '코뮌commune'이라는 '지리적 생활공동체'의 뜻도 동시에 도출된다. 결국 의사소통이 충분히 일어나는 소규모 마을 단위의 '마을공동체'를 우리가 활용하고자 하는 지역사회 혹은 커뮤니티의 최종 개념으로 정리할 수 있다.

여기에 덧붙여지는 복지를 의미하는 'welfare'는 자구적으로 'well-being'의 의미를 지니며, 안녕 상태' 혹은 '행복 상태'라고 풀이된다. 그렇다면 community welfare는 '공동체적 안녕 상태 혹은 행복 상태'라는 정태적 의미에 도달한다. 그런데 공동체와 복지는 같은 사물의 서로 다른 이면에 해당한다고 볼 수 있다. 즉, 공동체를 이루면 행복을 초래한다는 것이다. 여기에서 한 걸음 나아가 community에서 지리적 개념을 부가하여 접근하면, 단순한 행정적 개념인 읍.면.동 수준의 근린 지역에서 주민 간에 긴밀히 상호작용하고 공동체적 연대감을 나누는 마을 단위에서의 공동체를 형성하면 그 구성원 주민 모두가 행복해진다는 지역사회복지 실천 개념이 아울러 도출된다.

정리하자면, 지역사회복지community welfare라는 개념은 "주민이 행복한 마을"이라는 실천의 정태적 목표를 뜻하면서, 동시에 그런 행복 마을을 만들고자 하는 역동적 실천 과정의 의미를 함께 지니는 개념으로 풀이된다. 그래서 지역사회복지는 "주민이 행복한 마을만들기"로 정의된다.

3) 지역사회복지 개념에서 파생되는 주민-조직화community organizing의 의의

상기에서 개념 정의된 '주민이 행복한 마을' 혹은 '주민이 행복한 마을만들기'에서 마을만들기를 누가 할 것인가라는 그 실행 주체로 논의가 진일보되면, 자연스레 마을지도자 발굴(지역사회개발)[2]을 통한 주민-조직화라는 실천 전략적 개념이 파생된다. 이러한 주민 조직화를 통한 주민 주체 방식의 마을만들기의 계획된 최종 목표(지역사회계획)는 주민공동체 구축이 된다. 이러한 목표 달성을 위해 활동하는 과정에서 발생하는 마을 내외부와의 마찰, 갈등, 혹은 긍정적 관계 형성 등의 과정에서 다양한 방식의 전술적 활동 선택(지역사회 행동)이 준비되고 실행된다. 이상과 같이 지역사회복지의 개념에서 주민공동체(목표), 마을만들기(과정), 주민-조직화(실행전략)의 세 가지 하위 개념이 깊은 연관을 가지며 지역사회복지community welfare라는 개념을 때론 중첩적으로 때론 상호작용적으로 긴밀하게 정의하게 된다.

2 이는 후술하는 로스만(Rothman)의 세 가지 지역사회복지 실천모델에서 더 자세히 다룰 것이다.

3 절 지역사회 기능community function과 지역사회 문제의 발견

1. 지역사회 환경문제의 발견과 사정을 위한 생태체계이론

지역사회복지 이론이 교과서에서 부재하다는 문제의식을 제기한 유동철 등(2016)은, 사정과 계획 단계에서 적용 가능한 이론 틀이며 문제의 분석과 이해를 위한 이론적 틀로 생태체계이론을 다음과 같이 제시하였다. 생태체계이론은 인간과 환경은 상호 분리된 것이 아니라 지속적인 상호 교류 과정 안에서 존재하는 하나의 체계로 본다. 시포린(1980)은 이러한 관계를 인간과 물리적 사회적 문화적 환경의 상호호혜 작용mutual reciprocity 과정, 자원의 상호보충적 교환과정으로 이해해야 한다고 제시하였다. 생태체계의 관점에서 인간관은 인간에 대한 낙관적인 시각을 가진다. 즉 현재 행동은 인간과 환경 모두의 상호 이익을 찾는 과정으로 본다는 것이다(pp. 48–52 재인용). 모든 개인과 사회체계가 자원과 욕구 사이의 상호 이익을 달성할 수 있는 균형점에서 인간의 행동적 동기가 발현되는 것으로 본다. 이렇게 환경과의 적응적인 조화를 이루고자 하는 인간 노력을 적응적 적합성goodness-of-fit이라고 부른다. 따라서 생태체계 관점에서는 인간의 개인적 부적응이란 존재하지 않는다. 모든 인간 행동은 욕구와 환경 사이의 조화를 찾기 위한 적응 과정으로 보기 때문에 인간의 어떤 행동도 부적응 행동으로 규정할 수 없다. 적어도 그 환경 내에서는 적응적이라는 것이며, 모든 행동은 그 상황 안에서 의미가 있다는 것이다.

생태체계 관점에서 '문제'란 상기에서 언급한 바와 같이 사회환경적 차원에서 비롯된 것이며, 이 관점에서 부적응 행동을 보이는 개인 클라이언트에 대해 낙인을 찍거나 비난할 수 없다는 것이다. 정리하자면, 환경으로서의 지역사회 자체가 문제이며, 문제의 실체적 원인을 제공하는 변화를 위한 표적체계라는 것이다. 무엇보다도, "사회복지사는 개인의 문제를 사회문제화하는 전문직"임을 사회복지사로의 삶을 시작하는 단계에서 종결하는 순간까지 반드시 염두에 두고 되새길 필요가 있다.

다음 단락에서는 이러한 거시 표적체계로서의 지역사회의 문제와 대응 방안을 보다 구체적으로 파악하기 위해 지역사회와 그 하위 기능을 검토하고자 한다.

2. 지역사회 기능과 지역사회 문제

1) 지역사회 기능

통상적으로 지역사회복지 교과서에는 별다른 맥락 없이 거의 기계적으로 워렌(Warren, 1978)의 지역사회 기능이론을 일상적으로 소개하는 수준으로 머문다(최일섭, 1992; 최일섭 외, 2012). 가족제도가 수행하던 모든 기능이 현대 지역사회 수준에서 모두 분화되어 다섯 개의 하위 체계로 제도화되고, 그 각각의 제도들은 다음과 같은 다섯 가지 기능을 수행하는 것으로 아래와 같이 소개되고 있을 뿐이다.

현대 지역사회의 하위 체계는 첫째, 경제제도로서 생산–소비–분배–유통의 기능을 수행한다. 둘째, 교육제도로서 사회화 기능을 담당한다. 셋째, 정치제도로서 사회통제의 기능을 수행한다. 넷째, 종교제도로서 사회통합의 기능을 담당한다. 다섯 째, 사회복지제도로서 상호부조의 기능을 담당한다.

이와 같은 다섯 가지 하위 체계가 모두 순기능 한다면, 경제적으로 여유롭고 지역사회 분위기가 안정적이며 각 계층 간의 관계가 긴밀히 상호작용하고 통합되어 있어 배제되고 소외된 사회취약계층 없는, 즉 주민 행복공동체로서의 지역사회는 지역사회복지가 실천적으로 추구하는 이상적 모습일 것이다. 그런데 지역사회복지 교과서에서는 지역사회 문제를 파악하고 사정assessment하기 위한 도구로서 지역사회 기능의 작동 방식과 상태 여부에 관해서는 아무런 논의 없이 단순히 지역사회 기능이라는 이론적 서술과 나열만 이루어지고 있다.

2) 지역사회 문제

앞서 지역사회에 대한 개념 검토에서, 힐러리(Hillery, 2002)는 지역사회의 세 가지 구성요소로서 지역성(locality), 사회적 상호작용social interaction, 공동체적 연대감 community solidarity을 제시하였다. 지리적 공간만 있고 주민들 간의 사회적 상호적용과 이를 통한 공동체적 연대감이 본질적으로 부재한 산업화된 지역사회에서는 앞서 지역사회복지 실천역사에서도 검토된 바와 같이, 각 하위 체계가 제대로 기능할 수 없는 형편이고 대단히 역기능적 상태이며, 또한 그 지역사회의 주민들은 심각한 사회문제를 경험할 수밖에 없는 형편이다.

산업화가 심화되고 개인적 자유주의가 사회경제의 주류 문화로 자리 잡게 됨에 따라 지역사회는 관계 중심의 사회(게마인샤프트)에서 개개인의 직업을 매개로 한 사회적 역할 중심의 이익사회(게젤샤프트)로 바뀌어 갔고, 개인은 예외 없이 철저히 지역사회로부터 고립 원자화되고 소외되어 갔다. 즉, 생태체계이론에서 검토한 바와 같이 분리되고 원자화된 개개인의 역기능 문제는 개인 당사자의 잘못이 아닌 순 기능성을 상실한 지역사회 수준에서 찾아야 한다. 부언하자면, 지역사회 그 자체를 클라이언트 체계나 표적체계로 삼아야 한다는 것이다. 개인 문제의 근원은, 무한 경쟁이라는 정글에서 생존해야 하는 절박한 개개인에게서는 공동체적 연대감 형성을 위한 유익한 사회적 상호작용이 부재할 수밖에 없다는, 지역사회 구조적 역기능 혹은 기능 상실에서 비롯된다는 것이다.

결국, 지역사회 문제는 지역사회의 구성요소 둘 이상이 망가져 순기능하지 않는 지역사회 그 자체에 있다는 것이다. 지역사회는 일정한 토지적 수준에서 유의한 사회적 상호작용을 통해 공동체적 연대감을 형성해야 순기능하게 된다. 즉, 생산-소비-분배-유통의 경제제도, 사회화의 교육제도, 사회통제의 정치제도, 사회통합의 종교제도, 상호부조의 사회복지제도가 순기능 능력을 상실한 데에서 지역사회 문제는 파생되는 것이다.

물론, 지역사회에 따라 다섯 가지 하위 체계로서의 제도와 기능 중 특히 가시적으로 문제가 되는 해당 지역사회 특유의 하위 체계의 기능에서 문제가 발생할 수 있다. 장기실업이 만연되고 생산-소비-분배-유통의 기능이 제대로 작동하지 않는 지역사회, 승자독식의 학력주의만이 모든 것을 지배하는 교육제도를 가진 지역사회, 사회통제 지도력을 상실한 지역사회, 사회통합 기능을 상실하고 계급 계층 지역에 따라 심각하게 상호 반목하는 지역사회, 상호부조의 기능을 상실하여 사회적 약자와 더불어 살아갈 수 없는 지역사회 등과 같이 특정 지역사회에서 특수하게 부각되는 지역사회 문제가 구성원의 부적응 행동을 가속화하고 심화시키는 개별화된 특정 요인으로 작동하고 있을 수도 있다. 하지만 각 하위 체계의 역기능이 이중 삼중으로 복합 작용하는 경우가 대다수일 것이다. 생산-소비-분배-유통의 역기능이 초래한 장기실업, 학업 성취에서 상위 0.1%만 처우 받는 교육제도와 이를 위한 다양한 부정적 방편의 일상화, 사회통제의 기능 상실로 인한 범죄의 만연, 사회통합과 상호부조의 기능 망실로 인한 관계 악화, 우울, 알코올 혹은 약물 중독, 자살 등이 동시다발로 등장할 것이다. 이럴 경우, 개인이 아닌 지역사회 자체를 클라이언트로 다루어야 한다는 것이다. 사회복지실천 교과서에서 빈번히 언급된 '지역사회 자체가 클라이언트'라는 맥락의 실체가 더욱 명료화하는 것으로 간주할 수 있다.

정리하자면, 지역사회의 각 기능이 제 기능을 감당하거나 적절히 수행하지 못한다면, 지역사회 전체 혹은 그 하위 체계로서 각종 제도들이 변화가 필요한 표적체계 혹은 클라이언트 체계가 된다는 것이다. 결국, 지역사회 자체나 하위 체계를 순기능하도록 변모시키는 변화주도체계 혹은 행동체계를 구축하기 위한 지역사회 주민-조직화(한국주민운동정보교육원, 2010)와, 이를 매개로 지역공동체 마을만들기를 실천하는 것이 본격적인 지역사회복지실천의 핵심 과제가 될 것이다.

4절 지역사회 문제해결과 공동체성 회복을 위한 실천모델

최옥채(2005)는 지역사회복지 실천모델로 로스만Rothman 모형, 테일러와 로버츠 Taylor & Roberts 모형, 웨일과 갬블Weil & Gamble 모형, 포플Pople 모형, 스즈끼 고르 모형, 사회복지운동 모형, 주민 조직화 모형 등으로 다양하게 분류하였다. 본 서에는 주민-조직화, 마을만들기, 주민공동체 구축이라는 일관된 관점을 유지하면서, 가장 고전적 모형이면서 기타 모형들이 이 모형에서 파생된 것으로 이해되는 로스만 Rothman의 모형을 중심으로 설명하고자 한다.

이 로스만Rothman의 장점은 세 가지 유형으로 무엇보다 단순하다. 여기에 머물지 않고, 세 유형에서 다양하게 여러 형태로 확장성이 크다는 데 있다. 또한 유형의 전환과 혼합을 통해 보다 더 지역사회 실천의 현실 세계를 설명하는 데 풍부하도록 모형 변형이 적절히 가능한 융통성과 유연성에 있다(유동철, 홍재봉, 2016, p. 137-145).

1. 로스만의 지역사회복지 실천모델

1) 모델 A : 지리적-지역사회 개발 local community development

지역사회개발이란 지역사회의 변화를 가장 효과적으로 도모하기 위해서는, 주민들을 광범위한 변화의 목표 설정과 실천 행동에 참여시켜야 한다는 전제에서 출발한 지역사회 조직사업의 한 형태이다(최일섭, 1992, p. 32). 여기에는 개인과 지역사회의 개발이라는 이중 초점을 둔다. 핵심 활동은 주민참여 유도, 주민 의식화 활동, 자조, 토착적 주민 지도력 개발에 있다. 또한 주민들 간의 협동적 과정에도 강조점을 둔다. 그래서 이 모델은 지역 활성화, 주민참여, 생활양식 변혁운동이라는 마을만들기의 특성을 가장 충실히 따르는 모형에 해당한다. 본 모델 A에서 클라이언트는 일반 시민으로 간주된다. 지역사회복지 실천가는 조력자-촉매자, 조정자, 교사-학생, 옹호자의 역할 수행을 한다.

고전적 사례로는 근면 자조 협동이라는 구호를 내세우며 진행된 우리나라 새마을 운동이 대표적인 저개발 국가의 국가 주도형 지역사회개발 모형으로 널리 알려져 있다. 국가 주도형이기에 고전적 이론 모형에 어긋나는 근본적인 한계이면서도 아시아 아프리카의 저개발 국가에서는 역설적으로 가장 성공적인 적용이 가능한 특수한 사례로 지적된다. 본 모델에 가장 충실하게 현재 진행 중인 지역사회 실천사례로는 마을공동체 지향 마을만들기 사업, 도시재생, 마을기업, 사회적기업, 사회적협동조합, 농어촌공동체회사, 자활기업(김정원 외 3인, 2016), 프랑스 지역관리기업(김신양, 2017; 김신양, 엄형식 역, 2018) 등 다양한 사회적 경제 조직체 개발 및 지원사업을 들 수 있다.

본 모델의 우리나라 대표적인 사례로서 강원도 인제군 북면 소재 마을기업인 '희망버스' 사례를 간략히 소개하고자 한다(정윤성, 2013). 용대마을 입구에서 백담사까지 약 7킬로미터 정도의 거리를, 신도들을 위해 절에서 직영 운행하던 셔틀버스 사업이었다. 이를 마을에서 인수하여, 백담사 신도뿐만 아니라 등산객과 관광객을 마을버스 이용자로 적극 유인하여, 그 사업성을 높이게 되었다. 용대마을의 전체 구성원이 조합원으로 참여하는 협동조합 형태로 초기 출자금을 마련하여 버스 사업을 진행하였다. 이를 통해 지속적으로 마을의 고용을 창출하고 가구소득 향상에도 기여하였다. 또한 사업을 통해 발생한 사업 수익금을 정기적으로 장학금이나 지역사회단체에 후원하고 있다. 강원도 깊은 산촌에서 경제 활동을 중심으로 지역사회개발을 실현하여 생산-소비-분배-유통의 기능을 활성화하고, 지역사회 통합과 상호부조의 기능마저 덩달아 활성화되는 주민 주체형 마을공동체를 형성한 대표적 마을기업으로 알려져 있다. 건강한 정신과 주민지도자인 마을기업 대표의 정직성은 구성원들의 신뢰를 얻고 마을공동체와 마을기업을 이어주는 가교라고 강조한다(정윤성, p. 101).

2) 모델 B : 사회계획social planning

사회계획모델은 비행, 주택, 정신건강과 같은 근본적인 지역사회 문제의 해결을 위한 사회공학social engineering 기술 과정을 강조한다. 이 모형에서 강조되는 것은 문제해결을 위한 합리적인 계획 수립과 통제된 변화 과정이다(최일섭, 1992, p. 33). 이 사회계획모델은 미국식 사회복지 전문직을 지향하는 모델로서, 기술-합리적 접근 방법을 사용한다. 이 가술-합리적 접근 방법에 기초하여 새로운 프로그램을 개발하고, 지역사회 복지서비스를 조정하며, 휴먼서비스 체계를 개선하는 활동을 수행한다. 클라이언트는 소비자로 간주된다. 지역사회복지 실천가는 사실 수집 및 분석가, 프로그램 실행자, 촉진자, 조정자의 역할 수행을 한다.

본 사회계획모델에 충실한 우리나라 사례를 살펴보면 다음과 같다. 먼저, 2003년 6월 개정된 사회복지사업법에 근거하여 기초 시군구 및 광역 시도 단위에서 지역사회복지계획 및 그에 따른 연차별 시행 계획을 수립하고 시행할 것을 규정하고 있다. 2015년 8월 이후에는「사회보장급여법」이 제정되면서 지역사회복지협의체가 지역사회보장협의체로 전환되었고, 지역사회복지계획이 '지역사회보장계획'으로 명칭이 변경되어 4년 단위로 중장기 계획을 수립하는 형태로 현재까지 진행되고 있다. 최근에는 민관 단체 주도형 계획 수립에서 한 걸음 더 나아가, 주민 주체형 마을계획 수립과 예산편성 활동이 읍면동 단위에서 활발하게 진행되고 있다. 특히 서울시의 경우 2021년 이후 각 동 주민센터별로 주민자치회를 구성하고 주민총회를 개최하여 주민자치 및 민관협력에 관한 종합계획을 결정하는 방식으로 지역사회계획을 수립하고 집행하는 형태로, 주민 주도형 지역사회개발을 위한 사회계획이 본격적으로 실행되고 있다.

3) 모델 C : 사회행동social action

사회행동 모델은 지역사회 내 사회적 불리 계층이 사회정의와 민주주의의 원칙에 근거하여 더욱 많은 자원과 향상된 처우를 해당 지역사회에 요구하는 활동을 뜻한다. 이 활동에 참여하는 지역사회복지사는 지역사회 기존 제도와 현실에 대한 근본적인 변화를 추구한다(최일섭, 1992, pp. 33-34). 이 사회행동 모형은 여러 학자에 의해 다양하게 제시된 사회운동 모형들을 대표하는 모형으로 간주된다.

집합적 행동화를 통해 기존 불평등한 관계와 자원 배분 구조를 변화시키고자 도모한다. 클라이언트는 억압적 사회 조건의 희생자로 다루어진다. 실천전략으로는 옹호 활동, 갈등, 대면, 직접 행동, 협상 등을 들 수 있다. 본 모델의 실천가는 활동가(activist), 옹호자, 선동가, 중재자, 협상자, 동지partisan의 역할 수행을 한다.

본 모델의 대표적 사회행동가로는 사울 알린스키S.D. Alinsky의 활동사례(박순성, 박지우 역, 2016)와 민권운동가 킹King 목사 등을 들 수 있다. 이러한 사회행동의 대표적 사례로는 장애인 등 소수자권익운동, 여성해방운동, 복지권운동, 환경운동 등이 있다.

최근 전국장애인차별철폐연대(약칭; 전장연)에서 진행 중인 오전 출근 시간대 지하철 동승을 통해 지하철 운행을 저지하면서 장애인 권리 예산 반영을 촉구하는 탑승 시위를 사회행동의 모델의 대표적 사례이자 전술 활동으로 볼 수 있다. 자기 의사와 이해관계 관철을 위해 과연 소시민의 발목을 잡아야 하는가에 대한 시민 일반의 찬반이나 동의 여부를 떠나서, 우리나라에서 2022년 현재 시점에서 진행 중인 대표적인 사회행동 모델의 일 유형으로 볼 수 있다.

5절 역량강화empowerment 중심 지역사회복지 실천 방법

유동철 외(2016)는 지역사회복지 이론에서 계획수립 단계 이후 본격적인 실천 단계의 이론 틀로 역량강화 이론empowerment theory을 제시했다. 역량강화란 지역사회조직이 성취하고자 하는 수단인 동시에 일반 주민이 세상을 변화시킬 힘을 얻을 수 있도록 하는 지역사회조직의 핵심 목적이다. 이를 통해 무력감에 빠진 소외지역 주민들이 자기효능감의 증가, 자기비난 감소와 자아존중감의 향상, 비판의식을 포함한 집단의식의 개발, 변화에 대한 주체적 참여와 강한 책임감을 지니게 된다(유동철 외, 2016, pp. 52-55 재인용). 그래서 지역사회복지사가 역량강화 중심 지역사회복지를 실천하고자 할 때 잊지 말아야 할 실천 방법상의 원칙과 과정을 검토하면서 본 장을 마치고자 한다.

1. 역량강화 중심 지역사회복지 실천원칙

역량강화 방식의 주민-조직화를 지향하는 포셀(Fawcett, 1991)의 지역사회복지 실천원칙을 중심으로 서술하고자 한다. 포셀은 아래와 같은 5가지 핵심 원칙들은 지역사회 실천과정에서 반드시 준수되어야 하는 것으로 강조했다(이문국 외 역, 2005, pp. 292-293 재인용).

1) 클라이언트와의 동지적 관계 구축

권력, 권위, 지식의 소유가 지역사회 주민이 배제되고 오로지 사회복지사에게 전적으로 집중되는 그러한 식민지적 종속관계colonial relationship를 피해야만 한다. 오히려 연대 협력적 관계로 개입함으로써, 두 참여 당사자의 기여 정도는 동등한 가치를 지녀야 한다.

이 원칙은 사회복지서비스 공급자의 독점적 지위가 빠지기 쉬운 관료적 병폐에 경종을 울리는 것이다. 통상적으로 사회복지사는 주민 중심 서비스, 클라이언트의 자기결정권 보장 등을 강조하지만, 여타 주요 전문직과 마찬가지로 자신도 모르게 빠질 수 있는 권력 지향적 유혹의 가능성을 항상 경계해야 한다.[3]

2) 지역사회 주민 중심의 목표 형성과 평가

각종 지역사회 프로젝트의 목표는 공급자 중심의 사고가 아닌, 지역사회 구성원인 참여 주민의 관심, 욕구, 관점을 관철하여야 한다. 또한 성공에 대한 평가 기준–성과outcome 틀은 지역사회 주민에 대해 가지는 유의미성을 중심으로 판단되어야 한다. 본 원칙은 지역사회복지 프로그램의 개발과 평가측정이 서비스 수요자 중심이 아닌 공급자 중심으로 흐를 가능성을 경계할 것을 강조한다.

3) 문제의 사회구조적 요인을 반영한 개입 전략

참여 대상 주민의 선택과 개입 방안의 선택 모두는 '지역사회가 지닌 문제의 다층적이고 체계구조의 본질을 반드시 반영하여야 한다. 앞서 생태체계이론에서 언급한 바와 같이, 변화 대상의 목표는 문제를 직접 경험하는 개인과 그의 주변 제한된 환경에만 국한되어서는 안되며, 반드시 지역사회 문제를 항상적으로 유지 존속시키는 제도와 사회구조를 포함하여야 한다.

이런 맥락에서 사회복지사는 개인의 문제를 사회문제화하는 전문직이라는 언급을 이미 앞선 논의에서 했었다. 또한 이인재(2005)는 사회복지 실천에서의 통상적인 관점인 '환경 속의 개인PIE'의 관점을 넘어 '개인이 활동하는 환경으로서의 지역사회'의 관점에서 사정하고 개입할 것을 강조한다(이영환 편, 2005, p. 243).

4) 전략적 성공을 위한 전술적 승리의 활용

사회복지사는 문제의 사회구조적 요인을 반영한 거시적 변화의 전망을 계속 유지하면서, 체계의 다층적 수준에서 '전술적 작은 승리small win'를 거두기 위한 계획

3 흔히 내 자신 안의 파시즘을 항상 경계하라는 의미와 일치한다.

을 지속적으로 수립하여야 한다. 지역사회복지 실천에서 나타나는 각종 쟁점은 개인을 압도하고 어쩔 수 없는 불가피한 것으로 여겨지게 만든다. 그래서 '전 지구적으로 생각하고, 지역사회(마을) 수준에서 실천 가능한Globally Thinking, Locally Acting!' 것과 더불어, 체계의 근원적 변화가 '작은 승리'의 반복적 연장을 통한 점진적 접근으로도 얼마든지 달성 가능하다는 관점을 수용하는 것이 특히 중요하다.

5) 소규모 지역사회 수준에서의 지속 가능성

지역사회 변화를 위한 개입 방안은 작은 마을 단위에서 복제 및 지속 가능한 것이어야 한다. 다시 말하자면, 개입이 일회적인 이벤트 사업이 아닌, 지역사회의 능력과 역량을 꾸준히 구축하고 증진하는 것이 되어야 한다.

2. 역량강화 중심 지역사회복지 실천과정과 전략

1) 실천과정으로서의 지역 현장 투신

시민사회단체는 물론이고 지역사회복지관이나 지역자활센터 등의 일선 근무자나 기관장들이 해당 지역사회와는 완전히 분리된, 말 그대로 직장으로 원거리 출퇴근하는 경우가 빈번하다. 이럴 경우, 해당 기관이 소재한 지역사회에서 발생하는 생생한 주민의 목소리를 놓치거나 방관하게 된다. 또한 자기 목소리로 자기 마을의 심각한 문제를 나누는 친근한 마을 주민과의 일상적 소통이라는 지역사회 개입을 위한 전술적 장점도 잃게 된다.

지역사회복지관의 역사적 전신이라 할 수 있는 인보관settlement house은 단순한 지역사회복지 서비스 공급처라는 단순 기능성을 넘어서 작용했다. 즉 지역사회 조직가들이 조직화를 위한 현장인 해당 마을에 투신 정착하여 거주하면서settlement, 주민조직 활동의 거점house으로 삼은 공간이었음을 항상 유념해야 할 것이다.

2) 소집단을 활용한 주민조직화 전략

흔히 핵심 집단 혹은 코어그룹Core Group 내지는 역량강화집단empowerment group으로도 불린다. 지역사회 차원의 문제해결을 위해 주민 주체의 조직을 결성하고자 할 때 모든 주민을 일시에 결합하는 것은 불가능하다. 그래서 해당 지역사회의 문제를 잘 인식하고 있고 뭔가 조치를 취해야겠다고 고민하지만 무엇을 해야 할지 모르며 막연히 고민하는 주민들을 중심으로 초기 조직화 작업이 진행되어야 한다. 이를 위해서는 당연히 앞서 언급한 것처럼, 당연한 전제조건으로 사회복지사가 지역사회에 현장에 항시 머물러 있어야 할 것이다.

장차 이들 조직화 초기에 함께한 소수 역량강화집단이 장차 지역사회 주민지도자로 성장할 수 있도록 전문적인 개인 및 집단 임상 프로그램도 아울러 구성하고 배치하여야 한다. 이런 전문 프로그램을 지원할 다양한 지역사회복지기관들과 상시적 연대의 틀을 마련하는 것도 중요한 지역사회 조직 활동의 중요한 전략적 일환이 될 것이다.

3) 자원봉사자의 자원활동가로의 의식 성장 전략

우리 사회에서 자원봉사는 어린 학생부터 노인에 이르기까지 연령과 성별에 무관한 일상 활동의 일부로 자리 잡는 추세다. 그런데 지역사회복지 실무자들은 이들을 단지 자신의 일상 과업 중 허드레 업무나 떠넘기는 정도의 일이거나, 심지어 귀찮은 관리를 요구하는 불편한 과업으로 인식하기도 한다.

하지만 바로 이들 자원봉사자가 바로 스스로 준비되고 제 발로 찾아온 지역사회 주민지도자의 씨알들임을 사회복지가는 명심하여야 한다. 그래서 자원봉사자들이 갖기 쉬운 초기 동정적 시혜적 관점을 유의미하게 극복하도록 사회복지사는 단계적 의식 성장 전략을 수립해야 한다.

즉, 적절한 자원봉사 프로그램에 참여케 하면서, 동시에 사회복지사는 자원봉사자가 '자원활동가' 내지는 '자발적 조직가'로 의식 성장할 수 있는 논의와 토론 및 활동의 장을 마련해야 한다. 이들 자원봉사자가 자원활동가, 자발적 조직가, 주민지도자, 마을공동체 조직가로 거듭 의식 성장해 나아가도록, 사회복지사는 자원봉사자의 계획된 변화를 도모하기 위한 끊임없는 고민과 프로그램을 통해 그들과 함께 사회복지사 스스로도 의식 성장해 가야 할 것이다.

제 8 장

사회복지행정론

1 절 사회복지행정의 개념과 사회복지조직

사회복지행정의 개념은 거시적 차원과 미시적 차원으로 나눠볼 수 있다. 거시적 차원에서 사회복지행정은 사회복지정책을 구체적인 서비스로 전환하는 과정이다. 미시적 차원에서 사회복지행정은 사회문제를 해결하여 사회구성원의 삶을 질을 향상시키려는 목적을 달성하기 위해 조직의 목표를 정의하고 성취하는 과정이다(이봉주 · 이선우 · 신창환, 2021).

거시적 차원과 미시적 차원의 사회복지행정을 수행하는 사회복지조직은 운영주체의 성격에 따라 첫째, 중앙정부, 지방자치단체, 정부의 투자 · 출자 · 재정지원 등으로 운영되는 국민건강보험공단, 국민연금공단, 사회서비스원과 같은 공공조직, 둘째, 학교법인, 의료법인, 사회복지법인 등과 같은 비영리조직, 셋째, 협동조합, 사회적협동조합, 마을기업, 자활기업, 사회적기업 등의 사회적 경제조직, 넷째, 이윤을 목적으로 하는 기업이라는 영리조직으로 나눌 수 있다.

미시적 차원에서 사회복지행정의 수행은 사회복지조직이 다양한 사회복지시설을 운영하면서 이뤄진다. 가장 널리 알려진 종합사회복지관을 포함하여, 노인복지관, 장애인복지관, 지역자활센터, 지역아동센터 등은 이용시설이며, 장애유형별 거주시설, 양로시설, 아동양육시설, 정신요양시설 등은 생활시설이다. 구체적으로 보면, 사회복지시설이란 '사회복지사업[1]을 할 목적으로 설치된 시설'이다. 사회복지시

---

1 사회복지사업이란 사회복지사업법 제2조(정의)에 따르면 국민기초생활보장법, 아동복지법, 노인복지법, 장애인복지법, 한부모가족지원법, 영유아보육법, 성매매방지 및 피해자보호 등에 관한 법률, 정신보건법, 성폭력방지 및 피해자보호 등에 관한 법률, 입양특례법, 일제하 일본군위안부 피해자에 대한 생활안정지원 및 기념사업 등에 관한 법률, 사회복지공동모금회법, 장애인 · 노인 · 임산부 등의 편의증진 보장에 관한 법률, 가정폭력방지 및 피해자보호 등에 관한 법률, 농어촌주민의 보건복지증진을 위한 특별법, 식품기부 활성화에 관한 법률, 의료급여법, 기초연금법, 긴급복지지원법, 다문화가족지원법, 장애인연금법, 장애인활동지원에 관한 법률, 보호관찰 등에 관한 법률, 장애아동 복지지원법, 발달장애인 권리보장 및 지원에 관한 법률에 따른 보호 · 선도 또는 복지에 관한 사업과 사회복지상담, 직업지원, 무료 숙박, 지역사회복지, 의료복지, 재가복지, 사회복지관 운영, 정신질환자 및 한센병력자의 사회복귀에 관한 사업 등 각종 복지사업과 이와 관련된 자원봉사활동 및 복지시설의 운영 또는 지원을 목적으로 하는 사업이다.

설은 노인, 장애인, 아동, 여성, 근로취약계층 등 다양한 이용자에게 다양한 서비스를 제공하는 곳으로, 사회복지사업법에 따라 설치된 시설이다. 다양한 사회복지조직은 사회복지시설을 운영하면서 사회복지서비스를 제공한다.

2 절 사회복지조직의 목표와 구조

1. 조직목표와 의사결정

사회복지시설과 같은 사회복지조직을 운영하기 위해서는 우선 적절한 조직목표를 설정해야 한다. 조직의 목표는 해당 시설의 기능과 목적을 명확히 하고 그 기능과 목적에 맞게 설정해야 한다. 예를 들어 장애인복지관과 장애인거주시설은 기능과 목적이 다를 수밖에 없다. 한 장애인복지관은 비전으로 '인간 중심 복지파트너십을 구현하는 통합허브'를 제시하고, 이에 따른 사명으로 '함께 하는 복지를 위해 수요자 중심의 서비스 개발을 우선으로 한다', '수요자가 만족하는 복지를 위해 최선을 다한다', '상생의 복지를 위해 광역지원센터로 역할을 수행한다', '직원들의 역량강화를 통해 최고의 서비스를 제공한다', '한결같은 초심의 마음 가짐으로 모든 서비스에 최선을 다한다'로 제시하고 있다. 이와 같은 사명을 조직의 목적으로 이해할 수 있다. 또한 다른 장애인거주시설에서는 비전으로 '장애인과 직원이 한 마음, 한 정신, 한 영혼으로 통합된 공동체', '장애인과 사회통합을 위한 복지모형을 제시하는 공동체', '장애인과 직원들의 역량강화를 통해 사회를 변화시키는 공동체'로 제시하는데, 이런 비전을 조직의 목적으로 이해할 수도 있을 것이다. 따라서 '직원들의 역량강화를 통해 최고의 서비스를 제공한다'는 목적이 있다면 조직목표는 '직원들의 역량강화를 위해 모든 직원이 연간 4회 이상 전문성 강화교육에 참여한다'는 것이 될 수 있을 것이다. 또한 '장애인과 사회통합을 위한 복지모형을 제시하는 공동체'가 목적이라면 조직목표는 '장애인의 사회통합 수준을 강화시킨다'는 것이 조직목표가 될 수 있을 것이다.

조직의 목표를 설정한 후에는 목표를 어떻게 달성할 것인지 구체적인 계획을 세운다. 목표를 설정하고, 목표를 달성하는 방법을 정하는 모든 과정에는 의사결정의 과정이 있게 된다. 목표를 달성하기 위한 방법은 여러 가지가 있으며 그중에서 최선의 방법을 선택해야 한다.

의사결정을 하는 방법 중에 가장 바람직한 방법은 문제해결적 방법이다. 이 방법에서는 문제에 대한 정보를 수집하고 분석한 후에 문제해결의 대안을 모색하고, 그 대안에 대한 비교 검토를 통해 적절한 대안을 선택한다. 따라서 합리적인 의사결정 과정이지만 신속한 결정을 내릴 수 없다는 단점이 있어서 새로운 상황이나 중요한 문제 등 의사결정이 기관에 미치는 영향이 큰 경우에 사용하는 방법이다.

의사결정은 최고결정자, 즉 시설장 또는 기관장이 혼자서 할 수도 있으며, 여러 명으로 구성된 집단에서 할 수도 있다. 집단이 내리는 의사결정은 회의나 위원회 같은 기구를 통해서 내리는 결정이다. 집단 의사결정의 장점은 다양한 의견이 제시될 수 있고, 의견을 조율해 가는 과정에서 결정된 사항에 대한 공감대와 당위성을 이끌어낼 수 있다는 점이다. 하지만 집단 의사결정 과정이 효과적이기 위해서는 집단 내의 역학관계에 대한 이해와 적절한 대처가 필요하다(이봉주 외, 2021). 그렇지 못하면 집단 내 소집단 간의 갈등으로 인해 의사결정이 지연되어 조직의 운영을 저해할 뿐만 아니라 집단 간 갈등을 다른 영역으로 확대시키기도 한다.

2. 조직의 구조

조직목표를 효과적이고 효율적으로 달성하기 위해 조직화가 필요하다. 사회복지조직의 구조화를 통해서 조직의 업무를 분업화하게 된다.

사회복지조직의 구조화는 기능에 따른 구조화와 대상에 따른 구조화로 나눌 수 있다. 그러나 이 두 가지를 혼합하여 구조화를 할 수도 있다. 기능에 따른 구조화는 하위조직의 기능에 따라 분업하는 방식이다. 과거 장애인복지관에서는 상담지도팀, 의료재활팀, 교육재활팀, 사회심리재활팀, 직업재활팀과 같은 구조화가 그 예라고 할 수 있다. 또 다른 예로 복지 1과(사례관리, 서비스제공, 지역조직), 복지 2과(교육복지, 의료복지, 참사랑아동발달센터), 운영지원과(재무행정팀, 시설관리팀)로 구조화하는 종합사회복지관을 들 수 있다. 반면에 대상에 따른 구조화는 주요 대상집단 별로(아동부, 청소년부, 어머니부, 노인부 등) 분업하는 방식이다. 예를 들어 아동기, 청소년기, 성인기, 노년기 등 생애주기별 팀제를 사용하는 장애인복지관은 대상에 따른 구조화라고 할 수 있다. 이와 같이 기능에 따른 구조화 또는 대상에 따른 구조화는 각각이 갖고 있는 장 · 단점이 있다. 이에 따라 대부분의 사회복지조직에서는 두 가지 구조화 방식을 모두 활용한다. 그 예로 한 장애인복지관에서는 아동발달팀, 직업개발팀, 능력개발팀, 지역사랑팀, 나눔연계팀, 혁신기획팀, 창의운영팀, 자세유지기구센터, 보조기구센터, 활동보조교육센터, 주간보호센터, 베이커리로 구조화하여 기능에 따른 구조화를 주로 하면서도 아동이라는 대상을 별도로 나눈 구조화를 택하고 있다. 또 다른 종합사회복지관에서도 복지 1팀 사례관리팀(사례관리사업, 재가복지사업, 가족기능강화사업), 복지 2팀 지역조직팀(지역조직사업, 푸드마켓), 총무팀(교육문화사업, 아동발달센터), 장애인주간보호사업, 노인복지센터(노인돌봄지원사업)로 두 가지 구조화 방식을 모두 활용하고 있다.

아래 조직도도 기능에 따른 구조화와 대상에 따른 구조화를 모두 활용한 방식이다. 한편 이 조직도에서는 이사회를 포함하고 있다. 국내 사회복지조직은 대부분 사회복지법인 또는 학교법인, 종교법인, 사단법인 등 법인에서 운영하고 있다. 사회복지법인이란 사회복지사업을 할 목적으로 설립된 법인을 말하며, 사회복지법인은 최고의사결정기구로 이사회를 두도록 되어 있다. 이사회는 연간 예산 및 주요 사안에 대한 결정을 하는 역할 외에 시설장을 임명하는 역할을 하도록 되어 있다.

또한 관장(시설장)이 직접 감독하는 산하기구로 인사위원회와 운영위원회를 두고 있는데, 운영위원회는 사회복지사업법에서 의무적으로 두도록 하고 있는 위원회이다. 즉, 사회복지사업법 제36조에서는 사회복지시설에 시설운영계획의 수립 · 평가에 관한 사항, 사회복지 프로그램의 개발 · 평가에 관한 사항, 시설 종사자의 근무환경 개선에 관한 사항, 시설 거주자의 생활환경 개선 및 고충 처리 등에 관한 사항, 시설 종사자와 거주자의 인권보호 및 권익증진에 관한 사항, 시설과 지역사회의 협력에 관한 사항 등을 심의하기 위하여 운영위원회를 두어야 한다고 규정하고 있다.

[그림 8-1] 사회복지기관 조직도의 예

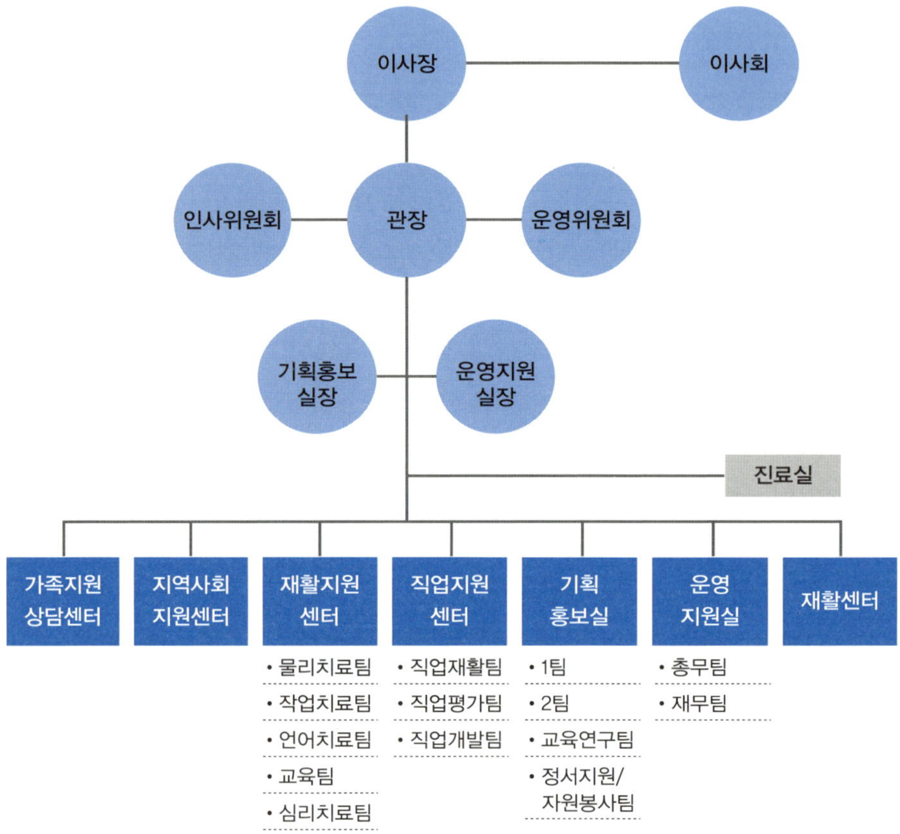

3절 사회복지조직의 재정관리

사회복지행정의 또 다른 중요한 주제 중 하나는 재정관리다. 사회복지조직을 운영하는 데는 다른 모든 조직과 마찬가지로 상당한 자금이 필요하다. 따라서 사회복지조직을 운영하는 행정가는 사회복지조직을 운영하는 데 필요한 자금을 획득하고 이 자금을 효율적으로 사용하여야 한다.

1. 재원의 유형

사회복지조직의 주된 수입원은 조직이 비영리조직인지 영리조직인지에 따라 차이가 있지만 대체로 정부 보조금, 민간보조금, 서비스 이용요금(개인 또는 정부 지불), 기부금 및 모금(기업재단, 개인 및 단체, 사회복지공동모금회 등), 그리고 자체 수익사업 이익금 등이다. 영리조직의 경우에는 중앙정부 및 지방자치단체, 국민건강보험공단 등으로부터 받는 서비스 이용료가 주된 수입원이다.

정부 보조금 수입은 동일 지역의 동일한 유형의 사회복지시설에 동일한 금액이 지급된다. 지원주체가 중앙정부인지, 지방자치단체인지에 따라서는 지역 간 차등이 있지만 동일 지역에서는 동일한 규모라면 보조금 수입은 거의 차이가 없다. 따라서 현실적으로 정부 보조금 수입을 획득하기 위한 노력은 개별 기관의 차원에서 이루어지기보다는 단체의 차원에서 이루어진다. 예를 들어 장애인거주시설 등은 2015년부터 보건복지부의 예산으로 보조금을 지원받기 때문에 시설의 규모에 따라서만 차이가 있을 뿐 지역에 따른 보조금의 차이는 없다. 반면에 장애인복지관, 사회복지관 등에 대한 보조금 지원은 지방자치단체에 의해서 이루어지기 때문에 시설의 규모뿐만 아니라 지역에 따라서 차이가 있지만 동일 지역 내의 동일 유형의 시설이라면 보조금 수입은 동일하다.

중앙정부나 지방정부 외에도 민간의 사회복지공동모금회나 기업의 복지재단에서 사회복지조직에 계약의 형태로 프로그램 비용을 지원하기도 한다. 따라서 각 시 · 도의 사회복지공동모금회나 기업 복지재단의 홈페이지를 통해서 지원하는 각종 프로그램 지원에 대한 정보를 수집하는 것도 사회복지행정가의 중요한 업무이다. 공동모금회 및 기업 복지재단의 보조금을 따기 위해서는 프로그램 제안서를 잘 쓰는 기술이 필요하다. 이에 따라 각 사회복지조직에서는 프로그램 제안서를 잘 쓰는 직원들을 확보하고 양성하는 데 많은 노력을 기울이기도 한다.

한편 지역사회서비스투자사업, 장애인활동지원사업, 가사간병방문관리사업, 노인장기요양서비스 등의 사회서비스바우처사업은 사회서비스 이용자의 수에 따라 서비스 이용요금을 받게 된다. 따라서 서비스 이용요금 수입을 늘리기 위해서는 사회서비스 이용자의 수를 늘려야 한다. 그로 인해 타 서비스 제공기관과 경쟁하기도 하는데, 특히 노인장기요양서비스사업은 서비스 제공기관 간 경쟁이 매우 심한 영역이다.

기부금도 사회복지조직에서 매우 중요한 재정원천 중 하나다. 사회복지조직에서는 전통적으로 기업, 민간단체 및 개인으로부터 기부금을 모아 조직을 운영하는 데 사용해 왔다. 그러나 최근 기업의 기부방식에서는 변화를 나타내고 있다. 과거 기업은 구체적인 용도를 지정하지 않고 사회복지조직에 기부금을 제공하였으나 최근에는 특정 용도를 지정하여 기부금을 제공하는 사례가 늘고 있다. 따라서 기업에서는 기부금 형태보다는 기업 복지재단을 통한 보조금의 형태로 사회복지조직을 지원하는 사례가 늘고 있다고 할 수 있다. 또한 복지재단을 운영할 정도의 규모가 되지 않는 기업들은 사회복지공동모금회를 통해서 기부하는 용도를 지정하는 기부금을 활용하는 경향도 크게 늘었다. 이는 기업들이 개별적으로 사회복지조직에 기부금을 지급하는 경우보다 공동모금회를 통해서 기부하는 경우에 더 많은 세제상의 혜택을 받기 때문이다.

개인을 대상으로 하는 모금도 개별 사회복지조직이 중요하게 여기는 재원의 출처이다. 일반적으로 많이 활용하는 모금 방법은 사회복지조직의 홍보물을 우편으로 보내는 직접 메일Direct Mail 방식이다. DM의 성공률은 상당히 낮아서 5%도 되지 않는 경우가 흔하다. 또한 이메일을 활용하여 기관의 홍보물을 보내기도 한다. 홍보물에는 기관이 기부금과 모금으로 운영하는 사업이나 기부자의 호응이 높은 사업의 내용을 담는다. 이와 함께 기부자 명단과 함께 기관의 예산 내용도 포함시킨다.

2. 예산의 개념과 예산양식의 유형

사회복지조직은 조직의 운영을 위해 보조금, 서비스 이용료, 기부금 등으로 확보한 자금을 사용하는 계획이라고 할 수 있는 예산을 작성한다. 예산은 조직의 세입, 세출, 활동, 목적에 관한 정보 등 재정 상황을 표시한 문서로서, 조직의 목적과 관련된 사업을 달성하기 위한 일정 기간의 계획이다.

예산양식의 유형에는 품목별 예산, 성과주의 예산, 기획 예산 등 다양한 예산양식이 있으나 가장 기본적이고 자주 사용되는 예산양식은 품목별 예산이다. 아래 그림은 품목별 예산의 예이다. 이 예산은 구입하고자 하는 물품 또는 서비스 별로 예산을 편성하는 방식으로, 이용하기 간편하고 지출을 통제하기 쉽기 때문에 가장 널리 사용된다. 그러나 품목별 예산은 프로그램의 성과, 산출에 대한 정보를 제공하지 못하여 예산 증가 또는 감소를 위한 합리적 근거를 제시하지 못한다는 단점이 있다. 이에 따라 수행하는 업무와 그 업무의 성과에 대한 평가를 근거로 예산을 편성하는 성과주의 예산을 함께 활용하는 경우도 증가하고 있다.

[표 8-1] 장애인주간보호시설의 품목별 예산의 예

관	항	목	전년도예산액	당해년도예산액	증감액
사업비			38,034,786	42,667,440	4,632,654
	운영비		12,534,786	13,370,000	835,214
		생계비	9,240,000	9,240,000	0
		수용기관경비	1,800,000	1,630,000	(170,000)
		의료비	100,000	100,000	0
		특별급식비	1,034,786	1,680,000	645,214
		연료비	360,000	720,000	360,000
	사업비		25,500,000	29,297,440	3,797,440
		사회심리재활사업비	4,000,000	5,895,240	1,895,240
		교육재활사업비	9,000,000	8,967,500	(32,500)
		직업재활사업비	1,000,000	1,642,200	642,200
		프로그램사업비	11,500,000	12,792,500	1,292,500

성과주의 예산은 목표를 설정하고 성과를 평가하여 이를 예산편성에 반영하려

는 예산양식이다. 성과주의 예산에서는 성과의 평가기준을 무엇으로 할 것인지 명확히 해야 한다. 또한 투입과 성과 간의 비교를 위해 투입에 해당하는 프로그램의 비용을 정확히 계산해야 한다. 아래 표는 서울시의 성과관리예산의 예이다.

[표 8-2] 서울시의 성과관리예산

(단위: 백만원)

성과목표	성과지표	2011	2012	2013	예산		
					2012	2011	증감
전략목표 3: 장애인 자립생활 기반조성					(×104,132) 442,423	(×106,625) 421,551	(×△2,503) 20,872
성과목표 3-1: 장애인 편의시설 확충으로 이동편의 증진					9,874	8,200	1,674
	– 장애인 편의시설 설치율	86.5%	88%	89%			
성과목표 3-2: 장애인 자립지원 및 복지시설 운영으로 자립생활 기반조성					(×101,490) 402,599	(×104,142) 289,383	(×△2,652) 13,215
	– 중증장애인 활동보조지원 장애인 수	87,000명	96,000명	105,000명			
	– 저소득 장애인 생활안정지원 장애인 수	97,000명	102,000명	105,000명			
성과목표 3-3: 장애인 취업지원 및 단체지원으로 사회참여 기회 제공					(×2,632) 29,950	(×2,483) 23,968	(×149) 5,982
	– 공공분야 장애인 일자리 창출 수	45,000명	5,000명	5,500명			
전략목표 4: 사회취약계층 보호 및 자활지원 강화					(×52,302) 119,430	(×49,595) 107,411	(×2,707) 12,019
성과목표 4-1: 노숙인 보호 및 자활지원 강화					(×2,644) 42,950	(×2,417) 37,469	(×228) 5,481
	– 노숙인쉼터 활충 개소 수	3개소	1개소	1개소			
	– 노숙인 일자리 제공율	70%	70%	71%			
성과목표 4-2: 자활지원사업 내실화로 자립능력 제고					(×49,658) 76,480	(×47,178) 69,942	(×2,480) 6,538
	– 희망의 인문학 강좌 참여인원	2,000명	1,000명	1,000명			
	– 자활공동체 확충	163개소	170개소	180개소			

사회복지조직에서는 다음 연도의 재정자원의 획득 가능성과 사업계획을 바탕으로 일반적으로 품목별 예산과 성과주의 예산을 활용하여 예산안을 마련하고 이사회의 승인을 받아 예산을 확정한다. 그러나 민간의 사회복지조직이라고 해도 정부의 보조금 등 지원을 받는 경우에는 사회복지법인 재무 · 회계규칙 등 관련 법규에 따라 예산안을 마련해야 한다. 그리고 확정된 예산을 바탕으로 예산을 집행하게 된다.

사회복지조직에서 예산을 집행한 후에는 반드시 결산을 실시해야 한다. 결산은 한 회계연도에서 발생한 모든 수입과 지출을 최종적으로 정산하는 절차이다. 민간 사회복지시설에서는 시설장이 세입 · 세출의 결산보고서를 작성하여 법인의 이사회에 보고하여 승인을 받는다. 사회복지법인의 대표이사는 법인회계와 시설회계의 세입 · 세출 결산보고서를 작성하여 이사회의 의결을 거쳐 다음 연도 3월 31일까지 시장 · 군수 · 구청장에게 제출해야 한다.

4 절 사회복지조직의 인적자원관리와 직원개발

1. 직원의 채용

대부분의 사회복지조직은 사회복지서비스, 대인사회서비스라는 협의의 사회서비스를 제공하는 조직이며, 사회서비스는 대인적 성격을 특징으로 하여 사람이 제공하는 서비스이다. 따라서 사회서비스를 전달하는 사회복지조직에서 서비스를 제공하는 인적자원의 관리는 가장 중요한 요소라고 할 수 있다.

인적자원을 관리하는 첫 번째 과정은 직무분석이다. 즉 사회복지조직에서 각 직원이 무엇을 해야 하는지를 분석하는 일이다. 가령 장애인복지관의 상담 및 사례관리는 상담계획의 수립, 상담, 자원연계 및 서비스 중개로 구성이 된다. 구체적으로 살펴보면, 먼저 상담계획 수립은 상담을 위한 전반적인 업무로서, 상담계획 수립, 상담일지 작성, 상담자 관리, 사례회의 준비라는 세부 업무로 나눠볼 수 있다. 둘째, 상담은 실제 상담을 수행하는 시간으로, 일반상담, 초기상담, 부모상담이라는 세부 업무가 포함되어 있다. 셋째, 자원연계 및 서비스 중개는 상담을 통해 장애인의 욕구를 파악하고 그에 맞는 지역사회 내 서비스를 연계하는 기능 및 업무이다(민형원 외, 2020). 이와 같은 직무분석을 통해서 사회복지조직에서는 특정한 능력과 기술을 가진 직원이 몇 명이나 필요한지 파악하게 된다.

직무분석 후에는 직원들을 채용하게 되는데, 채용은 모집과 선발로 나눌 수 있다. 모집은 조직이 적당한 자격요건을 갖춘 지원자를 확보하는 과정이다. 모집을 위해서는 직무분석을 통하여 얻은 직무에 대한 정보를 요약하는 직무기술job description이 필요하다. 이 직무기술을 바탕으로 모집공고를 하는데, 대부분의 사회복지시설은 각 기관의 홈페이지 및 한국사회복지사협회 홈페이지(www.welfare.net)를 통해서 모집공고를 하고 있다. 모집공고에는 일반적으로 근무형태, 직종, 자격요건, 근무

조건(근무기간, 급여 등), 제출서류, 접수기간 등을 포함한다. 아래는 한국사회복지사협회 홈페이지에 게시된 구인정보의 예이다.

[표 8-3] 채용공고의 예

근무형태	정규직
직종	사회복지사
모집인원	1명
자격요건	**1. 모집분야 및 인원: 문화동행팀 사회복지사 1명** 2. 자격요건 가. 필수사항: 사회복지사 자격증 소지자 나. 우대사항: 장애인복지 3년 이상 유경험자, 운전면허 소지 및 운전 가능자 다. 공통사항 - 다음의 결격사유에 해당하지 않는 자 ① 사회복지사업법에 따라 사회복지시설 종사자 결격사유에 해당하지 않는 자 (법 제35조의2 제2항) ② 범죄 및 성폭력범죄 조회 시 결격사유가 없는 자 ※ 결격사유 해당 시 합격 및 고용 취소 **3. 근무조건** 가. 채용형태: 정규직 나. 근무기간: 2022. 9. 1.(목)부터 다. 근무형태: 주5일 09:00~18:00(8시간) 라. 급여: 2022년 서울시 사회복지시설 종사자 인건비 지급기준에 의거하여 지급 **4. 채용일정** 가. 채용공고 및 원서접수: 2022. 8. 5.(금)~2022. 8. 21.(일) 나. 서류전형 합격자 발표: 2022. 8. 23.(화) 다. 면접심사: 2022. 8. 25.(목) 15:00 라. 최종합격자 발표: 2022. 8. 26.(금) 채용일정은 예정이며, 상황에 따라 변동될 수 있습니다. ※ 각 전형별 합격자는 홈페이지 게재 및 개별 유선 통보 **5. 제출서류** 가. 입사지원서 1부(소정양식) 나. 자기소개서 1부(소정양식) 다. 개인정보활용 동의서 1부(소정양식) 라. 최종학력증명서 1부 마. 최종학력성적증명서 1부 바 . 관련자격증 사본 1부 사. 경력증명서 1부(해당자에 한함) 아. 주민등록등본 ※ 「가-다」호 서류는 원서접수기간에 제출 ※ 「라-아」호 서류는 최종합격 후에 제출 ※ 주민등록번호 뒷자리 생략할 것

모집공고를 통해서 지원자들이 지원서류를 접수하게 되면 자격요건을 갖춘 지원자들 중에서 채용할 사람을 선발해야 한다. 선발 과정을 통해서 조직에서는 조직의 문화, 가치관 등 조직에 대한 정보와 직무에 대한 정보를 제공하여 지원자가 조직을 충분히 파악하고, 지원자로부터는 지원자의 가치관, 기술, 잠재력 등에 관한 정보를 얻게 된다.

선발의 첫 번째 과정은 지원서, 이력서 및 자기소개서 등 지원 서류를 검토하는 과정이다. 이 과정을 위해서 사회복지조직에서는 일반적으로 인사위원회를 구성하며, 인사위원회에는 기관장, 부서장 등이 참여한다. 추천서는 중요한 지원 서류 중 하나이며, 특히 경력직 지원자의 경우에 이전 직장의 슈퍼바이저의 추천서는 지원자의 적성, 능력 등에 대해 많은 정보를 제공할 수 있다. 최근에는 많은 사회복지조직이 인력 선발 과정에 출신학교를 배제하는 블라인드 채용을 도입하면서 출신지, 가족관계, 학력 등의 사항을 기재하지 않도록 하면서 자연스럽게 추천서를 지원 서류에서 제외시키는 경향도 나타나고 있다.

사회복지조직의 직원 선발 과정에서 가장 중요하고 많이 쓰이는 과정이 면접이다. 사회복지공무원이나 국민연금공단, 국민건강보험공단과 같은 공공기관은 먼저 필기시험을 보고, 그 시험을 통과한 지원자만을 대상으로 면접을 실시한다. 면접은 면접위원들이 지원자를 직접 면대면 질의 · 응답하면서 지원자를 평가하는 방법으로 지원자에 대한 정보를 얻을 수 있는 방법이다. 또한 면접은 지원자가 조직에 대한 정보를 얻을 수 있는 과정으로, 지원자가 기관 및 시설의 홈페이지 등을 통해서 수집한 정보 외에 추가 정보를 얻을 수 있는 좋은 기회이기도 하다.

면접은 직원을 채용하는 데 가장 빈번하게 사용되는 방법이기도 하지만 문제점도 많다. 가장 대표적인 문제는 면접과정에서 면접위원이 가질 수 있는 편견이다. 세심한 주의를 기울이지 않으면 면접위원은 업무 관련 능력이나 적성과 관계없는 요인들의 영향으로 지원자에 대한 편견을 갖게 될 수 있다. 편견을 갖게 되는 원인으로는 지원자의 첫인상에 따른 호감이나 비호감, 학연이나 지연과 같은 면접위원과 같은 배경의 유무 등을 들 수 있다(이봉주 외, 2021). 따라서 면접위원들은 편견을 갖지 않도록 주의하면서 지원자들이 갖고 있는 잠재력과 해당 조직과의 정합성을 평가하도록 유의해야 한다.

직원을 채용하면 일반적으로 신입직원이 기관에 빨리 적응할 수 있도록 오리엔테이션을 갖고 기관의 조직, 규정 등을 설명하는 시간을 갖는다. 또한 신입직원이 자신의 업무를 수행하면서 업무를 익히게 되는데, 이와 같이 업무를 익히는 수습기간을 보통 3-6개월 갖게 된다.

2. 직무수행평가와 승진

다른 모든 조직과 마찬가지로 사회복지조직도 직원의 업무성과를 평가하는 직무수행평가를 실시한다. 직무수행평가는 직원들의 업무성과를 정당하고 공평하게 평가함으로써 전체 조직의 효과성과 효율성을 높이는 데 중요한 영향을 미친다. 직무수행평가는 다양한 방법으로 이루어진다. 가장 빈번하게 쓰이는 직무수행평가의 방법은 목표관리방식management by objectives으로, 기관의 프로그램과 활동에 목표치를 부여하고 그에 따라 기관을 운영하는 방식이다. 이 방식에서는 프로그램 별로 목표를 설정하고, 프로그램의 세부과제마다 각 세부과제를 담당하는 직원이 달성할 목표를 설정하여, 이 목표 대비 실제 업무수행실적을 비교해서 평가한다(이봉주 외, 2021).

승진은 직원들이 한 기관 내에서 장기적으로 근무하는 데 필요한 중요한 과정이며, 직원에 대한 직무수행평가는 승진을 위해 반드시 필요한 준비단계라고 할 수 있다. 대부분의 직원들이 직무수행평가의 기준에 대해 동의한다면 평가의 결과로 나타나는 승진에 대해서 직원들의 불만이 별로 없을 것이다. 반대로 직무수행평가의 기준에 많은 직원들이 동의하지 않거나 평가의 결과와는 일치하지 않는 승진이 된다면 직원들의 불만은 상당히 커질 수 있다.

3. 직원개발과 슈퍼비전

직원에 대한 인적자원관리에 있어서 중요한 또 다른 측면은 직원개발이다. 우수한 직원들을 처음부터 잘 선발해서 조직의 성과를 높일 수도 있지만 모든 채용과정에서 이미 우수한 능력을 갖춘 직원들을 선발하기는 거의 불가능한 일이다. 또한 아무리 우수한 직원이라고 하더라도 동기부여가 되지 않는다면 전체 사회복지조직의 효과성과 효율성을 높이기는 극히 어려운 일이다.

사회복지조직의 직원개발이란 사회복지사의 지식을 늘리고, 전문적 태도를 심화시키며, 이용자와 함께 일하고 이용자를 돕기 위한 기술과 능력을 증진시키려는 목적으로 수행하는 다양한 활동과 학습경험이다. 사회복지분야에서는 매년 많은 양의 연구가 각종 관련 학회의 학술지 논문과 학술대회 논문을 통해서 새롭게 발표되고, 관련 연구기관에서도 다양한 연구보고서를 통해 사회복지기관 및 시설의 이용자에게 더 나은 사회복지서비스를 제공할 수 있는 다양한 방법을 제시하고 있다. 따라서 사회복지조직에서는 직원들이 최신 정보에 접할 수 있도록 기회를 제공하여 직원들이 최신의 지식을 갖고 이용자에게 최선의 방법으로 서비스를 제공할 수 있도록 하는 것이 중요하다.

사회복지조직에서 사용하는 직원개발의 방법으로는 강의, 보수교육, 사례발표 등을 들 수 있다.

첫째, 강의는 사회복지조직에서 직원개발에 활용하는 가장 일반적인 방법이다. 주로 외부 강사를 초청하여 다양한 주제에 대한 강의를 요청하여 새로운 정보에 접한다. 사회의 요구에 따라 강의 주제도 다양하게 바뀌는데, 2000년대 초에는 사회복지시설평가제도의 실시와 함께 사회복지시설평가의 목적, 평가지표의 내용과 의미 등이 중요한 주제였다. 공동모금회 및 민간복지재단의 사회복지조직에 대한 지원이 프로그램 지원 방식으로 바뀌면서는 프로포절 작성법에 대한 강의 요청도 많았다. 그 이후에는 관련 사회복지정책의 변화에 대한 관심도 많이 늘어서 그에 대한 주제로 특강이 많이 이루어졌다. 또한 영화 도가니의 상영 이후에는 이용자의 인권을 주제로 한 특강도 많이 있었다. 최근에는 노무교육이나 사례관리전문가 과정처럼 구체적인 과정에 대한 특강도 많이 늘었다.

둘째, 보수교육은 기관 외부에서 제공되는 직원개발의 기회로, 대부분 각종 사회복지기관 및 시설 협회 및 사회복지분야 학술단체 등이 제공한다. 뿐만 아니라 정부 산하기관들도 사회복지조직의 직원들에게 보수교육을 제공하는데, 한국보건복지인재원은 대표적인 기관이다. 많은 경우에 사회복지기관 및 시설의 직원에 대한 보수교육은 연간 일정시간(8시간 내외) 이상 의무로 실시하도록 하고 있다. 또한 많은 사회복지기관 및 시설에서는 보수교육에 참여했던 직원이 보수교육을 받은 후에 보수교육에 참여하지 않았던 직원들을 대상으로 전달교육을 실시하도록 하고 있다. 전달교육은 재정 및 시간상의 제약으로 많은 직원들이 보수교육에 직접 참여하지 못하는 상황에서 효과적인 직원개발의 기회가 될 수 있다.

셋째, 사례발표는 기관 내부직원들이 쟁점의 대상이 되는 사례를 설명하여 다른 직원들에게 일반적이지 않은 상황에 대해 토론의 기회를 제공한다. 사례발표는 사회복지사들의 사례를 통해서 인간에 대한 이해력을 높이고 이용자의 문제를 해결할 수 있는 능력을 개선할 수 있다. 사회복지기관 및 시설에서 정기적으로 실시하는 사례회의는 사례발표의 가장 일반적인 예이며, 슈퍼바이저를 포함한 여러 직원들이 참여하여 서로의 의견을 교환하고 직원들의 개별 이용자에 대한 이해와 개입방법에 대한 지식을 높일 수 있다. 때로는 관련 학과의 교수들이 사례회의에 참여하기도 하며, 또한 다른 사회복지기관 및 시설의 직원이 참여하기도 한다.

슈퍼비전은 사회복지조직에서 매우 중요한 인력개발 방법이다. 신입 사회복지사는 물론이거니와 경험이 상당히 있는 사회복지사도 자신보다 경험이 많은 선임 사회복지사들로부터 많은 지식과 기술을 배운다. 개별 이용자나 집단에게 서비스를 제공하면서 쉽게 해결되지 않는 문제에 대해 사회복지사는 선임 사회복지사의 제안을 받아서 새로운 시각으로 문제를 바라보거나 새로운 접근방법을 실시하여 문제를 해결한다. 슈퍼비전은 업무를 효율적 · 효과적으로 수행하기 위해 사회복지사가 자신의 지식과 기술을 사용하도록 돕는 과정이다.

카두신Kadushin은 행정적 슈퍼비전, 교육적 슈퍼비전, 지지적 슈퍼비전의 세 가지 슈퍼비전 요소를 제시하였다. 첫째, 행정적 슈퍼비전은 사회복지사가 기관의 규정과 절차를 정확하고 적절하게 실행하는지 확인하는 것이다. 슈퍼바이저는 사회복지사의 업무를 감독하는 권한을 기관으로부터 부여받아 이를 행사한다. 때로 사회복지사가 기관의 규정과 절차에 어긋나는 실천을 한다면 이를 바로 잡는다. 둘째, 교육적 슈퍼비전은 직원개발, 훈련 및 교육, 개별 프로그램 및 집단 프로그램에 대한 사례회의 등을 이용하여 사회복지사가 자신의 잠재성을 완전히 실현하도록 개발하도록 하는 것이다. 특히 사례회의는 교육적 슈퍼비전을 제공하는 중요한 기회로, 이를 적절하게 활용하는 것은 당면한 프로그램의 문제를 해결할 수 있을 뿐 아니라 장기적으로 사회복지사가 적절한 지식, 기술 및 태도를 갖도록 해준다. 셋째, 지지적 슈퍼비전은 사회복지사가 업무 성과에 방해가 되는 업무 스트레스를 줄여서 업무 성과를 높이도록 하는 것이다. 슈퍼바이저는 사회복지사가 스트레스를 해소하도록 지원하고 격려하며, 사회복지사에게 안정감을 주도록 한다. 지지적 슈퍼비전이 제대로 제공되지 않으면 사회복지사는 소진을 나타낼 가능성이 높아진다. 슈퍼바이저는 필요한 경우에는 사회복지사의 실패를 용인하기도 함으로써 사회복지사에 대한 신뢰를 나타낸다.

5절 리더십

사회복지조직을 둘러싼 환경은 급변하고 있다. 각종 바우처 제도를 통한 시장화 정책은 사회복지조직이 시장 경쟁에 참여하게 만드는 압력을 가하고 있다. 사회복지조직의 경쟁자는 영리를 목적으로 하는 기업뿐만이 아니라 사회적기업, 사회적협동조합 등의 사회적 경제주체들도 있다. 더 이상 사회복지조직은 정부의 보조금을 지원받으며 큰 변화 없이 유지되기 어려운 상황에 직면하고 있다. 이런 상황에서 사회복지조직이 제대로 대응하여 살아남기 위해서는 리더십이 매우 중요한 핵심 요소이다.

1. 리더십의 유형

1) 블레이크와 무톤의 리더십 유형

블레이크와 무톤Blake and Mouton의 관리그리드 이론은 결과에 대한 관심과 인간에 대한 관심이라는 두 가지 차원에서 팀관리형 리더십, 사교관리형 리더십, 권위복종관리형 리더십, 중도관리형 리더십 및 무능관리형 리더십의 5가지 리더십 유형을 제시하였다.

먼저 팀관리형 리더십은 지도자와 직원들의 관계를 신뢰와 존경의 관계, 가장 효과적인 관계로 만드는, 이상적이며 지도자가 추구해야 하는 리더십이다. 팀관리형에서는 인간에 대한 관심과 결과에 대한 관심은 상호보완적으로, 헌신과 상호책임성을 구축하여 생산성을 향상시킬 수 있다고 보았다. 둘째, 사교관리형 리더십은 인간에 대한 관심은 높으나 결과에 대한 관심은 낮은 리더십이다. 이 유형의 리더는 인간관계를 만족시키는 데 관심을 두고 있기 때문에 직원에 대한 관심이 높아서, 때로 과업을 희생하면서도 직원의 보호와 사기 진작을 위한 지지를 제공하는 데 관심을 둔다. 셋째, 권위복종관리형 리더십은 결과에 대한 관심은 높으나 인간에 대한 관심은 낮은 리더십이다. 이 유형의 지도자는 인적 요인의 방해를 최소화하도록 업무를 배치하여 효율성을 향상시키고자 한다. 넷째, 중도관리형 리더십은 인간에 대한 관심과 결과에 대한 관심이 모두 중간 정도인 리더십 유형이다. 이 유형에서는 직원들의 사기를 만족스러운 수준으로 유지시키면서 업무 수행의 필요성과 균형을 유지하는 데 관심을 갖는다. 다섯째, 무능관리형 리더십은 인간에 대한 관심과 결과에 대한 관심이 모두 낮은 리더십 유형이다. 이 유형은 필요한 업무를 수행하기 위해 최소한의 노력을 수행하는 것이 조직구성원을 유지하는 데 적합하다고 본다(이봉주 외, 2021). 이상적으로는 팀관리형 리더십이 최선의 리더십 유형이겠지만 현실적으로 팀관리형 리더십을 발휘하는 것은 매우 어렵다. 또한 적합한 리더십 유형은 리더십을 발휘하는 상황에 따라 다르다는 비판도 있다.

2) 허쉬와 블랜차드의 리더십 유형

허쉬와 블랜차드Hersey and Blanchard의 상황적 리더십 이론은 상황에 따라 리더십 유형이 달라진다고 주장하면서 지도자의 행동차원을 과업행동과 관계행동으로 구분하여, 과업행동과 관계행동의 두 축으로 네 가지 리더십 유형을 제시하였다.

첫째, 명령형 리더십은 높은 수준의 과업행동과 낮은 수준의 관계행동을 보이는 매우 지시적인 리더십으로, 하급자들이 능력도 없고 의지나 자신감도 부족한 상황에서 리더의 지시와 감독이 가장 적합한 방법이라고 본다. 따라서 혁신이 필요한 조직이 외부에서 관리자를 영입한 경우에 나타나기 쉬운 리더십이라고 할 수 있다. 둘째, 설득형 리더십은 높은 수준의 과업행동과 높은 수준의 관계행동을 보이는 리더십으로, 하급자가 리더의 지시를 받기도 하지만 의사결정 전에 하급자를 참여시키는 유형이다. 셋째, 참여형 리더십은 낮은 수준의 과업행동과 높은 수준의 관계행동을 나타내는 리더십으로, 충고나 정보를 활용해 직원들의 수준을 향상시키고 직원들의 성장을 유도한다. 이 유형의 리더십은 하급자들이 능력은 있으나 의지가 부족한 상황에 적합하다. 넷째, 위임형 리더십은 낮은 수준의 과업행동과 낮은 수준의 관계행동을 나타낸다. 하급자들은 능력과 의지 차원에서 완전히 성숙한 단계에 있어서 최소한의 지시만을 받고 지도자의 간섭을 배제한다. 이 상황에서 리더는 통제권을 하급자에게 위임하고 하급자의 자신감과 자율성을 유지 · 향상시켜서 과업행동에 대한 개입을 최소화할 수 있다(이봉주 외, 2021). 위임형 리더십을 발휘할 수 있는 상황에서 리더는 외부 연계활동을 더 활발히 할 수 있는 여건을 마련하게 된다.

3) 번즈의 리더십 유형

번즈Burns는 기존의 리더십을 거래적 리더십이라고 부르면서 새로운 리더십으로 변혁적 리더십을 제시하였다. 거래적 리더십은 리더와 직원이 공동 목표를 가질 필요는 없으며, 오히려 다양한 이익을 인정하는 리더십이다. 리더십 과정은 서로를 보완하는 목적을 추구하는 거래이며, 본질적으로 지도자와 추종자 간의 교환관계이다. 따라서 전통적인 거래적 리더십은 명령의 유형으로 지시를 한다. 반면에 변혁적 리더십은 리더와 직원이 서로의 업무동기와 사기를 더 높은 수준으로 끌어올리고자 관계를 형성할 때 나타난다. 새로운 변혁적 리더십은 판매 유형으로, 리더가 자신의 시각을 받아들이도록 직원을 설득한다.

2. 사회복지조직의 새로운 리더십

다양한 리더십의 유형에서 사회복지조직에서는 어떤 리더십이 필요할까? 공유 리더십shared leadership은 사회복지조직의 리더십으로서 새로운 가능성을 제시한다.

도일과 스미스Doyle and Smith는 지도자가 한 명이 아니라 원하는 것을 성취하고자 함께 일하는 집단일 수 있으며, 이 때 지도력을 발휘하는 것은 사람이 아니라 이상과 생각이라고 보았다. 여기에서 중요한 것은 구성원들의 행동으로, 구성원들의 행동이 집단과 집단구성원이 활동하고 성취할 수 있도록 돕느냐 하는 것이다. 그렇게 이끄는 행동을 공유 리더십이라고 할 수 있으며, 집단 구성원 중 누구라도 공유 리더십을 발휘할 수 있다. 리더십은 명확한 비전을 갖고 있는 한 개인에게 있다기보다는 리더십을 만드는 과정에서 함께 일하는 집단 구성원의 역량에 있다.

가스틸Gastil에 따르면 공유 리더십을 발전시키기 위해 주인의식, 학습, 공유의 세 가지 측면에 관심을 기울여야 한다. 첫째, 주인의식ownership을 장려해야 한다. 구성원들이 함께 하고 참여하는 기회를 제공하여 문제와 쟁점을 모든 구성원의 책임으로 만들어야 한다. 많은 사람들이 특정 쟁점이나 문제를 자신의 쟁점이나 문제로 여기고 대응방법을 생각할수록 직접 행동하고 일을 수행할 가능성이 커진다. 집단 구성원들이 어떤 문제를 자신의 문제로 인식하는 주인의식을 갖게 되면 자신의 책임이 된다. 둘째, 학습learning을 장려해야 한다. 학습은 구성원들이 진행되고 있는 상황을 공유하고 이해하여 기여할 수 있게 하는 데 필요하다. 구성원들이 최선을 다해 행동하려면 정보를 제공받아야 한다. 집단 구성원들은 자신들에게 다가올 상황과 가능성을 잘 알고서 행동해야 한다. 구성원들은 자신을 깊이 이해하고 발전시켜서 다른 사람들과 공유할 필요가 있다. 셋째, 공유sharing를 장려해야 한다. 공유에서는 공개적인 대화, 존중하는 대화, 충분한 정보가 제공되는 대화가 중요하다. 주인의식을 퍼뜨리고 학습을 고양시키기 위해 집단 구성원의 생각과 감정을 함께 나누는 공개적이고 생산적인 방법을 개발해야 한다. 공유의 장려는 더 나은 결정을 할 수 있게 해줄 뿐만 아니라 다른 사람들과 대화하고 함께 있게 해준다. 공유를 통해 자기 자신과 다른 사람들에 대해 배울 수 있고, 자신의 위치를 찾게 해준다. 공유는 사람들을 참여시키는 대화, 이해를 깊게 해주는 대화, 올바른 판단과 결정을 내리도록 도와주는 대화를 발전시키는 것을 의미한다.

공유 리더십이 강조하고 있는 측면들은 사회복지조직에서 추구하는 지향성과 매우 일치도가 높다. 따라서 공유 리더십은 사회복지조직이 앞으로 추구해야 할 리더십 유형이 될 수 있을 것으로 기대된다.

6 절 사회복지조직 환경의 변화

1. 사회복지조직의 성과관리

사회복지 분야의 평가는 이제 단순한 시설평가와 프로그램 평가를 넘어서서 조직의 전반적 성과에 대한 성과관리 접근으로 영역이 확대되면서 조직 전체의 효과성에 대한 관심이 증가하고 있다. 그간 사회복지행정가들은 직원들이 열심히 일하면 높은 성과를 올릴 수 있다고 생각했지만 그것만으로 항상 원했던 결과가 나오는 것은 아니다.

성과관리는 사회복지조직의 평가에서 관심을 끌고 있는 경영기법으로, 효과적이며 효율적인 방법으로 목표를 지속적으로 달성하고 있는지 여부를 확인하기 위한 활동을 말한다. 성과관리는 전체 조직과 부서, 업무 과정, 각종 프로그램, 내부와 외부의 소비자를 위한 서비스, 그리고 직원 등에 적용할 수 있다. 성과의 수준을 분류하면, 조직의 성과, 과정의 성과, 개인의 성과라는 세 가지 수준으로 구분할 수 있다.

또한 성과관리는 수직과 수평의 두 가지 면에서 통합할 필요가 있다. 첫째, 수직적으로 부서와 개인의 목표를 통합한다. 둘째, 수평적으로 직원 관리와 개발에 대해 일관성 있게 접근하기 위해 여러 부서에 걸쳐 있는 활동의 다양한 측면을 연결시킨다(이봉주 외, 2021).

성과관리의 과정은 순환과정으로, 기획, 검토, 성과 사정으로 구성된다. 먼저 기획과정에서는 전체 조직구성원의 기대를 파악하여 성과목표를 개발하고자 한다. 성과목표는 각 부서와 직원들이 성취해야 하는 결과이며, 이를 각 부서와 직원들이 정확히 알 수 있도록 수립해야 한다. 성과목표는 직원 및 부서의 업무와 조직의 전체 목표가 직접 연결될 수 있도록 제시되어야 하며, 직원들이 상호 합의해야 한다. 성과목표가 정해지면 성과목표의 달성여부 및 달성정도를 파악할 수 있는 지표가 필요하다. 실제 평가에서 사용할 수 있는 적절한 지표를 찾는 일은 사실 성과관리과정에서 가장 어려운 일 중 하나이다. 둘째, 검토check-in 과정은 지속적 관찰과 피드

백을 실행하는 과정이다. 피드백은 결과물 달성 정도에 대한 정보로서, 시의적절하게 실제로 활용할 수 있게 이루어져야 한다. 셋째, 성과사정에서는 관리자가 지금까지의 성과에 대해 직원들과 의견을 나누고 직무만족도를 평가하며, 다음의 성과에 대한 계획을 세우게 한다. 성과사정에서는 각 부서와 직원들이 기여한 정도를 정리하여, 예상 결과물, 성과 수준, 결과물의 달성 정도, 성과를 보여주는 예, 성과를 개선하기 위한 제언, 이 제언을 구체적으로 실행하는 방법 등을 다룬다.

2. 새로운 사회복지조직의 등장: 도전과 기회

사회서비스 공급에 대한 재원 방식으로 전통적인 보조금 방식 외에 바우처(교환권) 방식을 활용하게 되면서 사회복지법인이 운영하는 기존의 비영리조직 외에 영리조직도 사회서비스 제공자로서 나타나게 되었는데, 대표적으로 지역사회서비스투자사업과 노인장기요양서비스 제공 기관에는 영리를 목적으로 하는 기업도 사회복지서비스를 제공하는 사회복지조직으로 포함되게 되었다.

정부가 사회복지기관 및 시설에 직접 예산을 지원하여 사회서비스를 지원하도록 하는 공급자 중심의 보조금 방식과 달리 바우처 방식은 사회서비스 이용자에게 특정 사회서비스를 이용하는 데 사용할 수 있는 바우처(일반적으로 전자바우처)를 지급하여 이용자가 서비스 제공자를 선택하도록 하는 수요자 중심의 방식이다.

보조금 방식에서는 사회복지기관 및 시설이 서비스 이용자를 선택하였으나, 전자바우처 방식에서는 사회서비스 이용자가 서비스 제공자를 선택하게 되면서 다양한 사회서비스 제공자가 나타나는 사회서비스의 시장화 현상이 나타나게 되었다. 이로 인해 사회서비스 제공자 간에 더 많은 사회서비스 이용자를 끌어들이고자 하는 경쟁이 심화되었다. 특히 노인장기요양서비스에서는 서비스 공급자가 부족할 것을 우려했던 정부가 진입장벽을 크게 완화시키면서 서비스 공급자가 급격히 증가하였고, 사회복지조직은 민간기업과의 경쟁이라는 새로운 상황에 접하고 있다. 그 결과 사회복지 행정가들에게도 조직을 효율적으로 경영하는 능력이 중요해졌다.

반면에 사회복지조직은 또 다른 새로운 유형의 조직인 사회적기업, 사회적 협동조합에서 새로운 발전의 가능성도 접하고 있는 상황이다. 사회적기업은 수익을 지향하는 기업 활동과 공공성을 지향하는 비영리 활동을 결합한 사회적 경제영역의 대표적 활동으로, 이미 사회복지분야의 돌봄서비스 제공기관 및 장애인직업재활시설 중에서도 사회적기업이 운영하고 있는 기관 · 시설이 상당히 있다. 사회적협동조합도 사회복지법인과 유사하게 지방자치단체로부터 사회복지기관을 위탁하여 운영하는 경우가 증가하고 있다.

유럽에서 사회적기업은 지역사회에 기여하는 것을 목적으로 주민 주도로 설립하여 다양한 이해관계자들이 참가하는 참여적 성격을 가지면서도, 재화나 서비스를 생산하고 판매하는 활동을 지속적으로 수행하면서 상당한 수준의 경제적 위험부담을 감수하는 기업으로서 특징을 갖고 있는 다양한 조직을 말한다. 그러나 우리나라에서는 '사회적기업 육성법'에 의해 인증된 기업만이 사회적기업이라는 명칭을 사용할 수 있다. 이 법에서는 사회적기업을 '사회적 목적을 추구하고 이를 위해 수익 창출 등 영업활동을 수행하는 조직'으로 규정하고 있다. 사회적기업은 이윤을 추구하는 일반기업과 달리 취약계층에게 일자리나 사회서비스를 제공하는 등 사회적 목적을 추구하는 조직이다.

우리나라에서는 정부의 인증조건에 맞는 조직만을 사회적기업으로 인증함으로써 대안 경제활동으로서 사회적기업을 제대로 포괄하지 못하고 있다는 비판도 제기되었다(이인재, 2009). 또한 사회적기업이 일반기업도 감당하기 어려운 정책적 요구에 직면해 있다는 비판도 제기되었다. 그럼에도 불구하고 고용노동부의 사회적기업 지원이 종료된 이후에도 생존하는 사회적기업의 수는 점차 증가하고 있다. 다만, 생존한 사회적기업이 얼마나 '사회적기업'으로서 사회적 기여를 하고 있는지는 아직 분명하게 입증되지 않은 상태이다. 하지만 사회적기업 등의 사회적 경제 영역이 사회복지조직에 새로운 가능성을 제시하였다는 점은 분명하다.

3. 사회적 기업가와 사회적 기업가 정신

사회적기업이 사회적 경제 영역의 핵심 주체 중 하나로 떠오르면서 사회적기업을 운영할 수 있는 사회적 기업가의 양성에 대한 관심도 필요하다. 사회적 기업가는 기업을 성공적으로 운영할 수 있으면서도 공공성에 대한 분명한 소양도 갖고 있어야 하기 때문에 현재는 성공적인 사회적 기업가를 찾기가 쉽지 않다. 따라서 앞으로 사회적기업을 운영할 수 있는 사회적 기업가를 어떻게 양성할 수 있을 것인가는 사회적 경제를 둘러싼 주요 관심사가 될 것이다.

현재 사회적기업을 운영하는 사회적 기업가 중 일부는 사회복지사들이며, 사회복지행정가 중에 사회적 기업가 정신에 관심을 보이는 이들도 있다. 사회적 기업가 정신social entrepreneurship은 사회변화를 실현시키려는 실용적이며 재무적인 혁신(Light, 2006)이라고 한다. 사회적 기업가 정신은 건전한 경영 전략과 기술을 활용하는 사회변화에 대한 혁신적인 생각이다.

사회복지조직을 운영하는 사회복지행정가 중에서 많은 이들이 느끼는 한계는 새로운 혁신적인 프로그램을 시도하기 어렵다는 것이다. 정부 보조금이나 공동모금회 등의 후원금은 정해진 규칙과 규정의 범위 내에서만 지출이 가능하기 때문에 새로운 프로그램을 시도해 보기 어렵다. 따라서 혁신을 추구하고자 하는 사회복지행정가 중에는 사회적기업을 통해서 사회적 기업가 정신을 발휘하고자 하는 행정가들이 있을 가능성이 높다.

다만, 사회적 기업가가 되고자 하는 사회복지행정가는 두 가지의 사회복지실천 관련 윤리적 문제에 관심을 기울일 필요가 있다(이봉주 외, 2021). 첫째, 서비스 이용자에 대한 헌신이다. 사회적 기업가가 서비스에 대한 시장 수요를 제대로 조사하지 못하면 서비스 이용자는 단기적으로는 서비스를 받을 수 있겠지만 장기적으로는 잘못된 추정으로 인해 사회적기업이 문을 닫아 아예 서비스를 못 받게 되는 문제를 야기할 수도 있다. 일반 기업가라면 기업의 파산으로 인해 서비스 이용자에게 서비스를 제공하지 못하더라도 크게 개의치 않겠지만 사회적 기업가는 서비스 이용자에 대한 헌신이 필요하다. 둘째, 서비스에 대한 요금이다. 사회적 기업가로서 사회복지행정가는 혁신적인 실천에 참여하여 활동하면서 그에 맞는 적절한 보상을 받을 수 있다. 그러나 사회복지행정가는 서비스 요금을 지불할 수 있는 서비스 이용자뿐만 아니라 서비스 요금을 지불할 수 없는 서비스 이용자에게도 서비스를 제공할 책임이 있다. 사회복지사는 모든 서비스 이용자를 공평하게 대해야 한다. 노인장기요양보험의 서비스이든, 노인돌봄서비스이든, 가사간병방문서비스이든, 이용단가에 차이가 있더라도 사회복지사는 이용단가가 낮은 돌봄서비스 이용자에게도 이용단가가 높은 서비스를 받는 이용자에게 제공하는 서비스와 동일한 서비스를 제공해야 한다.

새로운 도전은 반드시 사회복지행정가에게만 있는 것은 아니다. 사실 모든 기업, 모든 사회복지조직에서도 새로운 도전은 있을 수밖에 없다. 사회 환경이 변화하면서 사회복지조직은 변화에 수동적으로 적응하면서 그럭저럭 살아남을 수도 있다. 그러나 사회복지조직이 이 변화에서 능동적으로, 적극적으로 대처하면 사회복지조직은 한 번 더 새로운 도약의 기회를 맞이할 수 있을 것이다.

제 9 장

사회복지정책론

1 절 사회복지정책의 의의

사회복지정책은 '사회복지'와 '정책'이 결합한 용어이다. 사회복지가 무엇인가에 대한 논의는 앞에서 많이 논의되었으므로, 이 장에서는 정책은 무엇인가, 그리고 사회복지정책은 일반정책과 어떤 점이 다른가, 사회복지정책을 구성하는 지식의 핵심적인 내용은 무엇인가를 중심으로 다루고자 한다.

정책은 일반적으로 국가 단위의 행위 혹은 적어도 공공기관의 행위에 관련된 용어로 이해되고 있다. 정부의 ○○정책, ○○시의 문화정책 등이 우리가 일반적으로 접하게 되는 정책이라는 용어가 사용되는 사례이다. 그런데 좀 더 자세히 생각해보면 더 작은 단위의 조직에서도 정책이라는 용어를 사용하는 경우가 있다. '우리 조직의 정책이 올해부터는 다음과 같이 변화됩니다', '제품 하자보수 정책은 다음과 같습니다' 등 정책이라는 용어는 다양한 단위조직에서 행위원칙을 제시할 때 사용될 수 있다. 다만, 단위조직이 소규모이거나 개인단위일 경우 '정책'이라는 용어보다는 '계획', '정관', '원칙' 등의 용어가 더 자연스럽고 일반적이다.

원론적인 측면에서 정책의 의미는 사회정책 혹은 사회복지정책을 다루는 교과서들에서 찾아볼 수 있다. 정책은 특정한 목적을 이루기 위해 필요한 행동에 관한 원칙이다(Titmuss, 1979), 정책이란 지침guide 혹은 일정한 계획standing plan을 의미한다(Kahn, 1979) 등등 다양한 정의들이 있다. 학자들 마다 다양한 방식으로 정책의 의미를 정리하고 있지만, 공통적 요소를 중심으로 요약하자면 정책이란 공식적인 '행동원칙', 기획되고 확정된 '행위계획' 정도로 이해할 수 있겠다.

사회복지정책은 사회복지와 관련된 조직의 행위원칙 혹은 기획된 행위계획이라고 할 수 있다. 불특정 다수를 위한, 혹은 사회구성원 일반을 위한 복지행위를 기획하거나 행동원칙을 만들 경우 우리는 사회복지정책이라고 부를 수 있는 것이다. 우리는 다양한 조직에서 복지정책을 만들거나 집행하는 경험을 할 기회를 가질 수 있고 그런 의미에서 사회복지정책은 우리 곁에 있다. 사회복지학을 전공하고 사회복지사로서 사회에 진출하게 된다면, 다양한 복지조직 예컨대, 지역사회복지관, 지역아동센터, 장애인복지관 등에서 복지정책을 수립하거나 수립된 정책을 집행하는 역할을 맡게 될 것이다.

그런데 오늘날 국가의 행위가 국민의 복지에 관련된 사항이 많아짐에 따라 정부의 사회복지정책 혹은 지방정부의 복지정책에 관련된 경우가 더 많다. 일반적으로 사회복지정책이라고 할 때 정부 혹은 공공기관의 사회복지정책을 의미하는 경우가 다반사이다. 그래서 전문 복지서비스 제공을 담당하는 사회복지사의 입장에서 사회복지정책은 너무 멀리 떨어진, 직접적으로 관계할 일이 별로 없는 영역으로 느낀다.

사회복지를 전공하는 학생 혹은 사회복지사 자격을 취득하고자 하는 사람들이 사회복지정책을 공부하거나 관련 지식을 쌓아야 하는 이유는 두 가지 측면에서 설명할 수 있다. 첫째는 사회복지정책을 기획하는 위치에서 활동할 수 있기 때문이다. 정책기획가로서 복지정책을 직접 만드는 역할을 할 수 있을 것이고, 혹은 간접적으로 정책 결정에 영향력을 행사하여야 할 위치에 있을 수도 있다. 정부차원에서 정책수립에 참여할 수도 있고, 정부의 정책결정에 영향력을 행사하여 복지 이용자(혹은 클라이언트)를 대변하는 역할을 수행할 수도 있다. 정부차원의 정책이 아니더라도 사회복지기관에서 복지제공 계획을 수립하는 역할을 담당할 수도 있다. 그럴 경우 사회복지에 대한 전문적인 능력에 더하여 정책수립의 원칙과 방법에 대한 기본적인 지식은 필수적이라고 하겠다.

두 번째는 결정된 사회복지정책을 집행하는 역할, 즉 복지정책에 따라 정부나 공공기관이 제공하는 각종 사회복지서비스를 제공하는 역할을 사회복지사들이 담당하기 때문이다. 사회복지사는 사회복지에 대한 전문적인 지식을 갖추고 있지만, 공공복지서비스를 전달하는 일선 담당자로서 특정 복지정책이 수립된 이유와 기본원칙에 대한 이해가 없을 경우 부적절한 판단을 할 수도 있다. 특정 복지정책이 결정된 배경과 그 정책의 기본정신(목적) 등에 대한 이해도가 높을 경우 일선 복지서비스 제공자가 판단해야하는 다양한 선택의 지점에서 서비스 이용자에게 최선의 복지혜택을 제공할 수 있을 것이다. 또한 사회복지서비스를 전달하는 일선 전문가로서 특정 정책의 문제점과 개선방안에 대해 가장 좋은 의견 제시자가 될 수도 있다. 정책집행자로서 바람직한 역할을 할 수도 있고, 정책 집행이 이루어지고 난 이후의 효과에 대한 평가를 가장 합리적으로 할 수 있으므로 정책 환류feedback에 중요한 역할을 할 수도 있는 것이다. 즉, 사회복지사로서 사회복지정책과 관련된 지식은 필수적이라고 하겠다.

2 절 사회복지정책의 특성

사회복지정책은 타 영역의 공공정책들 예컨대, 경제정책 국방정책 등과 다른 독특한 특성을 지니고 있다. 물론 사회복지정책이 정부정책의 의미로 사용될 때는 공공정책의 한 영역이라는 측면에서 공통적인 특징이 더 많다고 할 수 있다. 왜냐하면 공익과 공공의 복지를 위한 것이라는 점에서 본질적으로 사회복지정책과 공공정책은 여러 가지 측면에서 유사성을 지닐 수밖에 없다. 그런데 우리가 사회복지정책을 이해하는 간편한 방법은 공공정책과 구분되는 사회복지정책의 고유한 특성을 분류해내는 것이다. 다음의 5가지 측면, ① 배타성, ② 직접성, ③ 시장성, ④ 일방성, ⑤ 소비성으로 구분하여 사회복지정책의 특성을 논의하면 보다 이해가 쉬울 것이다 (송근원 · 김태성, 1995).

1. 배타성

모든 정책의 목표는 기본적으로 사람들의 욕구needs를 해결하는 데 있다. 국방정책은 국민의 안전에 대한 욕구를 충족시켜주며, 환경정책은 쾌적한 환경에 대한 욕구를 충족시키는데 그 목표가 있다. 사회복지정책도 마찬가지이다. 그런데 사회복지정책은 불특정 다수의 욕구가 아니라 구체적인 수급자가 존재하며, 이들 수급자 사이에도 욕구의 양과 질에 있어서 차이를 지닌다. 이러한 측면에서 사회복지정책의 대상이 되는 욕구는 개별적이고 배타성을 지니는 것이라고 할 수 있다. 예를 들어 모든 국민이 국민기초생활보장제도의 수급 대상자가 되는 것이 아니며, 또 그 제도의 수급 대상자들도 개별적인 욕구 수준에 따라 상이한 급여를 받게 된다. 이에 반해 다른 정책들 예컨대 환경정책의 결과물은 국민 누구나 차별 없이 향유할 수 있다. 국방정책, 교통정책 등 대부분의 다른 공공정책들의 특성은 비배타성을 특징으로 하는 반면, 사회복지정책은 배타성(혹은 개별성)을 특징으로 한다.

2. 직접성

대부분의 공공정책은 그 결과물이 사람들의 욕구에 간접적으로 영향을 미치는 방식으로 작동한다. 국방정책을 통해 전투기를 구매하고 군사훈련을 하는 등의 국가 행위가 일어나지만(이런 측면에서 관련 당사자에게는 직접적이다), 그런데 정책의 목표인 국민의 안전 욕구 충족은 간접적으로 달성된다. 경제정책도 마찬가지이다. 예를 들어 재정정책, 금융정책 혹은 경제성장정책을 통해 저소득계층의 소득이 향상될 수 있다. 그러나 소득상승 욕구에 대해 간접적으로 작동한다. 복지정책이 특정한 사람, 예컨대 빈곤한 사람(혹은 실업자)에게 현금을 제공함으로써 직접적으로 소득을 향상시키는 것과 달리 조세나 금융정책의 경우는 저소득계층의 소득이 올라갈 가능성을 높일 따름이지 특정한 사람의 소득이 올라갈지 여부는 불확실하다.

3. 비시장성

사회복지정책을 경제정책과 비교하여 논의할 때 사회복지정책은 시장기제 밖에서 일어나는 이차적 분배 혹은 재분배secondary distribution or redistribution를 담당하고 경제정책은 시장 내에서의 분배 즉 일차적 분배primary distribution를 담당하는 것으로 설명한다. 그러나 단순하고 간결하게 논의할 때 이러한 구분이 도움이 되지만, 좀 더 자세한 정책내용으로 들어가면 이러한 구분이 모호해지는 영역이 많아서 논란의 여지가 있다. 예컨대 기회의 평등 정책에 속하는 사회복지정책들은 미래의 시장에서의 소득상승을 목표로 한다는 점에서 비시장성이라고 단정하기 어렵다. 저소득계층 아동에 대한 교육지원, 의료서비스 정책 등은 현재의 시장은 아니지만, 미래의 시장에서 소득증가를 목표로 한다. 즉, 시장에서 일차 소득 배분에 관여하게 되는 것이다. 다만, 현재의 시장이 아니라는 점에서 비시장성으로 이해할 수 있겠다. 또 다른 측면에서 사회복지정책의 비시장성이 특징이라고 할 때 논란이 될 수 있는데, 경제정책과 비교할 때 사회복지정책은 시장 외부에서 자원의 분배에 개입하는 비시장성을 특징이라고 할 수 있지만, 대부분의 다른 공공정책들도 시장 외부에서 작동한다. 그래서 공공정책의 비시장성은 공공정책 전체의 특성이라고 할 수 있고 사회복지정책은 공공정책의 일부분이므로 당연히 비시장성을 특징으로 하며, 오히려 경제정책의 시장성이 경제정책의 독특한 특징이라고 이해하는 것이 더 올바르다고 할 수 있겠다.

4. 일방성

시장체계에서 자원의 교환은 쌍방적이며 특정한 이득을 받으면 반드시 그것에 대한 대가를 지불해야 하는 이전 관계이다. 특히 화폐단위로 환산된다는 측면에서 구체적이고 직접적인 쌍방 교환관계이다. 공공정책에서 자원의 교환은 쌍방적 교환관계를 구체화하기 어렵다. 대부분의 공공정책에서 비용을 부담하는 사람과 혜택을 받는 사람이 등가관계를 형성하지 않는다. 특히 사회복지정책에서는 비용을 부담하는 사람과 혜택을 받은 사람이 완전히 다른 계층일 경우가 많다. 특히 부담과 혜택의 등가성으로 계산하면 대체로 일방적 이전 관계가 성립한다. 고소득계층의 비용부담(예컨대 세금)으로 저소득계층(특히 빈곤층)의 소득보장이 이루어진다. 그러나 사회복지정책이라고 해서 모두 일방적 이전의 성격을 갖는 것은 아니며 정책에 따라 일방성의 정도가 상이하다. 국민기초생활보장제도와 같은 공공부조정책과 국민연금제도와 같은 사회보험정책에서 일방성의 정도는 상이하다. 국민연금은 보험료를 재원으로 하여 연금급여를 제공하므로 비용부담과 혜택의 쌍방적 교환이 어느 정도 성립한다. 그러나 비용부담 정도에 비례하여 급여가 이루어지지 않고 재분배 원칙을 반영한 급여산정식에 근거하여 급여액이 결정되므로 비용부담과 혜택의 등가성이 균일하게 보장되지 않는다. 결과적으로 쌍방 교환의 정도는 매우 미약하다고 할 수 있다.

일방적 자원 이전의 성격이 사회복지정책의 기본적 특성이라는 점은 매우 중요하다. 이러한 측면에서 사회복지정책은 사회적 합의와 민주주의 원칙의 작동방식에 대한 이해가 필수적이다.

5. 소비성

오늘날 공공정책의 많은 영역은 생산성 향상과 관련되어 있다. 도로 · 항만 건설, 교통 · 통신 정책, 과학기술 정책 등이 그런 사례들이다. 막대한 재원이 투입되는 정책들이지만 미래의 생산성향상과 관련되어 있기 때문에 투자라고 표현한다. 그런데 사회복지는 사람들의 소비에 관련된 욕구를 직접적으로 해결하는 일방적 이전이기 때문에 생산성과는 관련이 적다. 오히려 소비적이라는 인식이 일반적이다. 공공정책이라고 해서 모두 생산성 향상과 관련되어 있는 것은 아니다. 사회복지정책과 유사하게 소비성을 특징으로 하는 국방정책 문화정책 등이 있다. 생산성과 관련되어야 가치 있는 것은 아니다. 오늘날 소비는 매우 중요한 가치이다. 어떻게 소비하는가, 사회 전체의 소비성향이 어떠한가의 문제는 한 사회의 발전을 위해 매우 중요하다.

사회복지가 반드시 소비적인가에 대한 논란이 또한 존재한다. 예컨대 기술 부족으로 취업이 어려운 빈곤 계층에게 직업훈련 서비스를 제공하는 복지정책의 경우 한편으로는 생산 활동을 촉진하는 효과와 다른 한편으로는 빈곤계층의 소득증가에 따른 소비증진에 기여하는 것일 수도 있어서 생산과 소비 양 측면에 영향을 주는 것이다. 유사한 효과를 지니는 사회복지서비스가 많은데 의료서비스, 교육서비스, 보육서비스 등이 그러하다. 최근에 사회적기업을 통한 사회복지활동의 증가에서 소비성과 생산성의 결합은 매우 복잡한 논의를 가능하게 하고 있다. 그러므로 사회복지정책이 소비적이라고 규정할 때에도 매우 많은 주의가 필요하다.

3절 사회복지정책학의 영역

사회복지정책을 연구하는 입장에서 사회복지정책학은 세 가지 관점에서 그 연구 영역을 설정할 수 있다. 세 가지 관점은 제도적 관점, 분석적 관점, 그리고 정치적 관점이다(길버트와 테렐, 2005). 제도적 관점institutional perspective은 '사회조직'을 유지하기 위해 필요로 하는 여러 가지 기능들 중 사회복지의 기능이 무엇인가, 그리고 그러한 기능이 어떤 제도, 혹은 조직systems으로 체계화되었는가라는 관점에서 사회복지정책을 연구하고 설명한다. 분석적 관점analytical perspective은 현실의 사회복지정책을 분석하고 이러한 분석을 통해 획득된 정책적 지식을 사회복지프로그램개발과 사회사업실천에 연결시키는데 주안점을 두어 사회복지정책을 연구한다. 정치적 관점political perspective은 사회복지정책이 결정되는 과정 혹은 특정 복지 프로그램이 만들어지는 과정에서 작동하는 정치적 역학관계, 사회집단 간(혹은 개인과 집단 간) 상호작용 양상에 초점을 둔다. 계급 계층적 관점, 특히 정부의 정책결정에 영향을 미치는 집단 간의 역학관계가 분석의 주제가 되는 경향이 많다.

1. 제도적 관점

제도적 관점에서의 사회복지정책은 기능주의적 관점이나 사회 유기체적 관점에서 사회구조를 설명하는 방식에 대한 이해가 필요하다. 이 관점에서 사회는 일종의 유기체이거나 특별한 기능을 수행하는 하위체제들systems로 구성된 중층적 구조물로 본다. 사회는 유기체와 같이 생존을 위해 필수적인 기능을 지닌 하부 조직체로 구성되어 있으며, 구성원의 재생산(출산과 자녀양육), 재화와 서비스의 생산 · 분배 · 소비, 사회화, 질서유지, 상호부조 등이 사회 유지를 위해 필수적인 기능으로 설정된다.

예를 들면 모든 사회는 어린이를 양육하고 훈련시킬 책임과 기대를 지고 있는 제도들을 조직하여 유지하고 있다. 아동의 출산과 양육, 그리고 적절한 훈련과 교육이 이루어지지 않는다면 사회는 지속될 수 없을 것이다. 이러한 사회 유지를 위해 필수적인 기능들은 사회를 구성하는 하위조직들, 즉 제도들에 의해 나누어 수행되는데, 초기의 사회는 그러한 제도들이 덜 분화된 반면 사회가 발달하면서 점차 제도들이 분화되어 복잡한 사회로 발전하게 된다. 예컨대 원시부족사회에서는 친족(가족) 체계(제도)와 종교 제도가 대부분의 필수기능을 수행하였다면 근대 사회로 오면서 정치제도, 교육제도 등이 분화되어 전문화된다. 또한 재화의 생산, 분배, 소비 시스템이 가족 단위에서 공장과 시장제도로 전문화된 것도 오랜 세월을 거치면서 이루어졌다. 그런데 제도가 분화되고 전문화되었다고 해서 필수적인 기능이 하나의 제도(혹은 조직)만으로 수행되는 것은 아니다. 사회화기능은 가족에서부터 종교제도 그리고 교육제도로 점차 전문화되었지만, 가족은 여전히 사회화기능을 수행하는 중요한 제도(체계) 중의 하나이다. 질서유지와 사회통제기능도 마찬가지이다. 초기사회는 종교시스템에 의해서 질서와 통제기능이 수행되었지만, 점차 정치기능을 담당하는 조직이 분화되어 국가와 통치제도를 정밀하게 조직하게 된다. 그러나 오늘날에도 여전히 종교제도가 사회질서와 통제기능을 일정 정도 수행하고 있는 것으로 볼 수 있다.

사회구성원들의 상부상조 기능은 오랫동안 미분화상태가 지속된 영역 중의 하나이다. 초기사회는 가족과 혈연조직을 중심으로 상부상조 기능이 수행되다가 이후 종교제도가 상당 부분 그 역할을 분담하게 된다. 자본주의 사회가 본격화된 근·현대사회에 들어오면서 전문적인 사회복지제도가 분화 발전되었다. 오늘날 사회복지제도는 현대국가의 역할 중 가장 큰 부분을 차지하기도 하는데 이런 경우 복지국가라고 한다. 복지국가에서 복지제도가 사회구성원들의 상부상조 기능을 주로 담당하게 되지만 여전히 많은 사회조직이 복지기능을 담당하고 있다. 국가조직 외에도 가족 및 혈연조직, 종교조직, 근린조직(지역사회) 및 자선 조직 등이 여전히 사회복지의 많은 부분을 담당하고 있고, 이러한 전통적인 조직뿐만 아니라 공장 및 기업조직이 사회복지기능을 일부 수행하기도 한다.

특정 사회에서 국가가 담당하는 복지기능과 기업이 담당하는 복지기능이 어떠한 비율로 이루어지는가? 왜 그러한가? 민간조직이 담당하는 복지기능과 국가조직이 담당하는 복지기능의 재분배 효과는 어떠한가? 기업복지의 효과는 어떻게 나타나는가 등의 문제에 대한 분석과 논의가 이루어질 때 우리는 사회복지정책의 제도적 관점이라고 할 수 있겠다.

2. 분석적 접근

일반적으로 사회복지정책 연구라고 할 때 분석적 접근에 의한 연구일 경우가 많다. 그리고 좁은 의미에서 분석적 접근에 의한 정책분석이 곧 사회복지정책 영역이기도 하다. 사회복지정책 교과서에서 가장 많은 분량을 차지하고 있기도 하다.

정책분석을 위한 접근방법으로는 과정 분석process, 산물 분석product, 그리고 성과 분석performance을 들 수 있는데 이들 세 가지 접근방법을 각각의 영문 머리글자를 따서 3p라고 한다. 이들 각각은 사회복지정책의 영역 중 정책의 계획, 정책의 운영(행정), 그리고 정책의 효과와 관련되어 있다.

과정 분석은 사회복지정책 형성의 역동성을 사회 · 정치적 변수와 기술 · 방법적 변수를 중심으로 분석하는 접근을 말한다. 과정 분석은 계획에 관련된 각종 정보와 다양한 정치조직, 정부조직, 기타 여러 조직들 간의 관계 및 상호작용이 정책형성에 어떻게 영향을 미치는가를 분석하는데 가장 많은 관심을 둔다. 일반적으로 과정 분석은 정책결정에 있어서의 정치적 기술적 투입 요소에 대한 사례연구의 형태로 이루어지며, 계급적 관점, 계층적 관점, 이익집단의 관점, 갈등적 관점, 다원주의적 관점, 선거와 정치 등이 중요한 개념적 요소이다.

산물 분석은 기획과정을 통해 얻게 되는 산물, 즉 정책선택 결과물에 대한 분석이다. 정책선택은 프로그램의 형태를 띨 수도 있고, 법률의 형태를 띨 수도 있다. 산물 분석이란 그러한 정책선택에 관련된 여러 가지 쟁점들을 분석하는 접근을 말한다. 특정한 방향으로 설계된 정책에 있어서 그러한 정책에 포함되어있는 정책선택의 형태와 내용은 무엇인가, 그러한 선택이 이루어짐으로 해서 배제된 대안들은 어떤 것들인가, 그러한 선택을 하는 데 근거가 된 가치와 이론, 가정들은 어떤 것인가 등의 문제를 다루는 것이다.

성과 분석은 특정한 정책선택에 의해 실행된 프로그램이 낳은 결과를 기술하고 평가하는 데 관심을 둔다. 프로그램 결과에 대한 분석은 과정 분석이나 산물 분석에 비해 객관적이고 체계적인 관찰이 쉽다. 성과는 다양한 자료의 수집을 통해서 여러 가지 학문 분야에서 개발된 다양한 방법론적 도구를 통해서 측정될 수 있다. 사회과학의 조사방법론은 정책 성과를 측정하는데 관련된 중요한 기술적 이론적 지식과 기법을 제공하고 있다. 성과분석에서 중요한 두 가지 연구 질문은 다음과 같다. 첫째 프로그램이 얼마나 잘 실행되었는가, 둘째 프로그램을 실행하여 얻은 영향은 무엇인가? 첫 번째 질문은 프로그램이 무엇으로 구성되었는가, 원래 목표로 한 표적 집단에게 프로그램이 잘 전달되었는가, 프로그램 실행에 든 비용은 어느 정도인가 등의 문제들이 분석의 대상이 된다. 두 번째 질문은 프로그램 실행 전의 조건 및 상태에 비해 프로그램 실행 후 조건 및 상태의 변화가 프로그램 실행 때문이라고 간주할 수 있는 합당한 정도를 어떻게 평가할 것인가 등의 문제들이 분석을 위한 핵심 요소들이다. 이와 관련된 합리적이고 객관적인 분석 기술과 도구를 통해 프로그램 효과를 평가할 수 있다.

3. 정치적 관점

사회복지정책 연구에 관한 정치적 관점은 사회복지를 둘러싼 정치적 입장의 차이와 정치적 가치와 이념의 문제와 관련되어 있다. 정치적 입장의 차이는 보수주의와 진보주의, 개인주의와 집합주의, 자유주의와 평등주의로 구분해볼 수 있다. 공간과 시간에 따라, 즉 어느 나라의 어떤 시대인가에 따라 정치적 진영(정당)과 가치 및 이념형의 명칭은 상이하지만, 대체로 보수주의와 개인주의 그리고 자유주의가 친화력을 지니는 경향이 있으며, 진보주의와 집합주의 그리고 평등주의가 친화력을 지니는 경향이 있다.

영국의 보수당은 자유주의와 개인주의를 기본 이념으로 한다. 반면 노동당은 평등주의와 집합주의를 강조한다. 미국의 공화당은 보수주의와 개인주의 그리고 자유주의를 대변하는 반면 민주당은 진보주의와 집합주의 그리고 상대적으로 평등주의와 친화력이 있는 것으로 평가한다. 물론 이러한 논의는 복잡하고 민감한 '가치'의 문제를 매우 단순화시킨 것이고 대단히 상대적인 측면에서 '규정'한 것이기 때문에 획일적 구분은 주의를 요한다. 대체적인 경향성 정도로 받아들여야 할 것이며, 특정 정당의 특정 가치와의 상대적 친화성 정도로 이해하는 것이 적절하다. 그런데 다른 한편으로 보면, 특정 사회에서 정치적 입장은 상대적인 것이므로 이러한 식의 분류가 적확할 수도 있다. 예컨대 미국에서 특정한 정치적 이슈에 대해 민주당과 공화당이 대립한다. 미국의 공화당과 영국의 노동당이 정치적으로 대립할 경우는 매우 예외적인 경우를 제외하고 거의 없다고 볼 수 있다. 만일 그러한 정치적 상황이 존재한다면 그것은 국내 정치의 문제가 아니라 국제 정치의 문제이므로 다른 맥락 속에 존재하는 것이다.

사회복지 문제와 관련하여 정치적으로 대립할 경우 미국의 민주당은 공화당에 비해 더 평등지향적이고 집합주의적이며 더 진보적인 입장을 견지한다. 공화당은 자유주의적이고 개인주의적이며 보수적인 입장을 견지한다. 영국의 노동당은 보수당에 비해 더 평등지향적이고 집합주의적이며 더 진보적이다. 보수당은 노동당에 비해 자유주의적이고 개인주의적이며 보수적이다. 이러한 상대적 친화성이 중요한데, 왜냐하면 특정한 정치적 이슈에 대해 정책적 선택을 할 때 대립하는 정당 간의 상대적 가치관에 따라 서로 다른 결정을 하기 때문이다.

어떤 정치적 입장인가에 따라 사회복지 문제를 바라보는 관점이 상이하며, 그 결과 사회복지정책의 내용이 달라진다. 예컨대 빈곤의 원인이 개인의 결함에서 비롯되는 것인가 아니면 사회구조의 결함에서 비롯되는 것인가에 대한 판단은 가치관 혹은 정치적 입장에 의해 선택되는 경향이 있다(물론 이는 정책을 바라보는 관점이 정치적 관점일 때 그러하다). 개인주의 · 자유주의 · 보수주의 입장에서는 빈곤의 원인을 개인의 결함, 나태, 무능력 때문으로 판단한다. 이러한 판단은 빈곤에 대한 대책으로서 사회복지정책이 선별주의적이고 최소한의 안전망을 제공하는 방향으로 설정된다. 반면 집합주의 · 평등주의 · 진보주의 입장에서는 빈곤의 원인이 개인의 측면보다는 사회 구조적 요인 혹은 기회의 결핍 등이 더 중요한 요인으로 간주한다. 이러한 관점에서는 빈곤에 대한 대책으로서 사회복지정책은 최소한의 안전망 이상의 보편주의적이고 제도적 대책을 기획하게 되는 것이다.

사회복지정책을 정치적 관점에서 접근하게 될 경우, 특정 복지정책이 선별주의적인가, 보편주의적인가, 선별주의적 요소는 정책의 어떤 내용으로 구성되는가, 특정 복지정책은 평등주의적 요소와 자유주의적 요소가 어떤 비중으로 포함되었는가, 특정 복지정책이 결정될 때 어떤 정치적 과정(혹은 대립)이 있었는가 등의 문제가 연구와 분석의 주제로 설정된다.

4 절 사회복지정책 형성과정

사회복지정책에 관심이 있는 사람은 도대체 정책이 어떻게 만들어지는가에 의문을 가지는 것은 당연하다. 정책 결정 과정은 정책이 어떤 영역의 정책인가, 어떤 문제를 다루고 있는가, 어떤 사회인가, 어떤 정치적 공간 속에서 일어나는가에 따라 매우 다양할 수밖에 없다. 다음의 내용은 사회복지정책을 포괄하고 있는 영역인 '사회정책'학에서 정리하고 있는 일반적인 정책 결정 과정에 대한 내용을 개괄적으로 요약한다. 아래의 [표 9-1]은 다양한 과정 모델 가운데 대표적인 몇 가지를 정리한 것이다. 드니토DiNitto는 정책형성과정을 5단계로 구분하였으며, 길버트와 트렐Gilbert & Terrel은 8단계로 설명하였다. 잰슨Jansson은 4단계로 간략하게 구분하였으며, 송근원과 김태성은 여러 학자의 모델을 종합하여 6단계로 구분하였다. 정책형성과정은 학자에 따라 상이하게 구분하고 있으나, 정책이 만들어지는 과정을 더 세밀하게 분석하는가, 다소 큰 틀에서 분석하는가의 차이일 뿐 구체적인 내용으로 들어가면 비슷한 과정의 흐름을 살펴볼 수 있다. 여기서는 송근원과 김태성의 내용을 중심으로 소개하도록 한다.

[표 9-1] 정책결정과정 모델

드니토 모델	길버트 모델	잰슨 모델	송근원/김태성
• 정책문제 확인 • 정책대안 형성 • 정책 정당화 • 정책집행 • 정책평가	• 문제 확인 • 문제 분석 • 공중 홍보 • 정책목표 개발 • 공중의 지지와 정당화 • 프로그램 설계 • 정책집행 • 평가와 사정	• 정책이슈 제시 • 정책이슈 처리 • 정책결정 • 정책집행 및 사정	• 정책문제 형성 • 정책 아젠다 형성 • 정책대안 형성 • 정책결정 • 정책집행 • 정책평가

1. 정책문제 형성

사회복지는 사회구성원들이 사회적 생존에 필수적인 욕구를 해결하지 못할 때 작동하게 된다. 사회구성의 다수가 그러한 문제에 직면하게 되었을 때 우리는 사회문제가 발생하였다고 규정한다. 즉, 사회문제가 발생하였을 때 그 문제를 해결하기 위한 방안의 하나로 사회복지가 등장하게 되며, 그러한 사회복지 프로그램의 내용을 기획하는 것이 곧 사회복지정책이다. 다시 말하자면 사회복지정책은 사회문제가 등장하여야 발생하게 된다. 사회문제의 등장이 사회복지정책의 전제조건이 된다. 그러면 모든 문제는 곧 사회문제인가? 우리가 사회 구성원으로 생활하면서 겪게 되는 많은 어려움과 여러 가지 문제가 곧 사회문제가 되는 것은 아니다.

사회문제에 관한 여러 학자의 논의를 종합할 때 다음의 여섯 가지 요소를 최소한 갖추어야 하는 것으로 정리할 수 있다(최일섭 · 최성재, 2006). 첫째 사회적 가치 또는 규범에서 벗어나고, 둘째 상당수의 사람이 그 현상으로 인해 부정적 영향을 받고 있으며, 셋째 그 원인이 사회적인 것이며, 넷째 다수의 사람이나 영향력 있는 일부의 사람들이 문제로 판단하고, 다섯째 사회가 그 상황의 개선을 원하고, 여섯째 개선을 위해 집단적 사회적 행동이 요청되는 것, 이상의 요소들이 공통적으로 인정될 수 있을 때 '사회문제'라고 할 수 있다.

이상과 같은 사회문제의 특성을 고려하면 사회문제의 발생은 문제의 해결을 위한 대책을 촉구하는 것이므로, 곧 정책문제로 전환될 가능성이 높다는 것을 알 수 있다. 그러나 모든 사회문제가 곧바로 정책문제로 전환되지는 않는다. 사회문제임에도 불구하고 좀처럼 정책문제로 전환되지 못하는 경우도 있다. 사회문제가 정책적 관심의 영역으로 들어오기 위해서는 사회문제가 정치적 논점으로 부각되어 이슈화되어야 한다. 사회문제를 이슈화시키기 위해서는 사회복지전문가 또는 사회복지사들이 여러 가지 전략과 기술을 적용할 필요가 있다(송근원 · 김태성, 1995).

2. 정책 아젠다 형성

사회복지 문제가 정책문제로 제기됨으로써 이슈화하는 경우, 그 문제는 일반 국민의 관심을 불러일으키고 결국 정책꾼[1]들에 의하여 논의된다. 이때 정책꾼들의 논의가 이루어지는 문제나 요구를 의제議題라 하며, 의제들의 모음을 아젠다agenda라 한다. 아젠다란 학자에 따라서 여러 가지로 정의되지만, 일반적으로는 어떤 문제나 이슈가 공공의 관심을 끎으로써, 또는 정책결정자들의 관심을 끎으로써 공공정책의 형성을 위하여 논의될 수 있는 상태에 놓일 때, 그 문제나 이슈가 아젠다에 위치한다고 이야기된다. 따라서 아젠다란 정책으로 구체화하기 전단계의 논의 목록 혹은 의제들의 목록이라고 할 수 있다.

사회문제가 사회복지의 문제로 이슈화되고 사회복지정책의 아젠다로 발전되는 과정은 단순하게 이루어지는 것이 아니라 여러 가지 단계를 거쳐 이루어지고, 아젠다 형성에는 다양한 참여자들의 역할이 매우 중요하다. 주요 행위자들을 이슈 전문가, 이해당사자, 정책꾼, 클라이언트, 사회복지전문가, 일반 국민 등으로 구분하고 각각의 역할과 타이밍 등에 대한 이해가 필요하다.

3. 정책대안 형성

아젠다 형성과정이나 정책결정 과정 및 정책집행 과정에서는 이해당사자들 사이의 협상, 타협, 투쟁, 폭력의 사용 등 정치적 성격이 강하게 나타나는 반면 정책대안 형성 및 개발과정은 상대적으로 비정치적인 특성을 지닌다. 대안 형성은 사회복지전문가나 사회복지를 연구하는 학자 또는 사회복지 문제를 일상의 업무로 다루는 관료들에 의하여 이루어진다. 이들이 개발하는 정책대안들에는 물론 이들의 가치나 주관이 개재될 수는 있다. 그러나 문제를 파악하고, 목표를 설정하며, 수단을 분석하는 과정은 비교적 이해관계자들과의 상호작용 없이 이루어지는 것이 일반적이다. 정책대안 형성과정은 비교적 정치성이 배제된 나름의 합리적 바탕 위에서 이루어진다고 볼 수 있다.

정책대안을 개발하고 비교, 분석, 검토하는 과정은 기술적 과정이자 지적 활동이다. 이때 사회과학의 각 학문 분야에서 발전시킨 다양한 분석기법과 지식이 동원된다.

---

1 송근원은 policy actor를 정책꾼으로 번역하였다. 정책과 직접적으로 관련된 행위자를 의미한다.

4. 정책결정

사회복지 문제가 정책아젠다에 수록되어 정책꾼들에게 논의되면 그 해결책을 찾게 되는데, 그 과정은 위에서 설명한 바와 같이 사회복지를 다루는 전문가, 학자, 관련 공무원이 주도하게 된다. 이렇게 제시된 정책대안들이 전부 다 채택되는 것은 아니다. 어떤 것들은 정책결정자에 의해 채택되고 어떤 것들은 채택되지 못한다. 또한 채택된 정책들 사이에서도 그 시행에 관한 우선순위가 논의되고 확정된다. 이러한 정책 결정 과정을 설명하기 위해 개발된 몇 가지 이론 모형이 있는데, 합리모형, 만족모형, 점증모형, 혼합모형, 최적모형, 쓰레기통모형으로 정리해 볼 수 있다.

1) 합리모형

합리모형rational model은 인간의 이성과 합리성을 전제로 하는데, 정책결정자나 정책분석가가 고도의 합리성을 가지고 주어진 상황에서 주어진 목표의 달성을 극대화할 수 있는 최선의 정책대안을 찾아낼 수 있다고 보는 정책 결정 모형이다. 이 모형은 정책결정자가 합리적으로 대안을 분석 · 비교 · 선택하는 과정을 정책 결정 과정으로 보기 때문에 비용편익분석, 운영연구OR, 게임이론, 선형계획, 줄서기 모형, 마르코프 모형 등 다양한 정책분석기법을 활용하게 된다.

2) 만족모형

만족모형satisficing model은 합리모형에서 상정하는 것만큼 인간의 완전한 합리성을 전제로 하지는 않지만, 정책결정자나 정책분석가가 비교적 합리적으로 정책을 결정한다고 가정한다. 그런데 객관적으로 존재하는 상황의 복잡성 때문에 개인이나 조직은 이를 간소화하여 인지하며, 최선의 대안을 찾는 것이 아니라 만족할 만한 대안을 선택한다고 본다. 이 모형에서는 정책 결정 과정에 비합리성이 존재하지만 완전히 비합리적인 것은 아니고 인간의 제한적 합리성을 전제로 하여 만족스러운 정도의 정책대안을 선택함으로써 정책 결정이 이루어진다고 본다. 따라서 합리모형보다는 현실적이고 경험적인 정책 결정 모형이라고 할 수 있다.

3) 점증모형

점증모형incremental model에 의하면 정책 결정 과정은 과거의 정책 결정을 기초로 하여 점증적 차이가 있는 정책대안을 검토하고 과거의 정책을 약간 수정한 정책 결정이 이루어지며, 이루어진 정책 결정에 대한 여론의 반응을 보고, 또다시 정책을 수정하는 과정이 반복된다고 본다. 점증모형은 합리모형과 달리 항상 수단을 목적에 맞추는 것이 아니고 목적을 수단에 맞추기도 하는 이른바 수단과 목적 사이에 서로 조정이 이루어진다. 끊임없이 목적과 수단 또는 수단과 목적에 대한 조정이 가능하게 되며, 이러한 조정을 통해서 문제가 다루어진다. 이러한 점에서 합리모형이 정태적이라면, 점증모형은 동태적이라고 할 수 있다.

4) 혼합모형

에치오니(Etzioni, 1968)가 주장한 혼합모형mixed scanning model은 합리모형과 점증모형의 절충이라고 할 수 있다. 합리모형의 이상주의적 성격에서 나오는 단점과 점증모형의 보수성이라는 약점을 극복할 수 있는 전략으로 제시된 모형이다. 혼합모형이란 종합적 합리성을 바탕으로 하여 큰 범위에서의 기본적인 결정은 합리적으로 이루어지지만, 세부적 결정은 기본적 결정을 보완 수정하여 점증적으로 이루어진다고 주장하는 정책 결정 모형이다.

5) 최적모형

최적모형optimal model은 정책 결정을 체계론적 시각에서 파악하고 정책 성과를 최적화하려는 정책 결정 모형이다. 정책 성과를 최적화한다는 의미는 정책 결정 과정에서 투입보다 산출이 커야한다는 의미인데, 즉 정책 결정에 드는 비용보다 효과가 더 높아야 한다는 것을 전제로 한다. 최적모형에서 드롤(Dror, 1964)은 정책 결정 과정을 세 단계 18개 국면으로 나누어 설명한다. 정책 결정 과정에서 첫 단계는 정책결정 윗단계meta-policymaking인데, 이 말은 '정책결정을 위한 정책결정'을 의미한다. 정책결정을 어떻게 해야 할 것인가에 대한 결정이며, 이 단계에서는 가치, 현실, 문제, 자원에 대한 조사 및 배분, 정책결정 체제의 설계, 평가, 재설계, 그리고 정책결정 전략 등에 관한 결정이 이루어지는 단계이다. 둘째 단계는 일반적인 의미의 정책결정 단계로서 자원의 아래 배분sub-redistribution, 우선순위에 입각한 구체적 목표 및 가치 설정, 대안의 마련, 평가, 예측 및 결정이 이루어지는 단계이다. 셋째 단계는 정책결정 뒷단계post-policymaking로서 정책집행을 위한 동기부여, 집행, 집행 후의 평가, 의사전달 및 환류feedback에 따른 새로운 정책결정이 포함된다.

6) 쓰레기통 모형

쓰레기통 모형garbage can model은 합리성이나 협상과 타협 등을 통해서 정책결정이 이루어지는 것이 아니라, 조직화된 무정부상태organized anarchies 속에서 나타나는 몇 가지 흐름에 의하여 우연히 이루어진다고 보는 정책모형이다. 킹돈(Kingdon, 1984)에 의하면 정책 결정 과정에는 정치의 흐름, 문제의 흐름, 정책대안의 흐름이라는 세 가지 흐름이 각각 따로 존재하며, 각 흐름의 주요 참여자도 각각 다르다고 설명한다. 정치의 흐름과 문제의 흐름이 (우연히) 결합할 때(흐름의 결합1) 정책아젠다가 형성되고, 정책아젠다가 형성되면 정책대안을 찾게 되며, 정책의 흐름 속을 떠다니던 정책대안이 연결될 경우(흐름의 결합2) 정책의 창문이 열리며 정책결정의 기회를 맞게 된다고 한다.

5. 정책집행

사회복지정책이 결정되면 사회복지 문제를 해결하기 위해 일선의 기관을 통해 구체화하는 것이 보통이다. 이와 같이 결정된 정책을 구체화시켜 나가는 과정이 정책집행 과정이다. 정책집행이란 의도된 정책목표를 달성하기 위하여 결정된 사항들을 구체화시키는 활동을 의미한다. 그런데 이 과정에서도 해결하려는 복지 문제와 관련된 이해집단들이 관여하게 되며, 따라서 이 과정은 복지정책의 목표를 달성하려는 기술적 과정이며 동시에 정치적 과정이기도 하다는 점에 그 특징이 있다.

정책집행 과정에는 집행조직의 문화나 선례, 표준 운영 절차 등이 작용한다. 또 관료들은 결정된 정책을 주어진 것으로 놓고 그 범위 안에서 소극적으로 해석함으로써 책임을 회피한다든지, 절차에 얽매인다든지, 형식주의에 치우친다든지 하는 관료제의 병리 현상을 보여주기도 한다. 한편으로는 결정된 정책이 그대로 다 집행되는 것도 아니다. 그 정책의 집행으로 인해 손해를 보는 집단들이 집행과정에 정치적 압력을 넣어 집행을 무산시키거나 변질시키려고 시도하기도 한다. 때로는 정책 집행이 정책 의도대로 이루어지지 않고 약화되거나, 아예 집행이 무산되는 현상이 나타나기도 한다. 이를 전문용어로 없집행non-implementation이라고 한다.

특히 사회복지정책 재분배적 성격에 속하는 사례가 많아서 정책형성이나 정책결정 단계에서뿐만 아니라 정책집행 단계에서도 이념적 논쟁과 의견의 불일치가 지속되는 정치적 성격을 강하게 지니고 있다. 사회복지전문가는 사회복지정책이 의도한 원래의 목표가 변질되지 않고 실현될 수 있도록 클라이언트들을 압력집단으로 조직화하고, 이들이 정책집행 과정에 적극적으로 참여하여 지킴이watch-dog 역할을 할 수 있도록 도와줄 필요가 있다.

6. 정책평가

사회복지정책은 그것이 형성되면서부터 집행이 이루어진 결과까지 계속 평가되고 평가된 내용은 정책 과정에 환류feedback된다. 평가란 어떤 활동에 관해 정보를 수집하고 분석하여 해석함으로써 그 가치를 판단하는 것을 뜻한다. 따라서 정책평가란 정책활동의 가치를 따져보기 위해서 정보를 수집, 분석, 해석하는 활동이다(송근원, 1994). 사회복지정책평가는 좁은 의미의 평가와 넓은 의미의 평가 두 가지 측면에서 살펴볼 수 있다.

좁은 의미의 정책평가는 정책집행 결과에 대한 평가, 곧 정책이 원래 의도한 문제 해결에 얼마만큼 영향을 미쳤는가에 대한 평가 활동을 의미한다. 그 정책이 성공하였는지 실패하였는지에 대한 평가연구를 의미하기도 한다. 이 경우 정책집행 연구 분야와 중복되기도 한다. 넓은 의미의 정책평가란 정책 과정 전반에 걸친 평가활동을 뜻한다. 정책결정 이전부터 정책집행 이후까지 모든 정책 과정 속에서 이루어지는 정책활동에 대한 평가를 포함한다. 언제 평가활동이 일어나느냐에 따라 정책의제 평가, 정책대안 평가, 정책결정과정 평가, 정책집행과정 평가, 정책결과 평가, 정책의 영향 평가, 정책평가의 평가로 나눌 수 있다.

사회복지정책 평가의 과정을 간단하게 요약하면, 평가의 목표설정, 평가의 범위 설정, 정책프로그램의 내용 파악, 평가 설계, 자료수집, 분석 및 해석, 평가보고서의 작성 및 제출이라는 과정을 거치게 된다.

5절 사회복지정책 분석의 틀

우리는 지금 사회복지정책을 다양한 측면에서 살펴보고 있다. 사회복지정책의 연구 영역을 설명할 때 제도적 관점, 분석적 관점, 정치적 관점을 나누어 살펴보았고, 그때 분석적 관점에서 사회복지정책은 과정분석, 성과분석, 산물분석으로 구성된다고 하였다. 과정분석은 정책형성과 관련된 정치적 · 사회적 · 기술적 분석으로 구성되며, 앞 절에서 서술한 정책 결정 과정에 관련된 지식이 바로 과정분석의 기술적 내용이다. 성과분석은 정책효과 및 평가를 위한 사회조사와 관련된 지식체계로 구성된다. 사회복지정책을 분석하는 세 번째 방법이 산물분석인데 이는 본 절의 내용, 즉 분석틀과 직접적으로 관련되어 있다.

산물분석의 과제는 정책이 형성되는 사회정치적 맥락을 고찰하거나 정책결과를 평가하는 데 있지 않고, 정책설계의 주요한 구성요소를 구분하고 낱낱이 분해하는 데 있다. 앞에서 우리는 산물분석이란 특정한 방향으로 설계된 정책에 있어서 그러한 정책에 포함되어있는 정책선택의 형태와 내용은 무엇인가, 그러한 선택이 채택됨으로서 배제된 대안들은 어떤 것들인가, 그러한 선택을 하는데 근거가 된 가치와 이론, 가정들은 어떤 것들인가 등의 문제를 다루는 것이라고 하였다. 이러한 분석을 위해서는 선택의 차원들을 구성하는 요소들을 분해하여야 하는데, 정책설계의 중요한 기본요소를 분해하기 위한 분석틀이 필요하다. 사회복지정책 분석틀로 가장 일반적으로 소개되는 것이 길버트와 트렐이 제시하는 분석틀이라고 할 수 있는데, [표 9-2]로 요약할 수 있다.

사회복지정책을 경제시장 밖에서 작용하는 급여-할당의 기제라는 맥락에서 보고, 이러한 기제 속에서 어떤 급여를 누구에게 어떤 방법으로 전달하고 그 급여를 위한 비용을 어떤 방식으로 마련할 것인가를 결정하는 원칙을 분석하는 것이다. 분석틀을 구성하는 주요 선택의 차원들은 다음의 네 가지 질문으로 표현할 수 있다.

① 사회적 할당의 기반(혹은 근거)the bases of social allocation은 무엇인가?
② 사회적 급여의 형태the types of social provisions는 무엇인가?
③ 사회적 급여를 전달하기 위한 전략the strategies for the delivery은 무엇인가?
④ 사회적 급여에 필요한 재정을 마련하는 방법the ways to finance은 무엇인가?

[표 9-2] 사회복지정책 분석틀

선택의 차원	의미	선택의 대안
할당 (allocation)	누구에게 줄 것인가? 수급자격, 대상체계	① 귀속적 욕구 ② 보상 ③ 진단적 구분 ④ 자산조사에 의한 욕구
급여 (benefits)	무엇을 줄 것인가? 급여종류, 급여체계	① 기회(opportunities) ② 권력(power) ③ 서비스(services) ④ 물품(goods) ⑤ 신용(credits) ⑥ 증서 (vouchers) ⑦ 현금(cash)
전달 (delivery)	어떻게 전달할 것인가? 전달방법, 전달체계	① 중앙집권 / 지방분권 ② 복수 서비스 / 단독 서비스 ③ 동일 건물 / 다른 건물 ④ 협력관계 / 대화단절 ⑤ 전문가 의존 / 소비자 또는 준전문가 ⑥ 권위의 이용자 이관 / 전문가 집중 ⑦ 공공 행정가 / 민간 행정가
재정 (finance)	재원을 어떻게 마련할 것인가? 재정방법, 재정체계	① 사용자 부담 ② 민간모금 ③ 사회보험 ④ 과세(국세 지방세 특별세 목적세 등) ⑤ 위의 혼합

1. 대상체계allocation

사회복지정책은 정책의 시행으로 인해 복지가 향상될 대상, 즉 수혜자를 누구로 할 것인가를 반드시 규정해 놓아야 한다. 일반적인 사회정책은 공익이라고 일컫는 사회 전체의 이익을 증진하는 데 목적이 있지만, 사회복지정책은 정책의 시행으로 인해 발생하는 직접적인 혜택이 모든 국민에게 동등하게 분배되는 것은 아니다. 이는 앞에서 사회복지정책의 특징에서 논의한 바 있다(복지정책의 배타성). 모든 사람이 사회복지정책의 혜택을 동등하게 누릴 수는 없다. 정책의 혜택을 받을 대상을 선택하는 것은 불가피하며, 정책입안자가 정책을 시행하는 목적에 적합한 대상자 선정 원칙을 선택하게 된다.

수급자격eligibility을 누가 가질 것인가를 결정하는 데에는 여러 가지 기준이 사용된다. 결혼 여부, 취업 여부, 거주지, 가족 구성원의 수, 건강, 연령, 교육 정도, 인종, 성sex, 소득수준, 재산 수준 등 매우 다양한 기준이 설정될 수 있다. 중요한 것은 이러한 많은 기준을 나열하는 방식이 아니라, 수급 자격을 결정하는 기준의 토대가 되는 원칙이 과연 무엇인가 하는 문제이다. 그러한 원칙으로 가장 대표적인 것이 선별주의 원칙과 보편주의 원칙이라고 할 수 있다. 보편주의는 특정 사회적 위험이나 특정 인구학적 속성에 해당하는 모든 사람에게 사회복지 급여 자격을 부여하는 원칙이다. 반면 선별주의는 특정 인구학적 대상에 속하는 경우에도 다시 구체적인 자격 기준(예컨대 소득수준, 빈곤 여부 등)을 적용하여 선별적으로 급여 자격을 부여하는 원칙이다. 보편주의, 선별주의라는 두 가지 원칙적 범주보다 더 구체적이고 세부적으로 급여원칙을 구분하는 방식이 있는데, 귀속적 욕구에 의한 급여, 보상적 급여, 진단적 구분에 의한 급여, 그리고 자산조사에 의한 급여 등이다.

귀속적 욕구에 의한 할당 원리는 시장에 존재하는 기존의 제도의 의해서는 충족되지 않는 욕구를 공통적으로 가진 사람들에 속할 것을 조건으로 할당하는 원리이다. 귀속적 욕구의 원리에서 욕구는 규범적 기준에 의해 정해진다. 예컨대 65세 이상 노인, 15세 미만 아동 등으로 집단을 규범적으로 정하게 된다. 예컨대 영국의 아동수당 정책은 15세 미만 아동에게 수급 자격을 부여하는데 이 경우 대상자 선택의 원리는 귀속적 욕구에 의한 할당 원리라고 할 수 있다. 우리나라의 육아휴직 정책의 경우 만 5세 미만 아동을 가진 여성 혹은 남성이 정책 대상자인데 이 경우도 규범적으로 규정한, 즉 귀속적 욕구에 의한 할당 원리의 예이다.

보상에 근거한 할당 원리는 사회적, 경제적으로 특별한 혹은 일정한 공헌을 한 사람들의 집단 또는 사회로부터 부당한 해를 입은 피해자 집단에 속할 것을 조건으로 하는 할당 원리이다. 사회경제적으로 특별한 공헌을 한 사람들로는 퇴역군인이나 사회보험에 보험료를 납부한 사람들을 들 수 있다. 부당한 해를 입는 사람들로는 도시재개발로 인해 기존의 주거지로부터 이주해야 하는 철거민집단을 그러한 예로 들 수 있다. 군인연금과 빈민 지역 재개발 주민을 위한 공공주택정책은 보상에 근거한 할당 원리를 적용한 사례라고 할 수 있겠다.

진단적 구분에 근거한 할당 원리는 각 개별적 사례에 대해 전문가가 어떤 재화 혹은 서비스를 특별히 필요로 하는가를 판단하여 할당하는 원리이다. 예컨대 장애인복지정책에서 특정 복지서비스를 제공하는 조건은 전문가의 판단에 따른 장애 등급에 해당하는 경우이다. 이 경우 진단적 구분에 의한 할당 원리가 적용된 사례라고 하겠다.

자산조사에 의한 욕구에 기초한 자격조건이란 한 개인이 필요한 재화나 서비스를 구입할 능력이 없음을 나타내는 증거를 기초로 하여 수급 자격을 판정하는 것을 말한다. 흔히 자산조사프로그램을 빈곤한 사람들에게 사회적 안전망을 제공하기 위한 것으로 생각하지만 실제로 공적 급여의 상당 부분은 그보다 소득수준이 높은 사람들에게도 제공되고 있다. 다만, 급여의 선정기준이 일정한 소득과 재산의 수준을 기준으로 한다는 점에서 자산조사 욕구 원리라고 할 수 있다.

2. 급여체계

사회복지정책을 통하여 무엇을 제공할 것인가, 어떤 형태의 급여를 제공할 것인가를 선택의 대안 중에서 결정하여야 한다. 필요한 물품을 직접 제공할 것인가, 물품을 구입할 수 있는 현금을 제공할 것인가, 심리상담이나 치료 등 서비스를 제공할 것인가, 서비스를 구입할 수 있는 증서voucher를 제공할 것인가 등의 선택은 정책의 목적과 효과의 측면에서 매우 상이한 결과를 야기할 수 있다. 어떤 경우 이러한 직접적인 급여보다는 기회나 권력과 같은 유형의 급여가 정책의 내용으로 선택될 수도 있고, 어떤 조건을 충족하는 신용이 급여의 내용이 될 수도 있다. 예컨대 일을 하는 조건으로 급여가 제공되는 세액공제tax credit는 대표적인 신용 형태의 급여 사례라고 할 수 있다. 한국의 근로장려세제가 그러한 정책사례이다. 기회가 급여 형태인 사례는 장애인의무고용정책이 대표적이라고 할 수 있다.

어떤 종류의 급여유형을 선택하는가에 따라 정책의 효과가 상이할 수 있고 또 한편 수급자의 선택권과 자율성이라는 측면에서 권리의 내용이 달라진다. 정책입안자는 이러한 급여유형에 따른 특성들에 대한 충분한 지식을 보유하고 있어야 한다. 필요한 물품을 직접 제공(현물급여)하는 방법은 정책의 목표 효율성target efficiency을 높일 수 있다. 정책목표가 수급자의 영양상태 개선이라면, 직접 음식을 줌으로써 현금을 주는 경우 발생하는 다른 가능성을 차단하고 영양분을 직접 공급하는 효과를 달성하게 된다. 또한 대량생산과 대량소비로 인한 규모의 경제효과가 커서 프로그램 비용을 줄일 수 있는 장점이 있다. 동일한 비용이라면 더 저렴하게 물품을 구입할 수 있어서 더 많은 급여가 가능하다. 그러나 수급자의 선택권을 제약하고 수치감을 줄 수 있으며, 물품의 보관과 전달 등 프로그램 운영비가 더 많이 들 수 있는 단점도 존재한다.

현금급여는 수급자 선택의 자유와 소비자 주권을 보장한다는 측면에서 장점을 지닌다. 현금급여는 수급자 선택의 폭을 넓혀 다양한 취향을 반영할 수 있을 뿐만 아니라, 민주사회에서 그 자체로 중요한 가치인 자유나 자기결정의 권리를 보호할 수 있다. 또한 현금급여는 인간의 존엄성 측면에서 현물급여보다 우월하다. 현물급여의 경우 물품을 소비하는 과정에서 복지 수급자라는 점이 드러나고 이에 따른 수치심을 느끼는 문제stigma가 발생할 수 있으나 현금급여의 경우 그러한 가능성이 없다. 현금급여는 또한 현물급여에 비해 프로그램 운영비용이 적게 든다. 현물급여를 위해서는 현물의 보관, 관리, 운반, 전달 등에 많은 비용이 든다. 그러나 현금급여는 그러한 비용이 거의 없이 제공 가능하다. 현금급여의 장점에도 불구하고 현금급여의 단점은 정치적 비판의 대상이 되기도 한다. 현금급여는 현물급여가 지니는 장점이 곧 단점이 되는데, 남용과 오용의 가능성이 있고, 잘못된 선택으로 정책효과가 떨어질 우려가 있다.

증서(바우처)는 현금급여와 현물여급의 중간적 성격을 지닌다. 즉 현금급여와 현물급여의 장점과 단점을 보완하는 제3의 급여 형태라고 할 수 있다. 증서는 일정한 용도 내에서 수급자가 원하는 재화나 서비스를 자유롭게 선택할 수 있게 한다. 예를 들면, 미국의 푸드스탬프food stamp 프로그램은 수급자에게 증서 형태(상품권)로 주는데, 이것을 이용하여 식품의 범주 내에서 다양하게 필요한 물품을 선택할 수 있다. 최근에 우리나라는 사회서비스 바우처 프로그램이 다양한 분야에서 실시되고 있는데, 급여가 증서 형태로 제공되는 대표적인 사례이다.

3. 전달체계

사회복지정책을 통하여 제공되는 재화나 서비스는 매우 다양하고, 이러한 다양한 재화나 서비스를 수급자에게 전달하는 방법과 체계 또한 다양할 수밖에 없다. 어떤 재화나 서비스들은 중앙정부에서 급여의 자격, 급여 형태, 재원 등에 관한 모든 결정을 하고 국민 전체를 대상으로 포괄적인 제공이 이루어지는 한편, 어떤 재화나 서비스들은 이러한 모든 요소에 대해 민간조직들이 결정하고 일부의 해당하는 사람에게만 한정하여 제공하기도 한다. 또 어떤 경우는 중앙정부와 지방정부 그리고 민간부문이 다양하게 결합하여 현금급여나 사회복지서비스를 제공하기도 한다. 사회복지정책의 내용을 복지 수급자에게 어떻게 전달할 것인가의 문제, 즉 전달체계의 문제는 단순히 선호도의 문제가 아니라, 정책이 추구하는 가치나 목표의 성취가 어떤 전달체계인가에 따라 달라질 수 있기 때문에 정책적 선택의 중요한 근간이 되는 요소이다. 즉 아무리 정책의 내용이 바람직하다고 하더라도 전달체계가 잘못되면 정책이 추구하는 목표를 달성하기 어려운 것이다.

전달체계와 관련하여 쟁점이 되는 요소, 즉 선택의 갈래는 다음의 세 가지 측면에서 논의된다. 첫째는 전달체계를 공공조직으로 할 것인가, 민간조직으로 할 것인가, 혹은 공공과 민간의 혼합형 조직으로 할 것인가의 문제이다. 각각의 선택에서 다시 더 미시적으로 논의가 전개된다. 공공조직은 중앙정부 주도로 할 것인가, 지방정부의 자율적 판단에 따라 복지서비스 가 전달되는 체계로 할 것인가, 민간조직은 비영리조직으로 할 것인가, 영리조직도 사회복지서비스 전달에 참여할 수 있도록 개방할 것인가 등이 더 미시적인 쟁점으로 등장한다.

두 번째는 사회복지의 급여내용에 따라 개별화할 것인가 통합 혹은 유기적 연계 관계를 가질 것인가의 문제이다. 복지급여의 내용을 세부적으로 나누어보면 소득보장, 주거보장, 노동복지, 교육복지, 보건의료, 기타 복지서비스로 구분해 볼 수 있는데, 이러한 급여 형태별로 각기 독립적인 전달체계를 갖출 것인가, 하나로 통합할 것인가, 몇 개의 급여를 유기적으로 연계된 형태의 전달체계를 만들 것인가의 문제는 오랜 동안 논쟁적이었다.

세 번째는 매우 미시적인 행정의 효율성과 관련된 쟁점들이다. 많이 등장하는 쟁점들을 나열하면 다음의 일곱 가지로 정리할 수 있다. ① 공급자를 중앙집권적 조직체계로 할 것인가, ② 서비스를 복수로 제공할 것인가 아니면 한 가지씩만 제공할 것인가, ③ 서비스를 다른 서비스 제공 장소와 같은 건물 내에 할 것인가 아니면 다른 건물로 분리할 것인가, ④ 다른 서비스 조직과 협력하는 관계를 유지하도록 할 것인가 아니면 대화가 필요 없는 관계로 할 것인가, ⑤ 서비스 제공자를 전문가 위주로 할 것인가 아니면 일반인이나 준전문가 위주로 할 것인가, ⑥ 서비스의 수준 등에 대한 판단의 권위를 이용자(수급자)에게 양도할 것인가 아니면 전문가에게 집중시킬 것인가, ⑦ 서비스 조직의 행정가를 공공행정가로 할 것인가 아니면 민간인으로 할 것인가 등이 그러한 미시적 쟁점이다. 이러한 미시적 쟁점들은 앞의 두 가지 큰 (전달체계) 쟁점들과 밀접하게 관련되어 있다. 예컨대 중앙정부 조직은 고도의 중앙집중적 조직체계이며 또한 공공행정가로 구성되어 있다는 점에서 중앙정부 조직 · 지방정부 조직 · 민간부문 조직 선택의 쟁점과 연관되어 있다.

4. 재정체계

사회복지정책을 분석하는 데 재원에 대한 분석이 중요한 이유는 어떤 재원에 의존하느냐에 따라 정책의 내용이나 목표가 달라질 수 있기 때문이다. 공공부문의 재원으로 이루어지느냐, 민간부문의 재원으로 이루어지느냐, 혹은 공공부문의 재원이라고 하더라도 정부의 일반 예산이냐, 아니면 사회보장성 조세이냐에 따라 자격조건, 급여액, 급여 방법 등 정책의 내용이 달라질 뿐만 아니라, 정책목표의 강조지점도(소득재분배 혹은 효율성) 달라진다. 즉, 어떤 재원을 선택하느냐의 문제는 단순히 정책결정자의 선호도나 우연한 결과가 아니라 정책의 목표나 이념적 방향성에 따른 필연적인 귀결일 수 있는 것이다. 그러므로 특정 사회복지정책의 재정을 구성하는 체계에 대한 분석은 어떻게 하면 재원을 잘 마련할 것인가와 같은 기능적 필요성에 더하여 정책의 성격과 의미를 파악하기 위해서도 중요하다.

사회복지정책의 재원과 관련하여 선택의 지점은 대체로 다음의 네 가지로 요약할 수 있다. 첫째, 재원을 사용자 부담으로 할 것인가, 둘째, 민간으로부터 모금으로 충당할 것인가, 셋째, 사회보험방식으로 할 것인가, 넷째, 조세에 의한 국고지원 방식으로 할 것인가. 현실적으로는 이러한 네 지점을 구성하는 더 세부적인 선택의 지점이 있고, 대부분의 정책은 이러한 세부적인 재원 요소들이 혼합되어 재정체계를 구성하는 경우가 많다. 좀 더 분석적으로 논의하기 위해 사회복지 재원을 간략하게 공공부문 재원인가, 민간부문 재원인가로 구분하고, 다시 세부적으로 나누어 살펴보자.

1) 공공부문 재원

공공부문 재원은 정부의 일반예산, 사회보장성 조세, 조세 비용으로 구분해 볼 수 있다. 정부의 일반예산은 다시 어떤 방법으로 재원을 마련했는가에 따라 소득세, 소비세, 부유세(재산세)로 구분할 수 있다. 각각의 재원에 따라 소득재분배 효과와 재원의 규모, 재원 마련에 대한 저항(재원 마련의 편의성) 등이 다르고 이에 따라 사회적 합의를 위한 쟁점들이 존재한다.

사회보장성 조세는 일반적으로 국가에 의해 강제화 된 사회보험의 보험료를 의미한다. 국민연금 보험료, 의료보험, 고용보험(실업보험), 산재보험 등의 보험료는 사실상 조세의 성격을 지닌다. 다만, 지정된 목적으로만 사용되기 때문에, 그리고 보험사고에 대한 급여라는 형식을 취하기 때문에 급여에 대한 비용지불처럼 보이지만, 오늘날 대부분의 국가에서 사회보험은 모든 국민이 보험대상으로 적용되고, 그래서 소득이 있는 모든 국민은 소득(혹은 재산)을 기준으로 일정한 금액이 부과된다는 측면에서 일종의 조세라고 보는 견해가 타당하다.

조세 비용은 세금감면을 의미한다. 예컨대 부양하는 부모 혹은 아동이 있는 경우 세제 감면 혜택을 주게 되는데, 이 경우 세금을 거두지 않았다는 의미에서 조세비용tax expenditure이라 한다. 이외에도 의료비, 교육비, 주거비 등에 대한 공제도 조세감면에 포함된다. 또한 기업이 종업원의 복리후생에 사용한 금액에 대해서도 세제 감면 혜택을 주는 사례가 많은데 이런 경우도 조세 비용이라고 할 수 있다. 조세비용이란 세금을 거두어 복지정책에 사용할 재원을 해당 주체로 하여금 스스로 (복지)지출을 하도록 하고 그 대신 세금을 부과하지 않는 정책이다.

이상과 같은 공공부문의 재원은 오늘날 사회복지정책이 국가의 주요한 정책으로 확립되고 있는 (복지)국가들에서는 민간부문의 재원보다 더 중요하고 더 많은 비중을 차지하는 경향이 있다. 그래서 정책 시행의 편의성(재원 마련의 편의성), 재분배 효과 등에서 엄밀한 논의가 필요하다.

2) 민간부문 재원

오늘날 사회복지가 발전한 선진 산업국가에서는 사회복지 재원 중에서 민간부문의 재원은 상대적으로 비중이 낮은 것이 일반적이다. 국가 주도의 사회복지정책이 발달하기 이전의 초기 사회복지 시대에는 민간의 자발적 기부금에 의한 복지가 발달하였으나, 사회복지제도가 발달하고 복지국가 단계에 진입하면서 민간부문의 재원에 대한 의존성은 점차 떨어지고 공공부문의 재원이 압도적으로 높아졌다. 그러나 1980년대의 복지국가 위기 시대를 거치면서 다시 사회복지 재원의 다원화에 대한 관심이 높아졌고, 이에 따라 민간부문 재원의 중요성에 대한 인식이 높아졌다. 또한 이념적으로 자유주의 성향이 강한 미국과 같은 나라에서는 민간부문의 재원이 여전히 중요하게 다루어진다. 이 점은 한국도 유사하다고 할 수 있겠다. 민간부문의 재원은 자발적 기부, 가족 혹은 친족 간 이전(비공식적 이전), 기업복지, 사용자 부담으로 나누어 살펴볼 수 있다.

자발적 기부voluntary contribution는 국가 주도의 사회복지정책이 발달하면서 그 중요성이 감소하였으나, 국가에 따라 여전히 중요한 역할을 한다. 미국의 경우 2002년 현재 자발적 기부금의 규모는 2,410억 달러에 달하며, 자발적 기부를 포함한 민간부문의 재원이 전체 사회복지 지출의 약 40%에 육박하는 것으로 평가되었다. 1994년의 통계자료를 보면 사회복지 지출 총액 2조 3,596억 달러 중 공공부문이 60.8% 민간부문이 39.2%로 나타났다(길버트와 테렐, 2005). 자발적 기부를 구성하는 요소를 다시 나누어 살펴보면 개인, 재단, 기업, 그리고 유산으로 이루어지는데, 미국의 경우 개인에 의한 기부금이 가장 크고, 다음으로 재단, 기업, 그리고 유산의 순서라고 한다. 2002년 통계자료에 의하면 개인기부금이 76.3%, 재단기부금이 11.2%, 기업기부금이 5.1% 그리고 기타 증여(유산)에 의한 기부가 7.5%로 나타났다.

기업복지에 의한 재원은 기업의 사용자(고용주)들이 그들의 피고용자들의 복지 향상을 위해 사용하는 자원 중 임금형태를 제외한 모든 자원을 의미한다. 이러한 재원은 기업복지 프로그램을 통해 지출되는데, 매우 다양한 기업복지 프로그램이 존재한다. 일반적으로 국가복지에서 시행하는 주요한 프로그램이 기업복지 차원에서 시행되는 경우가 많다. 기업연금, 기업의료보험, 자녀들의 학비보조, 사원주택, 탁아(보육) 프로그램 등 소득보장정책에서부터 사회복지서비스에 이르기까지 다양하다. 일반적으로 국가복지가 발달하면 기업복지가 축소되는 경향이 있지만, 여전히 주요 선진국에서 기업복지에 의한 복지 재원은 중요한 영역으로 존재하고 있다.

가족 친지 등 비공식 부문의 복지 재원은 오랫동안 중요한 사회복지 영역을 담당해왔고, 오늘날 비공식 부문을 통해 이전되는 자원의 양은 점차 축소되고 있지만 그 중요성은 여전하다고 할 수 있다. 특히 가족, 혈연관계 등을 중요시하는 문화적 특성을 지닌 동양적 전통이 남아있는 사회에서는 비공식적 복지 영역이 매우 중요하다. 예컨대 국가복지가 어느 정도 발달한 일본의 경우에도 노인들의 약 70%는 자식들과 생활하고 이들로부터 그들의 복지가 상당 부분 해결된다. 반면에 영국과 미국의 경우는 약 3%만이 결혼한 자식들과 생활하고 그들의 복지는 대부분 국가복지에 의해 해결된다(김태성, 1990). 유교 문화권에 속하는 한국의 경우에도 노부모를 부양해야 하는 의무감이 여전히 남아있어서 가족 간 자원의 이전에 의한 복지 역할이 여전히 중요한 요소로 존재하고 있다. 과거에 비해 상당히 약화되었다고 하지만 여전히 존재할 뿐만 아니라 국가 혹은 공식 부문의 복지가 충분한 기능을 수행하지 못하는 경우 가족에 의한 비공식적 복지 재원의 역할이 보완적 측면에서 중요하게 대두된다.

민간부문 재원의 네 번째 구성요소는 사용자 부담이다. 사용자 부담에 의한 복지 재원이란 사회복지서비스 등을 이용할 때 이용자가 비용을 지불하도록 함으로써 마련되는 재원을 의미한다. 시장에서 물건을 구매할 때와 마찬가지로 비용을 지불하게 한다는 점에서 비복지적인 것처럼 보이나, 오늘날 많은 국가에서 사회복지 재원으로 본인 부담 요소가 존재하고 있다. 다만, 사회복지영역에서 본인 부담과 시장에서 구매행위와의 차이점은 이용하는 재화나 용역의 가치가 이용요금에 그대로 반영되지 않는다는 점이다. 즉 비등가의 원칙이 적용되는 점이 사회복지영역에서 본인 부담 행위라고 할 수 있다. 그러므로 사회복지 영역에서 본인 부담에 의한 재원은 특정 사회복지 정책을 구성하는 재원의 전부가 될 수 없고, 다른 영역의 재원들(조세, 기부금, 기업복지 등)과 혼합되는 형태를 취하게 된다. 사회복지 영역에서 본인 부담은 재원 마련의 차원은 부가적인 목적이고 복지 이용자의 권리성 향상 혹은 복지서비스 남용(혹은 오용)을 방지하는 목적이 더 큰 경우가 일반적이다.

최근에는 사회적기업의 등장으로 재원을 마련하는 방식은 더욱 다양해지고 있으며, 복지국가 시대의 조세 주의 방식 일변도에서 점차 복지의 혼합경제라는 차원에서 재원의 혼합과 다양성이 추구되고 있는 추세이다.

제 10 장

사회복지조사론

1 절 사회복지조사의 개념과 과정

1. 사회복지조사의 개념

사회복지조사가 클라이언트의의 욕구나 문제를 과학적으로 파악한다고 할 때 여기에서 말하는 과학적인 방법이라는 것은 욕구나 문제를 일련의 하나의 기준과 과정을 통해서 체계적으로 파악하며 그것의 의미와 결과에 대한 파급효과까지를 고려하는 총체적인 통찰과 그 방법이라고 할 수 있다. 사회복지조사를 하는 이유는 이론적으론 앞선 연구성과 또는 결과를 토대로 그런 연구문제를 계속 이어나감으로써 사회복지분야에서 하나의 타당한 이론을 형성할 필요가 있다. 실천적으로는 사회복지 현장에서 이런 연구 결과를 기반으로 하는 접근 방법이 클라이언트에게 서비스를 제공함에 있어 현실 가능성이 높다는 것을 증명할 필요가 있다(우수명 · 강병노, 2021).

사회복지를 연구하는 방법에는 양적 연구와 질적 연구가 있다. 양적 연구는 정확하고 일반화할 수 있는 통계적인 결과를 중요시한다. 인과관계를 입증하고자 할 때, 양적 연구를 많이 사용한다. 질적 연구는 깊이 있는 이해를 중요시하며 인간행동이 갖는 의미를 더욱 깊이 이해하려는 접근이다. 두 연구방법을 대립되는 방법으로 보는 경우가 많지만 사실 두 방법은 각각의 약점을 보완할 수 있는 상호보완적이다. 따라서 두 연구방법 중에 어느 연구방법이 더 나은가 하는 질문보다는 어떤 경우에 어떤 목적으로 어느 연구방법을 사용할 것인가 하는 질문이 더욱 적절하다. 이미 알려져 있는 사실이 거의 없는 새로운 현상을 연구하면서 현상을 개념화하고 이론화하기 위해 현상이 갖고 있는 주관적 의미를 이해하고자 할 때는 유연성을 발휘할 수 있는 질적 연구가 더 적합하다고 볼 수 있다. 반면에 이미 상당히 알려져 있는 현상에 대해 어느 정도 조사상황을 통제할 수 있는 경우, 가설을 검증하거나 특정 모집단의 특성을 정확하게 기술하고자 하는 경우에는 양적 연구가 더 적합하다고 할 수 있다.

이런 종류와 다르게 연구문제의 측면에서는 첫째, 탐색적 연구Exploratory Research는 연구문제와 관련된 연구가 기존에 부족하거나 참고할만한 사전지식이 없고 그 연구문제가 많이 연구되지 않은 연구문제에 대해 조사할 경우 사용한 방법이다. 기존의 이론적 배경이 희박하기 때문에 가설설정이 어려워서 양적보다는 질적연구에 가깝다고 할 수 있다. 둘째, 기술적 연구Descriptive Research는 연구문제에 대해 사전지식이 없지만 있는 그대로의 나타난 현상이나 실태자체를 묘사하거나 기술하는 데 관심을 둔다. 따라서 연구문제에 대해 그것에 대한 원인이나 이유 또는 관계를 설명하기보다는 수집된 자료에 대해 단순히 있는 그대로 기술하는 것을 말한다. 예를 들면 복지 실태조사나 인구센서스 조사 등을 들 수 있다. 셋째, 설명적 연구Explanatory Research는 연구문제에 대한 원인 또는 관계를 설명할 때 사용하는 연구방법이다. 주로 연구문제를 인과관계에 의한 변수로 치환하여 가설을 설정하고 관계에 대한 원인과 결과의 논리를 설명하고자 한다(김영종, 2009).

2. 사회복지조사의 과정

사회복지조사는 사회복지와 관련된 사실을 밝혀내는 수단의 하나로 일반적으로 문제의 형성, 연구의 설계, 자료의 수집, 자료의 처리, 자료의 분석, 결과의 해석 및 조사보고서의 작성이라는 단계를 거치게 된다. 전체적으로 조사의 과정은 과학적 방법을 통한 적용과 검증을 하게 된다. 첫째, 문제형성은 연구문제가 주어지고 개념들이 구체화되며 가설, 분석단위, 변수, 조작적 정의 등이 등장하는 단계이다. 문제설정을 위해서는 적절한 선행연구에 대한 검토가 필수적이다. 둘째, 연구설계는 설정된 연구문제에 대해서 그것을 파악하기 위해 사용하는 방법을 논리적으로 구조화하는 것을 말한다. 연구설계에는 크게 양적연구설계와 질적연구설계가 있다. 셋째, 측정은 연구문제와 가설에 포함된 개념이나 변수들을 개념화와 조작화를 통해 경험 가능한 것으로 치환하는 작업이다. 넷째, 자료수집은 설정된 연구문제를 파악하기 위해 구조화된 연구설계에 따라 자료를 수집하는 방법을 말한다. 자료수집은 역시 양적 자료수집(서베이 등)과 질적자료수집(관찰, 사례연구 등)으로 구분된다. 다섯째, 자료분석은 수집된 자료를 앞서 설정된 연구설계의 분석틀에 따라서 부호화 및 계량화(양적연구의 통계분석 등)하거나 범주화 또는 맥락을 분석(질적연구)하는 방법이다. 여섯째, 해석은 연구문제에 대해 수집된 자료를 분석하여 조사연구의 결론과 함의를 내리는 것이다. 마지막으로 보고서 작성은 연구문제에서 해석까지의 전 과정의 활동과 분석결과에 대한 기록을 체계적으로 보고하는 과정이다(우수명 · 강병노, 2021).

1) 문제의 형성

문제의 형성단계에서는 해답을 구할 필요가 있는 조사문제를 제기하고 이와 관련된 개념들을 구체화하는 작업을 한다. 이 단계에서 처음 해야 할 작업은 문제 또는 주제를 선정하는 일이다.

(1) 문제의 선정

사회복지 분야는 상당히 폭넓은 문제를 다루기 때문에 사회복지조사에서 다룰 수 있는 문제는 매우 다양하다. 예를 들어 청소년문제, 아동문제, 노인문제 등의 구체적인 대상과 관련된 사회복지문제 또는 건강보험, 국민연금, 고용보험, 산재보험과 관련된 정책문제 또는 사회복지관의 운영과 관련된 문제 등을 다루기 위해 조사를 수행할 수 있다. 구체적으로 예를 들면 특정지역 내에서 노인복지관을 설립하거나 기존의 노인복지관에서 새로운 프로그램을 신설하고자 할 경우, 노인복지를 필요로 하는 노인들의 수, 노인들이 필요로 하는 서비스의 종류, 서비스가 전달되는 체계 등에 대해 조사를 수행할 수 있다.

문제가 제기되는 과정은 다양한 경로를 거칠 수 있다. 예를 들어 신문 또는 방송에서 보도되는 내용을 보거나, 관련분야의 문헌을 읽거나 또는 사회복지전문가들의 직접 경험 또는 관찰을 통해 문제가 제기될 수 있다. 예를 들어 장애아를 위한 특수학교 등 장애인 시설을 건립하는 과정에서 지역주민들이 장애인시설의 건립을 반대하는 시위가 언론에 자주 보도되면서, 장애인시설과 지역주민이 마찰을 빚고 있는 현상에 대해 관심을 갖고, 왜 주민들이 장애인 시설의 건립을 반대하는지 이유를 밝히려고 한다고 하자. 연구문제는 "왜 주민들이 장애인 시설의 건립을 반대하는가?"라는 것이 될 것이다.

(2) 조사의 유용성

문제가 제기되면 조사를 수행하기 전에 조사문제가 얼마나 유용한 것인지 고려해야 한다. 즉, 이 문제가 연구를 할 가치가 있는가에 대해 판단을 내려야 하며, 이는 궁극적으로 연구자 자신의 판단에 달려 있다. 그러나 몇 가지 측면에서 그 기준을 제시할 수 있다.

사회복지가 순수학문보다는 응용학문이기 때문에 사회복지조사의 유용성을 판단하기 위해 우선 고려되어야 할 측면은 실용적인 측면이다. 앞에서 예로 제시한 장애인시설과 관련된 연구문제는 우선 신문 · 방송 등 여러 언론매체를 통해서 사회문제로 인식되고 있다는 면에서 가치 있는 것으로 판단될 수 있다.

또한 우리 사회의 장애인시설이 절대적으로 부족한 상황에서 장애인 시설의 건립을 방해하는 요인을 밝히는 작업은 장애인복지에 관심을 갖는 사회복지전문가 또는 사회복지 분야의 연구자들이 충분히 중요한 주제로 받아들일 수 있을 것이다. 조사를 통해서 주민들이 장애인시설의 건립을 반대하는 이유를 밝히고 그러한 반대를 해소할 수 있는 방법을 찾아낼 수 있다면 장애인복지를 증진시키는 데 도움을 줄 수 있을 것이다. 이와 같이 사회복지조사는 일반적인 사회조사와 달리 실제로 사회복지에 활용될 수 있는 지식을 제공하려는 목적을 갖고 있기 때문에 실제 사회복지문제 해결에 활용될 수 있는지 충분히 고려되어야 한다.

사회복지조사의 유용성을 판단하는 또 다른 측면은 학문적인 측면이다. 사회복지조사는 실천적인 지식을 얻는 데 도움이 될 뿐 아니라 궁극적으로 인간의 행위를 이해하고자 하는 보편적인 학문의 목적을 달성하는 데도 도움을 줄 수 있어야 한다. 그러한 측면에서 볼 때, 앞에서의 조사문제는 주민들의 장애인시설에 대한 행동양식을 관찰하여 이해할 수 있도록 도울 수 있을 것이다.

(3) 조사의 수행가능성

조사문제를 선정할 때, 가능한 한 조사문제를 구체적으로 제시함으로써 관찰이 가능한 자료로 해답을 얻을 수 있으며, 수행이 가능한 문제인지 고려해야 한다. 때로 중요하고 이상적인 조사문제이지만 해답을 제시할 수 있는 자료가 없거나 자료를 얻기에 불가능한 문제를 제기하는 경우가 있다. 또한, 자료수집의 문제뿐 아니라 조사결과가 나왔을 때, 결과를 발표하는 데 문제가 없는지 세밀한 검토를 할 필요가 있다. 아무리 의미 있는 결과라도 발표할 수 없는 것이라면 조사의 가치는 떨어질 수밖에 없다.

수행가능 여부를 판단하기 위해서 연구의 범위, 연구를 수행하기 위해 필요한 시간 · 비용 · 윤리상의 문제 및 외부기관 또는 조사대상자의 협조의 가능성 여부 등을 고려해야 한다. 일반적으로 연구의 범위, 시간, 비용은 서로 밀접히 관련되어 있어서 범위가 커지면, 시간과 비용이 커지는 것이 일반적이다. 예를 들어 서울시에 거주하는 저소득 빈곤층의 생활실태를 조사한다고 하자. 연구의 범위를 확대하면 전체 저소득 빈곤층을 조사대상으로 선정할 수 있으나, 그럴 경우 그에 드는 시간과 비용은 한 연구자가 감당하기에는 불가능에 가까울 것이다. 따라서 연구범위를 축소하여 전체 대상자가 아닌 표본 조사를 통해 연구자가 다룰 수 있는 정도의 조사를 수행하여야 한다.

윤리상의 문제는 주로 조사를 위해 조사대상자에게 피해를 입히게 될 때 발생한다. 특히 사회복지조사에서는 조사의 목적이 조사대상자 또는 조사대상자와 같은 특성을 갖는 모집단의 복지를 증진시키기 위한 것이라는 대전제를 갖고 있기 때문에 조사대상자에게 피해를 입히는 일은 반드시 피해야 한다.

마지막으로 조사를 수행하면서 외부기관의 협조가 필요한 경우가 있다. 예를 들어 최근 우리나라에 입국한 북한이탈주민들의 생활실태를 파악하기 위해서는 국가정보원의 협조가 필수조건일 수 있다. 그러나 국가정보원이 조사하려는 자료가 국가의 기밀에 속한다고 판단하거나 일반에 공개될 때 국가에 피해를 줄 수 있다고 판단하면 협조를 얻기 어렵게 될 것이다. 이러한 경우에 조사는 수행될 수 있는 가능성이 크게 떨어지게 된다.

(4) 문헌연구

사회복지조사에서도 문헌연구는 반드시 거쳐야 할 과정이다. 연구자는 문제의 형성과정에서 문헌연구를 통하여 중요한 조사문제를 찾아낼 수 있을 뿐 아니라 유사한 문제를 다룬 과거의 조사에서 다른 연구자들이 경험한 사실이나 실수를 통해 배울 수 있다. 앞에서 예로 제시한 조사문제에 대해 문헌연구를 한다면, 장애인시설 건립에 대한 주민반대라는 직접적으로 관련된 서적, 논문뿐 아니라 집단갈등, 혐오시설 건립 반대와 관련된 주민시위 또는 집단행동 등의 주제에 대해서도 문헌연구를 할 수 있을 것이다. 이런 문헌연구는 연구문제를 정리하고 기존에 관련된 연구문제나 주제에 대해서 어떤 것들이 논의되고 있는지 확인해야 되는 경우에 전문서적 등의 문헌을 탐색하여 비판적으로 재해석하는 방법을 말한다.

(5) 개념의 구체화 : 변수, 가설, 조작적 정의

다음으로 조사문제와 관련된 개념들을 구체화하여야 한다. 개념의 구체화란 집단갈등, 편견, 집단역학과 같은 추상적 개념을 구체화하는 작업이다. 예를 들어 주민들의 편견은 '주민들이 장애인들에 대해 갖는 부정적인 태도'라고 규정한다. 또한, 장애인시설의 개념을 명확하고 구체화하여 장애인들을 위한 특수학교인지, 장애인이 거주하는 시설인지 또는 장애인들을 훈련시키는 프로그램이 있는 사회복지관인지, 아니면 이 모든 시설을 포함하는지 규정하여야 한다. 개념을 구체화하면서 변수를 구체화하고 명확히 규정해야 하며, 나아가 변수들 간의 관계에 대해서도 가설을 세운다.

변수란 조사대상이 되는 구체적인 개념 또는 이론적으로 구성된 개념을 말한다. 변수는 사회현상을 설명하기 위해서 제시된 현상의 특성, 속성, 성격을 의미한다. 따라서 변수는 변화하는 계량화된 숫자나 기호를 의미한다. 예를 들면 사회현상 중 성별에 대해서 연구하기 위해서 성별이라는 현상을 변수로 지정한다는 의미는 다음과 같다. 만약 성별이 1)남과 2)여가 아닌 '1)남'이 하나의 성격만을 가지고 있고 '1)남'과 '2)여'로 2가지로 변하지 않는다면 이때 '성별'은 변수가 아니다. '성별'이 변수가 되는 것은 '1)남'과 '2)여'로 두 가지로 변화할 수 있는 특성을 가지고 있기 때문이다. 학력이나 종교 또한 성별과 마찬가지이다(김영종, 2009).

변수와 관련되어 있는 중요한 개념의 하나는 인과관계이다. 인과관계란 변수 간의 원인과 결과의 관계를 의미한다. 인과관계를 기준으로 독립변수 원인에 해당되며 원인이 되는 변수이며 종속변수는 결과에 해당되며 결과가 되는 변수이다. 따라서 인과관계를 변수에 의해서 설명해보면 인과관계란 독립변수와 종속변수의 관계를 설명하는 것이다. 사회복지조사에서 변수 간의 인과관계를 추론하는 작업은 조사가 갖는 중요한 목적 중의 하나이다. 예를 들어 사회복지프로그램의 효과를 평가하면서 그 사회복지프로그램이 이용자에게 효과가 있다는 것을 보여주기 위해서는 사회복지프로그램이 원하는 결과를 가져왔는지를 보여주어야 한다.

두 변수의 인과관계를 설정하기 위해 다음의 세 가지 조건을 필요로 한다. 첫째, 두 변수 가운데 원인이 결과보다 시간적으로 먼저 발생해야 한다. 둘째, 원인이 되는 변수와 결과가 되는 변수가 결과적으로 서로 상관되어 있어야 한다. 사회복지조사의 대상이 되는 변수들의 상관관계는 완전할 수 없기 때문에 어느 정도의 상관관계를 인과관계로 볼 수 있는지 여부에 대해서도 고려해야 한다. 셋째, 두 변수의 상관관계가 두 변수에 동시에 원인으로 작용하는 제3의 변수의 영향에 기인하지 않는다.

변수가 정해지면 문헌연구, 전문가, 질적인 면접 등을 통해서 가설을 세운다. 가설이란 독립변수와 종속변수와의 관계에 대해 가정하는 문장을 말한다. 다시 말해서, 가설이란 연구자가 독립변수와 종속변수의 관계를 예측하는 문장이라고 할 수 있다. 가설에는 연구가설과영가설(귀무가설)이 있다. 연구가설은 인과관계에 있어서 두 변수간의 관계를 긍정적인 형태로 진술하는 예비적 명제를 말한다. 그리고 영가설은 이런 연구가설에 대해 부인하는 부정적으로 진술하는 예비적 명제를 의미한다. 영가설은 보통 통계학적 분석에서 연구가설에 대한 반증의 목적으로 활용된다. 통계분석에서는 연구가설과 영가설을 설정하고 연구가설이 참이다라고 증명하기보다는 영가설이 거짓임을 증명함으로써 연구가설이 참이다라는 식의 반증의 형태로 가설을 증명하는 방식을 취한다(김영종, 2009). 예를 들어 "주민들은 장애인들에 대한 부정적인 태도를 갖고 있기 때문에 시설의 건립을 반대한다."라는 가설 또는 "주민들은 장애인시설이 건립되면 '집값이 떨어진다'는 경제적인 이유로 시설의 건립을 반대한다."라는 가설을 세울 수 있다. 훌륭한 가설은 명확하고 구체적이어야 하며, 두 가지 이상의 가능한 결과가 있어야 한다. 즉, 어떤 경우에나 동일한 결과가 나온다면 그 가설은 적절하지 못하다는 것이다. 또한 훌륭한 가설은 증거를 갖고 검증할 수 있어야 한다.

가설을 세우고 난 후, 변수에 대한 자료를 수집하기 전에 이러한 변수들을 조작적으로 정의하여야 한다. 여기에서 개념화는 연구문제에서 사용된 용어에 대해서 연구자가 생각하는 연구의 관심과 관련되어 개념을 객관적으로 정의하는 방법을 말한다. 조작적 정의는 개념적 정의에서 규정된 개념에 대해 경험적으로 측정가능한 지표로 활용된 특정한 조작적 작업을 구체화하는 방법이다.

예를 들어 주민들의 장애인에 대한 부정적인 태도를 어떻게 측정할 수 있을 것인지 결정해야 한다. 부정적인 태도는 '주민들이 설문지의 관련 문항에 대한 합계점수'라고 정의할 수 있을 것이다. 또한 '장애인시설 건립에 대한 반대'라는 추상적인 개념도 관측할 수 있는 개념으로 규정하여야 한다. 따라서 반대가 단순한 조사자가 제시하는 설문지의 문항에 '반대'라고 표시하는 것을 의미하는지 또는 반대청원서에 서명하는 행동인지, 아니면 반대시위에 참여하는 것인지를 명확하게 하여야 한다. 따라서 시설 건립을 반대하는 주민의 태도 또는 행위는 '시설건립을 반대하는 청원서에 서명하거나 반대시위에 참여하는 것'이라고 조작적 정의를 내릴 수 있을 것이다.

이러한 과정을 거치면서 연구의 목적은 더욱 명확해지고, 연구의 분석단위도 결정될 수 있다. 앞에서 예로 든 조사문제에서 분석단위는 주민 개개인이 될 것이다.

2) 연구의 설계

연구설계는 좁은 의미와 넓은 의미가 있다. 먼저 좁은 의미로는 연구설계 자체를 의미하며 연구문제를 파악하기 위해서 어떤 연구설계유형이 적절한지를 파악하는 과정을 말한다. 넓은 의미로는 연구설계는 연구 전체 과정을 구조화하는 것을 의미하며 크게 연구내용과 연구방법으로 구성된다. 연구내용에서는 앞서 제시된 연구문제를 구체화하여 조사내용을 어떻게 구성할지를 결정하는 단계이다. 여기에는 연구문제에 대한 개념화, 조작적 정의, 가설 등이 포함된다. 그리고 연구방법에서는 조사대상, 자료수집방법 그리고 자료분석방법 등이 포함된다.

연구의 설계단계에서는 조사내용을 논리적으로 배열하는 방법과 자료를 수집하는 방법 등 연구를 계획하는 과정에서 필요한 모든 결정을 하게 된다. 조사내용을 논리적으로 배열하는 방법으로 조사설계는 일반화의 정도와 인과관계의 타당성 정도와 관련되어 원시실험설계, 실험설계, 유사실험설계, 상관관계설계 등이 있다.

연구자는 조사설계를 통해서 내적 타당도internal validity와 외적 타당도external validity를 최대한 높이고자 한다. 내적 타당도는 조사를 통해서 한 변수가 다른 변수의 원인인지 여부를 정확하게 서술하는 정도를 말한다. 앞에서 제시한 인과관계의 세 가지 조건을 만족한다면, 내적 타당도가 있다고 할 수 있다. 반면에 외적 타당도란 연구에서 발견한 인과관계를 연구의 대상을 넘어서서 전체 집단에 일반화할 수 있는 정도를 말한다.

(1) 조사설계

① 원시실험설계

원시실험설계는 내적 타당도를 저해하는 요인들을 제거하지 않고 두 변수 간의 관계에만 초점을 두는 연구이다. 따라서 원시실험설계는 내적 타당도가 낮아서 두 변수간의 인과관계를 입증하기 어려운 설계이다. 이 설계의 방식에는 크게 세 가지 형태가 있다. 첫째, 일회검사 사례연구는 하나의 집단을 한 번 관찰하는 설계이다. 예를 들어 사회복지전문가가 가정폭력으로 고통 받고 있는 여성들을 돕기 위해 여성들의 남편들을 대상으로 교육프로그램을 실시하였다. 프로그램을 실시한 후, 남편들의 폭력성향의 정도를 검사하였다. 이를 일회검사 사례연구라 하고, 이러한 경우 프로그램이 효과가 있었는지 판단할 수 있는 비교대상이 없다.

둘째, 단일집단 사전사후검사 설계는 하나의 집단에 대해 비교집단 없이 사전검사와 사후검사를 실시하는 것이다. 위의 예에서 남편들을 교육하기 전에 폭력성향을 조사하고 교육 후에 폭력성향을 조사하는 것이 이 설계이다. 이 설계도 비교대상이 없어서 비록 사전검사에 대해 사후검사에서 폭력성향이 줄어들었다 하더라도 프로그램의 효과라고 확신할 수 없다. 실제로 프로그램과 관계없이 단지 시간의 경과에 따라 폭력성향이 줄어들 수 있다.

셋째, 비동일집단 사후검사 설계는 동일하지 않은 두 집단을 사후검사 후에만 비교하는 것이다. 위의 예에서 가정폭력을 행사하는 남편들에게 교육프로그램을 실시한 후, 그들과 가정폭력을 행사하지 않는 남편들에게 동일한 폭력성향 검사를 실시하는 것이다. 이 경우 두 집단이 전혀 다른 특성을 보일 수 있어서 폭력성향 검사를 비교할 수 없다는 것이 문제가 된다.

원시실험설계는 시험적인 발견을 이끌어낼 수 있도록 융통성이 있는 방법으로 새로운 영역에 대한 탐색을 목적으로 하는 연구에 적합하다.

② 실험설계

설명을 목적으로 하는 조사에서는 조사대상의 특성을 기술하는 데 초점이 있는 것이 아니라 변수 사이에 일어나는 인과관계에 초점을 두고 있다. 따라서 인과관계에 대한 추론을 할 수 있도록 논리를 배열하려고 할 때는 실험설계를 주로 사용하게 된다. 실험설계는 내적 타당도가 높아서 인과관계를 보여주기에 적당한 설계이지만, 외적 타당도가 낮아서 일반화시키는 정도는 낮다. 또한 현실적으로 실험설계를 하기 위해서는 조사대상을 실험집단과 통제집단의 두 집단으로 무작위화 randomization 하여 배정하고 조사대상에 실험을 해야 하기 때문에 현실적으로 많은 제약을 안고 있다. 실제로 사회복지를 포함한 사회과학에서는 실험설계를 할 수 있는 경우가 극히 제한되어 있다.

실험설계에는 통제집단 사전사후검사설계, 통제집단 사후검사설계, 솔로몬 4집단설계가 있다. 첫째, 통제집단 사전사후검사설계는 무작위화로 실험집단과 통제집단을 배정하여 개입 전과 후에 검사를 실시하여 비교하는 설계이다. 위의 예에서 가정폭력을 행사하는 남편들을 함께 모아서 동전을 던지거나 난수표를 사용하여 교육프로그램을 받게 될 실험집단과 받지 않을 통제집단으로 배정한다. 배정된 후에 두 집단 모두에게 폭력성향 검사를 실시한다. 실험집단에만 교육프로그램을 실시하고, 프로그램이 끝나면 두 집단에게 폭력성향 검사를 다시 실시하여 두 집단의 변화를 비교한다.

둘째, 통제집단 사후검사설계는 통제집단 사전사후검사설계와 같은 방법으로 실험집단과 통제집단으로 배정하고 개입 전 검사 없이 개입 후 검사만 두 집단에 실시하는 것이다. 위의 예에서, 교육프로그램을 받을 실험집단과 받지 않을 통제집단으로 배정하고 교육프로그램을 실시한 후, 두 집단에 폭력성향 검사를 실시하는 것이다.

셋째, 솔로몬 4집단 설계는 통제집단 사전사후검사와 통제집단 사후검사를 결합하는 설계이다. 이는 사전검사와 사후검사의 변화를 알고 싶지만, 검사 자체가 대상에 영향을 미칠 것으로 예상되어 이를 제거하기 위해 사용한다. 위의 예에서 무작위화로 교육프로그램을 받는 실험집단을 2개, 받지 않는 통제집단을 2개 선정한다. 4개 집단 중에서 1개씩의 실험집단과 통제집단에는 교육프로그램을 실시하기 전에 폭력성향검사를 실시하며, 나머지 실험집단과 통제집단에는 사전검사를 실시하지 않는다. 교육프로그램을 실시한 후, 4개 집단 전체에 폭력성향검사를 실시한다.

③ 유사실험설계

실험설계는 내적 타당도는 높으나 외적 타당도는 낮으며 무작위화가 반드시 전제되어야 한다. 이에 비해 유사실험설계는 상대적으로 전제조건이 덜 엄격하다. 유사실험설계는 현실적으로 실험설계가 어려울 때, 완전한 내적 타당도를 얻기는 어려우나 어느 정도의 내적 타당도를 얻으면서 외적 타당도를 높이는 설계이다. 유사실험설계에는 비동일 비교집단 설계, 단순시계열 설계, 다중시계열 설계가 있다.

첫째, 비동일 비교집단 설계는 무작위배정으로 실험집단과 통제집단을 선정할 수 없을 때, 실험집단과 유사한 기존의 집단을 통제집단으로 선정하여, 두 집단에 사전검사와 사후검사를 실시하는 것이다. 앞의 예에서 가정폭력을 행사한 남편들을 실험집단과 통제집단으로 무작위 배정할 수 없을 때, 교육프로그램을 받는 폭력행사 남편과 연령 · 소득 등 폭력행사와 관련된 요인들이 유사한 폭력행사 하는 남편들을 비교집단으로 선정한다. 교육프로그램을 실시하기 전에 두 집단에 폭력성향검사를 실시한다. 실험집단에만 교육프로그램을 실시하고 두 집단에 폭력성향검사를 실시하여 두 집단의 변화를 비교한다.

둘째, 단순시계열 설계는 통제집단 없이 실험집단을 개입 전에 여러 번 검사하고, 개입 후에 여러 번 검사하는 설계이다. 위의 예에서 폭력행사 남편들에게 교육프로그램을 실시하기 전에 4차례 이상 폭력성향검사를 하고, 교육프로그램 이후에 4차례 이상 폭력성향검사를 실시하여 폭력성향이 프로그램 전후로 변화가 있는지 조사한다.

셋째, 다중시계열 설계는 실험집단과 유사한 비교집단을 선정하여 두 집단 모두에 교육프로그램을 실시하기 전과 후에 여러 차례의 검사를 실시한다. 앞의 예에서, 가정폭력 정도가 유사한 남편들로 실험집단과 비교집단을 구성하고 교육프로그램을 실시하기 전과 후에 두 집단 모두에 여러 차례 폭력성향검사를 실시한다.

④ 비실험설계

실제로 사회과학에서는 실험을 할 수 있는 상황은 많지 않다. 또한 비교할 수 있는 통제집단도 확보하기 쉽지 않다. 따라서 일반적으로 한 시점에서 여러 대상의 특정 현상을 조사하는 방법을 취하며, 이를 횡단설계라고 하고 상관관계 설계는 그 일종이다.

비실험 설계에서는 원인 변수와 결과 변수를 동시에 측정하기 때문에 원인이 되는 변수가 결과가 되는 변수보다 먼저 발생하였다는 것을 증명할 수 없어서 변수 간의 관계가 인과관계라고 볼 수 없으며, 상관관계를 볼 수 있는 설계이다. 또한 제 3의 변수가 두 변수를 설명할 수 있는 가능성도 배제할 수 없다. 그러나 다변량 통계기법을 사용하여 제 3의 변수를 포함시키셔서 그 영향력을 통제하면 횡단설계에 의한 자료에서도 인과관계를 추론할 수 있다.

예를 들어 주민들의 장애인시설 건립반대라는 조사문제는 실험을 수행하여 원인을 밝히기 어렵다. 즉 주민들의 장애인에 대한 편견을 측정하기 위해 두 지역을 무작위로 선정하여 한 지역에는 장애인시설을 설치하고 다른 지역에는 장애인시설을 설치하지 않고, 장애인시설을 설치하기 전과 설치한 후에 편견 정도를 조사한다는 것은 윤리적으로 용납될 수도 없고 현실적으로도 불가능하다. 따라서 이 조사문제에 대해서는 실험설계보다는 비실험설계를 채택하여야 할 것이다.

따라서 설문지를 작성하여 시간적으로 동시에 자료를 수집하는 조사는 기본적으로 상관관계 설계이다. 상관관계 설계로 인과관계를 추론하기 위해서는 무엇보다도 독립변수와 종속변수 간에 인과관계가 있다는 이론적 근거를 제시해야 하며, 또한 다변량 통계기법을 사용하여 독립변수와 종속변수의 관계에 영향을 미칠 수 있는 다른 변수들을 통제하여야 한다.

⑤ 단일사례연구설계

기존 조사방법은 집단 디자인을 채택하며, 주로 개체의 집합적인 성격을 묘사하거나 추론하는데 초점을 두기 때문에 개별 사례를 진행하면서 각 사례에 대한 개입의 효과성을 파악하기 힘들다. 따라서 조사를 하면서 개입의 효과성을 검증해야 하는 데 있어 조사와 개입이 동시에 이루어지는 장점을 가지는 단일사례연구설계가 필요하게 되었다. 한 개인이나 집단, 혹은 프로그램이라는 단일한 사례를 대상으로 개입의 효과성을 측정하는데 유용한 조사방법이다.

단일사례디자인은 기본적으로 클라이언트의 문제행동에 대한 개입이 효과성이 있는지를 반복측정을 통해서 문제행동의 변화를 추정하여 검증하는 방법이다. 여기에서 개입이 독립변수가 되며 문제행동이 종속변수가 된다. 즉 독립변수의 조작(개입)을 통하여 종속변수(문제행동)의 변화를 측정하는 것이다. 여기에서 개입전의 문제행동을 측정하여 나타난 결과값을 '기초선Baseline'으로 설정하고 그 다음에 개입이 이루어지고 개입 후에 문제행동을 측정하여 이 '기초선'과의 비교를 통해 그 변화 정도를 분석하게 된다. 결국 개입 이전과 개입 이후의 경향을 비교하여 개입과 문제행동의 변화 간의 인과관계가 성립하는지를 확인하여 인과관계가 있다면 개입의 효과성이 있다고 검증되는 원리를 바탕으로 한다(김영종, 2009; 우수명 · 강병노, 2021).

(2) 측정과 변수

변수는 연구의 대상이 되는 단위들이 서로 구별되고, 차이가 나고, 변화하는 어떤 속성attribute을 말한다. 또한 변수는 특징적인 속성을 대표하여 일정한 측정단위로 계량화가 가능한 것을 뜻한다. 예를 들어 사회복지 클라이언트는 변수가 될 수 없으며, 이것은 단순한 개념에 불과하다. 사회복지 클라이언트 그 자체는 어떤 특수한 속성을 나타내고 있지 않기 때문에 일반적인 전체 성격만을 나타낼 뿐이어서 측정하고 계량화할 수 없다. 그러나 사회복지 클라이언트의 교육수준, 월평균 소득수준 또는 생활만족도 등은 클라이언트의 특징적인 속성을 가지고 있고 또한 계량화할 수 있기 때문에 변수가 될 수 있다.

또한 사회복지 클라이언트의 교육수준이라는 변수를 무학, 국졸, 중졸, 고졸, 대졸이상 등 하위범주들로 측정할 경우, 즉 변수가 가지고 있는 속성들을 변수값이라고 한다.

측정은 세심하고 의도적인 관측이며, 변수 및 변수를 구성하는 속성을 숫자나 기호로 구체화하는 과정을 말한다. 변수가 지녀야 할 기본적인 두 가지 특성은 포괄성과 상호배타성이다. 포괄성이란 변수를 구성하는 속성이 변수가 가질 수 있는 가능한 모든 값을 포함해야 한다는 것을 의미한다. 상호배타성이란 변수를 구성하는 각 속성들이 서로 다른 내용을 나타내야 한다는 것을 의미한다. 예를 들어 성별이라는 변수에서 '남'과 '여'라는 속성은 성별이 가질 수 있는 모든 값을 포함하고 있으며, 남과 여는 서로 다른 내용을 나타내어 겹치지 않는다.

① 변수들 간의 관계에 따른 변수 분류

변수는 크게 네 가지로 분류될 수 있는데, 다른 변수를 설명할 것으로 예상되는 변수를 독립변수라고 하며, 설명의 대상이 되는 변수를 종속변수라고 한다. 장애인시설과 관련된 조사문제에서 독립변수는 '주민들의 장애인에 대한 편견'과 '집값' 등이 될 수 있을 것이고, '장애인시설 건립반대'는 종속변수가 될 수 있을 것이다. 또 다른 예로, "사회복지실무자의 전문성에 따라 직무성과는 차이가 있을 것이다"라는 가설에서 사회복지실무자의 전문성은 독립변수이고, 직무성과는 종속변수가 된다.

독립변수와 종속변수의 사이에서 독립변수의 결과인 동시에 종속변수의 원인이 되는 변수를 매개변수intervening variable라고 한다. 즉, X → Z → Y라는 관계가 성립할 때, Z는 매개변수가 된다. 그러므로 매개변수는 독립변수에 대해서는 영향을 받는 변수이지만, 종속변수에 대해서는 영향을 미치는 효과를 지니고 있다.

또 다른 변수의 형태는 외생변수로서 이 변수는 독립변수와 종속변수 간에 관측된 관계를 설명하는 제3의 변수이다. 예를 들어 사회복지관에서 심리치료를 담당하는 사회복지전문가가 클라이언트에게 사용하는 상담시간(X)과 심리치료를 받은 후 클라이언트의 심리상태(Y)의 관계를 규명한다고 하자. 여기에서 상담시간을 독립변수로, 심리상태를 종속변수로 보았을 때 상담시간이 길수록 클라이언트의 심리상태가 악화되는 것으로 나타날 수 있다. 이는 독립변수와 종속변수 외에 두 변수를 모두 설명하는 제3의 변수인 외생변수에 의해 나타나는 결과일 수 있다. 이 예에서는 심리치료를 받기 전의 클라이언트의 심리상태(Z)가 두 변수를 모두 설명할 수 있을 것이다. 즉, 심리치료를 처음 받으러 온 클라이언트의 심리상태가 상당히 안 좋은 상태라면 사회복지전문가는 더 많은 상담시간을 할애했을 것이다. 또한 처음의 심리상태는 상담 이후의 심리상태에도 영향을 미치게 될 것이다. 다시 말해서 X → Y라는 관계가 성립할 때, X와 Y 간의 관계는 제3의 변수 Z가 X, Y에 영향을 미쳐 나타난 관계이며, Z를 통제하면 X와 Y간의 관계가 나타나지 않는 경우를 가식적 관계spurious relationship(허위관계)라고 하며, 이때 Z를 외생변수라 한다.

한편, 분석을 하면서 외생변수를 포함하여 그 변수가 독립변수와 종속변수에 미치는 영향을 통제하고자 하게 되면, 외생변수는 통제변수가 된다.

② 변수의 속성에 따른 변수 분류

측정에는 명목측정, 서열측정, 등간측정 및 비율측정이 있으며, 각 측정으로 만든 변수를 각각 명목변수, 서열변수, 등간변수, 비율변수라고 한다.

A. 명목변수

변수를 구성하는 속성이 포괄성과 상호배타성만을 갖고 있는 변수를 명목변수라고 하며, 이는 관찰대상의 고유한 속성을 분류하거나 구분하기 위해 숫자나 기호를 부여하는 것이다. 예를 들어 성별, 종교, 결혼상태, 거주지역, 직업, 장애유형 등과 같이 관찰한 자료가 비수량적이며, 범주의 구분을 위에 명명하는 변수이다. 명목변수에서 속성에 붙이는 숫자는 양적인 의미를 갖지 않으며, 단지 자료가 지닌 속성을 상징적으로 구별하고 있을 뿐이다. 따라서 명목변수를 분석할 때 평균 또는 중앙값을 계산할 수 없다. 예를 들어 컴퓨터에 자료를 입력하기 위해 종교라는 변수에서 '불교', '기독교', '천주교', '무교' 및 '기타'라는 속성에 각각 1, 2, 3, 4, 5라는 숫자를 붙인다고 해도 양적인 의미는 없다. 따라서 표본의 종교 평균을 2.4로 계산한다고 해도 그 의미를 해석할 수 없다. 또한 성별에서도 남자에게 1, 여자에게 2를 부여해도 여자가 남자보다 성별이 2배 많다는 뜻이 아니라 단지 남자와 여자를 구분하는 부호일 따름이다.

B. 서열변수

변수를 구성하는 속성들 사이에 논리적으로 서열이 있는 변수를 서열변수라고 한다. 서열은 순서를 나타내기 때문에 속성의 순서는 알 수 있지만 속성들 간의 차이가 명확하지 않다. 예를 들어 결혼만족도라는 변수가 있고, 그 속성으로 '대단히 만족', '만족', '그저 그렇다', '불만', '대단히 불만'이라는 범주로 구분하고, 1, 2, 3, 4, 5를 부여하면 다섯 범주의 순서는 분명히 밝힐 수 있다. 그러나 "대단히 만족"의 범주에 속하는 사람이 느끼는 만족도와 "만족"하는 사람이 느끼는 만족도의 차이인 1과, "불만"인 사람이 느끼는 만족도와 "대단히 불만"인 사람이 느끼는 만족도의 차이인 1이 같다고 할 수 없다는 것이다. 따라서 덧셈, 뺄셈, 곱셈, 나눗셈의 사칙연산이 불가능하다. 앞에서 제시한 예에서 편견의 정도를 나타내기 위한 문항에서 "1. 대단히 반대한다, 2. 반대한다, 3. 그저 그렇다, 4. 찬성한다, 5. 대단히 찬성한다"의 범주는 서열변수의 예이다. 이와 같이 서열변수는 관찰대상의 비교 우위만을 결정하며, 각 서열 간의 차이가 어느 정도 크고 작은지는 알 수 없다.

C. 등간변수

변수를 구성하는 속성들 사이에 순서가 있을 뿐 아니라, 각 속성들 간의 차이가 정확하고 의미가 있어서 숫자 크기의 차이가 속성의 양적 차이를 나타내는 변수이다. 이에 따라 등간변수에서는 측정 단위들 사이의 간격이 모두 같아서 사칙연산이 가능하다. 반면에 등간변수는 절대 영점의 값을 갖지 않는다. 등간변수의 예는 지능검사를 들 수 있다. 다시 말해서 지능검사에서 0이란 전혀 지능이 없다는 것을 의미하지 않는다. 또 다른 예로 온도가 섭씨 0도라는 것은 온도가 없다는 것을 의미하는 것은 아니다. 따라서 등간변수는 속성의 양적 차이를 측정할 수 있지만, 그 양의 절대적 크기는 측정할 수 없으므로 비율계산하기가 어렵다.

D. 비율변수

등간변수의 특성을 가지면서 절대 0의 값을 갖는 변수이다. 예를 들어 연령, 가족의 수, 소득 등은 비율변수라고 할 수 있다. 다시 말해서 소득수준이 0이라는 것은 소득이 없다는 것을 의미하며, 소득수준이 100만 원인 것은 50만 원인 것의 2배가 된다.

측정과 관련되어 있는 중요한 개념은 신뢰도reliability이다. 특정한 측정방법을 동일 대상에 반복 적용하여 같은 결과를 얻으면 신뢰도가 있다고 한다. 측정이 신뢰도가 있으면 측정에 일관성이 없는 무작위 오류를 감소시킬 수 있다. 예를 들어 키를 고무줄로 측정한다면 동일인의 키를 측정한다고 하더라도 다른 결과가 나올 것으로 예상되기 때문에 그 측정방법은 신뢰도가 없다고 할 수 있다. 반면에 줄자를 이용한다면 동일인에 대해서는 동일한 측정결과가 나오게 될 것이다. 따라서 줄자는 신뢰도가 있는 측정방법이라고 할 수 있다.

신뢰도가 측정의 정확성을 의미하지 않는다. 위의 예에서 사용한 줄자가 공장에서 잘못 만든 불량품이어서 눈금 한 칸이 1㎝가 아니라 0.9㎝이라고 하자. 이 줄자를 사용하면 동일인에 대해 동일한 결과가 반복되겠지만 그 수치가 정확한 수치가 될 수는 없다. 이와 같이 조사하고자 하는 개념을 적절히 측정할 수 있는 정도를 타당도validity라고 한다. 좋은 측정은 신뢰도와 타당도를 동시에 갖추어야 한다.

(3) 척도

측정의 신뢰도와 타당도를 높이기 위해 척도를 사용하며, 리커트 척도와 거트만이 많이 활용되고 있다.

① 리커트 척도

리커트 척도는 총화척도summated rating scale라고도 부른다. 이 척도에서는 조사대상자들에게 문장을 제시하고 조사대상자가 그 문장에 강도에 따른 대답을 하도록 구성한 것이다. 예를 들면 장애인에 대한 편견을 리커트 척도로 측정한다면 다음과 같은 문항을 사용할 수 있다. "귀하의 자녀가 장애아를 친구로 사귀는 것을 반대하십니까? 또는 찬성하십니까?" 등의 문항이다. 이러한 문항들에 대해 "1. 대단히 반대한다, 2. 반대한다, 3. 그저 그렇다, 4. 찬성한다, 5. 매우 찬성한다"라는 5점의 척도를 제시하는 것이 리커트 척도이다.

리커트 척도는 동일한 개념을 나타내는 여러 문항을 사용하여 조사 대상자들의 위치를 더욱 세밀히 구분할 수 있다. 예를 들어 주민들이 장애인에 대해 갖고 있는 편견을 나타낼 수 있는 문항을 20개로 만든다. 20개 문항 각각에 대해 1점에서 5점까지 5점 척도를 제시하고, 조사대상자가 응답한 20개 문항 각각의 점수를 합산한다.

② 거트만 척도

거트만 척도는 누적척도cumulative scale의 일종으로 보가더스Bogardus 사회적 거리 척도도 그 일종이라고 볼 수 있다. 이 척도에서는 조사대상자가 응답하는 항목들에 정도의 거리를 두어서, 조사대상자가 응답하는 내용으로 조사대상자의 위치를 세밀하게 파악하고자 하는 방법이다.

실제로 척도를 개발하여 측정하고자 할 때 발생가능한 것은 측정의 오류인데 이것은 측정의 내용과 방법이 잘못되어 나타나는 오류이다. 그 유형에서 첫째, 무작위 오류는 측정 시 우연히 발생하는 오류이며 조사의 방법에서 나타나는 오류이다. 이 오류를 확인하고 척도를 확인하기 위해서 신뢰도를 검증한다. 신뢰도는 동일한 조사도구와 동일한 대상자에게 조사하였을 때, 일관된 결과가 도출 되는 정도를 의미한다. 둘째, 체계적 오류는 측정 시 일관적으로 발생하는 오류이며 조사의 내용에서 나타나는 오류이다. 이것의 문제가 있는 지 측정하기 위해서는 타당도를 검증한다. 타당도는 측정하려고 했던 것을 측정했는지를 나타내는 정도를 말한다(우수명 · 강병노, 2021).

(4) 표본추출

① 모집단과 표본

사회조사에서 조사대상을 어떻게 구분하느냐 그리고 범위를 정하는 것에 따라서 조사의 겨과가 달라진다. 일반적으로 조사대상 전체를 대상으로 조사하는 경우는 전수조사이다. 반면에 일부 표본을 추출해서 조사하는 방법을 표본조사라고 한다. 이렇게 표본추출을 하는 이유는 표본조사에서 모집단을 대상으로 일부인 표본을 추출하기 위하고 모집단보다는 표본을 추출하는 것이 비효율적, 현실적으로 더 정확하기 때문이다.

예를 들어 연구자가 우리나라의 전체 빈곤가구의 평균소득, 빈곤가구 중 노인가구의 비율 등에 관심이 있다고 하자. 이렇게 관심의 대상이 되는 전체 집단을 모집단population이라고 한다. 관심의 대상이 되는 모집단의 특성, 즉 전체 빈곤가구의 평균소득과 노인가구의 비율 등을 고찰한다고 할 때, 전국에 거주하고 있는 모든 빈곤가구를 전부 조사할 수 있지만 이에는 여러 가지 문제가 따른다. 우선, 빈곤가구 전체를 조사한다는 것은 국가 기관이 수행하면 가능할 수 있으나, 개인 연구자가 이를 수행한다는 것은 시간적으로나 경제적으로 어렵다. 뿐만 아니라 빈곤가구가 한 장소에서 머무르는 것이 아니라 이동하는 가구가 있을 수 있고, 또한 빈곤가구에서 벗어나는 가구와 새로이 빈곤가구가 되는 가구가 있을 수 있어서 전체 빈곤가구를 조사한다고 해도 실제로는 일부 빈곤가구가 조사에서 제외될 수밖에 없다. 따라서 전체 빈곤가구를 조사하는 것은 실제로는 어렵고 비효율적일 수 있다.

따라서 모집단을 대표하는 일부분, 즉 표본sample을 추출하여 표본에 나타난 특성을 분석함으로써 모집단 전체의 특성을 파악하는 것이 유용할 수 있다. 즉, 표본추출방법에 따라 우리나라 전체 빈곤가구 중 일부 가구를 추출하여 빈곤의 수준과 빈곤가구 중 노인인구의 비율을 추정하는 것이 더 바람직할 수 있다.

② 모수와 통계치

앞의 예에서 보듯이 우리나라 전체 빈곤가구를 전부 조사하여 그 집단의 특성인 평균소득을 산출하거나, 아니면 빈곤가구 중 일부를 표본으로 추출하여 평균소득을 산출할 수 있다. 이것의 근거는 추론통계의 원리에 따른다. 이 원리는 모집단에서 추출한 표본을 대상으로 조사하여 분석한 결과를 모집단을 대상으로 조사할 경우에 나타날 수 있는 결과를 표본을 가지고 분석한 결과를 토대로 "추론"하기 위한 방법을 말한다. 여기서 모집단의 평균을 모평균이라고 하며, 표본의 평균을 표본평균이라 한다.

이처럼 모집단을 대상으로 평균(모평균), 분산(모분산), 표준편차(모표준편차) 등 모집단의 속성을 수치로 기술하고 있는 것을 모수parameter(또는 모수치)라 한다. 반면에 표본을 대상으로 평균(표본평균), 분산(표본분산), 표준편차(표본표준편차) 등 표본의 특성을 수치로 나타내는 것을 통계치statistic라 한다. 그런데 관심의 대상이 되는 모집단의 특성, 즉 모수는 일반적으로 모를 뿐 아니라 정확하게 알 수 없는 경우가 대부분이다. 이러한 모수를 알기 위하여 그 모집단으로부터 표본을 추출하여 표본에서 나타난 통계치로 모수를 추정하게 된다. 특히 표본을 추출하여 얻어진 자료는 관심의 대상이 되는 모집단의 정보를 얻기 위함이기 때문에 표본을 추출할 때에는 모집단의 특성을 잘 대표할 수 있도록 유의해야 한다.

③ 표본추출의 유형

표본추출은 연구대상인 표본을 선정하는 방법이다. 표본추출은 관심이 되는 대상의 일부만을 관찰하여 그 결과를 전체의 대상에 적용하려하기 때문에 일반화라는 개념과 밀접히 관련되어 있다. 표본추출에는 확률표본추출과 우연표본추출, 할당표본추출, 의도적표본추출 등의 비확률표본추출이 있다.

A. 확률 표본추출

확률표본추출에서는 모집단의 모든 구성원이 표본으로 선택될 가능성이 같으며, 표본은 모집단을 대표한다. 모집단을 대표한다는 것은 표본의 전체적인 특성이 모집단의 전체적인 특성에 근접하게 접근한다는 것을 의미한다. 이러한 목표를 달성하기 위해서는 무작위 선정이 중요하다. 확률표본추출에는 단순무작위표본추출,

체계적 표본추출, 층화표본추출, 군집표본추출이 있다. 앞의 조사문제로 예를 든다면, 단순무작위표본추출을 사용하기 위해서 연구자는 장애인시설이 들어섰거나 들어설 계획이 있었던 지역인 조사대상 지역의 전체 주민들의 명단을 주민센터를 통해서 구하고 난수표를 이용하여 무작위로 표본을 선정할 수 있다. 다단계군집표본추출을 사용한다면 우선은 모든 동의 명단 중에서 표본을 선택하고, 선택된 동의 아파트 명단에서 아파트를 결정한다. 아파트가 결정되면 주민명단에서 조사대상인 주민들을 무작위표본추출한다.

B. 비확률 표본추출

모집단의 구성원이 표본으로 선택될 가능성을 계산할 수 없는 표본추출이다. 비확률표본추출에는 의도적 표본추출, 우연 표본추출, 눈덩이 표본추출, 할당표본추출이 있다.

예를 들어 의도적 표본추출을 사용하면 연구자가 지역의 주민들을 대표한다고 판단되는 주민들을 표본으로 선정할 수 있다. 우연 표본추출을 사용하면 지역 내의 시장 입구에서 지나가는 주민들을 아무나 편리하게 표본으로 선정할 수 있다. 비확률 표본추출은 사용하기 편리하지만 표본이 모집단을 대표할 가능성이 낮다는 단점이 있다.

3) 자료의 수집

이는 연구설계에 따라 자료의 수집을 실행하는 단계이다. 자료의 수집과정은 과학적 이론을 목적으로 하는 과학적 조사연구에서 논리와 경험적 검증을 하기 위해 필요한 자료를 획득하는 것이다. 따라서 한 가지 방법만을 단정하지 말고 연구문제의 성격과 연구 설계의 형태에 부합되는 지 미리 고려하여 두 가지 이상의 방법을 활용하여 수집된 자료를 비교 검증함으로써 과학적인 자료수집과 결과를 도출 할 수 있다. 자료를 수집하는 방법에는 설문조사, 2차 자료분석, 관찰, 질적 면접 등이 있다. 설문조사에서는 우편 또는 면접으로, 관찰조사에서는 관측으로, 2차 자료분석에서는 문헌조사를 통해 자료를 수집한다.

(1) 설문조사

설문조사는 조사대상에게 설문지를 통해서 질문을 하여 자료를 수집하는 조사로, 표본도 대규모로 선정할 수 있다는 장점이 있어서 규모가 큰 모집단의 특성을 기술하려는 목적에 유용하다. 설문조사는 일반적으로 수량화된 자료를 수집하며, 양적 조사의 대표적인 형태이다. 설문조사는 특정 주제에 대해 많은 질문을 할 수 있어서 자료를 분석하는데 유리하며, 변수의 분포와 변수 간의 관계에 대한 자료를 얻고자 하는 목적으로 주로 사용한다. 또한 표준화된 질문지를 사용하면 측정의 측면에서도 상당한 장점을 지니게 된다. 반면에 표준화된 질문지를 사용하기 때문에 여러 유형의 응답자들을 모두 포함시킬 수 있는 유연성이 떨어진다는 단점이 있다. 설문조사에는 우편 설문조사, 온라인 설문조사, 대면 면접 설문조사 또는 전화 면접 설문조사 등이 있다.

① 우편 조사

우편조사는 조사대상자가 설문지를 작성하는 설문조사의 한 방법이다. 우편조사는 비용이 적게 들고 편리하기 때문에 사회복지조사에서 많이 이용된다. 또한 우편조사는 응답자의 익명성을 보장해 줄 수 있어서 민감한 문제에 대해 솔직한 응답을 얻어낼 수 있다. 또한 저렴한 비용, 편향성 오류 감소, 익명성 보장, 사려깊은 응답, 접근성 증대 등의 장점이 있다. 반면에 우편조사는 질문지의 회수율이 낮으며 자료의 질이 떨어질 수 있다는 단점이 있다. 이런 단점을 보완하기 위해서 응답률 향상 전략으로는 후원자 전략, 응답유인책(선물), 설문지 디자인, 설문지 길이, 표지글, 우편의 유형, 응답자 성격, 후속독촉 등의 방법을 활용한다.

② 온라인 설문조사

온라인 설문조사는 이메일이나 웹사이트를 활용하여 설문조사를 하는 방법이다. 설문지를 이메일 내용에 포함시키거나 첨부파일로 보낼 수 있다. 또한 웹사이트에 설문지를 만들어 응답자가 직접 사이트에 접속하여 온라인으로 설문지를 작성하게 한다.

온라인 설문조사의 가장 큰 장점은 비용이 적게 든다는 점이다. 우편조사나 전화 면접조사에 비해서도 비용이 훨씬 적게 든다. 가장 큰 단점은 응답자의 대표성이다. 아직까지도 이메일이나 인터넷을 사용하는 온라인 설문조사에 응답하는 사람은 젊고 교육수준이 높은 경향이 있다. 그렇지만 최근에는 구글 설문지를 활용한 설문조사 등 온라인 설문조사가 급증하고 있다.

③ 대면 면접조사

면접조사는 면접자가 조사대상자와 직접 대면하여 질문하기 때문에 우편조사에 비해 응답률은 높다. 또한 응답자가 질문지를 이해할 수 없을 때 면접자가 도움을 제공할 수 있다. 반면에 면접자들을 이용하기 때문에 비용이 많이 드는 단점이 있다. 뿐만 아니라 면접자가 응답자의 반응에 미칠 위험이 크다.

④ 전화 면접조사

전화 면접조사는 전화를 갖고 있는 사람들만이 조사대상자가 될 수 있다는 단점을 갖고 있으나, 최근에는 전화보급률이 상당히 높아서 큰 단점이 되지는 않는다. 전화 면접조사는 대면 면접조사에 비해 돈과 시간을 절약할 수 있으면서도 응답률을 대면 면접조사만큼 높일 수 있다는 장점을 지니고 있다. 반대로, 대면 면접조사보다는 덜 하지만 조사원이 응답자의 반응에 영향을 미칠 위험이 있다. 또한 전화 면접조사로는 질문에서 한 단어만이라도 응답자가 잘못 들으면 전체 문장을 이해할 수 없기 때문에 복잡한 질문을 하기가 어렵다.

(2) 2차 자료분석

2차 자료분석은 다른 연구자들이 이미 조사한 자료를 이용하여 조사를 하는 것이다. 기존의 자료를 이용하기 때문에 비용이 적게 들고 소요되는 시간도 짧은 장점이 있다. 그러나 기존의 자료가 연구목적에 합당하지 못한 경우가 많이 발생한다. 즉, 기존의 자료를 얻기 위해 사용했던 설문의 내용이 현재 수행하고 있는 연구에서 분석하고자 하는 변수를 타당하게 측정하고 있는지 의문이 발생할 위험이 많다.

(3) 관찰조사

관찰조사는 사회현상을 있는 그대로 직접 관찰하여 자료를 수집하는 방법으로 질적 조사의 대표적인 형태이다. 이 방법은 조사자(관찰자)의 관찰 즉 판단에 의해 자료를 수집하는 방법이며 과정에 따라 직접관찰과 간접관찰로 나누어진다. 첫째, 직접관찰은 대상 집단을 직접 관찰하여 자료를 수집하는 것으로 장점에는 즉각적 자료 수집, 자연스러운 환경, 비언어적 상황, 종단분석, 귀납적 자료 수집 등이 있다. 반면에 단점은 관찰 대상의 제한, 자료수집 과정의 통제 제한, 내면적 의식 파악 곤란, 익명성부재, 관찰자 주관 개입, 계량화의 한계, 표본 집단의 크기 제한, 관찰대상자의 허락 제한이 있다. 둘째, 간접관찰은 관찰 대상이 관찰을 당하고 있다는 것을 의식하지 못하게 하면서 관찰하는 방법이다. 물리적 관찰과 단순관찰이 있는데, 해석상의 왜곡 가능성이 있기 때문에 직접 관찰자료의 보충적 성격이 더 강하다(우수명 · 강병노, 2021).

(4) 질적 면접

질적 면접은 연구자가 대화 형태의 상호작용을 통해서 응답자로부터 자료를 수집하는 방법이다. 조사원이 사전에 작성되어 있는 질문을 하고 응답자가 미리 정해 놓은 응답범주 중에서 하나를 선택하도록 하는 면접 설문조사와 달리 질적 면접은 연구자가 응답자와의 다양한 대화를 통해서 정보를 수집한다. 위의 예에서 연구자는 주민들이 장애인시설에 대해 갖고 있는 감정에 대해서 자유롭게 얘기하도록 한다.

4) 자료의 처리

이 단계는 수집된 자료를 부호화하여 해석할 수 있도록 하는 과정이다. 부호화된 자료는 일반적으로 컴퓨터 프로그램으로 분석하기 위해서 자료입력(코딩)을 진행한다. 자료의 처리에는 일반적인 문서작성 프로그램, 데이터베이스 프로그램 및 통계패키지의 데이터작성 프로그램을 이용한다. 따라서 통계프로그램이 사용되는 첫 단계는 자료의 처리단계이다. 그러나 조사설계의 단계에서 이미 치료의 처리단계 및 분석단계를 고려하여 변수의 종류, 설계의 종류들을 결정하여야 한다.

5) 자료의 분석

자료의 분석단계에서는 처리된 자료를 조작하여 조사문제에 해답을 제공하고자 한다. 자료를 분석하면서 예상했던 결과뿐 아니라 예상하지 못했던 결과가 나오는 경우가 빈번하다. 사회복지통계는 자료를 분석하는 단계에서 가장 필요한 도구이다. 특히 수집된 자료가 양적인 자료일 경우에 자료를 효과적으로 해석하기 위해서 반드시 필요한 도구이다.

통계의 종류에서는 여러 가지 기준으로 구분할 수 있지만, 크게 두 가지 경우로 분류할 수 있다. 첫째, 통계의 기능 또는 목적에 따른 분류로, 기술통계descriptive statistics와 추론통계inferential statistics로 구분할 수 있으며, 둘째, 변수의 수와 변수의 관계에 따른 분류로 일원통계, 이원통계, 다원통계로 구분할 수 있다. 이에 대해 간략하게 살펴보면 다음과 같다.

(1) 기능 또는 목적에 따른 분류

① 기술통계

기술통계란 주어진 원 자료raw data를 있는 그대로 제시하는 통계적 방법이며, 또한 복잡하고 다양한 수량적 자료를 이해하기 쉽고 의미 있는 형태로 정리, 조직화하는 방법이라 할 수 있다. 기술통계는 표본 또는 모집단의 특성을 서술하는 통계로 빈도분포, 중심경향도(최빈값, 중앙값, 평균), 산포도(범위, 사분위범위, 변량, 표준편차) 등을 들 수 있다.

기술통계의 주요 기능은 첫째, 특정 변수 또는 집단에 관련된 수량적 자료의 조직 및 요약적 기능, 둘째, 두 개 또는 그 이상의 변수들 간의 상관관계에 대한 기술적記述的 기능을 지니고 있다. 따라서 기술통계란 자료를 수집하고 표나 그림 또는 대표값, 변동의 크기 등을 통하여 수집된 자료의 특성을 쉽게 파악할 수 있도록 자료를 정리 · 요약하는 방법을 다루는 통계적 방법에 관한 지식체계를 말한다.

② 추론통계

추론통계란 모집단(연구대상이 되는 전체집단)에서 뽑은 표본에서 나온 통계치로부터 모수치를 추정하거나 가설을 검증하는 데 사용하는 통계적 방법을 말한다. 추론통계의 방법에는 가설검증의 가정에 따른 구분에 의해 모수 통계parametric statistics와 비모수 통계nonparametric statistics으로 구분할 수 있다. 모수 통계는 정규분포normality, 분산의 동질성homogeneity of variance, 측정치의 연속성 및 동간격성continuity and equal interval of measure 등을 전제한 후 분석하는 통계방법으로, t 검증, 분산분석analysis of variance, 상관분석, 회귀분석 등이 대표적인 방법이라 할 수 있다. 반면에 비모수 통계는 모수 통계의 가정이 요구되지 않는 추론통계방법으로 x^2 검증, 콜모고로프-스미르노프Kolmogorov-Smirnov 검증, 맨-휘트니 검증 등이 있다. 추론통계는 표본에서 모집단의 특성을 추정하는 통계로 가설을 검증하는 데 사용되는 통계이다.

(2) 변수의 수 또는 변수의 관계에 따른 분류

통계분석방법을 변수의 수나 그 관계에 따라 분류할 경우 일원통계, 이원통계, 다원적 통계분석이 있다. 한 변수의 실체만을 독립적으로 기술하는 통계적 방법인 일원통계univariate statistics는 변수의 범주별 분포의 특성에 대한 총체적인 사실발견 기술을 위해 이용되고, 이원통계bivariate statistics는 두 변수 간의 상호관계나 차이를 분석하는 데 사용되는 통계적 방법으로서, 한 변수의 분포적 특성을 다른 변수와의 관계 속에서 설명하는 데 이용된다. 그리고 다원적 분석통계multivariate statistics는 3개 또는 그 이상의 변수들 사이의 관계를 밝히기 위하여 사용하는 통계적 방법을 말한다.

6) 결과의 해석

결과의 해석단계에서는 통계분석의 결과가 갖는 의미에 대해 판단을 내리는 단계이다. 분석결과를 설명하고 결과를 일반화하는 데의 한계 등도 고려한다. 이 단계에서는 결과를 해석하는 여러 가지 방법에 대한 철저한 토론을 제시한다. 또한 어떤 결과가 일반화될 수 있으며 어떤 결과가 일반화될 수 없는지, 결과의 의미 및 타당성과 관련된 방법론적 한계 등도 고려해야 한다. 마지막으로 사회복지정책과 프로그램개발을 위한 함의, 사회복지실천과 이론에 대한 함의, 앞으로의 연구에 대한 함의를 제시한다.

7) 조사보고서의 작성

마지막 단계인 조사보고서의 작성 단계에서는 조사의 결과를 공개하기 위해 대체로 조사의 단계에 따라 보고서를 작성한다. 보고서는 일반적으로 서론에서 조사문제에 대한 배경을 설명하고 연구의 중요성을 제시하며, 연관된 이론과 연구를 밝힌다. 연구의 분석단위, 변수, 가설, 조작적 정의를 제시한다. 방법론에서는 논리적 배열, 표본추출, 자료수집과정, 측정방법 등의 연구설계를 설명한다. 다음에 자료분석의 결과에서 사용된 통계기법을 설명하고, 표, 그래프 등으로 자료를 제시한다. 또한 구체적인 자료가 무엇을 의미하는지 기술적이고 사실적인 의미에서서술을 한다. 토론에서는 결과의 해석을 제시한다.

조사결과의 활용을 위해서는 조사결과를 어떻게 활용할지는 조사를 기획하는 단계에서 고려해야 된다. 또한 윤리성을 판단하여: 응답자의 익명성과 비밀보장, 자발적 참여(자기결정), 연구문제의 은폐, 대상자에 대한 위해 방지, 관찰 등에서 연구자의 신분, 분석과 보고에서 연구의 한계 제시 등을 연구과정과 결과보고에서 고려해야 된다.

3. 질적연구방법론

질적연구방법론은 기존의 설문조사 등의 양적연구방법과 다른 사회과학적 전통과 과정포함하고 있다. 방법론적 측면에서 연역적 · 양적 방법을 강조하는 전통적인 조사연구방법에 대한 비판, 논리실증주의라는 전통적 과학적 패러다임에 대한 반발, 논리실증주의에 기반한 인식론적 방법이 곧 과학적 패러다임이라는 경향에 대한 대안에서 출발하였다. 질적연구는 다양한게 개념정의를 할 수 있지만 서술 · 묘사 · 관찰 등의 방법을 통해 사회현상과 인간에 대한 이해, 해석, 및 비판적 분석하고 글짓기를 하는 연구방법이다. 현상에 대한 진술 지향, 객관성 · 보편성에 기반한 설명보다는 시간과 공간에 대한 특수성 속에서 사회현상에 대한 이해를 추구한다. 이런 질적연구방법을 사회복지에 대해 적용하는 이유는 양적 연구방법으로 설명하기 어려운 사회현상의 본질에 대한 심층적 이해를 할 수 있기 때문이다(강철희 · 김미옥, 2003: 69; 우수명 · 강병노, 2021).

2절 사회복지조사의 전망과 과제

사회복지통계는 사회복지조사에서 수집된 자료를 체계적으로 분석하여 해석하기 위한 기술이다. 앞에서 언급한 사회복지조사의 모든 과정에 세심한 주의를 기울여야 올바른 자료를 얻을 수 있으며, 그 자료를 올바른 분석방법으로 해석하여야 우리가 이해하고자 하는 대상 또는 현상을 제대로 이해할 수 있게 될 것이다. 따라서 이 과정에서 한 과정에만 오류가 발생해도 결과적으로 우리는 사회복지조사를 통해 추구하려는 목표를 달성하지 못하게 된다. 예를 들어 문제의 형성과정에서 개념을 잘못 정립한다면 그 개념에 기초한 자료들은 올바른 의미를 가질 수 없게 된다. 또는 자료의 수집과정이 제대로 이행되지 않았다면 그 이전의 과정이 제대로 이행되었다 하더라도 결국 잘못된 자료를 얻게 된다. 이와 같이 사회복지조사는 첫 단계부터 마지막 단계까지 유기적으로 연결된 하나의 과정이라고 볼 수 있다.

사회복지조사는 사회복지 전 분야에 걸쳐서 과학적인 방법을 적용한 객관적 근거와 명확한 토대를 제공해준다. 사회복지의 발전을 이루어지면서 실천과 연구의 연계에 의한 근거중심실천, 이론과 실천의 개발에서 지식의 창출을 위해서 연구의 잠재적 역량강화의 역할을 강조하는 참여적, 적극적 접근 등을 활용해야 한다(powell, 2002). 그 조사주제도 사회정의, 평등, 역량강화, 자기결정, 사회적 배제에 대한 대응 그리고 사회참여 등으로 확장되고 있다. 사회복지사 스스로도 연구 패러다임, 철학, 지식, 방법 그리고 과정에 있어서 단순한 패러다임에 국한되지 말고 사회적 환경과 제도의 변화 속에서 클라이언트의 영향과 사회문제 해결에 관심을 기울여야 한다(Gibbs, 2001). 그러므로 사회복지조사에서 단순한 암기적인 이해, 기계적인 적용을 하기보다는 과학적 상상력, 사회문제 해결에 대한 과학적 방법과 실천을 해야 한다.

제 3 부

사회복지 분야론

제 11 장

아동복지론

21세기 한국 사회에서는 아동 인구의 중요성이 새롭게 강조되고 있다. 저출산 고령사회로 진입한 우리 사회에서 점점 감소하고 있는 아동세대를 건강한 성인으로 성장하도록 지원하는 일은 무엇보다 중요한 국가의 핵심과제가 되었다. 또한 전통적 가족구조와 가족규범이 약화되고 있으며, 입양가족, 한부모가족, 재혼가족, 미혼부모가족 등으로 가족의 형태가 다양하게 분화하고 있는 현실 속에서 아동복지는 변화하는 사회상에 맞춰 새로운 시대적 과제를 맞이하고 있다. 동시에 아동정책과 서비스는 과거의 보호대상아동 중심의 단계에서 일반아동을 포함한 보편복지를 지향하면서 보다 다양하고 전문화된 모습을 띠며 새로운 단계로 빠르게 탈바꿈하고 있다.

이 장은 변화하는 21세기 한국 사회에 필요한 아동복지의 새로운 모습과 비전, 그리고 전문적인 아동복지실천의 기준을 제시하기 위한 것이다. 유엔아동권리협약에 기초한 아동권리 기본원칙의 인식이 정착되고, 아동복지의 목표와 실천 원칙도 글로벌 스탠다드에 따라 이루어져야 하는 단계에 이르렀다. 아동의 안전, 가정의 연속성, 아동과 가정의 복지는 아동복지의 중요한 목표로 자리 잡고 있으며, 이를 구현하기 위한 실천과 서비스는 전문성을 바탕으로 체계적 접근이 이루어져야 한다. 이를 위해 이 장에서는 새로운 정책 및 입법의 변화를 담고 미래지향적인 아동복지의 방향을 제시하고자 한다.

1 절 아동의 이해

1. 아동의 개념

아동은 보는 관점에 따라 어른의 작은 형태, 꾸밈없는 천진난만한 존재 또는 생리적 충동과 욕구가 강한 존재로 다양하게 표현되고 있지만, 아동에 관하여 사회적으로 합의된 일반적 개념을 살펴보면, 신체적 · 정신적으로 성장하는 과정에 있는 사람을 아동이라고 부른다.

아동의 연령 구분의 기준은 법률의 규정을 따르는 것이 일반적이다. 그러나 아동의 정의는 법률에 따라 다소 차이가 있다. 전 세계 모든 아동이 누려야 할 기본적인 권리를 명시한 최초의 국제협약인 유엔아동권리협약에서는 “아동에게 적용되는 법에 의하여 보다 조기에 성인 연령에 달하지 아니한 18세 미만의 모든 사람”을 아동으로 정의하고 있다. 우리나라 법률을 살펴보면 「아동복지법」 제32조 제1항, 「입양특례법」 제2조 제1항, 취학 또는 병역 이행 등 예외적인 사항을 제외한 「한부모가족지원법」 제4조, 「실종아동 등의 보호 및 지원에 관한 법률」 제2조에서는 아동을 “18세 미만인 사람”으로 규정하고 있다.

아동과 관련된 개념으로 영유아, 어린이, 소년, 청소년, 미성년 등이 있으며, 해당 연령은 관련 법령의 목적과 취지에 따라 다소 다르게 규정되고 있다. 「청소년기본법」 제3조, 「청소년복지지원법」 제2조에서 9세 이상 24세 이하를 청소년으로, 「다문화가족지원법」 제2조는 24세 이하인 사람을 아동 · 청소년으로, 「아동 · 청소년의 성보호에 관한 법률」 제2조는 아동 · 청소년을 19세 미만의 자로, 「민법」은 만 19세 미만을 미성년으로, 「형법」 제274조는 아동을 16세 미만의 자로 규정하고, 제9조는 14세가 되지 아니한 경우 형사미성년자로 정의하고 있다. 이 밖에 법률에서 다양한 아동 관련 연령 구분 등에 대한 정의가 이루어져 있다(보건복지부, 2021g). 이

책에서 아동이란 "18세 미만의 사람"으로서 유엔아동권리협약과 「아동복지법」의 정의를 사용하고자 한다.

2. 아동의 주요 특성

1) 일반적 특성

아동기에는 성장과 발달이 이루어지며 중요한 특성은 의존성, 성숙, 욕구, 민감성, 적응성 등이다(장인협, 오정수, 2000). 아동은 성인의 도움을 요구하는 의존적인 대상임과 동시에 발달 과업을 포함해 처해진 환경에 적응하기 위해 자신의 능력을 조율하고 발전시켜 성장해 나가는 존재이다.

① 의존성 : 아동은 생명의 유지와 신체적 · 지적 · 사회적 발달을 위하여 부모 등 보호자의 사랑과 관심에 의존하게 된다.

② 성숙 : 아동은 미성숙한 단계에서 성숙의 단계로 나아가며, 발달단계에 적절하게 자신의 생활 상황을 대처해 가면서 필요한 이해력과 신체적 · 정신적 기능과 능력을 발전시켜 나간다.

③ 욕구 : 아동은 생명을 유지하기 위한 인간본능의 생리적 욕구와 정신적 · 심리적 욕구가 동시에 충족되어야 한다. 아동은 가정에서 사랑을 받고, 또래들과 어울리고 인정받고 싶어 하며, 새로운 경험을 하고자 하는 욕구가 있다.

④ 민감성 : 아동의 감정과 정서는 매우 예민하여 욕구나 열망에 대한 즉각적인 만족을 원하며 가족이나 친구와의 관계에서도 민감하다.

⑤ 적응성 : 아동은 가정에서부터 점차 또래, 학교, 지역사회, 직장 등과 같은 사회공동체에 속하여 사회적 인간으로서 성장해가며, 아동의 성장을 위해서는 이러한 집단에서의 적응을 절대적으로 필요로 한다.

2) 발달기제적 특성

아동발달은 매우 복잡한 과정이지만 무작위로 일어나는 과정이 아니라 일정한 규칙에 따라 질서 정연하게 진행된다. 아동발달의 이러한 특성은 모든 아동에게 적용되는 일반적 규칙이며, 이는 신체뿐만 아니라 인지, 정서, 성격 및 사회적 발달에까지 모든 발달영역에 적용된다.

① 방향성: 아동발달의 속도는 아동마다 다를 수 있지만 순서는 상부에서 하부로, 중추에서 말초로 일정하게 진행된다.

② 연속성과 다양성: 아동발달은 멈추지 않고 연속적이다. 일반적으로 발달속도는 출생 초기에 빠르다가 후기에 접어들면서 느려진다. 또한 신체 각 부분의 발달속도도 각기 다르다.

③ 유전과 환경의 상호작용: 아동은 부모에게 받은 유전과 외부에서 받은 환경의 상호작용에 의해 발달하는 것으로 밝혀졌다. 유전적 소인이 잠재해 있더라도 환경자극이 없다면 발달하지 못하며, 이와 반대로 유전적 준비가 되어 있지 않은데 환경자극만 주어져도 제대로 발달하지 못한다.

④ 개별성: 모든 아동은 개성이 있고 독특하며, 완전히 똑같은 아동은 없다. 발달의 순서는 일정하지만 최종적으로 이루어진 발달의 정도, 발달의 속도 및 종결 시기는 개인마다 다르다.

⑤ 분화와 통합과정: 아동발달은 일반적인 것에서 특수한 것으로 분화되고, 분화된 단순한 특수행동은 다시 통합되어 새롭고 한층 복잡한 형태로 진행된다. 이런 발달의 방향은 신체뿐만 아니라 정서, 인지 등에도 적용된다.

⑥ 상호관련성: 아동발달의 여러 측면은 서로 밀접하게 관련되어 있다. 한 측면의 문제는 다른 측면에 영향을 준다. 신체, 인지, 사회성, 정서, 언어 등 각 발달의 측면은 배타적이거나 독립적으로 발달하는 것이 아니라 서로 밀접한 관계가 있다.

⑦ 기초성: 아동기는 성인기의 기초가 형성되는 시기다. 아동발달에서 겪게 되는 모든 경험은 성인기 행동의 여러 특성을 결정하는 원인이 된다. 이 기초성 때문에 어릴 때 강하게 박힌 인식을 성인이 된 후에 만회하거나 변경하는 것이 매우 어렵다.

⑧ 적기성: 아동발달은 어느 시기에나 가능한 것은 아니다. 가장 쉽게 이루어지는 최적의 시기가 있는데 이런 시기를 결정적 시기critical period라고 한다. 이 시기를 놓치게 되면 어떤 발달이든지 정상적인 수준을 유지하기 힘들다.

⑨ 누적성: 인간의 성장발달에 어떤 결손이 생기면 그 결손은 다음 시기의 발달에 부정적인 영향을 미치며, 적절한 개입을 하지 않으면 이 결손이 계속 누적되어

보다 심각한 결손으로 나타날 수 있다.

⑩ 불가역성: 인간의 특성은 주로 발달단계의 초기인 아동기에 기초가 형성되고, 또한 급속한 발달이 이루어진다. 어떤 특정한 인간 특성이 급속히 발달하는 최적기를 놓치게 되면 그 시기 이후에 이를 보완하거나 교정하기가 매우 힘들게 된다. 이렇게 최적기를 놓쳐서 거의 회복 불가능한 기제를 발달의 불가역성이라 한다.

3. 아동권리

유엔 아동권리협약의 4대 기본권은 생존권, 보호권, 발달권, 참여권으로 네 가지 요소가 있다.

① 생존권: 적절한 생활수준을 누릴 권리, 안전한 주거지에서 살아갈 권리, 충분한 영양을 섭취하고 기본적인 보건서비스를 받을 권리 등 기본적인 삶을 누리는 데 필요한 권리

② 보호권: 모든 형태의 학대와 방임, 차별, 폭력, 고문, 징집, 부당한 형사처벌, 과도한 노동, 약물과 성폭력 등 아동에게 유해한 것으로부터 보호받을 권리

③ 발달권: 잠재능력을 최대한 발휘하는 데 필요한 권리. 교육받을 권리, 놀고 쉬며 여가를 즐길 권리, 문화생활을 하고 정보를 얻을 권리 등

④ 참여권: 자신의 생활에 영향을 주는 일에 대해 의견을 말하고 존중받을 권리. 표현의 자유, 생각과 양심과 종교의 자유, 평화로운 방법으로 모임을 자유롭게 열 수 있는 권리, 사생활을 보호받을 권리 등

또한 아동권리의 개념은 제공Provision, 보호Protection, 참여Participation라는 '3P 개념'으로 설명되기도 한다(장인협, 오정수, 2000: 45). 즉, 아동권리의 기본요소에는 아동의 욕구 충족에 필요한 생존 및 발달 자원의 제공, 유해한 환경과 착취 및 학대로부터의 보호, 자신의 삶에 능동적인 참여의 개념을 담고 있다.

2절 아동복지의 기초

1. 아동복지의 정의와 발전방향

미국에서 발간된 『사회사업사전』에 의하면, 아동복지란 다음의 의미를 내포하고 있다. ① 아동의 건전한 발달과 보호를 향한 이념, ② 아동들에게 혜택을 주기 위한 사회복지 프로그램, ③ 아동을 위하여 제공되는 대인 서비스의 한 부분을 의미한다. 다시 말하면, 아동복지란 아동들의 복지라는 이념을 함축하고 있으며, 아울러 아동을 위한 프로그램이나 서비스의 실천적 활동까지를 포함하는 개념으로서 의미를 갖고 있다(Barker, 1987: 24).

아동복지에 대한 정의는 국가나 사회적 상황의 이념에 따라 차이가 있으며, 사회적 변화에 따라 정의가 다소 변화하기도 한다. 잔여적residual 개념과 제도적 institutional 개념은 이러한 상황과 이념의 차이를 반영한다. 잔여적 개념은 가족, 시장, 종교, 정치 등 주요 사회제도의 기능적 실패를 인정하되, 아동복지는 그 기능을 임시로 보충하는 것을 의미한다. 반면 제도적 개념은 시장이나 가족제도의 실패는 임시적인 것이 아니라 피할 수 없고 지속적인 것으로 이해하고, 아동복지를 사회제도의 기능적 실패에 따른 보충적 역할이 아닌 하나의 사회제도로 바라본다.

카두신Kadushin은 『아동복지서비스』(1974)에서 아동복지를 잔여적 의미의 사회적 서비스의 한 형태로 정의하고 있다. 복지에 대한 개인과 가족의 책임을 강조하는 미국사회의 가치관이 반영된 정의다. 한편 메이어Meyer는 『아동복지 핸드북』(1985)에서 아동복지를 사회체계의 한 부분이면서 사회제도이며, 사회복지 전문직의 한 분야로 정의하고 있다.

아동복지의 상위개념으로서 사회복지의 개념도 고착된 개념으로 존재한 것이 아니라 시대적 상황이나 사회이념에 따라 변화해 왔다. 특히 산업화 이후의 사회복지는 가족이나 시장기구의 역할에 부수적인 잔여적 개념이 아니라 다른 사회제도와 동등한 위치의 독립된 사회제도적 의미로 받아들이는 것이 일반적인 추세가 되었다. 따라서 아동복지의 정의는 잔여적 의미보다는 제도적 의미로 받아들이는 것이 사회복지 개념의 일반적 발전과 일치한다. 아동복지도 역사적으로 보호 이념과 책임 주체, 보호 형태, 보호시설 크기, 다양성, 전문성, 보호 대상 등 영역에서 발전하고 있다. 그 발전방향의 내용은 다음과 같다.

[표 11-1] 아동복지의 발전방향

구분	내용
보호 이념	사회구호→ 선별주의→ 보편주의
책임 주체	가족책임→ 국가책임
보호 형태	시설보호→ 가정과 지역사회 보호
보호시설 크기	집단적 대규모 수용보호→ 소규모화
다양성	단순한 수용보호→ 다양한 형태의 분화된 서비스
전문성	비전문적 봉사→ 전문화된 서비스
보호대상	일부 보호대상아동→ 전체아동

2. 아동복지의 목표

아동복지서비스는 아동복지실천을 위한 미션mission으로서 다음과 같은 목표를 갖는다.

① 목표 1: 아동의 안전

아동복지서비스의 가장 일차적인 목표는 아동을 아동학대나 방임, 유기 및 모든 유해한 환경으로부터 보호하고 안전하게 양육하는 것이다. 구체적인 결과 목표 측면에서는 아동이 학대를 받지 않고, 동시에 가정도 최소한의 양육기준을 수행할 수 있도록 지원하는 것이다.

② 목표 2: 연속성

국가나 사회복지기관이 아동을 학대나 위험한 상황으로부터 보호하고자 할 때

안정된 가족관계의 유대에 대한 욕구를 고려해야 한다. 연속성을 지니면서 영구적인 가정을 갖는 것은 아동의 소속감을 증진시키고 아동에게 미래에 대한 확신을 갖고 살아갈 수 있게 하며, 아동기나 사춘기의 어려움을 보다 잘 극복할 수 있는 힘을 준다.

③ 목표 3: 아동의 복지

아동의 복지를 구현한다는 목표는 아동이 기본적 욕구가 충족되고 지속적인 양육과 지원, 필요한 자극을 제공하는 환경 속에서 성장할 수 있는 기회를 갖는 것이다. 아동복지서비스는 아동에게 정상적 발달을 가능하게 할 최소한의 기회와 정서적인 필요를 공급하는 양육의 최소 기준을 향상시켜야 한다.

④ 목표 4: 가정의 복지

가족복지는 아동복지의 기초로서, 가족의 복지를 구현한다는 목표는 가족이 아동을 돌볼 수 있는 능력을 갖게 하고 기본적인 아동발달, 건강, 교육, 주거 및 사회적 · 영적 · 문화적 욕구를 충족시키게 하는 것이다.

3. 아동복지의 실천원칙

다운즈Downs 등(2004)은 아동복지서비스의 실천에 적용하는 다음과 같은 네 가지 실천원칙을 제시하고 있다. 이러한 실천원칙은 아동복지 실천현장에서 단계적으로 적용되어야 한다.

① 제1원칙: 안전하고 영구적인 가정이 아동을 위한 가장 최선의 환경이다.

아동이 보살핌과 보호를 받고 사회화를 이루어 가는 성장과 발달과정에서 안전하고 영구적인 가정은 최선의 환경을 제공한다. 아동의 욕구는 지속적인 양육, 지지 및 자극을 제공하는 환경에서 성장하고 발달할 기회를 갖는 것이며, 가정은 보살핌을 제공하는 보호자와의 안정된 관계를 제공하는 최선의 장이다.

② 제2원칙: 아동은 신체적 · 정서적 · 성적 학대로부터 자유롭고 안전한 환경에서 성장하여야 한다.

아동은 음식, 의복, 주거 등 기본적 욕구를 충족시키기 위하여 사랑을 제공하는 보호자와의 관계 속에서 안전하게 자라야 한다. 아동의 가정이 이러한 안전한 환경을 제공할 능력을 상실했을 경우, 제1원칙과 제2원칙이 충돌하는 상황이 발생한다.

③ 제3원칙: 아동의 욕구가 가족에 의해 충족될 수 있을 때, 아동복지서비스는 가족의 기능을 강화하고 지지하여야 한다.

제3원칙은 제1원칙과 제2원칙이 충돌하는 상황에서 이러한 딜레마를 해결하기 위한 실천 원칙이다. 서비스는 아동을 가족으로부터 분리하지 않고 가족의 연속성을 유지하는 동시에, 가족은 지역사회로부터 적절한 소득보장, 의료보호, 주거 등 아동양육을 위한 적절한 환경을 제공받을 자격이 있다.

④ 제4원칙: 아동을 배치하는 결정은 가족의 연속성에 대한 아동의 욕구를 존중하여야 한다.

만약 아동이 가족으로부터 불가피하게 분리되어야 하는 경우, 아동을 배치placement하는 결정을 하게 된다. 이 경우, 아동을 출생가정 외부에 배치하는 서비스는 가족에 대한 아동의 정서적인 애착과 연속성을 유지하는데 서비스의 초점을 두어야 한다. 혈연관계는 이러한 연속성을 유지하는 데 중요한 역할을 한다. 입양을 통해 영구적인 대리가정에 배치하는 경우에도 개방입양open adoption의 방법으로 생물학적 부모와 관계를 유지하게 하는 것이 바람직한 아동복지서비스의 방법이다. 이러한 아동복지서비스의 실천원칙들은 미국을 비롯한 선진국에서 학대아동보호, 가정위탁, 입양 등의 서비스에서 경험적으로 검증되어 왔고 서비스 현장에서 적용되고 있다.

한편, 미국의 The Casey Outcomes and Decision-Making Project에서는 아동복지서비스의 원칙으로 다음과 같은 7가지 사항을 제시하였다(Winterfeld, & Feild, 2003). ① 아동의 안전과 가족의 지지, ② 아동과 가족의 복리, ③ 가족에 대한 지역사회 지원, ④ 가족중심적 서비스, ⑤ 문화다양성, ⑥ 책임성과 적시성, ⑦ 시스템과 자원의 조정이다. 4번까지의 사항은 다운즈Downs 등(2004)의 실천원칙과 유사하지만 나머지는 새롭게 추가된 사항이다.

① 아동의 안전과 가족의 지지: 가족구성원과 함께 거주하는 안전하고 영구적인 가정은 아동의 성장을 위한 최선의 장소다.

② 아동과 가족의 복리: 아동의 복리란 아동의 기본적 욕구가 충족되어야 하며 아동이 지속적인 양육, 지지, 자극을 제공하는 환경 속에서 성장 발달할 기회를 가져야 한다는 것이다. 가족의 복리란 가족은 아동을 돌볼 능력을 갖고 있으며 아동의 발달, 교육, 사회, 문화, 보건 및 주거 욕구를 충족시켜야 한다는 것이다.

③ 가족에 대한 지역사회 지원: 지역사회는 가족이 아동을 위한 안전한 양육환경을 제공하도록 직업, 주거 및 지역사회 기반의 예방적이고 지지적인 가족서비스를 제공해야 한다.

④ 가족중심적 서비스: 아동을 위하여 주요한 결정을 하고 그들의 욕구를 충족시키는 서비스를 계획함에 있어 가족은 아동양육 지원체계의 핵심적인 파트너가 되어야 한다.

⑤ 문화다양성: 다문화사회 속에서 아동의 문화적 차이와 다양성을 이해하고 지원하는 서비스 체계를 구축해야 한다.

⑥ 책임성과 적시성: 잘 조직된 서비스 전달체계, 서비스 수행기준에 대한 책임성, 적시의 서비스 시간 계획은 아동을 보호하고 가족을 강화하는 활동에 주된 핵심이다.

⑦ 시스템과 자원의 조정: 아동과 가족의 복리를 위해 다양한 서비스기관들이 관여할 수밖에 없고, 그 과정에서 발생할 수 있는 중복과 누락을 막기 위해 이러한 서비스와 지원활동을 조정하는 공식적 노력은 다양한 기관에서 제공되는 서비스의 응집력을 향상시킨다.

3절 아동복지의 유형

1. 서비스 제공장소에 의한 분류

서비스가 전달되는 장소를 기준으로 분류하면 가정 내 서비스와 가정 외 서비스로 양분할 수 있다. 서비스 제공 장소에 따른 분류는 아동복지서비스의 분류에서 가장 전통적이고 일반적인 방법으로 보편적으로 사용되고 있다(장인협, 오정수, 2000).

1) 가정 내 서비스

가정 내 서비스in-home service는 아동이 부모를 비롯한 가족구성원과 함께 생활하면서 필요한 양육과 서비스를 제공받는 경우이다. 가정 내 서비스는 아동의 양육에서 가장 핵심적인 위치와 중요성을 지니고 있다는 점에서 아동복지서비스에서 강조되고 있다.

2) 가정 외 서비스

가정 외 서비스out-of-home service는 아동이 자신이 거주하는 가정과 가정 밖의 서비스 제공 장소 간을 오가면서 보호나 서비스를 받는 경우, 그리고 자신의 출생가정을 떠나서 일시적으로 또는 장기적으로 보호시설이나 다른 위탁가정 등에 거주하면서 양육이나 서비스를 제공받는 경우를 모두 포함한다. 아동의 보호에 있어 안정된 가정생활과 가정중심의 보호원칙이 강조되고 있지만, 가정이 해체되거나 아동학대로 강제로 분리되거나 아동의 특별한 욕구를 충족시키기 위해 불가피하게 가정을 떠나 보호를 받아야 하는 경우 적극적인 선택으로서 아동의 복지를 위한 최선의 대안으로 가정 외 서비스를 제공해야 한다.

2. 가족의 욕구수준에 따른 분류

가족의 욕구수준에 따라 아동복지서비스를 분류할 수 있다. 가족 욕구수준에 따른 서비스의 분류는 피라미드 형태의 연속성을 보여준다. 피라미드의 맨 아래로 갈수록 욕구수준은 낮으나 대상자가 많아지며, 피라미드의 위로 올라갈수록 욕구수준은 높고 대상자는 적어진다.

1) 모든 가정을 위한 서비스

피라미드의 가장 아래에 위치한 모든 가정을 위한 서비스는 모든 가정의 아동을 위한 보편적인 서비스이며, 적절한 소득, 주거, 건강보호, 보육, 교육, 돌봄, 여가 서비스가 포함된다.

2) 약간의 추가지원이 필요한 가정을 위한 서비스

약간의 추가지원 서비스에는 가정방문 프로그램, 사회복지관이나 가족센터의 서비스, 부모 및 아동교육 프로그램을 포함한다.

3) 특별한 지원이 필요한 가정을 위한 서비스

특별한 지원이 필요한 가정을 위한 서비스에는 약물남용치료서비스, 정신건강서비스, 단기보호서비스, 가정폭력서비스, 수감자 부모가 있는 아동을 위한 서비스 등이 포함된다.

4) 위기가정을 위한 서비스

위기가정 서비스는 욕구수준이 상당히 높은 단계로서 집중적 가족보존서비스, 학대아동보호서비스 등이 포함된다.

5) 가정 밖 서비스

가정을 떠난 외부 서비스에는 비행 아동을 위한 교정시설, 치료시설, 양육시설,

그룹홈, 위탁가정 등이 포함된다.

3. 서비스 기능에 의한 분류

이 분류는 카두신이 제시한 것으로 아동 양육을 위한 가정의 역할에 대하여 아동복지서비스가 어떠한 기능을 지니는가에 따라 지지적supportive 서비스, 보조적 supplementary 서비스, 대리적substitute 서비스로 구분하였다(Kadushin, 1974).

1) 지지적 서비스

지지적 서비스는 부모와 아동의 관계에서 일어나는 문제를 해결할 수 있도록 부모나 가족의 기능을 지원하고 능력을 강화시켜 주는 서비스다. 지지적 서비스는 다른 서비스와는 달리 아동들이 자신의 가정에 머물러 생활하면서 받을 수 있는 서비스다. 이러한 서비스를 제공함에 있어서 서비스의 기능은 부모나 아동의 역할을 대신해 주는 것이 아니라, 가족구조나 구성원의 역할을 침해하지 아니하고, 다만 외부에서 가족 내부의 역할과 기능이 제대로 수행될 수 있도록 지원해 주는 역할을 한다. 지지적 서비스의 목표는 가족구성원의 사회적 기능을 향상시킴으로써 가족의 해체 위험을 감소시키는 것이다.

이러한 지지적 서비스를 제공하는 주요 기관에는 가족센터와 아동상담기관이 있으며, 가족구성원에 대한 개별상담과 집단서비스, 가족치료 등의 접근방법이 활용된다.

2) 보조적 서비스

보조적 서비스는 아동이 가정 내에서 생활하게 지원하면서, 부모들이 가진 역할의 일부를 대신 수행하는 서비스다. 부모의 질병, 장애, 실업 등의 예기치 못한 상황은 가족의 역할을 대신해 줄 사회적 장치를 필요로 한다. 보조적 서비스는 이와 같이 가족의 적절한 역할수행에 어려움을 겪는 경우에 아동의 욕구를 충족시키는 사회적 장치로서 의미가 있다.

보조적 서비스에는 빈곤가정을 지원하는 소득보장으로서 현금급여 또는 아동수당, 일하는 부모를 도와주는 보육서비스, 부모가 질병이나 부재중일 때 아동의 집안일을 도와주는 가사지원homemaker 서비스 등이 포함된다.

3) 대리적 서비스

대리적 서비스는 급격한 양육 역할의 변화가 발생하여 부모가 아닌 제3자가 부모 역할의 전부를 대신하는 서비스다. 이는 아동학대, 부모의 수감 등과 같은 이유로 아동의 출생가정이 기능을 상실하여 아동에게 필요한 최소한의 양육활동과 돌봄을 제공할 수 없게 되는 경우가 발생하기 때문이다. 따라서 아동은 자신의 가정을 완전히 떠나서 다른 가족이나 대리양육자, 양육시설 등에 의하여 일시적으로 혹은 장기적으로 보호를 받게 된다. 여기에는 가정위탁, 입양, 시설보호 등의 서비스가 포함된다.

4. 방어선의 위치에 의한 분류

주커만Zuckerman은 「아동복지」(1983)에서 다음과 같은 방어선의 개념에 의해 아동복지서비스를 체계적으로 분류하였다(Zuckerman, 1983: 26-31). 주커만은 지지적 서비스와 보조적 서비스의 대부분을 제1차 방어선으로 보았으며, 대리적 서비스 중 가정 형태의 서비스를 제공하는 가정위탁과 입양을 제2차 방어선, 집단시설보호서비스를 제3차 방어선으로 구분하였다.

1) 제1차 방어선으로서 가정 내 서비스

가정은 아동에게 일차적인 방어선으로서의 기능을 수행한다. 그러나 가정이 아동의 기본적인 욕구를 충족하지 못할 위험에 처하거나 부모-자녀의 역할관계에 장애가 있을 경우, 가정의 사회적 기능을 회복, 유지, 강화함으로써 제1차 방어선으로서의 역할을 수행해야 한다. 가정에서 생활하는 아동과 가족을 위한 서비스로는 지역사회기관에서 제공하는 아동상담이나 가족복지서비스 등이 대표적이다.

2) 제2차 방어선으로서 대리가정서비스

가정이 정상적인 기능을 충분히 수행하지 못하면 아동에게 출생가정의 역할을 대신할 수 있는 다른 보호의 장이 요구된다. 이러한 주장은 Goldstein, Freud 그리고 Solnit(1973)에 의하여 제안된 것으로 최소 침해 대안the least detrimental alternative의 원칙이라고 불린다. 이 원칙은 가정의 기능수행에 장애가 있을 경우, 아동에게 가장 적절한 형태의 보호와 서비스가 무엇인가를 결정하는 기준으로 널리 수용되고 있다. 이 원칙이 제시하는 서비스의 목표는 아동의 삶과 가정에 대하여 제한적인 요소를 최소한도로 줄이는 것이다. 따라서 구조화된 주거시설에 비하여 덜 구속적이고, 가정생활의 환경에 근접하며, 지역사회에 자유롭게 접근할 수 있는 보호의 장으로서 대리가정이 제안되는 것이다. 대리가정서비스의 대표적인 형태로는 가정위탁과 입양 서비스를 들 수 있다.

3) 제3차 방어선으로서 집단시설보호서비스

그룹홈이나 양육시설에 의한 서비스는 앞서 언급한 최소 침해 대안의 원칙에 따라 아동의 욕구가 출생가정이나 대리가정에 의하여 충족될 수 없는 경우에 한하여 집단적인 보호를 제공하는 것이다. 또래집단과의 관계가 중요한 요소인 집단적인 생활환경이 필요한 아동, 특수한 욕구를 가진 장애아동에게 이러한 집단적 주거환경에 의한 서비스가 제공된다. 집단보호는 5~7명의 아동을 수용한 소규모 공동생활가정(그룹홈)에서부터 대규모 양육시설에 이르기까지 규모와 형태가 다양하다. 어떤 가정은 시설의 직원이 대리부모의 역할을 수행함으로써 가정의 형태로 운영되기도 한다. 또한 정서장애를 지닌 아동이나 가정에서 행동장애를 일으킨 아동을 위하여 치료적 기능을 수행하는 시설도 있다. 대부분의 집단보호 프로그램은 공공 또는 민간 복지기관에 의하여 운영되며 공공재원의 지원을 받는다.

4절 주요 아동복지정책 현황

1. 아동권리와 아동학대 보호

1) 아동권리 보호

우리나라의 아동정책에서 일반아동의 권리보장은 그동안 아동의 보편적 복지 확대를 위해 노력하였으나 아동의 행복이나 삶의 만족도 수준은 국제적으로 비교 시 최하위권에 속하는 등 한계가 있었다. 특히 아동을 보호나 양육의 대상이 아닌 권리주체로 인식하고 아동중심 정책 추진의 필요성이 제기되어 왔다. 아동의 행복 수준을 향상하기 위해서는 복지, 교육, 여가 · 문화, 안전, 사법절차 등 아동정책 전반에 아동중심의 관점을 반영할 필요가 있다.

이에 따라 제2차 아동정책기본계획(2020~2024)에서는 권리주체 아동권리 실현, 건강하고 균형 있는 발달 지원, 공정한 출발 국가책임 강화, 코로나19 대응 아동정책 혁신 등 일반아동 권리향상을 위한 주요 아동정책 과제가 제시되었다.

2) 지자체 아동보호팀

정부는 아동보호에 대한 국가의 책임을 강화하기 위한 정책으로 2019년 5월 포용국가 아동정책을 발표하고, 보호가 필요한 아동에 대한 공적 책임을 강조하는 아동보호체계 전면개편을 발표하였다(관계부처합동, 2019). 아동보호체계 개편안의 핵심은 아동보호체계의 공공화로서, 아동학대 업무를 공공에서 담당해야 한다는 주장이 받아들여져 그동안 민간 중심으로 이루어져 왔던 아동보호의 업무를 국가와 지방자치단체에서 담당하게 되었다.

2020년「아동학대범죄의 처벌 등에 관한 특례법」이 개정되었으며, 그해 10월을 기점으로 전국 229개 시 · 군 · 구에 아동보호팀이 만들어져 아동학대전담공무원과 아동보호전담요원이 배치되었으며, 아동학대 대응의 컨트롤타워 역할을 담당하게 되었다(법무부, 2020). 아동학대전담공무원은 그동안 민간영역의 아동보호전문기관이 담당하던 아동학대의 신고접수, 현장조사, 학대판정, 상담, 보호계획, 친권상실 청구 업무 등을 공공영역에서 수행하고, 그동안 이 업무를 수행한 아동보호전문기관은 사례관리에 전념할 수 있게 되었다. 아동보호전담요원은 보호대상아동에 대한 상담, 심리검사, 개별보호계획 수립, 정기적인 아동양육과정의 점검과 사후관리를 담당하고 있다.

3) 아동보호전문기관

아동보호전문기관은 2000년 「아동복지법」이 전면 개정되어 아동학대에 대한 보호체계가 구축된 이후 아동학대의 발견, 치료, 보호 및 예방 등을 수행하는 전문기관으로서 핵심적인 역할을 담당해왔다. 그러나 법적 권한이 부재한 상황에서 민간 인력이 아동학대 현장조사 및 아동과 학대 행위자 분리조치와 같은 공적 역할을 수행하기에는 어려움이 있었다(이희연, 김경희, 이정은, 김지혜, 정익중, 2014). 이 어려움을 해결하기 위해 지자체 아동보호팀이 신설되면서 아동보호전문기관은 학대피해아동과 학대행위자에 대한 심층적인 상담과 교육, 치료에 집중할 수 있게 되었다.

중앙아동보호전문기관은 2019년 7월에 출범한 공공기관인 아동권리보장원으로 통합 · 개편되어 아동 관점의 정책 수립을 지원하기 위한 전문기관의 위상을 갖게 되었으며, 아동보호전문기관에서 학대피해아동 심층 사례관리, 가해 부모 대상 양육기술 교육, 심리치료 서비스, 가족기능 강화 서비스 등 전문성 높은 서비스를 제공하도록 지원하고 있다(보건복지부, 2022b).

2. 지역사회 중심의 빈곤아동 지원

1) 드림스타트

드림스타트는 「아동복지법」 제37조 및 「아동복지법시행령」 제37조에 근거하여 취약계층 아동에게 맞춤형 통합 서비스를 제공하여 아동의 건강한 성장과 공평한 출발 기회를 보장하는 사업이다(보건복지부, 아동권리보장원, 2022). 이는 사후대처 방식의 단기적 소득지원형 서비스에서 탈피하여 빈곤에서 벗어날 수 있도록 아동의 잠재적 능력을 키워주는 예방적인 사업이다. 드림스타트는 국가가 취약지역 아동에게 영유아기부터 집중적으로 투자하여 공정한 출발선을 보장해 주고자 하는 의미를 가지고 있다.

드림스타트는 기존에 보건소를 중심으로 실시되고 있던 방문간호서비스에 아동보호서비스를 연계한 것으로, 학대 및 방임 아동을 조기에 발견하여 적절한 지원을 하기 위한 것이었다. 이는 2007년에 '방임 · 학대 아동에 대한 통합서비스'로 통합되어, 전국 16개 지역에서 시범사업을 실시하였고, 단계적으로 확대되어 229개 모든 시 · 군 · 구에서 운영되고 있다(보건복지부, 2021c).

드림스타트는 만 12세 이하의 취약계층 아동 및 가족을 대상으로 지역사회 내 보건 · 복지 자원을 연계하여 맞춤형 통합서비스를 제공하는 것을 특징으로 한다(보건복지부, 아동권리보장원, 2022). 또한 사례관리를 기본으로 복지서비스 이용자들의 문제와 욕구에 기반한 맞춤형 서비스를 제공함으로써 그동안 분절되어 제공되던 보건, 복지, 보육, 교육서비스가 통합되어 원스톱one-stop 서비스 제공이 가능하게 되었다.

2) 지역아동센터

지역아동센터는 2004년 「아동복지법」 개정에 따라 기존에 민간에서 운영되어 오던 공부방을 법정 아동복지시설로 양성화한 것으로, 빈곤아동에게 방과 후 학습 및 정서 지원서비스를 제공하는 사업이다. 즉, 지역아동센터는 지역사회 아동의 보호 · 교육, 정서적 지원, 건전한 놀이와 오락의 제공, 보호자와 지역사회의 연계 등 아동의 건전한 육성을 위하여 종합적인 복지서비스를 제공하기 위한 목적으로 설치 · 운영하는 아동복지시설의 일 유형이다(보건복지부, 2022c). 지역아동센터의 현황을 살펴보면, 2019년 시설별 신고정원의 80% 이상 돌봄취약아동이 우선 돌봄 대상자였던 것을 2022년 50% 이상으로 하향 조정하였고, 20%였던 일반아동은 50% 범위 내 등록할 수 있도록 하였다. 즉, 대상자를 기존 돌봄취약아동 중심에서 일반아동으로 확대하여 운영 중이다(보건복지부, 2020c, 보건복지부, 2022c).

지역아동센터는 전국적인 분포를 두고 읍 · 면 · 동 수준에 해당하는 생활권인 지역사회에 위치하여 아동이 편리하게 이용할 수 있다는 면에서 접근성의 이점을 가지고 있다. 또한, 대부분 30명 미만의 소규모 시설로서 아동 개인의 욕구에 맞는 개별화된 서비스 제공이 가능하다. 또한 지역사회 아동들이 장기적으로 이용하는 경우가 많으므로 상시적이고 지속적인 제공이 가능하고, 지역아동센터를 거점으로 지역 내 다양한 자원을 효과적으로 활용할 수 있어서 포괄적인 서비스 제공이 가능하다는 장점이 있다.

지역아동센터에서 제공하는 프로그램은 기본프로그램과 특화프로그램으로 구성되어 있다. 기본프로그램은 보호 · 교육 · 문화 · 정서지원 · 지역사회 영역의 프로그램으로 구성되며, 특화프로그램은 지역사회 특수성 반영 및 주요 대상의 맞춤형 운영 프로그램을 제공한다(보건복지부, 2022c).

3) 아동급식 지원

아동급식 지원사업은 「아동복지법」 제35조(건강한 심신의 보존) 제2항 제3호, 제4항에 근거한 사업으로 빈곤, 가족해체, 보호자의 실직 및 가출 등으로 밥을 굶거나 굶을 우려가 있는 아동들이 건강하고 행복하게 자라날 수 있도록 급식지원을 통해 결식예방 및 영양개선을 목적으로 하고 있다(보건복지부, 2022). 18세 미만 취학 및 미취학 아동을 대상으로 하고 있으며 2000년 아동급식(석식) 지원을 시작으로 2005년부터 지방사무로 이양되어 지방자치단체의 지원기준과 예산, 조례에 따라 지역 실정 및 아동의 가정환경과 욕구에 맞는 급식을 효율적으로 제공하는 것이다.

아동급식 지원사업은 아동의 영양과 보건을 위한 아동급식의 최저기본선을 정하고 이를 보장하는 것을 목표로 처음에는 석식만 지원하던 것을 2001년부터는 조식도 추가로 지원하였고, 2004년부터는 일요일, 공휴일을 포함하여 방학 중 중식 지원도 실시하고 있다. 복지부는 지방사무로 이양된 급식비를 적정수준으로 유지하기 위해 한 끼당 일정 금액 이상을 권고하고 있으며, 신청방법은 온라인 신청, 읍면동 행정복지센터, 우편 등 다양한 방법으로 신청이 가능하다(보건복지부, 2021e).

급식지원 방법으로는 지역 실정과 아동여건에 따라 개인별 급식지원계획을 수립하여 단체급식소, 일반음식점, 도시락 및 부식 배달, 아동급식카드, 식품권 등 다양한 방법으로 지원하고 있으며, 아동급식의 안전성 확보를 위해 급식시설 현대화와 위탁급식 직영 전환을 추진하고 있다.

3. 보호대상아동을 위한 가정외보호체계

아동복지서비스 중 보호대상아동을 위한 가정외보호체계는 입양, 가정위탁보호, 공동생활가정(그룹홈), 시설보호 등을 중심으로 구성되어 있다.

1) 입양

입양은 보호자가 없거나 보호자로부터 이탈된 아동 등에게 건전한 가정을 영구적으로 제공하여 신체적, 정서적, 사회적으로 건강하게 성장할 수 있도록 지원하는 것을 목적으로 하는 서비스를 의미한다(보건복지부, 2021f).

우리나라의 전통적인 입양은 친척입양으로 가계 계승을 목적으로 한 것이었다. 그러나 6.25 전쟁으로 부모를 잃은 고아가 급증하면서 국외입양이 시작되었다. 전쟁에 참여했던 군인이나 선교사들이 고국으로 돌아가면서 전쟁고아를 입양하여 시작된 국제입양은 아동수출국이라는 오명을 쓸 정도로 많은 아동을 해외로 입양시켜 왔다. 아동 최선의 이익을 고려하여 가능하다면 친부모에 의해 양육되는 것이 가장 좋다는 관점에서 볼 때 입양 숙려제도를 통해 친부모는 아동을 양육하는 것에 대해 충분한 시간을 갖고 고민 끝에 결정할 수 있도록 해야 한다(김다은, 2018). 국내입양 우선추진제가 도입됨에 따라 차츰 국내입양이 증가하였고 2007년을 기점으로 국내입양 아동수가 국외입양 아동수보다 많아졌다(보건복지부, 2022e). 국내입양의 절차는 민간입양기관이 주도하는 '검증의 단계'와 법원이 주도하는 '허가의 단계'로 구분되며 입양기관에서는 입양신청단계와 입양 부모-아동 결연단계가 진행되고, 이후 가정법원 심의단계가 진행되는 동안 입양아동은 입양전제위탁의 형태로 입양부모에게 위탁되고 가정법원이 입양사건을 인용하게 되면, 입양기관은 입양가족을 대상으로 한 사후관리 단계를 진행하게 된다(권지성, 정익중, 박현선, 김아롱, 2022). 입양의 경우 안정적이고 지속적인 보호가 아동발달에 있어서 특히 중요하다. 따라서 영구 배치permanency를 통해 안정적이고 지속적인 보호가 이루어질 수 있도록 사후관리에 초점을 두는 것이 중요하며 효과적인 배치와 사후관리가 가능하도록 정부의 지도감독, 양육비의 지원강화, 입양에 대한 국민 인식개선 교육 등 다각도의 대책이 필요하다. 또한 입양 이후에 아동학대 사건 발생을 예방하기 위해 전문상담원에 의한 예비입양부모의 자격 검증과 사후관리가 철저하게 시행될 필요가 있다.

현재 우리나라의 전반적인 입양 업무는 입양기관 운영을 허락받은 민간 사회복지법인이 주도적으로 수행하고 있으며, 아동권리보장원은 입양아동에 대한 데이터베이스를 운영하고, 입양 정책과 서비스에 대한 조사와 연구를 담당하고 있다(보건복지부, 2020a). 아동 이익 최우선의 원칙을 위해서는 아동의 권리 보호의 핵심적 부분에서 공공의 역할이 필요할 것으로 판단되며, 민간 입양기관과 공공기관인 아동권리보장원, 지자체 간에 협력을 통해 입양 업무를 수행할 때 더욱 큰 시너지 효과를 발휘하여 아동의 권리가 한층 더 강화될 것으로 기대된다(노충래, 정익중, 안재진, 우석진, 2020).

2) 가정위탁

가정위탁은 아동복지서비스의 하나로서 친생부모가 일시적 또는 장기적으로 아동을 양육할 수 없거나 부적절할 때 일정 기간 위탁가정을 제공하여 보호하고 양육하는 아동복지 제도이다. 가정위탁의 일차적 목적은 아동이 원가정으로 복귀하는데 있으며, 이는 시설에서 성장하거나 소년소녀가장으로 방치되는 일을 막기 위함이다.

우리나라의 가정위탁 유형은 크게 세 가지로 유형화할 수 있다. 첫째, 부모를 제외한 부양의무자인 조부모에 의한 대리양육 가정위탁, 둘째, 조부모를 제외한 친인척(「민법」에 의한 8촌 이내의 혈족 등)에 의한 친인척 가정위탁, 셋째, 혈연관계가 없는 일반인에 의한 일반 가정위탁이다(보건복지부, 2020b). 이러한 분류는 2021년 6월부터 전문, 일반, 일시가정위탁보호로 변경되었다. 전문가정위탁보호는 학대피해아동, 2세 이하 아동 등으로서 특별한 보호가 필요한 보호대상아동을 전문적으로 보호 · 양육하는 위탁보호이고, 일반가정위탁보호는 전문위탁보호에 해당하지 않는 보호대상아동을 보호 · 양육하는 위탁보호이며, 일시가정위탁보호는 보호대상아동을 일시적으로 위탁하여 보호 · 양육하는 위탁보호이다.

우리나라는 유엔아동권리협약에 기초하여 '선 가정보호, 후 시설보호'를 추진하였고, 시설보호의 대안으로 가정위탁을 활성화하기 위해 노력해왔다. 전국 17개의 시 · 도에 가정위탁지원센터가 설치되었으며, 중앙가정위탁지원센터를 통해 지방의 가정위탁지원센터를 지원하고 각종 프로그램을 개발하여 보급해왔다. 2019년 중앙가정위탁지원센터는 아동권리보장원으로 편입되었다. 또한 가정위탁보호아동을 위한 양육비용 보조, 상해 보험료, 심리치료비, 아동용품구입비 지원 등 위탁가정의 심리적 · 경제적 부담을 경감시킬 수 있도록 지원하고 있다(보건복지부, 2020a). 아동권리보장원은 앞으로 기존에 가정위탁 사업을 담당하던 지자체 관련 부처와 18개 가정위탁지역센터뿐만 아니라 입양, 자립, 위탁가정 부모교육 및 아동심리치료 지원 등의 다른 아동복지 영역과의 상호 협력을 통해 가정위탁 활성화 방안을 마련하고, 위탁아동의 발달과 적응, 가정위탁 연장 및 자립, 프로그램 서비스 개발 등이 진행될 수 있도록 해야 할 것이다. 또한 가정위탁 보호 아동들은 자립에 있어서 자립관련 프로그램이나 아동의 서비스 수혜경험이 양육시설에 집중됨에 따라 정작 자립준비가 필요한 보호아동은 가정위탁이 반수 이상을 차지함에도 불구하고 상대적으로 배제될 위험이 있기 때문에 위탁가정의 여건을 고려하여 자립 준비지원의 공백을 해소할 필요가 있다(이상정 외, 2019).

가정위탁은 본래 탈시설화 정책의 하나로서 강조되었지만, 입양을 위한 전 단계의 조치에 머무르거나 대리양육 또는 친인척 가정위탁 중심으로 운영되고 있는 실정이므로 가정위탁이 입양을 앞둔 아동을 위한 중간 조치가 아니라 결손가정이나 극빈가정, 학대 피해 아동을 위한 본래의 의의를 살리는 방향으로 전환되어야 할 것이다.

3) 공동생활가정(그룹홈)

공동생활가정은 가정해체, 방임, 학대, 빈곤, 유기 등 가정에서의 위험으로 인해 사회적으로 보호가 필요한 보호대상아동에게 가정과 같은 주거 여건에서 아동의 개별적인 특성에 맞추어 보호 양육서비스를 제공하는 소규모 아동복지시설이다(보건복지부, 2022a). 이는 대규모 양육시설이 아동에게 미치는 심리적 · 사회적 · 정서적 문제들이 대두되면서 나타난 대안적 체계로서 탈시설화와 정상화의 맥락에서 나타난 가정형태의 보호체계이다(국가인권위원회, 2006). 공동생활가정은 지역사회 내 일반가정과 같은 형태를 띠며 사회복지사의 지도하에 5-7명의 소수가 함께 거주하는 대안시설로서 가정 외 보호아동의 건강한 성장발달을 위해 반영구적 가족기능을 담당하는 공동생활가정의 역할이 매우 중요해지고 있다(조수민, 김정화, 2022). 공동생활가정은 대규모 시설에 의한 집단적 보호를 탈피하고자 1997년 시범사업으로 시작하였고, 2004년 아동복지법 개정을 통해 공동생활가정이 아동복지시설로 법제화된 이후 정부의 예산지원이 확대됨에 따라 공동생활가정의 수 역시 점차 증가하였다.

공동생활가정에서 성장하는 아동들은 원가족과의 관계에서 겪는 생활사건 스트레스로 인한 정서적 불안, 학대 및 방임으로 인한 인지 · 정서상의 발달 지연, 향후 자립과제 등 기본적인 의식주 해결 이외에도 개입이 필요한 과업들이 산적해 있는 경우가 많다(조수민, 김정화, 2022). 이에 따라 공동생활가정에는 개입이 필요한 아동의 수도 늘어나고 있으며 전문적 개입이 필요한 영역도 다양해지고 있다.

공동생활가정에서 운영하고 있는 프로그램은 크게 네 가지로 아동청소년의 자립능력향상을 위한 프로그램, 원가족과의 관계 회복을 위한 프로그램, 학교와 관계를 형성하는 프로그램, 지역 내 자원을 활용하는 프로그램이 제공되고 있다(보건복지부, 2022a). 이러한 프로그램들은 보호대상아동이 원가정으로 돌아가 가정생활에 원만하게 적응할 수 있도록 돕는 것이며 각각의 재능과 특성에 따라 독립적인 생활기술을 습득함으로써 사회적으로 자립할 수 있도록 촉진하는 역할을 담당하고 있다(국가인권위원회, 2006). 선행연구에서는 그룹홈에서 진행된 프로그램 참여 유무에 따라 아동들의 심리사회적 발달에 긍정적인 영향을 미치고 있으며, 학교적응, 친사회적 행동, 생활만족도에도 긍정적인 영향을 미치는 것으로 나타났다(우석진 외, 2018). 하지만 보건복지부에서는 공동생활가정에서 운영하는 프로그램에 대해 별도의 사업비를 제공하고 있지 않아 아동들에게 충분한 프로그램을 제공 · 보급하는 데 어려움이 크다(조수민, 김정화, 2022). 이에 공동생활가정의 아동들에게 적합한 프로그램을 개발하고, 보급할 수 있도록 충분한 지원이 제공될 필요가 있으며, 종사자들의 전문성을 강화하여 아동들이 고품질의 서비스를 제공받을 수 있는 환경이 마련될 필요가 있다. 특히 보호대상아동들에게 있어서 주양육자는 공동생활가정의 보육사들이므로 이들이 과중한 업무부담과 양육스트레스가 있을 시에는 긍정적인 양육태도를 유지하기 어려울 수 있으므로 업무부담을 덜어주기 위해서는 시설 및 그룹홈의 추가적인 인력 배치 및 경제적 지원확대 등의 제도적 개선이 필요하다(이지영, 정익중, 2020).

4) 양육시설보호

아동양육시설은 보호대상아동들을 입소시켜 보호, 양육, 및 취업훈련, 자립지원 서비스 등을 제공하는 것을 목적으로 하는 시설이다(보건복지부, 2022a). 양육시설보호는 가정에서의 양육이 오히려 아동의 건전한 성장과 발달을 저해하는 요인이 될 것으로 판단되는 경우에 사회적 보호조치로서 양육시설에서 아동을 보호하게 된다. 시설보호는 집단생활 프로그램이나 각기 아동의 욕구에 따르는 특수서비스 등을 통해서 전문적인 서비스와 다양한 경험을 얻을 수 있는 기회를 제공하고 있다.

모든 아동은 자신의 가정에서 보호 · 양육되어야 하는 것을 원칙으로 하되 불가피하게 가정으로부터 이탈되는 경우 사회로부터 양육 받을 권리를 가진다. 따라서 아동복지법에서는 양육시설을 통한 집단보호 서비스를 제3차 방어선으로 간주하여, 사회가 아동의 기본적 생활권을 보장하는 역할과 책임이 있음을 명시하고 있다(장진희, 허청아, 2015).

우리나라에서는 6 · 25 전쟁 이후 부모를 잃은 아동이 급격히 증가하여 이들을 보호하기 위한 대규모 아동양육시설이 설립되기 시작하였다. 이후로도 산업화에 따른 가정해체 및 빈곤 등으로 인해 보호대상아동이 계속해서 발생하였고, 대규모 시설에 대한 수요는 높아질 수밖에 없었다(김현용, 1994). 하지만 아동양육시설은 아동들을 가정과 같은 환경과 분위기 속에서 보호하고 양육하기에는 어려움이 있었고, 시설의 집단성과 폐쇄성은 일명 시설병으로 아동의 발달에 부정적인 영향을 미치는 것으로 나타났으며(장진희 · 허청아, 2015), 보호대상 아동이 원가족을 벗어난 후 경험하는 시설, 그리고 여러 시설을 오가며 정착하지 못하는 표류 경험이 불안정한 정서와 문제행동으로 나타나는 것으로 확인된다(정정호, 정익중, 2012).

이에 따라 시설의 대안적인 형태로 공동생활가정, 가정위탁, 입양 등을 활성화하기 위해 노력해왔지만, 여전히 보호대상아동에 대한 보호조치 유형에서 가장 많은 비중을 차지하는 것은 양육 시설보호이다. 최근 아동양육시설의 기능이 다양하고 복합적인 형태로 변화되어야 할 필요성이 부각됨에 따라 목표 또한 장기보호, 단기보호에 따른 가족과의 재결합, 독립생활, 치료 목적의 보호, 긴급아동양육 등 다양하고 복합적인 목표로 전환할 필요가 있다. 이에 따라 아동양육시설은 탈시설화의 방향으로 아동상담, 일시보호, 가정위탁, 입양, 급식, 프로그램 제공 등 지역사회 아동을 위한 종합서비스 시설로의 전환을 추진하기 위해 노력하고 있다. 이러한 아동양육시설보호의 방향설정은 가정중심의 아동양육으로 전환을 선언한 것으로 새로운 아동양육시설보호의 목적에 비추어 매우 적절한 것으로 평가된다.

또한 다양하게 제기되는 지역사회의 아동보호 욕구에 따라 사업목표의 다양성에 기초한 프로그램 설계와 운영의 능력을 향상시킬 수 있는 방안이 모색되어야 할 것이다. 다양한 사업목표에 따른 표준 프로그램의 개발이 학계와 현장 전문가를 중심으로 이루어져야 한다. 그리고 시설아동 대부분의 경우, 부모나 가족이 존재할 때 가족 및 친척과의 유대는 아동의 가정복귀에 중요한 요인이 된다. 따라서 아동의 가정복귀와 재결합을 유도하기 위한 공개적이고 적극적인 면접교섭지원, 가족연계 프로그램이 개발되어 운영될 필요가 있다.

5절 아동복지의 전망과 과제

1. 보편적 서비스의 확대

사회적 투자라는 아동정책의 방향성을 유지 · 발전시키기 위해서는 아동정책의 방향은 양질의 보편적 서비스로 설정되어야 한다. 정부는 모든 아동과 그들의 부모들을 대상으로, 아동권리에 관한 국제협약과 어린이헌장, 청소년헌장에서 규정하는 아동의 생존권 · 발달권 · 보호권 · 참여권 등 제반 권리보장에 필요한 포괄적 아동정책을 제공해야 한다.

또한 일반적으로 빈곤아동을 위한 정책만으로는 빈곤아동의 문제를 완전히 해결하기 어렵다. 따라서 빈곤아동을 위한 사회적 안전망을 내실화하는 작업과 함께 일반아동을 위한 보편적 서비스를 확충하는 작업이 동시에 이루어져야 한다. 이를 통해 빈곤아동의 복지를 증진함과 동시에 일반아동이 위기아동으로 전락하는 것을 예방하여야 한다.

아동수당의 도입, 공보육의 확대 등 양육지원체계의 체계화 외에도 만 5세부터 고등학교까지 의무교육 실시, 가정방문서비스, 부모교육 등이 보편적 서비스의 맥락에서 추진될 수 있다.

1) 의무교육의 확대

아동 격차를 줄이기 위해 취학 전 유아기 교육을 의무화할 필요가 있다. 우리나라 「헌법」 제31조 제2항과 「교육기본법」 제8조에서 초등학교 6년, 중학교 3년을 의무교육으로 명시하고 있다. 보편적 서비스로서 의무교육이 완성되기 위해서는 학교운영지원비 등이 폐지되어야 하고 적어도 학령전기 만 5세나 고등학교까지 의무화하는 것이 필요하다(정익중, 2008). 우리나라는 「초 · 중등교육법」 제13조에 의해 6

세 이후 초등교육기관에 입학하도록 하는 등 아동의 교육받을 권리를 이행하고 있다. 현재 논의되고 있는 만 5세의 누리과정 교육을 의무화한다면 초등교육과정과의 연계성 강화 및 무상교육 확대 등 정책을 보완할 필요가 있다.

2) 가정방문과 일시적 돌봄 수요 해결을 위한 양육지원

임신기와 출산 직후는 아동과 가족이 도움을 가장 필요로 하는 시기이다. 이때 가족이 도움을 받기 위해 기관에 찾아오기를 기대하기보다는 직접 그들이 사는 곳으로 찾아가 서비스를 제공하는 것이 가장 효과적이다. 가족이 생활하는 거주 환경을 직접 관찰하여 가족의 욕구에 보다 적절히 부응하는 서비스를 제공할 필요성이 있다. 임신, 출산 직후를 포함한 영유아기의 건강이 아동의 인지, 정서, 사회적 발달에 중요한 기반이 되므로 가정방문home visitation 서비스를 통해 아동의 발달 지원 및 부모의 양육기술을 촉진하도록 하여 이를 통해 자녀가 있는 가정의 경제적 부담 완화, 사회적 일자리 창출에 기여할 수 있을 것이다.

또한 영유아나 초등학생에게 가정 내 일시적 돌봄 필요 발생 시 탄력적 서비스를 제공할 수 있는 일시돌봄서비스도 도입할 필요가 있다. 이용자가 많은 경우는 전담시설이나 전용교실도 가능하고, 기존 반에 통합하는 등 다양한 형태로 제공할 수 있다.

3) 부모교육의 제도화

위탁아동 등 취약계층의 아동은 일반아동이 전혀 경험하지 않고 아동기를 보낼 수 있는 부정적인 생활사건을 평균적으로 3.8번 정도 경험하고, 9번을 경험한 아동이 있을 정도로 최고 수준의 고위험 집단이다(김경민, 정익중, 2009). 부정적인 생활사건을 수차례 경험하더라도 친부모의 양육태도를 긍정적으로 변화시키고 학대를 중단시킬 수 있다면 아동의 심리사회적 적응에 긍정적인 결과를 가져올 수 있다. 주양육자의 태도가 긍정적일수록 보호대상아동들의 학교적응은 훨씬 더 좋아졌고 우울 · 불안도 감소되는 것으로 보고되어 보호대상아동들의 심리정서에 있어서 주양육자의 양육태도가 중요함을 확인할 수 있었다(이지영, 정익중, 2020). 따라서 원가정 복귀를 위해서는 이들의 친부모에게 양육태도를 개선하고 학대를 중단시킬 수 있는 개입 방안이 마련되어야 한다. 친부모의 양육방식 개선과 관련하여 임신 및 출산 시기부터 사전 부모교육을 강제로 이수하도록 규정하는 등의 부모책임을 강화할 수 있는 방안이 마련될 필요가 있다.

또한 일반적으로 부모들이 갖고 있는 양육의 어려움과 제한점 등을 극복하기 위해 가족, 부모 역할에 적합한 사회적 지원이 그 어느 때보다도 요구되고 있으며, 부모교육은 그 일환이라고 볼 수 있다. 아동기는 가족의 구조와 기능에 의한 영향을 그 어느 때보다도 크게 받는 때인 만큼 이들의 건전한 발달을 위해 최소한의 조건을 확보할 필요가 있으며, 가족은 이들 아동보호의 보루라는 점에서 그 기능을 다할 수 있도록 부모교육을 통해 지원해야 할 필요가 있다.

2. 사회적 안전망의 내실화

1) 보호대상아동에 대한 통합관리체계

우리나라도 '아동 이익 최우선의 원칙'이라는 관점에서 아동에 대한 각 기관의 보호를 체계적으로 조정하고 모니터링할 수 있는 전문기구가 필요하다. 대부분의 선진국은 사회에서 보호를 필요로 하는 아동의 범주에 가정에서 양육이 어려운 모든 아동을 포함하고 있으며, 그 아동은 통합된 조직체계 속에서 보호, 치료는 물론 가정위탁 · 입양 · 시설입소 등이 함께 이루어져 아동에 대한 서비스가 분절 없이 이루어지고 있다. 우리나라에서는 위기아동 정보의 분절성과 사각지대 해소를 위해 제2차 아동정책 기본계획을 기반으로 아동통합정보시스템을 구축하여 일원화된 아동 정보관리체계를 마련하는 과정을 거치고 있으며(관계부처합동, 2020), 보호를 필요로 하는 아동에게 가정위탁, 입양, 시설보호 등 다양한 조치를 체계적으로 수행하기 위해서는 아동보호팀을 넘어 시 · 군 · 구 아동복지센터(가칭)가 설치되고 아동복지심의위원회가 활성화되는 등 아동거주 지역기반의 민 · 관 협업 보호체계의 기반조성이 바람직하다.

2) 방과후 서비스의 체계화

우리나라도 선진국과 마찬가지로 조기개입서비스와 방과후 서비스에 대한 중요성을 인식하여 여러 중앙부처에서 다양하게 사업을 진행하고 있다. 그러나 각 사업에 대한 이해관계자의 갈등으로 인해 서로의 다양성을 제대로 인지하지 못하고 있는 부분도 존재하며 서비스 중복과 혼란의 문제를 겪고 있다. 문제 해결을 위해서는 각 서비스 체계를 인정하되 기본규정을 정립하여 대상자 중복이나 불필요한 경쟁을 막기 위한 장치를 지역종합계획 공동수립, DB구축, 공통평가 등 시스템 차원에서 마련할 필요가 있다(정익중 외, 2009).

또한 보육서비스는 최근 지속적으로 확대되면서 자리를 잡아가고 있지만 아직 초등학교 이상 아동을 대상으로 하는 방과후 돌봄서비스는 충분치 않은 것이 현실이다. 아동의 방과후 돌봄문제를 해결하기 위한 서비스 확대가 요구된다. 또한 방과후 서비스는 발달단계별 지원체계가 지속적으로 이루어질 수 있도록 해야 한다. 보호가 필요한 초등학교 아동이 성장하여 청소년기에도 지속적인 보호가 필요하게 될 때 발달단계에 맞는 지원체계가 단절되지 않도록 청소년에게 적합한 방과후서비스 지원체계 및 체계적인 관리체계가 시급히 정립되어야 할 것이다(정익중, 박현선, 오승환, 임정기, 2009).

3) 교육복지의 확대

모든 초 · 중 · 고등학교에 학교사회복지사를 의무적으로 배치하여 학생들의 학교적응력을 향상하고 폭력, 왕따, 부적응, 중퇴, 진로문제 등 교내 학생문제를 예방하고 해결할 수 있도록 해야 한다. 교내폭력, 왕따, 학업스트레스, 진로고민 등의 문제로 고통받는 아동청소년에 대한 효과적인 전문가의 도움이 필요하다.

학교는 교사들만의 공간이 아니라 지역사회전문가들이 함께 학생의 성장과 발달을 고민하는 장이 될 수 있도록 열려야 하고 이를 위해 교육복지우선지원사업, Wee프로젝트, 교육복지센터, 학교사회복지 등이 충분히 활용되어야 할 것이다.

4) 아동보호체계의 다층화

지금까지 보호대상아동은 원가정에서 분리되면 가정외보호를 받아 왔고, 그 후 특수한 이상행동과 문제행동이 발생할 시에만 추가적인 치료적 개입이 이루어져 왔다. 하지만 아동의 생존을 위한 보호조치에서 더 나아가 상처받은 아동들의 마음까지 돌보며 아동의 발달이 정체된 부분에 힘을 실어주는 보다 촘촘한 돌봄이 필요하다. 이를 위해서는 아동의 전반적 발달의 기능회복과 치료를 위한 아동보호체계의 다층화가 필요하다. 아동이 생활하는 일상공간에 치료적 개입이 가능한 구조와 전문인력을 배치하여 기존의 아동양육시설을 일반양육시설과 치료형시설, 그룹홈과 치료형 그룹홈시설, 가정위탁과 전문가정위탁으로 분류하고, 시설에 입소한 아동에게 필요한 치료적 개입을 조기에 할 수 있는 환경을 조성해야 한다.

3. 아동복지 추진기반의 조성

1) 충분한 예산의 확보

아동정책의 공급 주체로서 국가의 역할이 강화되어야 한다. 구체적으로는 아동정책 예산의 확충이 무엇보다도 요구된다. 보다 적극적이고 보편적 · 예방적인 서비스 체계의 수립을 위해서는 아동정책에 대한 예산의 획기적인 증가가 선결되어야 한다. 아동정책에 대한 국가책임의 강화란 정부가 아동정책의 기획, 집행, 재원 확보에 책임 있는 역할을 다해야 한다는 의미다.

아동정책은 국가가 장기계획을 세워서 일관적으로 추진해야 할 사업으로서 아동들이 거주하는 지역과 관계없이 차별 없는 동일한 혜택을 받을 수 있도록 추진되어야 한다. 경우에 따라서 아동정책은 기존 지방이양사업에서 국고지원사업으로의 환수도 고려될 수 있다.

2) 전문인력의 양성

보편적 · 예방적 의미의 적극적인 서비스는 내용이 상대적으로 복잡하고 전문적이어서 전문인력을 통하여 서비스가 전달되어야 한다. 서비스 전문인력의 양성과 확대 방침이 없이는 적극적이고 보편적인 서비스 체계로의 변화는 불가능하다. 따라서 서비스 전문인력의 양성에 대한 정부의 적극적인 대책이 필요하다(이봉주, 김경륜, 황옥경, 2006).

가장 고위험집단에 해당하는 시설아동이 거주하는 아동복지시설, 그룹홈이나 빈곤아동이 이용하는 지역아동센터 등은 저임금, 장시간 노동 등 근무여건이 열악하여 전문성을 갖춘 인력을 유인하지도, 장기간 근무를 유지하기도 어려운 실정이다(정익중, 2006). 적정한 수의 전문인력이 배치되고 임금이 향상됨으로써 근무여건을 개선할 수 있는 획기적 조치가 무엇보다 먼저 마련되어야 한다.

4. 새로운 사회환경 변화와 아동보호

최근 우리 사회에 큰 영향을 미치고 있는 사회환경 변화들이 아동에게 어떻게 위험요인으로 작용할 수 있는지를 파악하고 그 영향으로부터 아동을 보호하기 위해 어떻게 해결하고 대비해야 하는지를 논의하고자 한다. 앞으로의 미래사회는 더 급변할 것이고, 이에 따라 아동에게 다각적인 영향을 미칠 것이다. 아동복지는 이러한 사회변화를 기민하게 대응하여 아동에게 필요한 사회적 보호망을 제공하기 위해 노력해야 한다.

1) 디지털 환경과 아동보호

최근 유튜브 출연 아동 콘텐츠의 높은 조회 수, 구독자 수가 수익과 연결되자 보호자 및 제작자들이 부모 지갑에서 몰래 돈을 훔치게 하거나 성인이 먹기에도 매운 자극적인 음식을 먹게 하는 영상, 아동의 입소리 ASMR Autonomous Sensory Meridian Response 콘텐츠를 제작하는 등 아동인권 침해가 심각해지고 있다(관계부처합동, 2020). 유튜브 동영상 4,690개를 직접 모니터링한 연구에서(강희주, 정익중, 2020) 유튜브 동영상 중 출연 아동에 대한 신체적 학대와 정서적 학대, 방임의 아동학대가 발생하고 있는 동영상은 3.24%로 확인되었다.

모두에게 공개되는 유튜브에서 이렇게 문제의식 없이 아동학대가 이루어지고 있다면 촬영 준비 과정에서 더 빈번한 아동학대가 발생할 수 있고, 폐쇄적인 가정 내에서 촬영이 이루어질 경우 아동학대로부터 아동을 보호하기란 더 어렵기 때문에 실제 아동이 처한 상황은 연구에서 드러난 학대 상황보다 더 심각할 위험이 있다(강희주, 정익중, 2020). 유튜브에 출연하는 아동들은 아동학대 외에도 신상정보의 유출, 사생활 침해, 아동성애자에게 무방비하게 노출되는 등 사이버폭력 피해도 당할 위험이 있고, 장시간 촬영이 이루어질 경우 쉴 권리, 놀 권리, 교육의 권리 등 기타 다른 권리 영역이 침해받을 뿐만 아니라 아동이 촬영을 위한 노동을 하고 있음에도 수익을 보장받지 못할 수 있으므로(강희주, 유안나, 김재연, 정익중, 2021) 이에 대한 적극적인 제재도 필요하다.

유엔 아동권리위원회는 일반논평 제25호를 통해 디지털 환경 속에서 아동 권리가 침해되지 않도록 국가의 보다 적극적인 역할을 권고하고 있다(United Nations Committee on the Rights of the Child, 2021). 그러나 기하급수적으로 증가하고 있는 아동 콘텐츠 시장의 확장성과 수익성에 비해 출연 아동에 대한 국내의 법률적 근거와 보호 조치는 매우 미흡하다.

미국에는 「아동배우법California Child Actors Bill」이 있으며, 이는 「쿠건법」으로도 불리고 있다. 아역배우가 벌어들인 수익의 15%를 신탁회사가 관리한 후 성인이 되었을 때 돌려주는 법으로 아역배우의 수입을 보호하는 법이다(남기연, 권오석, 2017). 국내에서도 한국판 쿠건법을 만들기 위한 노력을 계속해 왔다. 그러나 키즈 유튜버나 SNS에서 활동하는 아동에게까지는 적용되지 않고 있어 법률 적용 대상 범위를 확대할 필요가 있다. 유튜브에 대한 아동참여율이 증가하고 있음을 감안할 때, 정부의 적극적 정책을 통해 유튜브에서 발생하는 아동학대 예방 및 처벌을 위한 지침 및 가이드라인을 마련해야 한다(강희주, 정익중, 2020). 또한 무수히 많은 유튜브 동영상들을 인간의 힘으로 검열하기는 거의 불가능에 가까우므로(강희주, 정익중, 2020) 사업자의 자정노력, AI알고리즘 개발 등 과학기술을 활용해 디지털 사회 안전망 구축을 공고히 할 필요가 있다.

2) 기후변화와 아동보호

기후변화로 인해 아동을 위협하는 새로운 건강위험 요인이 증가하고 있다. 성인과 비교해 아동은 육체적으로 극심한 더위, 가뭄 그리고 자연재해의 직접적인 영향에 더 취약하다. 아동은 사회에서 가장 취약한 구성원으로서 기후변화에 수반될 수 있는 사회의 급격한 변화에 심각하게 영향 받을 가능성이 있다(Future of Children, 2016).

전 세계적으로 기후변화가 심화되면서 온난화 현상, 공기 오염, 식수 부족, 식량 공급 불균형, 해수면 상승이나 극단적인 기후변화 사건 등으로 나타나고 있다. 우리나라의 경우 미세먼지(PM10)의 연평균 오염도는 정체되었으나 초미세먼지

(PM2.5)의 고농도 발생은 증가하고 있는 추세다(보건복지부, 2019). 미세먼지는 세계보건기구WHO가 지정한 1급 발암물질이며 호흡기질환의 악화와 발병원인으로 밝혀졌다(KHIDI, 2007). 우리나라 역시 미세먼지 농도에 따라 국민의 외출과 여가가 달라질 정도로 일상생활에 막대한 영향을 주는 요인이 되고 있다.

아동은 환경 노출의 대표적 민감계층으로 동일한 오염 수준에도 아동의 신체구조와 행동 및 발달 특성에 의해 성인보다 더 큰 피해를 받을 수 있으므로, 미세먼지 취약계층이라 할 수 있다(김시아 외, 2020). 그러므로 아동기는 신체적 · 심리적 · 정서적 · 사회적으로 성장이 극적으로 이루어지는 시기라는 점에서 미세먼지를 포함한 기후변화가 아동에게 어떠한 영향을 끼치고 있는지에 대한 다각적인 관심과 지속적인 연구가 필요하다. 미세먼지와 같은 기후변화로부터 가장 많은 영향을 받을 아동을 대상으로 환경에 대한 관심과 인식을 높이기 위한, 아동의 눈높이에 맞는 환경교육이 실시되도록 법적 제도를 마련해야 하며, 아동의 환경권 보장을 위해 신체 및 건강피해와 관련한 지속적인 모니터링을 통해 통합적 관리가 필요하다(김시아 외, 2020).

3) 재난과 아동보호

아동은 재난이 발생할 때 성인과 같이 능동적으로 대처하지 못하므로 신체적 · 정서적 · 교육적으로 큰 타격을 받는다. 재난으로 인해 다치거나 사망하기도 하지만, 재난 시 부모에 의해 충분히 돌봄을 받지 못할 경우 영양실조 문제나 안전한 식수를 확보하지 못해 탈수, 설사병 등의 생존을 위협받는 추가적인 질병으로 고통받게 된다. 게다가 아동은 부모의 도움 없이 주도적으로 의료서비스에 접근하기가 어렵기 때문에 성인에 비해 적절한 치료를 받는 것은 더 어렵다(Future of Children, 2016). 아동은 재난 자체가 주는 스트레스나 공포감에 적응하는 것도 성인에 비해 미숙할 뿐만 아니라 부모와 분리되거나 사랑하는 사람을 잃게 됨으로써 경험하는 트라우마에서 벗어나는 것에도 취약하다. 또한 재난으로 인해 스트레스를 받고 있는 보호자 곁에 있음으로써 아동학대의 피해자가 될 수도 있다.

코로나19로 전 세계적인 팬데믹이 선포됐다. 감염성 질병인 코로나19에 대한 방역대책으로 '사회적 거리두기'가 실시되면서 학생들의 등교 수업이 중단되고 다중이용시설에 대해서는 휴관 권고조치가 이루어져 기존의 지역사회 돌봄서비스가 중지 · 제한되는 사태도 있었다. 이렇게 재난상황은 아동의 일상에 큰 변화를 주기 때문에 재난으로 인한 일차적 피해 이외에도 아동의 삶에 영향을 주는 다른 변화요인이 없는지 살펴보는 것은 아동권리 차원에서 중요하다. 예를 들어 코로나19 이후 아동의 일상 변화와 균열은 더 심각해졌고 가정의 사회경제적 수준에 따른 일상 격차가 코로나 이전보다 더 증가한 것으로 나타났다(정익중, 이수진, 강희주, 2020). 특히 소득계층이 높은 경우에는 돌봄휴가나 재택근무 등으로 개별 돌봄을 하지만, 취약계층은 그러지 못하는 것이 현실이다. 코로나19와 같은 재난 상황에서 일용직 노동자나 자영업자들이 일을 쉬더라도 생계를 지원해 줄 수 있는 방안을 고민하고 감염병 위기 상황에서는 소득계층과 관계없이 모든 사람이 개별돌봄을 할 수 있도록 해야 한다(정익중, 2020). 따라서 재난으로 인한 큰 변화 속에서도 아동의 건강한 발달과 일상생활을 보장하기 위해서는 가족돌봄휴가와 육아휴직과 같은 가족친화적인 제도와 노동정책과 함께 취약계층 돌봄 격차 완화를 위한 세분화된 돌봄 정책 마련 등 사회 전반적인 변화와 노력이 함께 뒷받침되어야 한다.

아동복지 환경은 급격하게 변화하고 있다. 오랜 고민 끝에 아동수당이 도입되었고, 아동정책에 대한 종합적인 수행과 아동복지 관련 사업의 효과적인 추진을 위해 중앙입양원, 중앙아동보호전문기관 등 독립적으로 운영되고 있던 아동복지서비스 지원기관의 업무가 아동권리보장원으로 통합되었다. 또한 시 · 군 · 구에 아동학대전담공무원과 아동보호전담요원이 배치되어 아동학대 조사의 공공화와 아동보호의 체계화도 추진되고 있다. 그러나 지금까지의 경험으로 보면 정책이나 법 개정만으로는 아동복지의 변화가 쉽지 않았다. 이를 시작으로 아동에 대한 우리의 문화가 함께 바뀌어야 한다. 이전에 살아온 대로 살고, 하던 대로의 방식으로는 문제를 해결할 수는 없다. 아동을 부모의 소유물로 보거나 단순히 귀여운 대상으로 바라보는 관점, 아동을 현재를 살아가는 실존적 존재로 보기보다 성인에 의해 육성되어야만 하는 미성숙한 대상으로 보는 잘못된 문화와 가치관에 맞서 싸우고, 무관심에서 벗어나 실천으로 나아가야 세상이 조금이라도 변화할 것이다.

역사학자 에릭 홉스봄Eric Hobsbawm의 표현대로 세상은 결코 저절로 좋아지지 않는다. 변화는 항상 어렵고 고통스럽지만 더 나은 세상을 위해 반드시 필요한 것이다. 아동복지가 그러한 변화와 함께하기를 바란다.

제 12 장

노인복지론

1 절 노인과 노인복지

우리나라는 이미 2000년 고령화 사회를 지나 현재 65세 이상 노인인구는 2021년 기준, 전체 인구의 16.6%를 차지하는 857만 명으로 고령사회에 진입하였다(통계청, 2021). 그리고 전체 인구의 15%를 차지하고 있는 베이비부머 세대 전체가 노인인구에 편입되는 2030년경에는 한국도 초고령사회에 도달하게 될 것이다. 한국인의 평균수명은 83.5세로 남성은 80.5세이며 여성은 86.5로 기대수명은 늘어나고 있다. 1960년 이래 30.8세가 늘어났고, 2030년에는 85.2세에 이를 것으로 전망된다. 경제성장이 이루어지면서 영양 · 위생 상태가 개선되고, 보건 · 의료기술이 발전해서 사회적으로 기대수명도 연장되면서 우리는 100세 시대를 눈앞에 두고 있다. 또한 1955년부터 1963년에 출생한 인구 집단인 베이비부머 세대가 2019년 기준 723만 명으로 전체 인구의 15%이다. 이와 같은 노인인구의 급증은 노인복지 영역에 대한 관심의 증대 및 사회적 대책의 필요성을 고조시키는 요인이 되고 있다.

우리 사회는 1960년대 이후 국가 경제를 살리는 산업화 과정이 진행되었고 1990년대 이후부터는 정보화 사회에 진입하였다. 이런 결과 우리나라는 6 · 25전쟁 이후 '한강의 기적'이라 불리는 압축성장을 이룩하였다. 불과 반세기 만에 우리나라는 경제 규모 면에서는 세계 10위이자 1인당 국민소득이 OECD 중 18위인 고소득 국가로 변모하였다. 반면 빠르게 성장한 만큼 부작용도 나타나 한국의 경제 수준은 선진국에 달하지만, 복지 수준은 OECD 평균보다 낮다.

이와 같은 노인 인구의 급증과 경제의 압축성장은 자연히 노인복지 영역에 대한 관심이 증대되고 사회적 대책의 필요성을 고조시키는 요인이 되고 있다. 노인 지위는 특정 사회의 현대화 정도와 반비례하여 현대화의 정도가 높을수록 노인의 지위는 낮아지는 원인이 되기 때문이다. 전통적인 사회에서는 노인들은 희소자원의 통제와 전통적인 지식을 수단으로 높은 지위를 점하였으나 산업화 시대를 거쳐 정보화 시대를 맞이해서는 노인들은 점점 불리한 상황에 놓이게 된다.

본 장에서는 먼저 노인과 노인복지의 개념을 살펴보고, 현대사회에서 발생하고 있는 노인 문제와 이를 해결하기 위한 노인복지정책과 노인복지서비스를 탐색해 봄으로써 노인복지의 발전 과제를 고찰해 보고자 한다.

1. 노인의 개념과 특성

노인老人(문화어: 로인)은 평균 수명에 이르렀거나 그 이상을 사는 사람으로 인생의 마지막 과정end of human life cycle이다. 어르신이라고도 부르나, 그 외에도 늙은이, 고령자高齡者, 시니어, 실버 등으로 교체해서 사용하기도 한다.[1] 누가 노인인지에 대한 정의는 사회적 · 경제적 · 문화적 배경에 따라 각기 다르지만, 일반적으로 연령에 따른 기준과 특성에 따른 기준이 적용되고 있다.[2] 또한 노인이라는 용어는 일상에서 많이 쓰이는 단어이기는 하나 사회적 · 경제적 · 문화적 배경과 사회의 관습 및 규범, 전통과 역사에 따라 각기 다르게 이해되므로 노인의 개념은 다양하게 정의되고 있다.

국제노년학회(1951)에서는 노인이란 인간의 노화과정에서 나타나는 생리적, 심리적, 환경적 변화 및 행동적 변화가 복합적으로 상호작용하는 과정에 있는 사람으로 다음과 같은 특성을 지닌 사람으로 정의한다. 첫째, 환경변화에 적절히 적응할 수 있는 조직기능이 감퇴하고 있는 사람, 둘째, 생체의 자체 통합능력이 감퇴하고 있는 사람, 셋째, 인체의 기관, 조직, 기능에 쇠퇴 현상이 일어나는 시기에 있는 사람, 넷째, 생활상의 적응능력이 결손되어 가고 있는 사람, 다섯째, 조직의 예비능력이 감퇴하여 적응이 제대로 되지 않는 사람이다(정순둘 외, 2020).

또한 노년학자인 Bee & Bjorklund(2000)은 노화란 시간의 흐름에 따라 유기체의 생물적 · 심리적 · 사회적 측면에서 나타나는 점진적이고 정상적인 발달 과정상의 변화이며, 주로 퇴행적 발달로 정의하였다(권중돈, 2022. 재인용).

이와 같은 정의를 종합할 때 노인의 가장 큰 특성은 '노화'로 노인은 노화 과정

1 위키백과사전.

2 연령에 따른 노인의 기준은 65세로 정하고 있다. 1889년 독일 비스마르크가 최초로 연금 지급 대상 연령을 65세로 규정한 이래 현재 대부분 선진국들은 노인 구분 기준을 65세로 보고 있다. 우리나라도 1981년 제정된 노인복지법에서 65세 이상을 노인으로 규정하고 있다.

에 의해 심신의 기능이 쇠퇴함으로써 생활기능을 정상적으로 발휘할 수 없는 사람을 지칭하는데(조추용 외, 2019), 이는 기능적 연령이 노인을 정의하는 중요한 기준이 된다. 그런데 노화는 개인차가 크기 때문에 이러한 기능적 연령만으로 노인을 정의하는 것은 다소 모호한 측면이 있다. 따라서 많은 국가에서 역연령chronological age(달력상의 연령)에 의해 정의된 노인에 대한 개념을 많이 사용하고 있다. 이와 같은 정의는 노인의 생리적 · 사회적 · 심리적인 면의 노화의 특성을 비교적 잘 반영하고 있을 뿐 아니라 활용하기에 편리하기 때문이다.

이에 따라 우리나라는 만 60세를 환갑還甲이라 하여 노인으로 진입하는 시기로 인식하고 있고 「노인복지법」에서는 만 65세 이상을 노인으로 규정하고 있어 노인복지서비스의 대상자는 만 65세 이상의 자로 통칭된다. 한편 뉴가튼(Neugarten, 1974)은 역연령에 따라 노인기에 대한 조작적 정의를 다음과 같이 3단계로 구분하였다(홍숙자 외, 2014). 첫째, 연소노인Young-Old(55~65세)으로 돈을 받고 고용될 수 있으며 돈 버는 능력이나 사회적인 승인이 최고조에 있는 집단, 둘째, 중고령노인Middle-Old(65~75세)으로, 퇴직자들이 많이 포함되어 있는 집단, 셋째, 고령노인Old-Old(75세 이상)으로 몹시 빈약하거나 병약하여 고립되어 있는 집단이다. 이와 같은 노인 세대의 세밀한 구분은 노화의 개인 차이를 무시한 기능 연령의 한계와 일정한 시점을 기준으로 그 이상이 된 사람을 일괄적으로 노인으로 규정하는 역연령에 의한 정의의 한계를 보완할 수 있는 것으로 받아들여지고 있다. 한편 노화란 보통 생물학적 노화를 의미하지만 실제로 노인은 다음의 [표 12-1]과 같이 생물학적 노화, 심리적 노화, 사회적 노화의 과정을 경험하게 된다. 이처럼 노인 특성에 따라 노인을 구별할 경우에도 개인적 상황이나 의료기술의 발전에 따른 안티에이징 요인들의 변수를 고려할 때 분류 기준으로 보기에 한계가 있다.

[표 12-1] 노화의 유형

생물학적 노화	생물학적 현상으로서 신체적인 면역체계의 약화에는 개인차가 있지만 노화 현상은 누구에게나 공통적으로 일어나는 현상이다. 노화의 주요인은 내적인 것으로, 생물학적 노화는 점진적으로 일어나게 되지만 신체기능의 약화를 야기하고 결국에는 이러한 생물학적 노화 과정에 끝에서 죽음에 이르게 된다.
심리적 노화	노인은 건강이나 경제적인 불안정 등으로 불안을 경험하게 되고 발달단계의 특성상 우울성이나 경직성, 의존성이 증가한다. 또한 흥미를 쉽게 잃거나 비활동적으로 변화하면서 사회성이 떨어지게 되고 보수적으로 변해 사회적으로 고립되기도 한다.
사회적 노화	사회적 노화란 노화에 따른 사회적 상황의 변화로, 노인의 사회적 관계, 사회적 역할이 변하는 것을 의미한다. 특히 자녀가 독립하고 배우자가 사망을 하는 등 노인이 속한 체계에 변화가 발생하게 되는 노년기에는 노인의 지위와 역할이 변화하게 되면서 관계상의 변화가 가속화된다. 이러한 이유로 대부분의 사람들은 노인이 되는 것에 대한 막연한 두려움을 갖게 되며 역할상실은 노년에의 성공적인 적응을 어렵게 만드는 요인이 된다.

출처: 노인복지론(조추용 외(2019), 권중돈(2020), 장우심 외(2021)) 참고 재구성.

2. 노인복지의 개념

사회복지는 모든 국민이 최저한도 이상의 삶을 향유하고 개인, 집단, 지역사회, 더 나아가 전체 사회의 차원에서 사회적 욕구 충족과 생활상의 문제를 예방, 경감, 해결할 수 있도록 원조하는 공공 및 민간 부분의 조직적인 노력, 즉 제반 법률, 서비스와 급여, 프로그램 등을 총칭하는 체계이다(권중돈 외 2021). 한편 노인복지는 노인을 대상으로 노인의 안녕 상태를 만들기 위한 체계적이고 조직적인 노력이라고 정의할 수 있다.

우리나라 노인복지법 제1조에서는 "노인의 질환을 사전예방 또는 조기발견하고 질환 상태에 따른 적절한 치료 · 요양으로 심신의 건강을 유지하고 노후의 생활안정을 위하여 필요한 조치를 강구함으로써 노인의 보건복지증진에 기여함을 목적으로 한다."라고 규정함과 동시에 제2조에서도 "건전하고 안정된 생활 보장", "사회적 활동 참여기회 보장", "심신의 건강 유지", "사회발전에 기여하도록 노력"함을 규정하고 있다. 즉 우리나라는 노인복지법을 통해 국민의 한 사람으로서 노인의 경제적 보장과 사회적 통합, 성공적인 노년기의 삶을 위한 성장 욕구 충족을 보장받을 권리를 명시하고 있다.

따라서 노인복지란 노인의 심신 건강 유지와 생활 안정을 위하여 필요한 노인 생활의 전면 보장 및 복지서비스로, 노인이 인간다운 생활을 유지하면서 자기가 속한 가족과 사회에 적응하고 통합될 수 있도록 필요한 자원과 서비스를 제공하는데 관련된 공적 및 사적 차원에서의 조직적 제반 활동이라 할 수 있다(장인협 · 최성재, 2002).

여기에서 노인의 인간다운 생활이란 노인이 속한 국가 사회의 발전적 수준에 비추어 의식주의 기본적인 욕구를 충족하고, 건강한 문화를 향유하면서 가족과 사회에 적응하고 통합되어 노인이 속한 사회적 조직망에서 사회적 심리적으로 소외감을 느끼지 않게 되는 것을 의미한다. 그리고 필요한 자원과 서비스를 제공한다는 것은 이용 가능한 인적 및 물적 자원을 연결시켜 주거나 보충해 줌으로써 사회 적응에서 발생할 수 있는 문제를 해결해 주고 나아가 개인의 발전을 위한 욕구충족에 필요한 서비스까지 제공해 주는 것이다.

2 절 현대사회와 노인문제

1. 현대사회의 노인문제의 배경

우리나라는 1960년대 산업화가 시작되어 본격적인 경제성장과 도시화로 인해 전통적 사회에서 근대적인 사회로의 이행을 가능케 하였고, 공동체의 이익을 중시하는 전통적 가치관에서 개인 중심의 가치관이 등장했다.

그리고 우리 사회는 이미 정보화 사회[3]로 진입하여 급격한 변화를 경험하고 있다. 정보화시대는 이미 도래하였다. 특히, 인터넷 및 스마트폰과 같은 정보기술의 사용은 정보의 단순한 공유뿐만 아니라 다양한 삶의 영역에까지 영향을 주면서 삶의 질에 중요한 요소로 작용하고 있다(고홍석, 2017). 기술의 발전으로 인해 정보 중심의 패러다임 변화는 일상생활에서의 편의성을 증진시키고 기존에 없던 다양한 기회를 창출하는 긍정적 효과를 일으켰다.

반면 정보화 시대의 특성으로 2020년 우리나라의 인구가 사상 처음 감소하여 이른바 '데드크로스'가 발생하였으며, 이런 추세라면 2030년에는 생산가능인구가 급격히 줄어드는 인구절벽을 경험할 것으로 전망된다.[4] 그러나 세대 수는 증가로 1인 가구 비중은 꾸준히 증가하고 있다. 1인 가구 증가는 개인주의의 심화에 따른 결과이다. 이러한 개인주의는 자신에 대한 관심이 많고, 일에 몰입하고, 일이 자신에게 의미 있어야 하며 사회에 긍정적인 영향을 끼치는 것이어야 하며, 인정 욕구와 동시에 철저히 독립적이라는 특성을 보인다.

---

3 정보화 사회는 컴퓨터, 반도체, 광섬유 및 인공위성 기술 등 이른바 첨단 과학적 지식이나 기술을 이용한 정보의 생산과 유통이 사회 발전과 가치 창조를 가능하게 하는 사회를 말한다. 새로운 과학 기술의 발달로 정보의 생산과 유통의 속도는 엄청나게 빨라졌으며, 정보 산업의 발달을 통해 사회 구조는 고도의 지식 사회로 바뀌고 있다.

4 인구절벽현상(황유진, 조선일보, 2022. 4.14).

정보화 사회에서는 정보가 중요한 생산력이며 재산이다. 그런데 정보의 불균등 분배는 정보의 독점자와 정보 소외자 사이에서 발생하며, 이 사이에는 커다란 경제적 빈부격차가 발생한다. 새로운 시대와 기술에 적응하지 못할 경우에도 또 다른 형태의 삶의 격차가 발생한다. 즉, 정보기술 사용에 있어 불평등을 경험한 사람들은 기술을 사용함으로 얻게 되는 혜택을 받지 못하게 되어 결국 디지털 소외Digital Alienation 현상까지 야기하게 된다(윤정윤, 이성한, 2011).

특히 이러한 소외 현상은 노년층에서 두드러지게 나타나게 된다(오지안, 유재원, 2018). 청년층은 정보기술 사용에 익숙하여 손쉽고 편리하게 관련 혜택을 누리고 있지만, 노인들은 청년층에 비해 정보기술 사용하는 것이 익숙하지 않아 다양한 영역의 불평등을 경험하고 있다. 디지털정보격차(2022)에서 연령대별 디지털 정보 활용 능력 수준을 확인한 결과, 일반 국민 평균 수준(100점) 대비 60대(85.6점), 70대(29.7점)의 수준이 매우 낮음을 확인할 수 있다(한국정보화진흥원, 2020).

결국 새로운 사회 발전을 초래한 정보화시대는 노인들에게 삶의 질 향상, 건강 유지, 생명 연장 등의 긍정적 결과를 초래했음에도 불구하고 경제적, 보건 의료적, 사회적, 심리적 측면에서 부정적인 영향을 야기하였다.

현대사회에서 노인문제의 양상은 과거와 매우 다르다. 산업사회에 진입하면서 변화된 사회구조로 인해 핵가족이 양산되었고 가족계획사업과 보건기술의 향상으로 평균 수명이 연장되는 등 삶이 크게 변하고 있기 때문이다. 특히 노인인구의 비율이 급증하고 있는데, 아래 [표 12-2]에서 보는 바와 같이 노인인구가 1990년의 219만 5천 명에서 2000년에 339만 5천 명으로 10년 만에 120만여 명이 증가하였고 앞으로 30년 동안 929만 6천여 명이 더 증가할 것으로 추산된다(통계청, 2021). 이와 같은 노인인구의 급증은 비생산 인구를 증가시켜 젊은 세대로 하여금 부양 책임을 가중시키는 동시에 노동력 부족을 초래하고 있다.

또한 가족구조의 형태가 달라졌다. 산업사회에서부터 무너지기 시작한 가족구조는 대가족에서 핵가족을 거쳐 현재 1인 가구가 대세인 시대로 접어들었다. 전통사회에서는 자녀가 노부모의 경제적 부양을 책임지는 것이 일반적인 현상이었으나, 현대사회에서는 가족의 부양 기능이 축소됨에 따라 노후 경제생활 보장에 대한 의식이 크게 변화하였다.

또한, 21세기의 인류는 4차 산업혁명[5]이라는 용어로 대표되는 정보통신기술로 인해 우리 일상생활에서 지능과 정보가 결합하는 방식으로 일상생활의 급격한 변혁을 경험하고 있다. 이러한 새로운 환경은 노인들의 삶에도 영향을 미치고 있다. 인터넷과 휴대폰을 기반으로 하는 지식과 정보의 홍수 속에서 기기 작동에 익숙하지 않은 노인은 정보 소외계층으로 전락할 위험이 있으며, 인간의 노동력을 대체하는 로봇과 무인 정보시스템(일명 키오스크)의 확산은 대인 서비스에 익숙한 노인들을 사회생활에서 더욱 위축시키는 결과를 초래할 수 있다.

이런 상황에서 노인 인구는 계속 증가하는 반면 출산율은 감소하고 있다. 자연히 생산연령인구가 감소는 경제 활력이 떨어진다. 특히 인구의 대도시 집중현상으로 '지역 소멸' 경고 등도 커졌다. 인구 감소와 고령화에 따른 경제 · 사회 · 의료 · 심리적 변화에 대한 국가의 적절한 대응이 시급한 실정이다.

[표 12-2] 연도별 노인인구, 구성비 및 부양지수

(단위: 천 명, %)

구분	총인구	노인인구	구성비	노령화지수	노년부양비	고령자 1명당 생산가능인구
1990	42,869	2,195	5.1	20.0	7.4	13.5
2000	47,008	3,395	7.2	34.4	10.1	9.9
2010	49,410	5,452	11.0	68.4	15.2	6.6
2014	50,424	6,386	12.7	88.7	17.3	5.8
2017	50,977	7,119	14.0	104.1	19.2	5.2
2020	51,435	8,084	15.7	119.1	22.1	4.5
2026	52,042	10,840	20.8	161.9	31.4	3.2
2030	52,160	12,691	24.3	193.0	38.6	2.6
2040	51,091	16,501	32.3	288.6	57.2	1.7
2050	48,121	17,991	37.4	376.1	71.0	1.4
2060	43,959	17,622	40.1	394.0	80.6	1.2

출처: 통계청(2020). 고령자 통계 현황
주 1) 노년부양비=(65+인구/15–65세 인구)X100
2) 노령화지수=(65+인구/0–14세 인구)X100
3) 고령자 1명당 생산가능인구=15–64세 인구/65+인구

5 4차 산업혁명은 1차 2차 3차 산업혁명을 뛰어넘는 새로운 차원의 산업혁명으로 각광을 받고 있으며, 4차산업혁명은 3차 산업혁명에서 이룬 정보통신기술과 산업과의 결합을 한 단계 더 진전시킨 산업혁명으로 볼 수 있다.

2. 경제적 문제

기본적인 생계유지뿐만 아니라 적정 수준의 삶의 만족도를 유지하기 위해서는 충분한 소득의 확보가 필요하다. 그러나 노년기에 이르게 되면 퇴직 등으로 인하여 근로소득 감소와 개인의 노후소득 준비 미흡, 연금제도와 공적부조제도의 미성숙으로 인한 노년기의 소득 감소로 노인은 경제적 어려움에 노출될 수 있다.

실제로 우리나라의 노인 빈곤율은 OECD 국가들 중 최고 수준이다(정순둘 외 2020). 그뿐만 아니라 노인의 상대빈곤율[6] 역시 크게 상승하고 있는 것으로 조사되었다. 통계청에 따르면 2020년 한국 노인의 상대빈곤율은 38.9%인 것으로 조사되었는데, 이는 OECD 평균 노인의 상대빈곤율은 13.5%의 3배를 넘는 수준인 것으로 나타났다. 또한 전체 가구의 상대빈곤율은 16.3%인 반면 노인가구의 상대빈곤율은 58.6%인 것으로 조사되어 노인의 빈곤상태가 심각함을 알 수 있다(통계청, 2020).

이에 빈곤을 해결하기 위한 공적 부조인 국민기초생활보장제도는 전 국민을 대상으로 하기 때문에 노인만을 위한 소득 보장 제도로 기능하기 어렵다. 실제로 전체 국민 기초생활수급자 1,638천 가구 중 노인을 포함한 가구는 518,799가구로 전체의 약 32%를 차지한다(통계청, 2020). 우리나라의 인구 고령화 현상은 단순히 노인인구의 수가 급증하는 것만을 의미하는 것은 아니다. 우리나라의 경우 짧은 기간 농업중심 사회에서 도시 · 상공업 · 임금노동자 중심 사회로 바뀌면서 노인의 경제활동이 크게 위축됨에 따라 노인이 경제적 무능력자로 전락하여 노인의 빈곤율이 상승하고 있기 때문이다.

6 상대빈곤율이란 전체 인구 중 가구 가처분소득이 전체 가구 가처분소득의 중윗값(50%) 미만인 가구의 비율을 의미한다.

[표 12-3] 국민기초생활수급자 현황

(단위: 만 명, %)

연도	총수급자	65세 이상 수급자	남성	여성
2017	1,582	427,625	144,832	282,793
2018	1,744	538,989	183,518	355,471
2019	1,891	626,579	216,548	410,031
2020	2,134	717,511	254,679	462,832
2021	2,360	887,147	312,995	574,152

출처: 보건복지부(2021). 국민기초생활보장 수급자 현황
주 1) 구성비=(65세 이상 수급자/총 수급자)×100

뿐만 아니라 연금보험이 제 역할을 잘 수행하지 못하고 있어, 고령에도 소득 수준이 열악한 일자리에 종사함으로 야기되는 건강의 문제, 자녀 의존에서 야기되는 부양으로 인한 가족 관계의 문제 등 부차적인 어려움이 동시에 발생하고 있다.

3. 의료적 문제

2020년 65세 이상 고령자 10만 명당 사망원인은 암(777.3명), 심장질환(331.9명), 폐렴(257.5명), 뇌혈관질환(225.3명), 알츠하이머병(91.4명)순으로 나타났고, 처음으로 알츠하이머병에 의한 사망원인이 5위로 나타남(고령자통계, 2020). 고령자의 사망률은 전체 인구 사망률 대비 암이 4.6배, 심장질환 5.3배, 폐렴 5.9배, 뇌혈관질환 5.3배, 알츠하이머병 6.2매 순으로 나타났다. 만성질환별 유병률을 살펴보면 고혈압(56.8%), 뇌졸중(24.2%), 고지혈증(17.1%), 심근경색증(16.5%), 기타 심장질환(10.0%)로 나타났다. 이결과에 정리해 보면 사망원인은 암으로 볼 수 있으며, 고혈압 뇌졸중 등의 만성질환을 앓고 있는 것으로 나타났다.

[표 12-4] 노인의 사망원인

(단위: 인구 10만 명 당 명)

구분	1위	2위	3위	4위	5위
2020년	암 (777.3명)	심장질환 (331.9명)	폐렴 (257.5명)	뇌혈관질환 (225.3명)	알츠하이머 (91.4명)

출처: 통계청(2021). 사망원인통계.

이에 따라 노인들은 가장 큰 문제로 '건강문제(65.2%)'를 꼽았으며 가장 받고 싶은 복지서비스로 '건강검진(30.2%)', '간병서비스(25.9%)'를 꼽았다(박석돈, 2013: 김명근 외,2014). 또한 통계청(2020) 조사 결과도 비슷한 경향을 볼 수 있다. 이와 같이 노인들의 만성질환과 같은 건강 문제는 입원비용 부담 및 의료비 증가를 초래한다. 특히 소득이 발생하는 노동력을 이미 상실한 노인의 경우, 마땅한 소득은 없으나 지출이 증가함으로써 적게 벌고 많이 써야 하는 빈곤과 질병의 모순적인 악순환이 지속된다. 또한 와병 노인의 경우 약화된 신체기능을 지원해 줄 보호인력을 필요로 하게 되는데, 우리나라에는 수요에 비해 노인전문병원이나 요양시설이 부족하여 노인이 적절하게 간호를 받는데 어려움이 있을 뿐 아니라 대부분 핵가족이기 때문에 자녀 및 가족으로부터의 보호를 기대하기도 힘든 실정이다. 이 때문에 건강하지 못한 노인의 보호문제는 심각한 사회문제가 되고 있다.

4. 사회적 문제

농경시대와 산업사회를 거쳐 우리는 정보화시대에 살고 있다. 정보화사회는 노동 방식이나 사람들의 생활양식, 가치체계, 관습, 사회제도 등이 정보와 지식, 그리고 컴퓨터와 통신망을 바탕으로 하는 정보기술에 의하여 새롭게 형성된 사회로서 과거 농경사회나 산업사회와는 확연히 차이가 있다.

정보화 시대의 가장 중요한 특징은 '빠른 변화'이다. 이렇게 급속하게 변화하는 정보화 사회에서 노인들은 적응하기 쉽지 않다. 과거 노인이 자신의 경험과 지식, 지혜를 젊은 세대에게 전수하며, 가부장적인 가족 구조 내에서 받고 존경받을 수 있었지만, 정보화사회의 도래는 노인들이 존재가치를 희석시키면서 서서히 정보기술력을 갖춘 젊은 세대에게 자리를 내주게 되었다.

2014년, 2017년, 2020년에 실시된 노인실태조사에 따르면 [표 12-5]에 제시된 바와 같이 경제활동을 위해 취업을 원하는 노인의 비율은 60.4%에 육박하나 [표 12-6]에서 보는 것처럼 실제로 근로에 참여하고 있는 노인의 비율은 36.9%에 불과한 것으로 나타나 경제 · 사회활동이 가능한 기능이 잔존하고 사회적 역할의 회복 욕구가 큼에도 불구하고 충분한 기회가 주어지지 않고 있음을 알 수 있다.

[표 12-5] 경제활동 참가율 및 고용률

(단위: %)

연도	전체		남자		여자	
	경제활동 참가율	고용률	경제활동 참가율	고용률	경제활동 참가율	고용률
2014	60.4	28.9	62.1	37.5	59.3	22.7
2017	59.3	30.9	61.6	38.3	57.5	25.5
2022	49.5	36.9	51.3	46.9	48.2	29.3

출처: 통계청(2020). 경제활동인구연보.

[표 12-6] 취업의사 및 취업을 원하는 이유

(단위: %)

연도	취업을 원함	취업을 원하는 이유					
		일하는 즐거움	생활비 보탬	사회가 필요로 함	건강 유지	무료해서	기타
2014	99.6	3.0	87.9	1.8	3.1	3.6	0.2
2017	99.4	1.3	84.5	1.6	6.0	5.8	0.2
2020	97.3	3.6	80.8	0.5	8.3	3.9	0.2

출처: 통계청(2021). 경제활동인구조사 부가조사.

이와 같은 현상은 노인이 사회의 중심부에서 주변으로 밀려나면서 역할과 지위 상실로 인한 사회적 관계의 문제, 사회 적응상의 곤란이 증폭되는 주요인이 되고 있다.

이러한 노인의 경제활동 지원을 위한 노인 일자리 및 사회활동지원 사업을 살펴보면 노인이 활기차고 건강한 노후생활을 영위할 수 있도록 공익활동, 일자리, 재능나눔 등 다양한 사회활동을 지원하여 노인복지 향상에 기여하는 것을 목적으로 운영되고 있다. 참여대상은 65세 이상 사회활동이 가능한 노인을 대상으로 공공형 사회서비스형, 시장형 사업으로 나누어 이루어지고 있다. 한국노인인력개발센터(2021)에 의하면 전국의 노인일자리 전담기관은 1,297개소에 이르고 있다.

5. 심리적 문제

대다수의 노인들은 사회 · 심리적 갈등으로 인한 고독과 소외의 문제를 겪고 있다. 즉 세대 간 교육수준 및 가치관의 차이, 가족 내 노인의 지위저하에 의해 고독감과 소외감을 경험하게 되는 것인데, 노인들의 이러한 심리적 문제는 우울증이나 자살충동을 야기하기도 한다.

2020년 기준, 우리나라 65세 이상 노인의 자살률은 46.6%로 OECD 국가 중 1위를 기록할 만큼 심각한 수준이며, OECD평균 자살률은 17.2%에 비해 2.7배 높게 나타났다(자살예방백서 ,2021). 이를 세부적으로 살펴보면 연령별로는 80대 이상 노인의 자살률은 67.4%로 가장 높았다. 또한 자살을 생각한 이유로는 건강문제(23.7%), 경제적 어려움(23.0%), 외로움(18.4%) 순으로 나타났다(통계청, 2021). 이러한 결과를 종합해 보면 연령이 높을수록 건강문제가 자살원인임을 알 수 있다.

또한 노인의 심리적 문제에는 노인 학대도 많은 영향을 끼치는 것으로 알려져 있다. 노인학대란 노인에게 신체적 · 경제적 · 정신적 · 정서적 · 성적 폭력 및 경제적 착취 또는 가혹행위를 하거나 유기 또는 방임을 하는 것을 의미한다.[7] 이러한 노인학대는 노인 자신의 특성, 학대 가해자의 특성, 관계적 특성, 가정환경적 특성, 사회구조적 특성과 관련해 발생한다고 알려져 있는데 노인학대 신고 건수는 해마다 증가하고 있으며 가해자는 아들이 가장 높은 비율을 차지하는 것으로 조사되었다.

7
- 신체적 학대: 신체의 상호, 손상, 고통, 장애를 유발할 수 있는 물리적 힘에 의한 폭력적 행위
- 정서적 학대: 정신적 또는 정서적 고통을 주는 것
- 언어적 학대: 언어로 정신적인 고통을 주는 것(정서적 학대에 포함)
- 성적 학대: 노인의 동의가 없는 모든 형태의 성적 접촉 또는 강제적 성행위를 하는 것
- 재정적 학대: 자금, 재산, 자원의 불법적 사용 또는 부당한 착취, 오용 및 필요한 생활비를 주지 않 는 것
- 적극적 방임: 의도적으로 서비스나 수발을 제공하지 않는 것, 또는 보호의무의 거부, 불이행
- 소극적 방임: 비의도적으로 서비스나 수발을 제공하지 않는 것, 또는 보호의무의 거부, 불이행
- 적극적 자기방임: 본래 자기가 해야 할 신변의 청결, 건강관리, 가사 등을 본인이 할 수 있는 능력이 있어도 스스로 포기하여 하지 않는 결과 심신의 건강상 문제가 생기는 것
- 소극적 자기방임: 기본적인 일상생활을 본인의 체력 · 지식 · 기능 부족 또는 어떤 사정으로 인해 본인도 모르는 사이에 못하게 된 결과 신체 및 심리적 기능에 문제가 발생하는 것
- 유기: 비독립적 노인을 격리하거나 방치하는 행위
- 기본인권침해: 노인의 기본적 인권을 침해하는 모든 행위

[표 12-7] 노인학대 신고접수 현황

(단위: 건)

구분	2012년	2014년	2016년	2018년	2021년
건수	3,424	3,352	4,280	5,188	10,624

출처: 중앙노인보호전문기관(2021). 노인학대 신고접수 현황

[표 12-8] 노인학대유형별 학대행위자와 피해노인과의 관계

관계별	2021							
	계 (건)	신체학대 (건)	정서적 학대 (건)	성적학대 (건)	재정적 학대 (건)	방임 (건)	자기방임 (건)	유기 (건)
계	10,624	4,390	4,627	231	406	691	204	46
배우자	2,332	322	394	21	43	53	1	8
아들	2,786	673	1,131	6	318	593	17	48
며느리	348	77	170	2	27	66	–	6
딸	708	124	253	2	99	206	7	17
손자녀	151	52	68	3	20	6	–	2

출처: 통계청(2021). 노인학대현황.

이와 같은 노인문제 중 경제적 문제나 의료적 문제 등에는 많은 관심이 집중되어 왔음에도 불구하고 노인의 고독과 소외 등 심리적 문제는 상대적으로 간과되어 왔다(박차상 외, 2013). 하지만 위에서 살펴본 바와 같이 노인의 심리적 문제가 자살 등과 관련되어 있음을 고려할 때 노인의 고독과 소외로 인한 문제 역시 비중있게 다루어야 할 필요가 있는 것이다.

3절 노인복지정책과 노인복지서비스

1. 노인복지정책

1) 소득보장정책

노인의 경제적 문제를 예방하거나 해결하는 사회적 노력으로서 일반적으로 사회보험, 기초노령연금, 공공부조 및 주택연금제도 등의 직접적 사회보장 정책과 취업지원, 세제혜택 등으로 소득을 보전하도록 돕는 간접적 소득보장 정책으로 대별된다.

[표 12-9] 노인소득보장체계의 구성

직접적 소득보장		
구분	프로그램	실시연도
사회보험	공무원연금	1960
	군인연금	1963
	사립학교교직원연금	1975
	국민연금	1998
공공부조	생활보호(2000, 폐지)	1961
	노령수당(1997, 폐지)	1989
	노인결연사업	1991
	경로연금(2007, 폐지)	1998
	국민기초생활보장	2000
사회수당	기초연금	2014

간접적 소득보장		
구분	프로그램	실시연도
경로우대	공영시설 및 이용료 할인	1980
	버스승차권 지급	1990
	현금지급으로 개정	1996
취업	노인인력은행	1981
	노인공동작업장	1986
	고령자취업알선센터	1992
	노인일자리	2004
세제혜택	상속세 공제	1986
	소득공제	1986

출처: 보건복지부 홈페이지 참고 작성.

(1) 직접적 소득보장

① 사회보험

65세 이상 노인이 받을 수 있는 공적 연금은 국민연금, 공무원연금, 군인연금, 사립학교교직원연금 등이 있는데, 그중에서도 가장 대표적인 것은 국민연금제도이다. 국민연금은 국민이 노령, 폐질 또는 사망 등 사회적 위험이 발생한 경우에 가입자의 갹출금을 주된 재원으로 하여 연금급여를 지급함으로써 국민의 생활안정과 복지를 증진하고자 하는 제도이다. 즉, 국민연금은 소득 능력을 상실하였을 때에도 기본생활을 보장하는 것이다.

1988년에 시행되기 시작하여 혜택 대상을 단계적으로 확대하여 1999년 4월부터는 전 국민이 국민연금의 적용대상이 되었다. 2021년 현재는 만 60세 되기 직전까지 납부하고 만 60세부터 연금을 수령할 수 있으며[8] 본인의 국민연금 가입기간과 가입 중 평균소득액에 따라 연금수령액 달라지나 2021년 기준으로 20년 가입자들의 평균수령액은 월 945,000원 정도이다. 그런데 이러한 연금설계에 따르면 2042년경이 되면 연금재정이 파탄에 이를 것이라는 계산에 따라 2007년 국민연금법을 개정하였다. 개정 국민연금법에 의하면 2008년부터 매년 0.5%씩 소득대체율을 감소함으로써 2028년 이후에는 소득대체율 40%까지 감소시켜 연금재정의 고갈예상연도를 지연시킬 예정이다.

② 공공부조

저소득 노인의 기초생활을 보장하기 위한 정책으로, 공공부조를 통해 소득을 보장하는 정책으로 국민기초생활보장제도는 1961년부터 시행되어 오던 생활보호제도가 폐지되고 2000년 10월부터 시행된 제도이다. 국민기초생활보장제도에서는 최저 생활에 대한 국민의 권리를 인정하는 의미로 '수급권'이라는 용어를 사용하고 있으며 수급권자에게는 생계급, 주거급여, 의료급여, 교육급여, 해산급여解産給與, 장제급여葬祭給與, 자활급여의 전부 또는 일부를 제공한다. 이러한 수급권자는 자산수준이 최저생계비 이하이고 부양의무자가 있어도 부양능력이 없거나 부양받을 수 없는 모든 국민이 그 대상이 된다.

---

8 1953년생 이후부터는 출생연도별로 61-65세부터 수령하게 된다.

[표 12-10] 최저생계비(기준 중위소득)

구분	2019	2020	2021
1인가구	1,707,008	1,757,194	1,827,194
2인가구	2,906,528	2,991,980	3,088,079
3인가구	3,760,032	3,870,577	3,983,950
4인가구	4,613,536	4,749,174	4,876,290
5인가구	5,467,040	5,627,771	5,757,373
6인가구	6,320,544	6,506,368	6,628,603

출처: 통계청(2021). 최저생계비(기준 중위소득 현황)

③ 사회수당

우리나라에는 노후소득 문제를 해결하기 위한 사회수당 제도로 노인복지법에 의한 노령수당제도가 있었다. 이에 따라 1991년부터 70세 이상 거택보호 가구주에게 월 1만원의 노령수당을 지급하다가 1997년 노인복지법이 전면 개정되면서 무갹출 노령연금을 지급하기로 하고 기존의 노령수당제도를 폐지하였다.

그리고 이러한 노령연금의 지급액은 국민연금법상 특례노령연금의 최저지급액을 감안하여 예산의 범위 내에서 매년 보건복지부 장관이 결정했는데, 해당 액수만으로는 노인이 정상적인 생활을 영위할 수 없다는 비판이 잦아 2007년 4월에 기초노령연금법이 제정, 2008년부터 시행되었다. 그러나 이러한 노력에도 불구하고 우리나라 노인의 빈곤율은 OECD 국가 중 최하위를 차지할 정도로 열악한 실정이다. 이에 2014년 현재의 기초연금 형태로 시행되고 있다.

기초연금의 지급 목적은 안정적인 소득기반을 제공하여 노인의 생활안정을 지원하고 복지증진으로 하고 있다. 기초연금은 65세 이상의 어르신 중 소득과 재산을 환산한 소득인정액[9]이 하위 70%인 경우를 대상으로 하고 있다. 기초연금은 신청제로 운영되고 있으며 신청 후 매월 25일에 지급되고 있으며, 2022년 기준 최대 307,500원을 받을 수 있다.

9 월 소득평가액과 재산의 월 소득환산액을 합산한 금액으로 단독가구 180만 원, 부부가구 288만 원이다.

(2) 간접적 소득보장

① 경로우대제도

경로우대제도는 전체 노인을 대상으로 이용요금의 면제와 할인혜택을 통해 간접적으로 소득을 보장해주는 프로그램으로, 다음의 [표 12-11]에 제시된 바와 같이 철도나 전철 등의 교통수단 운임의 할인이나 고궁과 박물관 등의 공공 기관 입장료 할인 제도가 있다.

[표 12-11] 경로우대시설의 종류와 할인율

경로우대시설의 종류	할인율
1. 철도	
가. KTX	30 %(토 · 일요일 및 공휴일 제외)
나. 새마을열차	30 %
다. 무궁화호	30 %
라. 통근열차	50%
마. 수도권전철	100%
2. 도시철도(도시철도 구간 간 국유전기철도를 포함)	100%
3. 고궁	100%
4. 능원	100%
5. 국공립박물관	100%
6. 국공립공원	100%
7. 국공립미술과	100%
8. 국공립국악원	50% 이상
9. 국가 · 지방자치단체 또는 국가나 지방자치단체가 출연하거나 경비를 지원하는 법인이 설치 · 운영하거나 그 운영을 위탁한 공연장	50% 이상

비고 1: 노인승차권 발급은 1996년부터 현금 교통비지원
2: 항공기는 10%, 선박은 20%로 적용
3: KTX는 한국철도공사 내규로 시행한다.

출처: 노인복지사업 안내(2022)

② 취업제도

A. 노인일자리 사업

노인일자리 사업은 1981년 노인인력은행으로 시작되었으나 1997년 1월부터 노인취업알선센터로 확대, 개편되어 노인취업상담, 취업알선을 실시하고 있다. 또한 2005년 노인복지법 제23조 제2항에 의거 한국노인인력개발원이 설립되어 전국적으로 일하기를 희망하는 노인에게 적합한 직종 개발 과 노인일자리 및 사회활동

지원 사업 등을 통하여사회참여 및 경제활동을 지원하고 있다. 한국노인인력개발센터는 노인일자리 활동화를 통한 활기찬 고령사회구현, 1,000만 노인시대, 100만 노인일자리 기관을 선도하며, 노인일자 관련 연구사업 등을 하고 있다. 사단법인 대한노인회가 운영주체로 시 · 도 연합회 및 시 · 군 지회에 설치되어 운영되고 있다. 노인일자리사업의 수행 기관은 지방자치단체, 시니어클럽, 노인복지관, 노인인력개발센터, 대한노인회, 노인복지센터, 종합사회복지관 등이 있다.

B. 고령자취업알선센터

고령자취업알선센터는 고령자를 위한 고용촉진사업의 일환으로 노인인력을 필요로 하는 해당 지역 기업체에 장 · 단기 취업을 알선하는 역할을 하고 있다. 보건복지부가 지원하고 대한노인회 산하 각 시 · 연합회 및 지회에서 운영하다. 정부는 운영의 내실화를 위해 각 기관에 실비를 지원하고 있지만 실제로 담당자가 구인처를 개발하고 노인취업을 활성화하기에는 부족한 실정이다. 뿐만 아니라 구인처의 적절성, 취업직종의 편중, 취업교육의 내실성 부족 동 문제로 지적되고 있다.

C. 노인공동작업장

노인공동작업장은 노인의 적성과 능력에 맞은 일거리를 마련하여 여가를 선용하고 소득을 보전할 수 있는 기회를 제공함으로써 노인의 안정된 노후생활을 보장하기 위해 1986년에 시작되었다. 이는 작업장 설치가 가능한 공업단지나 경로당 또는 노인복지시설을 활용하여 지역적 특성 및 노인의 적성과 능력에 적합한 직종을 선정하여 발생한 이익금을 노인에게 배당하는 제도이다.[10] 하지만 생산업체와의 지속적인 연계 및 일감 확보가 어렵고 작업장을 통해 얻은 수익이 적어 노인들에게 실질적인 도움은 되지 못하고 있다는 지적이 있다.

2) 의료보장제도

(1) 국민건강보험제도

우리나라에는 노인만을 위한 건강보험제도는 없고 노인들은 일반 국민들과 동

---

10 노인적성 공동작업장 직종에는 액세서리 만들기, 포장상자 접기, 제품 포장 정리, 봉제 완구 제작, 봉투 제작, 옷감정리(실밥 따기), 상여품 제작, 원예, 버섯 제배, 마늘 까기 등 단순 가공, 어패류 양식 및 농작물 제배 등이 있다.

일하게 건강보험제도에 의해 보호를 받고 있다. 국민건강보험제도 2000년 7월부터 실시된 제도로 1963년 의료보험법이 제정된 이후 1977년 500인 이상 사업장 근로자를 대상으로 처음 실시되었다가 1989년부터 도시지역의료보험의 실시로 전국민 의료보험시대를 맞이하였다. 이 제도에 의하면 소득이 있는 국내 거주자는 국민건강보험 가입자가 될 수 있고, 수입이 없는 자는 국민건강보험 가입자의 피부양자로서 보험의 혜택을 받을 수 있다. 급여는 현물급여, 현금급여 있는데 우리나라는 의료기관에서 의료서비스를 제공하는 현물급여를 원칙으로 하고 있다.

현재 건강보험에서 지급하는 급여수준은 입원비 · 종합병원 외래진료비 · 병원진료비 · 의원진료비의 일정 부분만 지급해주고 있고 나머지는 본인 부담으로 되어 있어 질병이 많은 노인의 경우 의료비 조달 자체가 심각한 재정 문제로 연결된다. 또한 병원에 입원을 할 경우, 각종 검사비, 식대, 상급 병실 사용에 따른 차액 등을 모두 본인이 부담해야 하기 때문에 본인 부담금의 비율은 훨씬 높은 실정이다. 2019년 노인1인당 진료비는 4,796천 원이며, 본인부담은 1,117천 원을 본인이 부담하고 있으며 그 비중은 23.3%이다(통계청, 2021).

(2) 노인장기요양보험

우리나라에서는 2008년 7월부터 노인장기요양보험법에 따라 치매, 중풍, 노화 및 노인성 질환 등으로 혼자 힘으로 일상생활을 하기 어려운 대상자에게 요양시설 및 재가장기요양기관을 통해 신체활동 또는 가사지원 등의 노인장기요양보호서비스를 제공하게 되었다. 이 제도의 목적은 노인의 간병 · 장기요양문제를 사회적 연대 원리에 따라 정부와 사회가 공동으로 해결하려는 것으로 노인의 노후생활의 안정을 도모하고 그 가족의 부양부담을 덜어줌으로써 국민의 삶의 질을 향상하려는 것이다. 국민건강보험은 질환의 진단, 입원 및 외래 치료, 재활 등을 목적으로 주로 병 · 의원 및 약국에서 제공하는 서비스를 급여대상으로 하는 반면, 노인장기요양보험제도는 고령이나 노인성질병 등으로 인하여 혼자의 힘으로 일상생활을 영위하기 어려운 대상자에게 요양시설이나 재가기관을 통해 신체활동 또는 가사지원 등의 서비스를 제공하는 제도라는 점에서 노인에게 특화된 의료보장제도라 할 수 있다. 또한 기존「노인복지법」상의 노인요양은 주로 국민기초생활보장수급자 등 특정 저소득층을 대상으로 국가나 지방자치단체가 공적부조방식으로 제공하는 서비스 위주로 운영되어 왔으나,「노인장기요양보험법」상 서비스는 소득에 관계없이 심신기능 상태를 고려한 필요도에 따라 장기요양인정을 받은 자에게 서비스가 제공되는 보다 보편적인 체계로 운영되고 있다는 점에서는 기존 노인복지서비스 체계와도 구별된다.

[표 12-12] 노인장기요양보험제도와 기존 노인복지서비스체계 비교표

구 분	노인장기요양보험제도	기존 노인복지서비스 체계
관련법	노인장기요양보험법	노인복지법
서비스 대상	• 보편적 제도 • 장기요양이 필요한 65세 이상 노인 및 치매 등 노인성질병을 가진 65세 미만자	• 특정대상 한정(선택적) • 국민기초생활보장 수급자를 포함한 저소득층 위주
서비스 선택	수급자 및 부양가족의 선택에 의한 서비스 제공	지방자치단체장의 판단(공급자 위주)
재 원	장기요양보험료+국가 및 지방자치단체 부담+이용자 본인부담	정부 및 지방자치단체의 부담

출처: 보건복지부 홈페이지 참조 재구성..

이와 같이 급여 종류에는 시설급여, 재가급여, 특별현금급여로 나눌 수 있으며, 시설급여는 노인요양시설, 노인 공동요양생활시설이 있고, 재가급여는 주야간보호, 방문요양, 방문간호, 단기보호, 복지용구제공이 있으며, 특별급여 등이 있다.

(3) 의료급여

의료급여는 건강보험을 적용받을 수 없는 저소득층을 위한 의료비 보조제도로 다액의 의료비가 지출되어 생활이 빈곤해질 수 있다는 측면과 빈곤한 자가 일반적으로 건강하지 못해 의료비 지출로 인해 빈곤이 가중된다는 측면을 해결하기 위한 대책이다. 이 제도의 수급권자는 1. 국민기초생활수급자, 2. 재해이재민, 3. 의상자 및 의사자의 유족, 4. 국내에 입양된 18세 미만의 아동, 5. 국가유공자와 그 가족, 6. 중요무형문화재의 보유자(명예보유자 포함) 및 그 가족, 7. 북한이탈주민과 그 가족, 8. 광주민주화운동관련자와 그 가족, 9. 그 밖에 생활유지 능력이 없거나 생활이 어려운 자로서 대통령령이 정하는 자이다.

의료급여의 수급권은 1종과 2종으로 구분되며 1종 수급권자는 외래나 입원진료가 모두 무료이고 2종 수급권자는 1차 기관 외래진료비가 일부 본인부담이며 입원 시 총 진료비의 20%만 부담하게 된다.

(4) 노인건강검진제도

노인건강검진제도는 1981년 노인복지법에 근거해 기획되었고 1983년부터 저소득층 노인들을 대상으로 실시되었다. 이 제도는 질병의 조기발견 및 조기치료로 건강의 유지 · 증진을 도모하고 노인건강수준 향상으로 건강하고 활기찬 노후생활의 보장을 목적으로 하고 있다. 적용대상은 시 · 군 · 구 관할구역에 거주하는 65세 이상 국민기초생활수급권자 및 차상위 노인 중 노인건강진단 희망자를 대상으로 격년제로 혜택받을 수 있다. 건강검진의 내용은 기본진찰, 체능검사, 혈액검사, 소변검사, X선 촬영 등의 1차 검진과 정밀 진단이 포함되는 2차 검진으로 구성된다.

(5) 치매국가책임제

인구의 고령화로 우리나라 65세 이상 노인의 치매유병률은 2020년 84만 명 10.3%에서 2050년에는 15.9%에 이르고 치매노인수는 303만 명에 이를 것으로 예측된다(보건복지부, 2020). 따라서 치매노인의 증가는 개인이나 가족이 대응하기에는 한계에 달하게 되었다

이러한 치매노인을 위한 대책으로 노후에도 안정적인 삶을 누릴 수 있도록 치매를 조기에 발견하여 치료하고 지속적으로 관리하여 증상을 호전시키거나 심화를 예방하기 위해 1997년부터 실시되어 오다가 2011년 치매관리법 제정되었다. 2008년부터 현재 제4차 국가치매관종합계획(2021~2025)을 수립하여 국가차원의 체계적인 치매관리정책이 추진되어 왔다. 치매의 예방, 치매환자의 진료 · 요양 및 치매퇴치를 위한 연구 등에 관한 정책을 종합적으로 수립 · 시행함으로써 치매로 인한 개인적 고통과 피해 및 사회적 부담을 줄이고 국민건강증진에 이바지함을 목적으로 하였다. 치매환자의 급증으로 인하여 2017년 치매국가책임제가 도입되어 관리되고 있다. 그 내용은 다음의 [표 12-13]과 같다.

[표 12-13] 치매국가책임제 개요

구분	내용
도입 배경	• 인구의 고령화와 치매인구의 폭발적 증가하여 치매환자와 그 가족의 고통이 심화 • 치매보호체계를 개선 치매 조기진단과 예방까지 종합적인 치매지원체계 구축 필요
전달 체계	보건복지부 → 중앙치매센터 → 광역치매센터 → 치매안심센터 의료기관보건복지부 → 광역지자체 → 지초지자체
운영 현황	• 중앙치매센터 설치 • 치매안심센터 설치(전국 보건소 252개소) • 광역센터 설치

주요 내용	• 보건소 내 치매안심센터(치매단기쉼터, 치매카페)설치 치매관련 맞춤형 상담(치미상담콜센터) • 1:1 사례관리 • 서비스 연결을 통한 통합지원 • 장기요양 등급 확대(치매등급 신설) • 치매환자 의료지원 강화(본인부담금 경감) • 치매예방 환경 조성(전국 350개 노인복지관 치매예방프로그램 제공) • 치매 R&D설치 체계적인 연구

출처: 중앙치매센터 홈페이지 참고 재구성.

2. 노인복지서비스

노인복지서비스란 노인이 가진 심리적 · 사회적 욕구와 관련된 사회적 서비스를 의미하며 서비스가 제공되는 장소에 따라 가정, 지역사회, 시설 등을 기반으로 노인과 그 가족에게 필요한 자원과 서비스를 제공함으로써 활기차고 건강한 노후를 보낼 수 있도록 지원하는 공적 · 사적 서비스를 말한다.

이와 같은 노인복지서비스는 주로 노인복지시설을 통해서 이루어지고 있는데, 현행 노인복지법 제31조에서는 이러한 노인복지시설의 종류를 노인주거복지시설, 노인의료복지시설, 노인여가복지시설, 재가노인복지시설, 노인보호전문기관으로 구분하고 있다. 또한 노인돌봄 및 지원서비스로 노인맞춤돌봄서비스사업, 독거노인 응급안전안심서비스, 결식 우려 노인 무료급식 지원 등이 있다.

[표 12-14] 노인복지시설의 유형

구분		시설 종류
생활 시설	노인주거복지시설	양로시설, 노인공동생활가정, 노인복지주택
	노인의료복지시설	노인요양시설, 노인요양공동생활가정
이용 시설	노인여가복지시설	노인복지관, 경로당, 노인교실
	재가노인복지시설	방문요양서비스, 주 · 야간보호서비스, 단기보호서비스, 방문목욕서비스
	노인보호전문기관	중앙노인보호전문기관, 노인보호전문기관

출처: 보건복지부(2021). 노인복지시설의 유형.

1) 노인주거복지시설

노인주거복지시설이란 노인이 생활할 수 있도록 주거를 포함한 일체의 생활이 가능하도록 서비스를 제공하는 시설로, [표 12-15]와 같이 양로시설, 노인공동생활가정, 노인복지주택으로 구분된다.

[표 12-15] 노인주거복지시설의 개요

구분	서비스 대상	서비스내용	신청방법
양로시설	65세 이상 일부 돌봄이 필요한 노인	노인을 입소시켜 급식 및 기타 일상생활에 필요한 편의를 제공	주민행정복지센터/ 지역건강보험공단에서 개인 또는 대리인 신청
노인공동생활가정		노인에게 가정과 같은 주거여건과 급식, 그 밖에 일상생활에 필요한 편의를 제공	
노인주택		노인에게 주거시설을 분양 또는 임대하여 주거의 편의 · 생활지도상담 및 안전관리 등 일상생활에 필요한 편의를 제공	

출처: 보건복지부(2021). 노인복지시설의 유형.

[표 12-16] 노인주거복지시설의 현황

(단위: 개소, 명)

시설별		2019		2020		2021	
		시설 수 (개소)	입소정원 (명)	시설 수 (개소)	입소정원 (명)	시설 수 (개소)	입소정원 (명)
노인주거복지시설	소계	382	21,674	352	20,497	337	19,383
	양로시설	232	13,036	209	11,619	192	9,962
	노인공동생활가정	115	954	107	953	107	930
	노인복지주택	35	7,684	36	7,925	38	8,491

출처: 통계청(2021). 노인복지 생활시설 수 및 생활현황에서 재구성

2) 노인의료복지시설

노인의료복지시설이란 주거생활은 물론 보건의료적 서비스를 제공하는 시설로, 아래와 같이 노인요양시설, 노인요양공동생활가정으로 구분된다.

[표 12-17] 노인요양 및 의료복지시설 개요

구분	서비스 대상	서비스내용	신청방법
노인요양 시설	65세 이상 장기요양등급판정자 : 인지증 기능 저하증 · 중풍등 노인성 질환 등으로 심신에 상당한 장애가 발생하여 도움을 필요로 하는 노인	급식 및 요양, 기타 일상생활에 필요한 편의를 제공	시 · 군 · 구 건강보험 공단, 주민센터에서 본인/대리인 신청
노인요양 공동생활 가정		도움을 필요로 하는 노인에게 가정과 같은 주거여권과 급식,요양, 그 밖에 일상생활에 필요한 편의를 제공	

출처: 보건복지부(2021)노인복지시설의 유형.

[표 12-18] 노인의료복지시설의 현황

(단위: 개소, 명)

시설별		2019		2020		2021	
		시설 수 (개소)	입소정원 (명)	시설 수 (개소)	입소정원 (명)	시설 수 (개소)	입소정원 (명)
노인주거 복지시설	소계	5,529	190,820	5,725	203,075	5,821	214,683
	노인 요양시설	3,595	174,015	3,844	186,289	4,057	199,134
	노인 요양공동 생활가정	1,934	16,805	1,881	16,786	1,764	15,549

출처: 통계청(2021). 노인복지 생활시설 수 및 생활현황에서 재구성.

3) 노인여가복지시설

노인여가복지시설이란 노인이 건강하고 건전한 여가활동을 할 수 있도록 제반 서비스를 제공하는 시설로, 노인복지관, 경로당, 노인교실로 구분된다.

[표 12-19] 노인주거복지시설의 개요

구분	서비스 대상	서비스내용	신청방법
노인복지관	65세 이상 노인	각종 상담에 응하고, 건강의 증진 · 교양 · 오락 기타 여가활동을 할 수 있는 장소를 제공	해당 기관 본인/대리인 신청
경로당		지역 노인이 자율적으로 친목 도모 취미활동, 공동작업장 운영 및 각종 정보교환 기타 여가활동을 할 수 있는 장소를 제공	
노인교실		노인에게 사회활동, 참여 욕구를 충족시키기 위하여 건전한 취미생활 노인 건강 유지, 소득 보장, 기타 일상생활과 관련된 학습 프로그램을 제공	

출처:보건복지부(2021)노인복지시설의 유형.

[표 12-20] 노인여가복지시설의 현황

(단위: 개소, 명)

시설별		2019		2020		2021	
		시설 수(개소)	입소정원(명)	시설 수(개소)	입소정원(명)	시설 수(개소)	입소정원(명)
노인여가복지시설	소계	68,413	–	69,005	–	68,823	–
	경로당	66,737	–	67,316	–	67,211	–
	노인교실	1,285	–	1,291	–	1,255	–

출처: 통계청(2021). 노인복지 생활시설 수 및 생활현황에서 재구성.

4) 재가노인복지시설

재가노인복지시설이란 노인이 자기가 살고 있는 가정에 거주하면서 필요한 서비스를 제공받을 수 있도록 도움을 제공하는 시설이다. 재가노인복지사업은 1987년 한국노인복지회에서 저소득층 노인을 대상으로 시작했으며 아래와 같이 방문요양서비스, 주 · 야간보호서비스, 단기보호서비스, 방문목욕서비스, 그 밖의 서비스로 구분된다.

[표 12-21] 재가노인복지시설 개요

구분	서비스 대상	서비스내용	신청방법
방문요양	65세 이상 · 65세 이하로 노인성 질환 자로 노인장기요양 등급판정을 받은 자	신체적 · 정신적 장애로 일상생활을 영위하고 곤란한 노인이 있는 가정에 요양보호사를 파견하여 노인의 신체적 서비스와 일상생활에 필요한 각종 편의를 제공	주민행정복지센터/ 지역건강보험공단에서 본인 또는 대리인 신청
주 · 야간 보호센터		부득이한 사유로 가족의 보호를 받을 수 없는 심신 심신이 허약한 노인과 장애노인을 주간 또는 야간 동안 보호시설에 입소시켜 필요한 각종 편의를 제공	
단기 보호센터		부득이한 사유로 가족의 보호를 받을 수 없는 심신이 허약한 노인과 장애 노인을 시설에 단기간 입소시켜 보호	
방문목욕		신체적 · 정신적 장애로 일상생활을 영위하고 곤란한 노인이 있는 가정을 방문하여 요양보호서비스가 목욕을 제공	

출처:보건복지부(2021)노인복지시설의 유형.

[표 12-22] 재가노인복지시설의 현황

(단위: 개소, 명)

시설별		2019		2020		2021	
		시설 수 (개소)	입소정원 (명)	시설 수 (개소)	입소정원 (명)	시설 수 (개소)	입소정원 (명)
재가노인 복지시설	소계	4,821	53,831	7,212	73,595	9,984	87,434
	방문요양	1,513	–	2,656	–	4,156	
	주야간보호	1,816	53,087	2,321	72,639	2,618	86.921
	단기보호	78	744	73	956	69	513
	방문목욕	942	–	1,596	–	2,415	–
	방문간호	60	–	95	0	158	0
	복지용구지원	0	–	86	0	208	0
	재가노인지원	412	–	385	0	360	0

출처: 통계청(2021). 노인복지 생활시설 수 및 생활현황에서 재구성.

5) 노인맞춤돌봄서비스 및 응급안전안심서비스

일상생활 영위가 어려운 취약노인에게 적절한 돌봄서비스를 제공하여 안정적인 노후생활 보장, 노인의 기능 · 건강 유지와 악화예방을 목적으로 운영되고 있다. 서비스 대상은 65세 이상 기초생활수급자, 차상위계층, 기초연금 수급자 중 돌봄이 필요하다고 인정되는 자이다. 2020년 기준 약 45만 명의 어르신에게 서비스가 제공되고 있다. 제공되는 서비스의 내용으로 안전지원, 사회참여, 생활교육, 일상생활지원 등 직접서비스를 제공하여 정서지원 특화서비스를 지원하고 있으며, 전국 647개소가 운영되고 있다(노인복지사업안내, 2022). 다음은 응급안전안심서비스로 건강 상태가 취약한 홀몸 어르신을 대상으로 댁내 화재 활동감지기 및 응급호출장비 등을 설치하여 위급상황 발생 시 119 및 지역센터 응급관리요원과 연계 신속구조 지원하는 사업이다. 이 사업은 2013년부터 시작되어 2020년 현재 12만 가구에 서비스가 제공되었으며, 응급상황대응은 총 9,420건이 이루어졌다(노인복지사업안내, 2022).

[표 12-23] 노인맞춤돌봄서비스 사업안내

구분	내용
서비스 대상	• 65세 이상 기초생활수숨자, 차상위계층 또는 기초연금수급자 중 독거 · 조손 가구 등 돌봄이 필요한 노인(대산장선정도구를 통해 우선순위에 따라 선정 • 대상자 선정도구 신체정신 사회참여 영역의 취약요인을 조사하여 대상 선정 여부 서비스 제공시간의 범위 등 산정
서비스신청 방법	• 본인, 신청자의 친족 및 이해관계인 • 서비스 대상자의 주민등록상 주소지의 읍 · 면 · 동 주민센터 • 신청서(주민센터 비치), 신분증 등
서비스 내용	• 안전지원: 방문 안전지원, 전화 안전지원, ICT안전지원
	• 사회참여: 사회관계 향상 프로그램, 자조모임
	• 생활교육: 신체건강분야, 정신건강분야
	• 일상생활지원: 활동지원, 가사지원
	• 연계서비스(민간후원자원): 생활지원연계, 건강지원연계, 기타서비스
	• 특화서비스: 개별 맞춤형 사례관리, 집단활동, 우울증 진단 및 투약지원(은둔형 우울형 노인에 대한 특화서비스 별도 194개소 운영)

출처: 보건복지부 홈페이지 참조(2022).

6) 노인보호전문기관

노인보호전문기관이란 학대받는 노인을 위한 전문적 상담과 서비스를 제공 · 담당하는 기관으로, 아래와 같은 업무를 담당한다.

[표 12-24] 재가노인복지시설 개요

구분	서비스 대상	서비스내용	신청방법
노인보호 전문기관	노인학대 피해자	• 노인학대의 예방 및 방지를 위한 홍보 • 학대받은 노인의 발견 · 상담 · 보호와 의료기관에의 치료 의뢰 및 노인복지시설에의 입소 의뢰 • 노인학대행위자, 노인학대행위자로 신고된 자 및 그 가정 또는 업무 · 고용 등의 관계로 사실상 노인을 보호 · 감독하는 기관이나 시설 등에 대한 조사 • 노인학대행위자에 대한 상담 및 교육 • 그 밖에 학대받은 노인의 보호를 위하여 필요한 사항	• 노인복지시설, 요양병원 및 종합병원, 장기요양 기관 등의 시설 종사자 • 1577-1389(노인학대 신고전화)

[표 12-25] 노인보호전문기관의 현황

(단위: 개소, 명)

시설별	2019	2020	2021
	시설 수 (개소)	시설 수(개소)	시설수 (개소)
노인보호전문기관	34	35	37

출처: 통계청(2021). 노인복지생활시설 수 및 생활현황.

4절 노인복지의 발전을 위한 과제

우리 사회는 노인의 빈곤화 및 치매를 포함한 건강 약화 문제, 노인의 지위 하락, 다양한 여가활동 및 장소 부족, 노인의 사회참여 기회 박탈, 정보화와 디지털 사회에서의 소외, 세대갈등 등으로 노인 문제가 심각한 실정이다. 특히 다른 나라에 비해 고령화 속도가 매우 빠르게 진행된 우리나라는 노인 문제에 대한 체계적인 대비 전략을 수립해놓지 못했을 뿐 아니라 노인 부양비 증가, 기초연금과 같은 사회서비스의 확대에 대한 합의 부족 등으로 노인을 둘러싼 세대 간의 갈등도 발생하고 있다. 또한 노인의 에이징 인 플레이스Aging in Place: AIP의 욕구에 대응할 수 있는 주거 보장 또한 대두되고 있다.

그러나 이와 같은 노인 문제는 개인이나 가족의 지원 차원에서 벗어나 보다 적극적인 국가의 개입으로 노인의 삶의 질 향상과 사회통합을 이룰 수 있는 다음과 같은 국가 지원 정책을 고려해 보아야 할 것이다.

첫째, 노인의 소득 보장 지원체계의 개선 및 내실화가 필요하다. 이를 위해서는 사회보장의 확대, 공공부조의 내실화가 선결되어야 하며 노인의 소득 문제와 노동력 문제를 해결하기 위한 정년 문제 및 임금제도 개선, 다양한 노인일자리 창출 및 유휴 노인 인력의 효율적인 활용을 위한 지원이 이루어져야 한다.

둘째, 노인의 건강보장 지원체계의 개선 및 내실화가 필요하다. 돌봄이 필요한 고령 노인의 돌봄 문제를 해결하기 위해 노인장기요양보험 제도가 시행 후 15년을 맞이하였다. 그동안 개선을 위한 노력도 있으나, 대상자 선정 방식, 본인 부담률의 감소, 서비스 질 관리를 위한 요양 인력의 직무능력 향상을 위한 재교육체계 개선과 근무환경 및 임금의 현실화 등이 필요하다. 뿐만 아니라 장기요양 서비스 제공에 있어서 제공자 중심의 단일 서비스 제공방식의 개선으로 장기요양서비스를 이용하는 이용자가 1주일간의 서비스를 각각 선택하여 이용할 수 있도록 개선할 필요가 있으며, 재가 서비스의 통합 재가서비스를 시스템 체계 구축을 통한 서비스를 서비의 질

향상과 지속적인 서비스 제공이 이루어져야 한다. 또한, 건강한 노후를 유지할 수 있도록 노인 의료비 경감을 건강증진 및 예방사업이 강화와 기타 사회 보호 제도 개선이 함께 이루어져야 한다(국민건강보험공단 노인장기요양, 2020).

셋째, 노인의 주거 보장 및 사회 참여 확대를 위한 에이징 인 플레이스Aging in Place: AIP에 근거한 지원체계가 필요하다. 보건복지부는 커뮤니티 케어를 발표하여 노인이 살던 지역에서 계속적인 돌봄을 받으며 생활할 수 있는 여러 가지 대책이 제시되었다(보건복지부, 2021). 지역사회 참여 확대를 지원하기 위해 노인복지관의 확대 및 경로당, 노인교실 등의 프로그램 내실화, 독거노인을 대상으로 효율적인 복지서비스 전달이 가능한 원스톱지원센터 운영 등 노인의 욕구 및 특성에 부합하면서 노인의 위기를 효과적으로 다룰 수 있는 노인복지 관련 기관의 확대 및 연계체계 구축도 필요하다.

넷째, 노인의 디지털 기기 접근성의 내실화가 필요하다. 현대사회는 정보화 사회로 디지털 기기 활용이 미숙한 노인은 디지털 정보격차로 디지털 소외Digital Alienation계층으로 전락될 수 있으며, 사회 주류층인 중장년 세대와 개인주의화의 대표적 세대인 MZ세대[11]와의 세대갈등을 완화할 수 있는 노인의 디지털 기기의 접근성을 용이하도록 하기 위한 지원 대책이 필요하다.

위와 같이 국가지원 정책에 대하여 고려해 보았으나 무엇보다 중요한 것은 산적해 있는 노인 문제 해결에 급급하여 단편적인 노인복지정책을 세우는 것이 아니라 장기적인 관점에서 노인의 사회통합 및 삶의 질 향상을 위한 근본적인 해결책을 강구해야 한다. 또한 인구 고령화와 세대갈등 문제는 국가적 수준에서 사회·경제적 자원배분으로 세대 간 형평과 통합이 이루어져야 하며, 지역사회 통합돌봄을 통한 존엄한 노후가 보장되어야 한다. 이를 위한 국민적 합의를 마련하는 것 역시 우리가 풀어나가야 할 과제이다.

11 MZ세대는 1980년대 초~2000년대 초 출생한 밀레니얼 세대와 1990년대 중반~2000년대 초반 출생한 Z세대를 통칭하며, 디지털 환경에 익숙하고 최신 트렌드와 남과 다른 이색적인 경험 추구한다. 또한 집단보다는 개인의 행복을, 소요보다는 공유를, 상품보다는 경험을 중시하는 소비 특징을 소유하고 있으며, 사회적 가치와 '미닝아웃 소비'를, 미래보다 현재를, 가격보다 취향 중시 '플렉스 문화'에 익숙하다는 특징이 있다.

제 13 장

장애인복지론

1절 장애 개념과 이념의 변화

1. 장애의 의미와 사회의 반응

우리나라에서 장애를 지칭하는 용어는 1981년 심신장애자복지법에서 '심신장애자'라는 용어를 사용하다, 1989년 장애인복지법에서 '장애인障碍人'으로 용어를 변경하였다. '障'은 세상으로부터 막힌다는 의미이고, '碍'는 세상으로부터 도피하거나 거리낀다는 의미이다. 글자대로 해석한다면 장애인은 '세상으로부터 막히고, 그래서 세상으로부터 벗어나 있는 사람'이라는 의미이다(김용득, 2019a). 중국에서는 잔질인殘疾人이라는 용어를 사용하는데, 이는 질병이 치료되지 않고 남아 있는 상태에 있는 사람이라는 의미이다. 일본에서는 장해인障害人이라는 용어를 사용하는데, 불편하고 해로움을 입은 사람이라는 의미이다. 서양에서는 과거에는 장애인을 지칭하는 용어로 'the disabled'를 많이 사용하다가 최근에는 'disabled people'이라는 용어를 더 선호하는 경향이다. 다른 한편에서는 장애를 지칭하는 용어가 부정적이라는 문제를 제기하면서 'differently abled people'이라는 용어를 사용하는 사람들도 있다. 이처럼 장애를 지칭하는 용어는 다양하며, 다양한 용어는 다른 개념을 반영한다(김용득, 2019a).

장애라는 용어는 일상에서 자주 사용되고 있지만, 이 개념은 모호하고 논쟁의 여지가 많다. 국제기구에 의한 장애에 대한 공식적인 정의는 1980년 세계보건기구에서 채택한 바 있다. 이 정의에 의하면 장애는 의학적 손상impairment의 직접적인 결과로서 발생하는 것이며, 손상된 능력이 장애를 구성한다고 본다(WHO, 1980). 그러나 최근 들어 환경의 영향을 강조하는 추세이며, 장애는 신체적 요소와 환경적 요소와의 상호작용을 통하여 사회생활 참여를 제한하는 상태에 주목하고 있다(WHO, 2001). 우리나라 장애인복지법에서는 '장애인은 신체적 · 정신적 장애로 인하여 장기간에 걸쳐 일상생활 또는 사회생활에 상당한 제약을 받는 자'로 정의하고 있다.

따라서 장애의 정의에는 신체적 또는 정신적 장애라는 의학적 원인이 존재하며, 이러한 원인에 의하여 일상생활이나 사회생활에 상당한 제약을 받고 있는 상태라는 두 가지의 조건에 의하여 규정된다고 할 수 있다.

장애를 정의하는 이유는 그 사회가 사회정책을 통하여 어떤 사람들에게 어떤 서비스를 제공할 것인가에 대한 기준을 마련하려는 것이다. 따라서 사회적 약자에 대한 적극적인 옹호와 지원을 강조하는 사회에서는 장애를 넓게 정의하고, 사회적 약자에 대한 지원에 소극적인 사회에서는 장애를 좁게 규정한다. 장애 개념에 대한 탐색과 장애를 정의하려는 노력은 장애인이라는 사회적 소수자(약자)에 대하여 국가나 사회가 어떠한 관점에서 인식할 것인가, 그리고 사회적 소수자(약자)로서의 장애인에 대하여 국가와 사회는 어떤 정책적 수단을 강구할 것인가, 그리고 장애인에게 제공되는 서비스의 맥락은 어떠해야 하는가 등과 관련이 있다.

2. 장애 이념의 변화

장애에 대한 사회의 반응은 장애의 원인이나 장애와 관련이 있는 것으로 생각되는 요소들에 대한 사회적 인식에 따라 결정된다고 할 수 있다(김용득, 2019a). 장애 원인에 대한 사회의 인식은 시대마다 달랐다. 근대 이전에 장애는 영적 또는 종교적 차원으로 해석되었다. 장애는 신의 징벌의 결과이며, 장애를 가진 사람들은 기피의 대상으로 인식되었다. 다른 한편에서는 장애는 신이 존재하는 증거이며, 장애를 가진 사람은 신의 축복을 받은 것으로 이해되기도 했다(김용득, 2019a). 18세기 후반을 거치면서 장애의 원인을 유전적인 요소로 보았으며, 이 당시에는 정신적 또는 정서적 장애를 가진 사람들에게 결혼을 금지하거나, 불임시술을 하도록 하는 법이 많은 국가에서 입법되었다(Williamson, 2001). 19세기에 접어들면서 장애는 의학적 원인에 기인한다는 인식이 일반화되면서 의학적 개입이 주를 이루기 시작했다. 20세기에 들어서 장애 원인을 사회적인 측면에서 이해하게 되면서, 장애 문제에 대하여 사회가 그 해결책을 제시해야 한다는 목소리가 강하게 제기되기 시작했다. 이런 목소리는 전쟁 부상 장애인을 중심으로 제기되기 시작했는데, 이는 전쟁 부상 장애인들에 대한 사회적 책임에 쉽게 공감할 수 있었기 때문이다(김용득, 2019a).

장애에 대한 사회적 책임론이 발전해 가는 과정에서도 구체적인 장애 내용에 따라 사회적 인식과 대처는 상이하게 나타났다. 지적장애와 같이 대체로 유아기나 아동기에 시작되는 장애에 대해서는 장애인 본인의 책임을 강조하지 않았으며, 이들에 대한 사회적 서비스 제공에 대한 거부감도 높지 않았다. 반면에 정신질환이나 약물중독과 같은 장애는 여전히 많은 사람으로부터 당사자의 인격적 결함이 원인으로 인식되었으며, 따라서 사회적인 서비스의 관심에서 배제되었다(Williamson, 2001).

장애에 대한 지배적 신념에 대항하는 저항적인 담론의 출발은 두 차례 세계대전 및 급속한 산업화와 관련이 있다. 두 차례에 걸친 전쟁을 통해 많은 전쟁 장애인들이 속출하였으며, 국가 공로자인 이들에 대해 일정 수준의 예우가 필요하다는 논의가 활발히 제기되었다. 그리고 급속한 산업화는 부정적 산물로 각종 산업재해와 질병을 초래하게 되었다. 이 과정에서 장애를 입은 사람들은 '산업역군'으로 묘사되었으며, 이들에 대해서 국가가 일정한 책임을 져야 한다는 주장이 정당성을 얻게 되었다. 장애는 물리적, 심리적, 사회적 장벽의 해소를 통해서 해결되어야 한다는 저항 담론의 본격적인 형성은 전쟁과 산업화 과정을 통해서 제기된 '사회적 책임론'에 기초한 장애인 운동에 의해 주도되었다(김용득 · 이동석, 2019). 서구사회에서 산업 혁명 이후에 전개된 장애 담론들 가운데 가장 대표적인 것으로 볼 수 있는 것들은 분리와 통합, 개인 책임과 사회 책임, 전문가 주도와 장애 당사자 주도 등이다(김용득 · 이동석, 2019).

1) 분리 대 통합

19세기 말부터 20세기 초반 동안에 장애인은 사회적 질환의 주요 원천으로 간주되었으며, 이런 관점은 당시를 지배했던 사회진화론과 관련이 있다. 장애인을 원조하는 사람들은 우생학을 교육받았고, 장애인들을 격리하는 것이 인정되었다. 당시 장애인은 부도덕하고 사회로부터 격리되어야 하는 사람들로 묘사되었다. 강요된 불임이 흔히 이루어졌고, 시설수용이 강제되었으며, 지적장애 여성들은 성병의 주요 전달자로 인식되었다.

산업화 이후 생산력이 낮은 장애인은 다른 사람들의 생산 활동에 방해가 되기 때문에 시설 또는 의료 기관에 분리되어 보호와 치료를 받아야 하는 존재가 되었다. 보호시설의 형태는 대규모 수용방식이었으며, 장애인을 통제하기 위하여 수용 · 격리하였다. 또한 치료 서비스가 제공되는 경우에도 장애인은 병자 역할을 하게 되는데, 질병의 특성과 장애 정도에 따라 정상적인 사회활동과 책임을 박탈당하였다. 장애는 비정상적이고 바람직하지 못한 상태이며, 장애인은 영구적으로 다른 사람에게 의존해야 하는 존재로 규정되었다. 이런 의존적 상황의 지속은 장애인 스스로 자신의 문제에 자주적으로 대처하는 능력을 약화했고, 사회적 책임 주체에서 제외되게 함으로써 장애인은 사회와 분리되었다. 역할의 손상이 지속됨에 따라 장애인은 나태한 존재로 평가되었고, 그 결과 장애인들은 일종의 하급 시민으로 인식되었으며, 어떤 역할도 할 수 없는 어린아이와 같은 지위를 부여받았다.

1960년대 이후 북유럽을 중심으로 정상화 이념이 제기되었다. 정상화 이념은 시설보호에 반대하며, 정상적인 생활 리듬을 갖는 생활을 해야 함을 강조한다. 이러한 이념적인 지향은 이후에 북미에서도 유행하여 울펜스버거(Wolfensberger, 1972) 등에 의해 1970년대와 1980년대 초반을 거치면서 장애인 재활, 교육 그리고 복지 등에서 중요한 실천 방향으로 자리 잡게 되었다. 한편, 1970년대를 거치면서 시설에서 인권 문제가 발생하고 시설 수의 증가와 함께 보호 비용이 증가함에 따라 미국을 중심으로 탈시설화deinstitutionalization 논의가 제기되었다. 그러나 지역사회에서의 물리적 환경 변화와 지역주민의 인식 변화가 없는 가운데 탈시설화 정책은 지역사회에서 사람들이 필요한 지원을 받지 못하고 방치되는 결과를 가져왔으며, 장애인의 삶의 질은 더 떨어지게 되었다.

정상화는 지역사회로의 이전이라는 현상적인 면에서는 탈시설화와 같지만, 근본적인 지향은 다르다고 할 수 있다(김용득 · 이동석, 2019). 탈시설화는 시설수용의 비인도주의적인 측면에서 출발하였지만, 시설유지에 따른 비합리적인 재정 투입에 반대하여 복지 예산 삭감의 논거를 제공하였다. 반면, 정상화는 재정 투입의 대폭적인 증대를 통한 서비스 질의 향상을 주장하며 시설수용의 경우보다 훨씬 많은 예산이 투입되어야 함을 강조한다는 면에서 탈시설화와 다소 다른 입장이라고 할 수 있다. 정상화 이념은 장애인 권리와 함께 장애인의 사회통합 이념을 발전시켰다. 장애인의 완전한 통합은 사회로부터 장애인을 구분할 수 없는 상태이며, 장애인복지의 기초적인 가치로 발전하였다.

2) 개인 책임 대 사회 책임

장애를 설명하는 또 하나의 대립적 담론은 개별적 모델과 사회적 모델이다. 개별적 모델은 장애를 개인이 가진 의학적 · 기능적 문제라고 보는 시각이며, 치료모델 또는 개인 중심 모델이라고 할 수 있다. 반면에 사회적 모델은 장애인이 사는 사회 환경의 문제를 중요하게 인식하는 시각이며, 사회행동 모델 또는 환경중심 모델이라고 할 수 있다. 사회적 모델은 영국을 중심으로 1980년대를 거치면서 구체적으로 제시된 담론이다.

장애라는 현상을 질병, 종양, 건강 조건 등에 의해서 직접적으로 야기된 '개인'의 문제로 간주하는 개별적 모델은 개인의 장애'문제'에 그 핵심을 두며, 장애로 인한 기능제약 또는 심리적인 상실로 문제가 발생한다고 본다. 이러한 관점은 장애의 개인적 비극이론을 구성하는 것으로서 장애는 불행한 개인에게 발생하는 끔찍한 사건이라는 것이다(Oliver, 1996). 이 관점은 '의료전문가에 의한 개별적 치료'를 해결책으로 제시하며 장애인 지원의 초점을 개인의 보다 나은 적응과 행위의 변화에 둔다.

장애라는 현상을 '사회적인' 문제로 간주하는 사회적 모델은 장애가 개인에게 귀속된 것이 아니라 사회 환경에 의해 창조된 조건들의 집합체로 본다. 장애는 사회 내에 존재하는 것으로서, 장애인 개인에 내재하는 개별적인 제한이 아니라 장애인의 욕구를 사회에서 수용하고 이에 적합한 서비스를 제공하는 데 실패한 결과라는 것이다. 이러한 사회의 실패 결과는 단순하게 개인에게 영향을 미치는 것이 아니라 이러한 실패로 인해 부정적인 경험을 하게 되는 집단으로서의 장애인들에게 제도적 차별이라는 형식으로 전달된다고 본다. 이 모델에서는 장애 문제를 해결하기 위해서 '사회행동'을 필요로 한다. 그리고 장애인이 전 영역의 사회생활에 완전히 참여할 수 있도록 환경 개조가 필수 요건이며 이를 실천하는 일은 사회의 집합적인 책임이라는 것이다. 이 모델에서는 이데올로기적인 측면에서의 사회 변화를 강조하며, 정치적으로는 인권의 개념을 중요하게 다룬다. 따라서 장애 문제 해결을 위한 모든 의도와 목적은 정치적이어야 하며, 주요 과제는 장애인들이 직면하고 있는 편견과 차별의 해결에 있다고 본다(김용득 · 이동석, 2019).

3) 전문가 주도 대 당사자 주도

1980년대까지 미국 사회의 장애인 정책을 지배해온 이념은 전문가 주도의 재활모델이었다. 재활모델에 의하면, 장애인은 일상적 활동을 부적절하게 수행하여 자신의 능력을 적절히 발휘할 수 없거나 직업을 갖기 위한 준비가 안 되어 있어서 유급 취업에 부적절한 것으로 본다. 이 경우 모두 문제는 개인에게 있는 것이 된다. 변화가 필요한 쪽은 장애인 개인이다. 장애인들은 자신들의 문제를 극복하기 위하여 의사, 물리치료사, 작업치료사, 직업재활 상담가 등의 지도에 따라야 한다. 여기서 장애인 개인은 '환자'나 '클라이언트' 역할을 하도록 기대될 뿐이다. 신체적 기능의 회복이나 직업을 얻는 것이 재활의 목적이므로 재활의 성공은 환자나 클라이언트가 이미 규정된 치료체계에 얼마나 잘 순응하느냐의 문제이다.

그런데 이러한 재활 패러다임으로는 설명할 수 없는 증거들이 나타났다. 장애 정도가 너무 심해서 재활서비스를 통해서는 특별한 성과를 기대하기 어려울 것으로 생각되었던 중증장애인들이 적절한 지원서비스를 통해 지역에서 자립생활이 가능하다는 것을 보여 주었다. 이러한 사실이 특수한 것이 아니라는 생각이 퍼져나가면서 대부분 장애인, 그중에서도 중증장애인들은 재활모델을 부정하고 새로운 담론으로 자립생활 모델을 지지하게 되었다(Dejong, 1981). 자립생활 모델에 의하면, 문제는 개인에게 있는 것이 아니며 오히려 재활모델에 의해 주어진 해결방안에 있다. 재활모델의 해결책은 의사와 환자 혹은 전문가와 클라이언트로 규정되는 관계의 의존성으로 묘사된다. 전문가들에 의해 주도되는 재활 과정은 해결방안이기보다는 그 자체가 문제로 여겨진다. 문제가 장애인 개인에게 있는 것이 아니라 재활 과정 혹은 물리적인 환경과 사회통제 기제를 포함하는 환경에 있다는 것이다. 이들 장애물에 대처하기 위해서 장애인은 환자 혹은 클라이언트 역할에서 벗어나 소비자 역할을 해야 한다. 권익옹호, 동료상담, 자조, 자기관리, 소비자 주권 회복, 사회적 장애의 제거가 실천방안이 된다.

자립생활 모델은 장애인 문제를 장애인 당사자가 가장 잘 이해하고 있으므로, 장애인이 삶을 영위하는 데 있어 스스로 '선택권'과 '자기결정권'을 신장하고, 서비스 제공에 있어서는 장애 당사자의 '주도적인 참여'가 보장되어야 한다는 이념에 기초한다. 또한 장애인 문제는 장애인이 가지고 있는 신체적 문제보다는 그러한 요소를 문제로 만드는 사회 환경에서 비롯되므로, 자립생활은 물리적 · 심리적 환경 개선에 관심을 두는 강력한 권익옹호 지향성을 담고 있다(Dejong, 1981). 여기서 자립이란 자신의 생활 전반을 조정하고 관리하는 것이며, 자신의 모든 과업을 수행하는 것을 의미하는 것은 아니다. 장애인들은 필요한 지원을 다양한 지원체계를 통해 자기 주도적으로 받음으로써 자립생활을 할 수 있게 된다는 것이다. 결국 '자립생활'은 장애인이 의존성에서 벗어나 당사자의 선택과 결정, 그리고 주도적인 역할을 바탕으로 지역사회에서 통합되어 살아가는 것을 목표로 한다(김용득 · 이동석, 2019).

2 절 장애인 정책의 동향

장애인 정책에서 다루어야 하는 주제의 범위는 계속해서 확장되어 이제는 차별, 고용, 소득보장, 의료, 복지서비스, 주택, 건축, 교통 등을 포괄하며, 동시에 아동, 청소년, 성인, 노인 등의 전체 연령층에 관련된다. 그리고 장애 범주가 단계적으로 확대되면서[1] 장애 인구도 꾸준히 증가해왔으며, 전체 인구 대비 등록 장애인의 비율은 2010년 이후 약 5% 수준을 유지하고 있다.

[그림 13-1] 장애인구 수 및 비율[2]의 변화

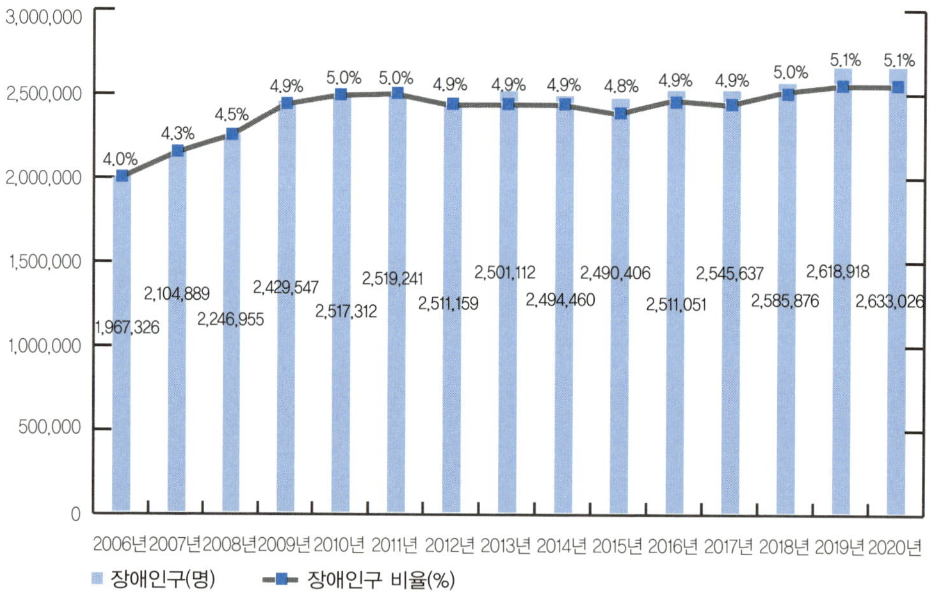

출처: 고용노동부 · 장애인고용공단 고용개발원. 2021.

1 장애유형 확대는 2000년 1월에 10개 유형으로, 2003년 7월에 15개 유형으로 확대되었다.

2 장애인구비율(%) = (등록장애인 수/주민등록인구 수) × 100

우리나라에서 장애인 정책은 1970년대 후반까지는 개별적인 자선에 의존하는 수준이었다. 현대적 장애인 정책의 개념은 1976년 UN의 '1981년 세계장애인의 해' 선포에 이어서 정부가 1977년에 「특수교육법」을 제정하고 1981년에 「심신장애자복지법」을 제정하면서 만들어지기 시작했다. 1980년대 후반 장애계의 생존권 보장 요구에 의해 1990년 제정된 「장애인고용촉진등에관한법률」과 1989년에 개정된 「장애인복지법」은 장애인 운동의 영향을 받았다는 점에서 의의가 있다. 1997년 제정된 「장애인 · 노인 · 임산부등의편의증진보장에관한법률」, 1999년 개정된 「장애인복지법」 등은 제도적 차원에서 장애인에 대한 사회복지 정책의 기본적인 틀을 마련하고, 사회적 환경의 개선을 시도하였다는 점에서 의미를 부여할 수 있다(김용득, 2019b).

이후 「장애인차별금지및권리구제등에관한법률」이 2007년 4월에 제정되었고, 2008년 4월부터 시행되었다. 그리고 「장애인등에대한특수교육법」이 2007년 5월에 이전의 특수교육진흥법을 대체하여 제정되었고, 2008년 5월부터 시행되었다. 그리고 장애인의 소득보장을 위하여 「장애인연금법」이 2010년 3월에 제정되었으며, 동년 7월부터 장애인연금이 지급되기 시작했다. 또한 「장애아동복지지원법」이 2013년 12월, 「발달장애인권리보장 및 지원에 관한 법률」이 2015년 11월에 시행되었다. 이런 변화는 장애인의 차별금지와 권리확보라는 관점에 입각한 중요한 전환으로 이해될 수 있으며, 이들 법의 제정과정에서 장애인 운동의 요구가 중요하게 영향을 미쳤으며, 제정과정에서 국민 대중들이 장애 문제를 중요한 사회적 지원이 필요한 영역임을 인식하는 계기가 되었다는 점도 중요하다(김용득, 2019b).

최근 장애인 정책은 장애인 패러다임의 변화와 관련하여 과거의 협소하고 잔여적 접근에서 복지, 교육, 고용, 문화, 사회참여 등의 다양한 영역에 대한 보편적 지원으로 변화하고 있다. 이런 관점에서 본 절에서는 장애인 정책의 대표적 분야인 소득보장, 복지서비스, 교육, 고용 등의 분야를 중심으로 동향을 살펴보고자 한다.

1. 소득보장

장애인 가구는 비장애인 가구에 비해 소득이 낮으면서 장애로 인한 추가 비용으로 인해 빈곤에 빠질 위험이 크다. 특히 가구주가 장애인이면 근로활동에 제약을 받게 되어 소득이 낮게 될 가능성이 매우 크다. 이에 따라 장애인은 전통적으로 사회복지 정책의 주 대상으로 여겨져 왔으며, 소득보장 지원은 이들에게 가장 중요한 영역이다(이선우, 2017).

2015년과 2018년 장애인실태조사 자료를 분석한 고용노동부와 장애인고용공단 고용개발원의 보고서(2021)에 의하면 장애인 가구의 월평균 소득은 전체 가구 대비 2014년 62.8%, 2017년 66.9%로 나타났으며, 장애인 가구의 월평균 지출은 2014년 60.6%, 2017년 69.1%로 일부 개선이 이루어지고 있으나, 그 격차는 여전히 상당한 수준이다.

[그림 13-2] 전체 가구 대비 장애인 가구의 월평균 소득 및 지출

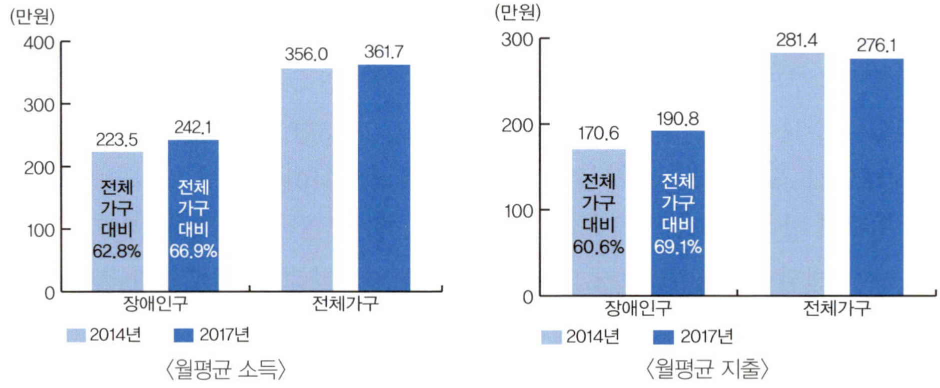

출처: 고용노동부 · 장애인고용공단 고용개발원, 2021.

그리고 2017년 기준 전체 장애인 가구의 절반 이상이 월 200만 원 미만의 소득을 벌고 있는 것으로 나타났으며, 월평균 지출의 분포는 50만 원 미만이 3.4%, 50-99만 원이 24.4%, 100-149만원이 15.8%, 150-199만원이 13.2%로 나타났다.

[표 13-1] 장애인 가구의 월평균 소득 및 지출액

(단위: %, 만 원)

구분	2008년		2011년		2014년		2017년	
	소득	지출	소득	지출	소득	지출	소득	지출
전체	100.0	100.0	100.0	100.0	100.0	100.0	100.0	100.0
50만 원 미만	12.3	11.7	10.3	9.0	7.5	7.9	3.2	3.4
50-99만 원	24.8	25.2	20.7	23.9	23.3	24.1	22.6	24.4
100-149만 원	16.3	18.6	15.2	18.0	13.8	17.2	13.7	15.8
150-199만 원	11.2	13.8	12.7	15.2	11.4	14.9	11.2	13.2
200-249만 원	10.4	11.7	11.7	13.0	9.7	12.5	10.0	12.6
250-299만 원	5.9	6.8	6.9	6.5	7.8	6.3	7.1	8.0
300-349만 원	6.3	5.1	7.8	6.6	6.9	7.2	8.1	8.8
350-399만 원	4.1	2.4	3.9	2.5	4.0	2.6	5.2	4.1
400-449만 원	4.1	2.7	3.4	2.6	4.3	3.2	4.6	4.2
450-499만 원			1.6	0.8	2.4	0.9	2.8	1.6
500만 원 이상	4.4	2.0	5.7	2.0	9.0	3.2	11.3	4.0
평균금액	181.9	155.5	198.2	161.8	223.5	170.6	242.1	190.8

주: 2008년의 경우 400-499만 원(400-449만 원/450-499만 원) 비율임

출처: 고용노동부 · 장애인고용공단 고용개발원, 2021.

장애로 인한 월평균 추가 비용을 살펴보면, 2011년 160,700원, 2014년 164,200원, 2017년 165,100원으로 나타났으며, 의료비와 교통비의 비중이 높고, 보호 · 간병 비용이 증가하고 있다.

[표 13-2] 장애로 인한 추가소요 비용

(단위: 천 원)

구분	2005년	2008년	2011년	2014년	2017년
전체	155.4	158.7	160.7	164.2	165.1
교육비	22.9	17.8	22.8	25.6	20.5
의료비	90.2	57.3	56.8	66.0	65.9
보육 · 교육비	6.1	6.2	6.0	4.1	8.0
보호 · 간병인	11.8	9.9	14.1	13.6	20.6
재활기관 이용료	2.1	2.0	1.9	4.2	4.8
통신비	1.2	1.4	9.6	9.9	9.8
장애인보조기구 구입 · 유지비	6.4	36.8	31.7	18.9	7.2
부모사후 및 노후대비비	8.8	6.2	5.4	16.8	22.9
기타	6.0	21.2	12.3	5.1	5.4

출처: 고용노동부 · 장애인고용공단 고용개발원, 2021.

장애인소득보장을 지원하는 정책을 논의하기 위해서는 장애인연금이나 장애수당과 같이 장애에 국한된 제도뿐만 아니라 전 국민의 소득지원 프로그램인 국민연금과 국민기초생활보장제도에 대해서도 함께 다루어야 한다(김용득, 2019b). 그러나 이런 전반적인 소득지원 프로그램은 범위가 넓어, 여기서는 장애인에게 국한된 소득지원 정책인 장애인연금과 장애수당 제도를 중심으로 살펴보기로 한다.

장애인복지법에 의한 장애인 소득지원은 1990년부터 저소득 중증장애인에게 '생계보조수당'을 지급하면서 시작되었다. 그 이후로 철도 및 지하철 요금 할인, LPG 연료 사용 허용, 자립자금 대여, 지하철 무료 이용, 영구임대주택 입주 시 가산점 부여, 국내선 항공료 할인, 승용차 특별소비세 면제, 전화요금 할인 등의 간접 지원제도를 확대하였다. 1999년에는 장애인복지법을 전면 개정하면서 생계보조수당제도를 폐지하고 장애수당(성인 장애인 소득지원), 장애아동수당(장애아동 양육에 소요되는 추가비용 지원), 보호수당(성인 장애인 보호에 소요되는 추가비용 지원) 제도를 규정하였다. 그러나 실제로는 과거의 장애인 생계보조수당과 동일한 내용에 장애수당이라는 용어만 변경하여 지급하였다(김용득, 2019b). 2002년에는 장애아동가구를 대상으로 장애아동수당이 도입되었다. 그러다가 2007년 장애인의 이동을 지원하는 대표적인 제도였던 LPG 연료 지원제도가 폐지되면서 장애수당과 장애아동수당의 지급 대상을 확대하고, 급여 수준도 높아졌다. 이 시기에 장애인 소득지원의 대상을 대폭 확대하고, 급여 수준도 장애로 인한 소득 기회의 상실을 실질적으로 보전할 수 있는 수준으로 인상하기 위한 장애인연금제도 도입 필요성이 논의되기 시작했다. 2010년 7월부터 장애인연금제도가 도입됨으로써 장애인 소득지원제도는 18세 이상의 중증장애인을 대상으로 하는 장애인연금, 장애인연금 지급 대상에서 제외된 과거의 장애수당 지급 대상이었던 18세 이상의 경증장애인에게 지급되는 장애수당, 18세 미만의 장애아동을 대상으로 하는 장애아동수당 등으로 구성되었다.

장애인연금제도란 일을 하기 어려운 중증장애인의 생활 안정을 위하여 매월 일정 금액을 연금으로 지급하는 사회보장제도이다. 장애인연금을 받는 대상은 18세 이상의 중증장애인 중 본인과 배우자의 소득과 재산을 합산한 금액(소득인정액)이 선정기준액 이하인 사람이다. 여기서 중증장애인은 장애인연금법상의 중증장

애인(종전 장애인복지법상의 장애등급 1급, 2급, 3급 중복장애를 가진 장애인[3])을 말한다.[4]

그리고 본인과 배우자의 소득과 재산을 합산한 금액(소득인정액)이 선정기준액 이하여야 한다. 소득인정액은 월 소득평가액[5]과 재산의 월 소득환산액[6]을 합산한 금액이다. 2022년 현재 장애인연금 선정기준액은 단독가구 월 122만원, 부부가구 월 195.2만 원 이다(보건복지부, 2022a).

장애인연금은 기초급여와 부가급여로 구성된다. 기초급여는 근로능력 상실 또는 현저한 감소로 인하여 줄어드는 소득을 보전해 주기 위하여 지급하는 급여로 소득보장 성격의 연금이다. 2022년 기준, 감액이 없는[7] 최고 지급액은 307,500원이다. 부부가 모두 기초급여를 받는 경우 각각의 기초급여액에서 20%를 감액하여 지급한다. 부가급여는 장애로 인하여 추가로 드는 비용의 전부 또는 일부를 보전해 주기 위하여 지급하는 급여로 추가지출 보전 성격의 연금이다. 부가급여는 65세 이상의 노인에게도 지급된다. 2022년 기준 65세 미만의 경우에 기초생활수급자는 매월 8만 원, 차상위계층은 매월 7만원, 차상위를 초과한 경우에는 2만 원을 지급한다. 65세 이상의 경우는 기초생활수급자 387,500원[8], 차상위계층 7만 원, 차상위를 초과한 경우에는 4만 원을 지급한다. 장애인연금액은 기초급여와 부가급여 모두 기초생활보장제도의 소득 산정에서 제외된다.

---

3 3급의 중복장애를 가진 장애인이란 장애등급제 폐지 1단계 조치(2019년 7월 1일) 이전 기준에 의해 3급의 장애인으로서 3급에 해당하는 장애 유형 외에 다른 유형의 장애가 하나 이상 있는 사람을 말한다.

4 2019년 7월 1일에 장애등급제 폐지 1단계 조치가 적용되면서 장애인복지법상의 6등급의 장애등급제가 장애정도가 심한 장애인(이전의 1~3급)과 장애정도가 심하지 않은 장애인(이전의 4~6급)으로 단순화되었다. 이 변화에 따라 이전의 1급과 2급 장애인은 그대로 중증장애인으로 인정되었다. 그러나 3급의 장애인 중 중복장애를 가진 사람들만을 중증장애로 인정하던 이전의 장애인연금 지급 기준을 적용하기 어렵게 되면서, 장애인연금 지급대상으로서의 중증장애인 기준을 장애인복지법이 아닌 장애인연금법에 별도로 포함하게 되었다.

5 월 소득평가액은 (상시 근로소득 − 상시 근로소득 공제) + (기타 월소득 합계) 이다. 상시 근로소득 공제는 1인당(본인과 배우자 각각 적용) 월 84만원 기본공제 후 30% 추가 공제하는 것을 말한다. 기타 월소득 합계는 사업소득, 재산소득, 공적이전소득, 사적이전소득의 합계를 말한다.

6 재산의 월소득환산액은 〈[(일반재산−기본재산공제)+(금융재산−2,000만 원)−(부채)]×재산의 소득환산율(연 4%)÷12개월〉+(고급자동차, 고가회원권의 재산가액) 이다.

7 (선정기준액−소득인정액)의 값이 30만원을 초과하는 경우에는 감액 없이 지급하고, 30만 원 이하의 경우에는 구간에 따라 감액이 적용된다.

8 65세 이상 중증장애인이 국민기초생활보장수급자인 경우, (노령) 기초연금액이 생계급여에서 차감됨에 따라 소득감소를 막기 위해 부가급여로 387,500원을 지급한다.

장애인연금은 '장애인연금법'을 근거로 18세 이상 중증장애인 중 일정 소득 이하인 자를 대상으로 지급하고, 장애수당과 장애아동수당은 '장애인복지법'에 따라 지급하고 있는 제도이다. 장애수당과 장애인연금 대상자는 18세 이상이며, 장애아동수당 대상자는 18세 미만이다.

장애수당은 18세 이상의 등록장애인 중 장애인연금법상의 중증장애인에 해당하지 않는 사람(종선 3~6급)으로 국민기초생활수급자 및 차상위계층을 대상으로 한다(보건복지부, 2022a). 지급 금액은 2022년 기준으로 기초수급 및 차상위 경증장애인 1인당 월 4만 원, 보장시설 입소 장애인 1인당 월 2만 원을 지급한다.

장애아동수당은 국민기초생활보장법에 의한 수급자 및 차상위 계층의 18세 미만 등록 장애아동을 대상으로 지급한다(보건복지부, 2022a). 지급금액은 생계 또는 의료급여 수급자의 경우 중증장애아동 1인당 월 22만 원, 경증장애아동 1인당 월 11만 원을 지급하고, 주거 또는 교육급여 수급자와 차상위계층의 경우는 중증장애아동 1인당 월 17만 원, 경증장애아동 1인당 월 11만 원을 지급한다. 보장시설 수급자의 경우 중증장애아동 1인당 월 9만원, 경증장애아동 1인당 월 3만 원을 지급한다.

2. 복지서비스

장애인의 장애정도와 연령 등에 따라 다양한 복지서비스가 필요하다. 장애인서비스가 장애인에게 전달되는 방법에는 크게 기관지원 방식과 이용자지원(바우처) 방식이 있다. 기관지원방식은 복지시설의 운영경비를 국가가 지원하고, 복지기관이 이용자에게 서비스를 제공하는 형식이다. 반면에 이용자지원 방식은 바우처 카드를 이용자에게 지급하고, 이용자기 제공기관을 선택해서 이용하고, 그 비용을 바우처 카드로 지불하는 방법이다. 또한 서비스 운영의 책임을 지방에 맡겨두느냐 아니면 중앙정부가 공동 책임을 가지느냐에 따라 지방이양사업과 국고보조사업으로 분류된다. 이를 기준으로 주요 사업들을 보면 다음 표와 같다.

[표 13-3] 장애인복지서비스 이용자격과 서비스 유형

구분	서비스 이용자격 기준		서비스 제공 유형	
	장애기준	소득기준	기관지원/이용자지원	국고보조/지방이양
장애인 활동지원 서비스	6–64세 등록장애인으로 종합 점수 요건을 충족하는 경우	없음	이용자지원	국고보조
성인 발달장애인 주간활동 서비스	18–64세 성인 발달장애인 중 적격성 요건을 충족하는 경우	없음	이용자지원	국고보조
장애 아동 발달재활서비스	등록 아동 및 일부 미등록 아동	중위소득 180% 이하	이용자지원	국고보조
발달장애 학생 방과후 활동서비스	6–17세 청소년 발달장애인 중 요건에 해당하는 경우	없음	이용자지원	국고보조
장애인거주시설(유형별, 중증요양)	등록장애인으로 종합조사 기준 충족	기초생활수급자 및 부양자가 없거나 부양을 받을 수 없는 사람	기관지원	국고보조(2015년부터)
장애인 단기거주시설	등록장애인	없음 (수급자 및 차상위 이용료 감면)	기관지원	지방이양
장애인 공동생활가정	등록장애인	없음 (수급자 및 차상위 이용료 감면)	기관지원	지방이양
장애인복지관	등록 또는 미등록	없음	기관지원	지방이양
장애인 주간보호시설	등록장애인	없음 (수급자 및 차상위 이용료 감면)	기관지원	지방이양
장애인 직업재활시설	등록장애인	없음	기관지원	지방이양

1) 활동지원서비스

활동지원서비스는 혼자서 일상생활과 사회생활이 어려운 만 6–64세의 등록장애인 중 서비스지원 종합점수 산정 결과 활동지원등급 판정을 받은 사람(종합점수 산정 결과가 42점 이상)에게 제공된다. 활동보조(신체, 가사, 사회활동지원), 방문간호, 방문목욕 등을 이용할 수 있는 이용권(바우처)이 지급된다. 급여량은 활동지원 등급에 따라 결정되며, 개별적 상황에 따라 추가급여가 산정될 수 있다.

활동지원등급은 1–15등급으로 구분되며, 2022년 기준으로 등급에 따라 최소 월 88만 9천원에서 최대 710만 5천 원의 활동지원 급여가 제공된다. 그리고 출산, 자립

준비, 보호자 일시 부재 등의 한시적으로 특별한 사유가 있을 때 추가적으로 급여가 제공된다. 또한 장애인 활동지원 수급자가 65세 이후 노인장기요양수급자로 전환되어 급여가 감소한 경우 활동지원를 추가적으로 제공받을 수 있다(보건복지부, 2022b).

2014년 12월 기준 활동지원서비스 월 이용자 수는 53,870명, 월 이용액은 570억원 이었고, 2019년 12월에는 월 이용자 수가 86,730명으로 증가하였고, 월 이용액도 1,400억 원으로 크게 증가하였다.

[표 13-4] 활동지원 월 이용자 수 및 이용액(각 연도 12월 기준)

(단위: 명, 천 원)

구분	2013	2014	2015	2016	2017	2018	2019
이용자 수	48,335	53,870	60,521	66,534	72,193	78,202	86,730
이용액	50,001,289	56,552,453	66,203,438	73,955,751	81,734,439	102,590,834	139,313,650

출처: 보건복지부 · 한국보건사회연구원, 2020.

2) 발달재활서비스

발달재활서비스는 성장기의 정신적 · 감각적 장애아동의 기능향상과 행동 발달을 위한 적절한 재활치료 서비스를 지원하는 목적으로 운영되며, 중위소득 180%이하 가구의 만 18세 미만의 장애아동을 대상으로 한다. 시각, 청각, 언어, 지적, 자폐성, 뇌병변 장애아동을 대상으로 인지, 의사소통, 적응행동, 감각, 운동 등의 기능향상을 목표로 한다. 월 이용금액을 22만 원으로 하고, 다음 그림과 같이 소득에 따라 이용자 부담금액 면제에서부터 8만 원까지로 구성된다.

[그림 13-3] 발달재활서비스 바우처 지원액 및 본인부담금

소득기준	총 구매력		바우처 지원액		본인부담금
기초생활수급자(다형)	월 22만 원	=	월 22만 원	+	면제
차상위 계층(가형)			월 20만 원		2만 원
차상위 초과 소득 중위소득 소득 65% 이하(나형)			월 18만 원		4만 원
기준 중위소득 65% 초과 120% 이하(라형)			월 16만 원		6만 원
기준 중위소득 120% 초과 180% 이하(마형)			월 14만 원		8만 원

2014년 12월 기준 발달재활서비스 월 이용자 수는 50,769명, 월 이용액은 약 85억 원 이었고, 2019년 12월에는 월 이용자 수가 62,360명으로 증가하였고, 월 이용액도 약 100억 원으로 증가하였다.

[표 13-5] 발달재활서비스 월 이용자 수 및 이용액(각 연도 12월 기준)

(단위: 명, 천 원)

구분	2013	2014	2015	2016	2017	2018	2019
이용자 수	46,979	50,769	51,609	52,200	52,830	55,802	62,360
이용액	8,052,683	8,563,030	8,622,253	8,652,818	8,691,978	9,070,412	10,071,097

출처: 보건복지부 · 한국보건사회연구원, 2020.

3) 장애인 거주시설

장애인 거주시설은 자신의 가정에서 생활하기 어려운 장애인에게 일정 기간 거주 · 요양 · 지원 등의 서비스를 제공하는 동시에 지역사회에서의 활동을 지원하는 시설이다. 장애유형별 거주시설(지체장애인, 시각장애인, 청각장애인, 지적장애인 등), 중증장애인거주시설, 장애영유아거주시설, 단기거주시설, 공동생활가정 등으로 구분된다. 2019년 현재 장애인 거주시설은 모두 1,557개소가 있으며, 이 중 장애유형별 거주시설이 368개소, 중증장애인거주시설이 251개소, 장애영유아거주시설이 9개소, 단기거주시설이 159개소, 공동생활가정이 770개소 등이다. 2011년 장애인복지법 개정으로 지역사회재활시설이었던 단기거주시설과 공동생활가정이 장애인거주시설로 편입되면서, 이 영향으로 2012년부터 거주시설의 수와 이용 인원이 크게 증가하였다.

[표 13-6] 연도별 장애인 거주시설 유형별 시설 수와 이용자 수

구분	총계		장애유형별 거주시설										중증장애인 거주시설		장애영유아 거주시설		단기 거주시설		공동생활가정	
			소계		지체 · 노병변장애인		시각장애인		청각 · 언어장애인		지적 · 자폐성장애인									
	시설 수	인원	시설 수	인원	시설 수	인원	시설 수	인원	시설 수	인원	시설 수	인원	시설 수	인원	시설 수	인원	시설 수	인원	시설 수	인원
2009	397	23,243	235	13,048	38	2,230	14	760	11	519	172	9,539	153	9,728	9	467	91	–	531	–
2010	452	24,395	260	19,270	40	3,673	14	873	10	386	196	14,338	182	4,813	10	312	103	–	589	–
2011	490	25,345	289	14,038	39	2,102	15	787	9	361	226	10,788	191	10,798	10	509	119	–	637	–
2012	1,348	30,640	342	14,926	40	2,057	16	786	8	335	278	11,748	201	11,006	10	510	128	1,438	667	2,760
2013	1,397	31,152	356	15,069	39	1,978	16	770	8	320	293	12,001	216	11,412	9	473	131	1,432	685	2,766
2014	1,457	31,406	375	15,246	44	2,208	15	632	7	270	309	12,136	223	11,344	9	466	137	1,495	716	2,855
2015	1,484	31,222	383	14,920	39	1,668	16	628	7	255	321	12,369	233	11,314	10	541	141	1,548	717	2,899
2016	1,505	30,980	381	14,817	40	1,766	17	711	7	228	317	12,112	233	11,192	9	452	146	1,616	736	2,903
2017	1,517	30,693	376	14,630	39	1,690	17	700	7	232	313	12,008	233	10,996	9	429	147	1,699	752	2,939
2018	1,527	30,152	376	14,168	33	1,418	16	662	7	223	320	11,865	239	10,995	9	398	150	1,671	753	2,920
2019	1,557	33,954	368	13,620	33	1,304	15	615	7	216	313	11,485	251	10,978	9	382	159	1,733	770	9,949

출처: 보건복지부 · 한국보건사회연구원, 2020.

4) 장애인 지역사회재활시설

장애인 지역사회재활시설은 장애인에게 상담 · 치료 · 훈련 서비스를 제공하거나 장애인의 일상생활, 여가활동, 사회참여활동 등을 지원하는 시설을 말한다. 지역사회재활시설에는 장애인복지관, 주간보호시설, 장애인체육관, 생활이동지원센터, 수화통역센터 등이 포함된다. 2019년 현재 장애인복지관 254개소, 주간보호시설 769개소, 장애인체육관 28개소, 생활이동지원센터 197개소, 수화통역센터 164개소 등이 있다. 그리고 장애인 단기보호시설과 공동생활가정은 2011년까지는 지역사회재활시설에 포함되었는데, 2012년부터는 장애인거주시설에 편입되었다. 기타로 분류된 지역사회재활시설에는 점자도서관, 점자도서출판시설 등이 포함되어 있다. 그리고 의료재활시설은 2012년부터 지역사회재활시설에서 제외되어, 별도로 의료재활시설로 분류되었는데, 본 자료에서는 포함하여 제시하였다.

[표 13-7] 연도별 지역사회재활시설 수

구분	장애인 지역사회 재활시설							장애인 단기 보호시설	공동생활 가정	의료생활 시설
	계	장애인 복지관	주간보호 시설	장애인 체육관	생활아동 지원센터	수화통역 센터	기타			
2007	1,286	157	321	24	149	143	–	76	400	16
2008	1,419	171	365	26	152	154	–	84	450	17
2009	1,563	185	395	27	154	162	–	91	531	18
2010	1,701	191	443	27	154	176	–	103	589	18
2011	1,820	199	485	27	156	180	–	119	637	17
2012	1,140	205	526	28	156	191	–	–	–	–
2013	1,184	219	558	29	155	199	–	–	–	18
2014	1,213	223	592	29	156	193	20	–	–	18
2015	1,248	224	625	30	156	193	20	–	–	18
2016	1,303	231	663	34	159	194	22	–	–	20
2017	1,333	237	690	33	157	194	22	–	–	19
2018	1,373	241	724	33	159	195	21	–	–	19
2019	1,468	254	769	28	197	164	24	–	–	18

출처: 보건복지부 · 한국보건사회연구원, 2020.

5) 장애인 직업재활시설

장애인 직업재활시설은 일반 작업환경에서는 일하기 어려운 장애인이 특별히 준비된 환경에서 직업훈련을 받거나 직업생활을 할 수 있도록 하는 시설을 말한다(보건복지부 · 한국보건사회연구원, 2020). 장애인 직업재활시설 중 장애인보호작업장은 직업능력이 낮은 장애인에게 보호가 가능한 조건에서 근로의 기회를 제공한다. 장애인 근로사업장은 직업능력은 있으나 이동 및 접근성이나 사회적 제약 등으로 취업이 어려운 장애인에게 근로의 기회를 제공한다. 장애인 직업적응훈련시설은 직업능력이 극히 낮은 장애인에게 작업활동, 일상생활훈련 등을 제공한다. 2019년 현재 보호작업장 593개소, 근로사업장 65개소, 직업적응훈련시설 25개소 등이 있다.

[표 13-8] 연도별 직업재활시설 수

구분		2006	2007	2008	2009	2010	2011	2012	2013	2014	2015	2016	2017	2018	2019
보호 작업장	시설수	177	189	212	250	373	403	422	447	477	496	516	553	573	593
	이용 인원	4,835	5,238	5,559	6,574	10,009	10,680	11,374	12,086	12,930	13,616	14,335	14,960	15,262	15,796
근로 작업장	시설수	24	29	31	33	44	53	56	64	64	64	63	62	63	65
	이용 인원	1,246	1,344	1,422	1,516	1,761	2,190	2,384	2,653	2,721	2,798	2,762	2,724	2,690	2,823
직업적응 훈련시설	시설수	-	-	-	-	-	-	-	-	-	-	-	10	15	25
	이용 인원	-	-	-	-	-	-	-	-	-	-	-	157	253	437
총계	시설수	319	339	364	386	417	456	478	511	541	560	579	625	651	683
	이용 인원	9,481	10,059	10,422	11,048	11,770	12,870	13,758	14,739	15,651	16,414	17,097	17,841	18,205	19,056

출처: 보건복지부 · 한국보건사회연구원, 2020.

3. 특수교육

우리나라 장애인의 교육수준은 일반 인구에 비해서 매우 낮다. 최근에 장애인 교육에 대한 국가의 개입이 확대되면서 이런 차이가 개선되고 있지만 아직도 차이는 크다. 장애인의 낮은 교육수준은 직업이나 사회참여 등의 영역에서 참여하지 못하는 원인으로 작용하기 때문에 시급히 개선해야 할 문제이다. 장애인의 교육수준을 보면 고졸 이상이 45.5%으로 전체 인구의 72.5%가 고졸 이상인 사실과 대비된다.

[그림 13-4] 장애인구와 전체인구의 학력 구성비

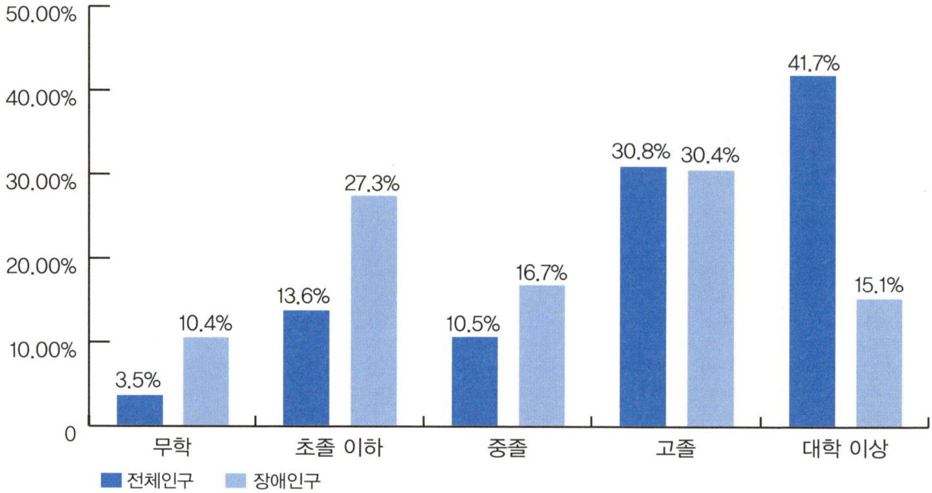

출처: 고용노동부 · 장애인고용공단 고용개발원, 2021

특수교육은 장애로 인하여 일반교육과정의 목표를 달성하기 어려운 학생들의 교육적 요구에 대한 특별한 지원을 의미한다(김용득, 2019b). 특수교육대상자는 시각장애, 청각장애, 지적장애, 지체장애, 정서 · 행동장애, 자폐성장애, 의사소통장애, 학습장애, 건강장애, 발달지체와 그 밖에 대통령령으로 정하는 장애를 가진 사람 중 특수교육을 필요로 하는 사람으로 진단 · 평가된 사람으로 하고 있다(장애인등에대한특수교육법 제15조). 특수교육 관련 서비스란 특수교육 대상자의 교육을 효율적으로 실시하기 위하여 필요한 인적 · 물적 자원을 제공하는 서비스로서 상담지원, 가족지원, 치료지원, 지원인력 배치, 보조공학기기 지원, 학습보조기기 지원, 통학지원, 정보접근 지원 등을 말한다(장애인등에대한특수교육법 제2조).

특수교육대상자의 유치원, 초등학교, 중학교 및 고등학교 전 과정의 교육은 의무교육이며, 특수학교[9], 일반학교 특수학급[10], 일반학급, 순회교육[11] 등이 있다. 최

9 특수학교는 특수교육 대상자만을 위한 교육과정을 운영하는 독립된 학교를 말한다. 대체로 유치부, 초등부, 중등부, 고등부 등이 하나의 특수학교에 포함되어 있다.

10 특수교육을 위해 일반학교 내에 설치된 장애학생들로 구성된 학급이다.

11 특수교육 교원 및 특수교육 관련서비스 담당 인력이 각급 학교나 의료기관, 가정 및 복지시설 등에 있는 특수교육대상자를 직접 방문하여 실시하는 교육을 말한다.

근 특수교육 규모의 변화를 보면 다음 그림과 같다. 최근 장애학생의 통합교육 확산으로 특수학급의 수는 계속 늘어나는 추세이며, 2021년 기준으로 12,042개 학급이 설치되어 있다. 2021년 특수교육 대상 학생은 98,154명으로 전년 대비 2,734명이 증가하였다. 특수교육 담당교원 수는 매년 증가하여 2021년 특수교육 담당교원 수는 23,494명이다.

[그림 13-5] 연도별 특수교육 규모의 변화

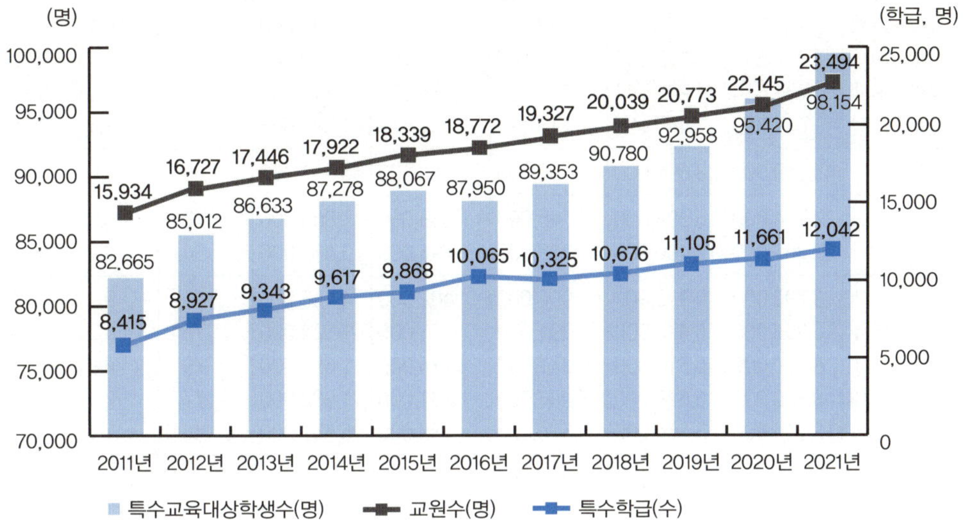

출처: 고용노동부 · 장애인고용공단 고용개발원, 2021.

4. 장애인 고용

장애인의 경제활동 여건은 전체인구와 비교해 보면 매우 어려운 상황이다. 2021년 5월 기준으로 장애인구의 경제활동참가율은 37.3%, 고용률은 34.6%, 실업률은 7.1%로 나타났는데, 전체인구의 경제활동참가율, 고용률, 실업률은 각각 63.7%, 61.2%, 4.0%이다.

[표 13-9] 장애인과 전체인구의 경제활동 상태

(단위: 명, %)

구분	15세 이상 인구	경제활동인구			비경제 활동인구	경제활동 참가율	실업률	고용률
		계	취업자	실업자				
장애인구	2,574,907	959,950	891,804	68,146	1,614,957	37.3	7.1	34.6
남성	1,482,416	697,101	649,036	48,065	785,315	47.0	6.9	43.8
여성	1,092,491	262,849	242,768	20,081	829,642	24.1	7.9	22.2
15–29세	129,917	51,385	46,965	4,420	78,532	39.6	8.6	36.2
30–39세	122,303	76,695	68,937	7,758	45,608	62.7	10.1	56.4
40–49세	242,691	143,630	133,464	10,166	99,061	59.2	7.1	55.0
50–59세	451,634	241,544	227,320	14,225	210,090	53.5	5.9	50.3
60세 이상	1,628,362	446,696	415,118	31,578	1,181,666	27.4	7.1	25.5
전체인구	45,049,000	28,698,000	27,550,000	1,148,000	16,351,000	63.7	4.0	61.2
남성	22,184,000	16,298,000	15,645,000	653,000	5,886,000	73.5	4.0	70.5
여성	22,865,000	12,400,000	11,905,000	495,000	10,465,000	54.2	4.0	52.1
15–29세	8,799,000	4,310,000	3,908,000	402,000	4,488,000	49.0	9.3	44.4
30–39세	6,996,000	5,472,000	5,291,000	181,000	1,524,000	78.2	3.3	75.6
40–49세	8,170,000	6,512,000	6,327,000	186,000	1,657,000	79.7	2.9	77.4
50–59세	8,540,000	6,638,000	6,447,000	191,000	1,902,000	77.7	2.9	75.5
60세 이상	12,544,000	5,764,000	5,576,000	188,000	6,780,000	46.0	3.3	44.5

주 1) OECD기준, 즉 통계청의 「경제활동인구조사」의 경제활동판단기준[(실업자 4주간 구직기간)]으로 제시함
2) 경제활동참가율(%)=(경제활동인구/15세 이상 인구)×100
3) 실업률(%)=(실업자/경제활동인구)×100
4) 고용률(%)=(취업자/15세 이상 인구)×100

출처: 고용노동부 · 장애인고용공단 고용개발원, 2021.

또한, 종사상 지위별 장애인의 취업자 구성비를 보면 장애인이 전체인구와 비교했을 때 매우 어려운 여건에 있음을 알 수 있다. 2021년 5월 기준으로 장애인 중 임금근로자가 69.4%, 비임금근로자가 30.6%인 반면, 전체인구는 임근근로자가 75.8%, 비임금근로자가 24.2%이다. 임금근로자 중 상용근로자의 비율을 보면 장애인은 36.2%인 반면, 전체인구에서는 53.8%이다. 또한 비임금근로자 중 고용원이 없는 자영업자의 비율을 보면 장애인이 22.6%인 반면 전체인구에서는 15.5%이다.

[표 13-10] 장애인 취업자와 전체인구 취업자의 종사상 지위

(단위: 명, %)

구분		장애인구		전체인구	
		추정 수	비율	추정 수	비율
전체		891,804	100.0	27,550,000	100.0
임금 근로자	소계	618,515	69.4	20,887,000	75.8
	상용근로자	323,157	36.2	14,819,000	53.8
	임시근로자	205,560	23.1	4,760,000	17.3
	일용근로자	89,767	10.1	1,309,000	4.8
비임금 근로자	소계	273,289	30.6	6,663,000	24.2
	고용원이 있는 자영업자	39,932	4.5	1,317,000	4.8
	고용원이 없는 자영업자	201,464	22.6	4,270,000	15.5
	무급가족종사자	31,894	3.6	1,075,000	3.9

출처: 고용노동부 · 장애인고용공단 고용개발원, 2021

전체인구에 비해 장애인의 낮은 고용율과 낮은 종사상의 지위의 문제는 많은 국가에서 보이는 현상이며, 이 문제를 해결하기 위하여 국가가 개입하게 된다. 장애인의 열악한 고용상의 지위의 원인을 어디에 두느냐에 따라 국가의 개입 방법이 달라진다. 장애인은 장애라는 요인으로 인해 생산성이 저하되고 이로 인해 고실업과 저소득에 직면한다고 보는 경우 국가의 개입은 장애인의 낮은 생산성을 보완해 줄 수 있는 장치를 도입하는 방향으로 모색된다. 반면에 장애인 고용이 어려운 이유가 고용주의 장애인에 대한 편견과 차별 때문이라고 보는 경우 국가의 개입은 차별을 금지하는 제도를 구축하는 방향으로 모색된다. 우리나라는 장애인고용을 높이기 위하여 의무고용제도와 차별금지제도를 동시에 운영하고 있다.

1) 장애인 의무고용제도

우리나라 장애인고용과 관련된 대표적인 제도는 1990년 제정되어 1991년부터 시행된 「장애인고용촉진등에관한법률」에 의한 의무고용제도이다. 고용의무제도란 비장애인에 비해 고용상 취약계층인 장애인의 고용기회를 넓히기 위하여 일정 수 이상의 근로자를 고용하는 사업주에게 의무적으로 장애인을 고용하도록 하는 제도이다(유완식 외, 2010). 1990년에 제정된 「장애인고용촉진등에관한법률」은

국가 및 지방자치단체와 사업주의 장애인 고용에 대한 책임을 명시하였고, 이를 강제하기 위해 상시근로자 300인 이상 사업주에 대해서는 일정 비율 이상의 장애인을 고용하도록 의무화하였다.[12] 그리고 의무고용률에 미달하는 인원에 대해서 사업주는 장애인고용부담금을 납부하도록 하였다. 이 법에 따라 장애인 고용을 전담할 한국장애인고용촉진공단이 설립되어 장애인 고용이 장애인 정책의 중심으로 자리 잡게 되었다.

그러나 의무고용제도의 도입에도 불구하고 사업주가 장애인을 고용하기보다는 부담금을 납부하여 고용의무를 이행하지 않으려는 경향이 강해 장애인 고용률은 1991년 0.39%에서 1997년 0.46%로 증가하는데 그쳐 의무고용제도에 의한 실질적인 장애인 고용효과는 크지 않았다(김용득, 2019b). 한편, 의무고용제도의 도입 이후 고용효과가 미진한 가운데 중증장애인을 배제하고 경증장애인의 고용촉진 및 고용알선에 초점을 두고 있다는 장애인단체의 비판이 제기되기 시작하였다. 그러던 중 1997년 말 외환위기 이후로 새로운 장애인 고용정책의 필요성이 대두되었고, 1999년 말 「장애인고용촉진및직업재활법」이 국회를 통과하였다.

2004년 장애인 의무고용 적용대상 사업체를 종전의 상시근로자 300인 이상에서 상시근로자 50인 이상으로 확대하여 2만 개의 의무고용 일자리를 추가로 만들었고, 2006년에는 국가 및 지방자치단체의 적용제외 직종 축소와 민간부문 의무고용 사업체의 업종별 적용제외 직종의 단계적인 폐지로 3만 개의 의무고용 일자리를 추가로 확보하였다. 이로써 우리나라 의무고용제도는 원칙적으로 모든 사업체의 모든 직종에 적용되는 종합적인 의무고용제도로의 기반이 구축되었다.

2009년부터 국가 및 지방자치단체의 의무고용률을 3%로 하였고, 2010년에는 공공기관의 의무고용률을 3%로, 민간부문의 사업주 의무고용률을 2.3%로 정하였다. 이후 의무고용은 조금씩 강화되었는데, 최근 의무고용률의 변화를 보면 다음 표와 같다.

12 의무고용제도는 1991년부터 실시되었고, 이 제도 시행 초기 의무고용률을 보면 1991년 1%, 1992년 1.6%, 그리고 1993년 2%가 적용되었다.

[표 13-11] 장애인 의무고용률

기준연도		2018년	2019년	2020년	2021년	2022년
국가 및 지자체	공무원	3.2%	3.4%	3.4%	3.4%	3.6%
	비공무원	2.9%	3.4%	3.4%	3.4%	3.6%
공공기관*		3.2%	3.4%	3.4%	3.4%	3.6%
민간기업		2.9%	3.1%	3.1%	3.1%	3.1%

* 「공공기관의 운영에 관한 법률」에 따른 공공기관, 「지방공기업법」에 따른 지방공사 · 지방공단과 「지방자치단체 출자 · 출연기관의 운영에 관한 법률」에 따른 출자기관 · 출연기관

출처: 장애인고용공단 홈페이지(www.kead.or.kr)

2) 장애인고용촉진 및 직업재활기금

기금은 장애인 고용촉진 및 직업재활사업을 수행하기 위해 장애인고용부담금을 재원으로 1991년에 설치한 것이다. 기금의 운영을 통해서 장애인고용장려금 지급, 장애인고용관리지원(근로지원인 지원 등을 포함), 장애인 취업지원(중증장애인 고용지원 등), 장애인 표준사업장지원, 보조공학기기 지원, 장애인직업능력개발(직업능력개발원 운영 등) 등의 사업을 수행하고 있다. 의무고용률을 미달하여 납부한 고용부담금은 2018년 552,121백만 원, 2019년 619,090백만 원, 2020년 755,756백만 원 등으로 계속 증가하고 있다(고용노동부, 2022). 2020년 기준 기금의 지출을 보면 고용장려금 229,655백만 원, 장애인고용관리지원 98,837백만 원, 장애인취업지원 22,725백만 원, 장애인취업성공패키지지원 13,855백만 원, 보조공학기기지원 12,585백만 원, 장애인직업능력개발 84,789백만 원, 장애인고용공단 인건비 59,482백만 원 등이다(고용노동부, 2022).

3절 장애인 정책의 전망

1977년 「특수교육법」 제정과 1981년의 「심신장애자복지법」 제정 이후 30여 년 동안에 장애인 정책은 양적인 측면과 질적인 측면에서 커다란 변화와 발전이 있었다. 의무고용제도 도입, 장애 범주의 확대, 통합교육 원칙의 확립, 차별금지법의 제정, 장애인연금제도의 도입, 활동지원제도의 확대, 발달장애인법 제정 등이 대표적인 변화의 내용이라고 할 수 있다.

향후 장애인정책의 전망은 크게 세 가지로 설명할 수 있다. 첫째, 세계적인 장애패러다임의 변화 방향성과 부합하게 장애 지원정책의 보편적 관점이 한층 더 강조되고 강화될 것이다(김용득, 2019b). 과거의 장애에 대한 접근은 분리 접근이 주도적이었다. 일반적인 교육 기회에서 배제되었기 때문에 특수하게 만들어진 학교를 이용하였고, 지역사회의 거주 장소에서 배제되었기 때문에 외딴 지역의 대형시설에서 모여서 살았고, 장애인이 일반 체육시설의 이용에서 배제되었기 때문에 장애인만을 위한 체육시설을 만들어서 이용했다. 그러나 이런 과거 방식의 접근이 적절하지 않다는데 광범위한 합의가 이루어지고 있는 것으로 보인다. 향후 장애인 정책의 변화는 일반학교에서 교육받고, 일반주택에서 거주하고, 일반직장에서 근무할 수 있도록 하는 데 초점이 맞추어지게 될 것이다.

둘째, 장애인 지원정책의 제도 간 상호연계성과 통합성의 쟁점이 점차 중요해질 것이다(김용득, 2019b). 지금까지 장애인 지원정책의 발전은 부분적, 파편적이었다고 할 수 있다. 정책이 빈약한 수준일 때 제도의 발전은 개별 사안별로 이루어지고, 이때는 개별 약진 방식으로 발전하더라도 중요한 문제는 발생하지 않는다. 그러나 현재의 장애인 정책의 상황은 이런 단계를 지나고 있는 것으로 보인다. 이후는 새로운 제도 도입은 관련 제도들의 조정의 문제가 필수적으로 검토되어야 한다. 각 제도는 독립적인 것이 아니라 긴밀한 상호유관성을 갖고 있으며, 새로운 제도 설계에서는 과거와는 달리 체계적이고 종합적인 조망이 점차 그 중요성을 더해 갈 것으로 전망된다.

셋째, 장애인 정책에서 각종 인적 사회서비스가 확대되면서 이 분야가 일자리 확대 영역으로서의 중요성이 높아질 것이다. 장애인활동지원, 장애아동발달재활, 장애인복지관, 소규모 거주시설, 주간보호시설, 직업재활시설 등의 복지서비스와 특수교육, 장애인고용 등이 강화되면서 이 분야에서 일하는 인력의 규모도 크게 확장되고 있다. 향후 장애인 정책 분야의 서비스 공급은 꾸준히 확대될 것이며, 제공인력의 훈련과 제공기관의 관리가 점점 더 중요해질 것이다.

제 14 장

빈곤과 공공부조론

1절 빈곤론

1. 빈곤의 개념과 정의

'빈곤하다'는 것은 어떤 의미일까? 우리말 사전[1]에 '빈곤'은 "가난하여 살기 어려움", 그리고 '가난'은 "살림살이가 넉넉하지 못함, 또는 그런 상태"라고 풀이돼 있다. 그러니까 빈곤이란 '살아가는 데 필요한 것을 넉넉히 갖지 못해 삶이 힘들고 어려운 상태'를 말한다. 같은 맥락에서 영국의 조세프라운트리재단Joseph Rowntree Foundation은 빈곤을 이렇게 정의한다; "사회참여를 포함하여 최소한의 필요를 채우기에는 주로 물질적인 면에서 자원이 현저하게 부족한 상태"[2]. 따라서 빈곤한 상태(사람)와 빈곤하지 않은 상태(사람)를 나누는 기준선은 첫째, 살아가는 데 필요한 요소가 무엇인가, 둘째, 그것을 최소한 갖는다는 것은 얼마만큼인가에 따라 결정된다. 즉, 살아가는 데 필요한 요소와 그것의 보유 정도가 빈곤의 개념을 구성한다.

최초로 이 빈곤의 기준선을 제시한 사람은 위에서 언급한 조세프 라운트리의 아들, 시봄 라운트리Seebohm Rowntree였다. 그는 1900년 무렵, 영국 요크시의 빈곤 실태를 조사하면서 1주일간 사람이 생존하는 데 필요한 것들 각각에 대해서 그 필요량과 가격을 계산했다. '성인 남성은 최소한 하루에 3500칼로리의 음식을 섭취해야 하는데 그만큼을 먹기 위해서는 소정의 밀가루, 우유, 치즈 등을 살 경우 1주일에 3실링의 식비가 소요되고, 의복은 성인 남녀가 1년에 각각 26실링어치씩을 구입해야 하니 1주일에는 6펜스씩 소요되며 ……' 하는 식이었다. 이렇게 계산했을 때 성인 남녀와 자녀 2명으로 구성된 가구는 1주일에 식비로 10실링 6펜스, 주택 임대료로 4실링, 기타 신발 및 의복비, 광열비 등으로 4실링 4펜스를 필요로 하므로 이를 모

1 국립국어원 표준국어대사전, https://stdict.korean.go.kr/main/main.do.

2 C. Goulden etal., 2014, A definition of Poverty, Joseph Rowntree Foundation(JRF), p.3.

두 합한 18실링 10펜스가 이 가구의 1주일간 최저생계비가 된다.

그러므로 4인 가구가 건강한 상태로 생존하려면—라운트리의 표현에 따르면 "신체적 효율성을 유지하기" 위해서는—1주일에 최소한 18실링 10펜스가 있어야 하고, 만약 그 가구의 주간 소득이 이에 못 미치면 '빈곤하다'고 정의하는 것이다. 이 최저수준의 필요는 당시 영국 사람이라면 누구에게나 적용될 수 있는 '절대적' 필요였다. 이 기초적인 신체적 필요를 채워야 비로소 노동(=생산)하고 자녀를 낳아 양육(=재생산)할 수 있기 때문이다. 그런데 만약 라운트리가 1900년경의 영국 도시민을 기준으로 만든 이 빈곤 개념을 당시 우리나라 조선으로 가져와서 빈곤한 사람을 구분해내는 잣대로 삼았다면 어떠했을까?

당연히 이 빈곤 개념은 전혀 쓸모가 없을 것이다. 당시 조선 사람의 생활필수품에 빵이나 우유가 들어갈 리 없기 때문이다. 만약 구한 말, 조선의 최저생계비를 구하고자 한다면 당시 조선인의 문화와 관습에 근거한 품목 정하기가 이루어져야 할 것이다. 여기서 빈곤 개념의 상대성이 등장한다.

1) 절대적 빈곤과 상대적 빈곤

라운트리가 빈곤의 기준선을 계산할 때 사용한 품목표에는 교통비 항목이 없는 반면, 차tea가 포함돼 있었다. 오늘날의 상식으로 보면 출퇴근에 드는 교통비가 필수 항목이라면, 차는 안 마셔도 그만인 기호품이다. 하지만 당시 영국에는 대중교통수단이 발달하지 않았던 탓에 모두가 집에서 가까운 공장이나 농장을 걸어서 오가며 일했다. 반면, 차는 영양학적 가치는 없지만 영국인에게는 사회적 · 심리적으로 매우 중요한 식품이다. 영국인에게 차가 없다면 다른 사람에게 예의를 갖춰 다가가거나 친교를 맺는 일이 원활하지 않을 수 있다. 신체적 필요에서뿐 아니라 사회문화적 필요 때문에 영국인에게 차는 필수재인 것이다.

따라서 살아가는 데 필요한 최소한의 필수재는 사회에 따라서, 그리고 시대에 따라서 변하게 되어 있다. 오늘날 우리나라에서 같은 방식으로 필수재를 정한다면 기초적인 의식주뿐 아니라 옛날에는 생각지도 못했던 냉장고나 컴퓨터, 휴대전화, 그리고 친지의 경조사비 같은 항목이 포함될 것이다. 코로나 감염병의 유행으로 학생들의 재택 수업이 일상화되면서, 특히 컴퓨터와 인터넷을 제대로 갖추지 못한 저소득 가구 아동들의 교육상 불이익이 뚜렷해졌다.

인간 사회에는 살아가기 위해 반드시 충족되어야 할 최저수준의 필요가 절대적 기준으로서 존재한다는 것이 절대적 빈곤론이라면, 그 최저수준의 필요란 것도 실은 시대에 따라, 사회문화적으로 달리 결정되기 때문에 절대적 기준이란 있을 수 없다는 게 상대적 빈곤론자들의 주장이다. 후자의 대표 격인 피터 타운센드Peter Townsend는 음식 섭취와 같은 생리적 필요조차도 사회적 · 문화적 · 역사적 맥락과 밀접히 닿아 있다고 말한다.

> "섭취하는 음식의 양과 비용은 사람들이 수행하는 사회적 역할과 보편적인 식생활 관습뿐 아니라 생산 및 유통 접근성에 따라 그 사회에서 확보할 수 있는 음식의 종류에도 좌우된다. 간단히 말해, 음식은 어떤 사회에서든 '사회화'된다. …… 식생활에서 최소한의 필요를 충족시킬 비용을 산정하는 일은 어느 사회에서나 한 사람에게 부여되는 모든 역할, 참여해야 하는 관계, 관습을 이행하는 데 드는 비용을 산정하는 일만큼이나 어려운 문제다."[3]

그는 살아가는 데 필수적인 것의 가치가 사회적 관계에 의해 결정된다는 점을 강조했는데, 경제학의 시조라는 애덤 스미스도 비슷한 주장을 한 바 있다.

> "필수품이라는 말에서 내가 이해하는 것은, 생명의 유지에 없어서는 안 되는 상품뿐만 아니라, 그 나라의 습관이 어떠하든, 그것이 없으면 최하층 사람들도 견실한 사람으로서의 체면을 잃게 되는 모든 것을 포함한다. 이를테면 아마셔츠는 엄밀하게 말해서 생활필수품은 아니다. … 그러나 현대에는 유럽의 대부분에서 견실한 날품팔이 노동자라면 아마셔츠를 입지 않고 남 앞에 나서는 것을 부끄럽게 여길 것이다. 그것이 없다는 것은, 극도의 나쁜 행위를 하지 않는 한 도저히 빠질 리가 없을 것으로 추측되는, 낯이 뜨거울 정도의 가난을 나타내는 것으로 상정될 것이다."[4]

---

3 P. Townsend, 1993, *The International Analysis of Poverty*, Hemel Hempstead: Harvester Wheatsheaf, p. 31.

4 애덤 스미스, 『국부론』(유인호 옮김), 동서문화사, 2014(2판 10쇄), 911쪽.

어떤 사회의 구성원으로 인정받기 위해서 갖추어야 할 자원을 결여했을 때 그는 부끄러워지고 수모를 겪으며 그로 인해 고통받을 가능성이 높아진다. 이것은 그 결여된 자원이 생존에 직결된 물질적 요소라기보다 사회 · 문화적으로 정의되는 관계적 요소임을 뜻한다. 과거보다 물질적으로 더 풍요로워진 요즘 시대에는 이 같은 상대적 박탈의 위험이 더 크다고 할 수 있다. 오늘날은 청소년들 사이에 유행하는 유명 브랜드 제품을 갖지 못했다는 사실이 낙인이 되고 빈곤의 지표가 되기도 하는 소비 사회이다.

그런 점에서 어떤 품목, 어떤 요소가 최저수준의 필요에 해당하는지, 그 경계가 애매모호할 수 있다. 라운트리는 가난한 사람들이 왜 부족한 소득을 음식이 아니라 오락에 쓰는지에 관해 자문자답하면서, '그들도 우리와 똑같은 인간으로서 휴식과 오락을 갈망하는데 그것은 신체적 건강에 필수적인 무언가를 줄여야만 얻을 수 있기 때문에 결핍을 감수하는 것'[5]이라고 설명한다. 이처럼 최저한의 필요란 그것을 누가 판단하는가에 따라 달라질 수 있다. 어쩌다 빈곤 가정의 부모가 자녀의 성화에 못 이겨, 혹은 자녀에게 좋은 경험을 선사하기 위해서 값비싼 선물을 사주었다면, 빈곤을 모르는 사람들은 그 부모의 결정을 '쓸데없는 곳에 돈을 낭비하는, 분에 넘치는 짓'이라고 비난할 것이다. 하지만 그 가난한 집 자녀가 (그것을 못 가졌을 때) 느꼈을 상대적 박탈감이나 낙인감, 혹은 반대로 그것을 받았을 때의 행복감 등을 고려한다면, 과연 그 선물이 결코 충족시켜주어서는 안 되는 과분한 필요였다고 단정할 수 있을까? 가난한 부모와 그렇지 않은 사람 사이에는 이 점에 관해 분명 생각의 차이가 존재할 것이다.

2) 두 빈곤 개념의 통합

필요가 사회문화적으로 결정되고 다른 사람과 비교되는 속성을 지녔다는 빈곤의 상대적 개념은 절대적 개념을 이긴 것처럼 보인다. '빈곤의 절대적 정의와 상대적 정의 가운데 어느 쪽이 더 타당한가?'라고 묻는다면 앞에서 살펴본 것처럼 후자의 설득력이 더 커 보이기 때문이다.

---

5 B.S. Rowntree, 1937, *The Human Needs of Labour*; 루스 리스터, 2022, 『풍요의 시대, 무엇이 가난인가』(갈라파고스), 50쪽에서 재인용.

그런데 빈곤을 한 사회에 국한해서, 각 나라 단위로 상대적 정의에 의해서 파악한다면, 인구 대다수가 적정수준의 삶을 영위하지 못하는 개발도상국들의 경우에는 빈곤 인구의 수가 실제보다 과소하게 추정된다. 예컨대, 인도의 상대빈곤율은 25%, 방글라데시는 21% 정도인데, 이는 OECD 국가들 가운데 비교적 빈곤율이 높은 우리나라나 미국에 비해 불과 10% 미만의 차이를 보이는 낮은 수치이다. 다시 말해서, 빈곤의 상대적 정의를 채택할 경우, 주로 지구 남반부에 거주하는 사람들의 심각한 빈곤의 양상과 본질을 제대로 포착할 수 없게 된다.

그래서 아마르티아 센Amartya Sen은 빈곤 개념에는 줄여서는 안 되는 절대론적 핵심이 있다고 주장한다. 인간이 가치 있는 일을 하기 위해서는 그럴 수 있는 역량capability이 필요한데, 가령 굶주림이나 영양실조 등은 그런 역량을 갖추려면 반드시 해결하지 않으면 안 되는 문제이다. 굶주림을 벗어나기 위해 무엇을, 얼마만큼 먹어야 하는가는 사회문화적 맥락에 의해 상대적으로 결정되지만, 배고픔으로부터의 해방, 그 자체는 누구에게나 보편적으로 존재하는 절대적 필요이자 욕구인 것이다. 앞서 애덤 스미스가 예로 들었던 아마셔츠의 경우에 비유하자면, 역량의 측면에서는 누구든 대중 앞에서 창피를 당하지 말아야 하는 절대적 필요가 있는 것이고, 역량을 실제의 행위로 전환하는 과정에서는 당시 영국 사회의 문화적 관점에서 아마셔츠가 필수재로 요구되는 것이다.

그리하여 인간 필요의 이론은 정반합의 과정을 거쳐 어느 사회, 누구에게나 요구되는 기본적이고 보편적인 필요와, 그것을 충족하기 위한 자원으로서의 필수재라는 이분법적 개념으로 발전하였다. 기본적이고 보편적인 필요란 적정한 영양 공급을 위한 음식과 물, 적정한 보호 공간으로서의 주거, 경제적 안정, 기본적 교육 등을 말하며, 이러한 필요를 충족하기 위한 필수재는 사회문화적 관습에 의해 상대적으로 구성된다는 것이다. 처음에는 타운센드의 상대적 빈곤론과 자신의 절대론적 핵심을 통합할 수 있다는 센의 주장에 대해서 계속 반대 논쟁을 해오던 타운센드도 마침내 다음과 같은 입장에 동의하기에 이른다; "제도, 문화, 지역에 따라 충족시키는 방법이 다르다고 할지라도 절대적 또는 기본적인 물질적 필요와 사회적 필요는 어느 사회에서든 동일하다."[6]

6 루스 리스터, 2022, 앞의 책, 57쪽.

2. 빈곤의 측정

빈곤을 '사회참여를 포함한 최소한의 필요를 충족하기에는 자원이 현저하게 부족한 상태'라고 정의했을 때 이 정의는 상당히 추상적이다. 이처럼 추상적인 개념을 가지고는 우리 사회에서 누가 빈곤한 사람인지, 그들을 위해 정부는 어떤 정책을 펼쳐야 하는지 결정할 수 없다. 정부가 빈곤 현상을 구체적으로 파악하고 빈곤이라는 사회문제에 정책적 개입을 하려면 우선 빈곤을 측정해야 한다. 그리고 빈곤을 측정하기 위해서는 추상적인 개념을 측정 가능한 구체적 현상과 연결시켜 객관적이고 경험적으로 기술記述하는 조작적 정의operational definition의 과정을 거쳐야 한다.

1) 무엇을 측정할 것인가?

빈곤한 상태를 무엇으로 측정할 것인가? 보통은 빈곤=저소득이라 간주해서 소득을 측정하는 경향이 있다. 그런데 빈곤한 상태를 나타내는 생활수준이 반드시 소득수준과 일치하는 것은 아니다. 소득이 적더라도 남에게 빚을 지거나 다른 친족이나 자선단체로부터 물질적 지원을 받음으로써 박탈의 상태를 면할 수 있다. 또 발생한 소득의 상당 부분을 빚 갚는 데 써야 한다면 소득수준의 높이만큼 생활수준이 향상되지는 않을 것이다. 그리고 가난한 사람들의 소득은 수시로 변하는 경향이 있어서 어느 시기에 측정하느냐에 따라 실제 삶의 수준을 반영하는 정도가 다를 수도 있다.

그런 점에서 생활수준의 지표로서 소득보다는 지출이나 소비를 측정하는 편이 더 합리적이라는 주장이 있다. 일리 있는 주장이지만, 지출이라는 지표 역시 정확한 측정을 어렵게 하는 기술적 난제들을 안고 있다. 예컨대, 지출의 총비용은 소득처럼 한마디 금액으로 표현하기 어렵기 때문에 이를 파악하려면 조사대상자에게 지출 항목과 금액들을 기억에 의존해 합산하게끔 해야 하는 복잡한 과정을 거쳐야 한다. 또 예상 못 하게 큰 지출이 발생하는 달도 있어서 월별 규모가 일정하지 않은 것은 소득과 마찬가지다. 간혹 남에게 빌린 돈이나 저축한 금액이 계산에서 누락되는 경우도 있다.

이처럼 소득과 지출을 측정하는 두 방식이 모두 불완전하고 문제점을 갖고 있지만, 측정 과정이 상대적으로 용이하고 간편하기 때문에 일반적으로 소득 측정을 더 많이 사용하는 경향이 있다. 그러니 소득을 측정하는 방식이 보편적이기는 하지만, 그 지표가 빈곤의 본질을 정확하고 충분하게 드러내는 것은 아니라는 점을 기억해두자.

2) 기준은 무엇인가?

소득을 측정했더라도 그 수준이 빈곤한 상태를 나타내는가, 그렇지 않은가를 판단하는 기준선이 있어야 한다. 즉, 소득이 얼마 미만인 사람은 빈곤한 것이고 그 이상인 사람은 빈곤하지 않다고 평가하는 경계선—흔히 빈곤선poverty line이라 함—이 있어야 빈곤을 측정할 수 있다. 이 빈곤의 기준선은 가족원 수에 따라 다를 것이므로 가구의 총인원별로 정해진다. 우리나라에서는 정부가 정책적으로 정한 빈곤선(정책적 빈곤선)을 '최저생계비'라고 부른다.

(1) 예산 기준의 절대빈곤선

최저생계를 유지하는 데 꼭 필요하다고 여겨지는 물품들의 종류와 양을 산정해서 그것을 금전 가치로 환산한 금액을 빈곤선으로 정하는 방식이 있다. 글의 첫머리에서 설명했던, 시봄 라운트리가 빈곤을 정의하기 위해 사용한 방식이다.

생필품의 품목을 최저생계 비용으로 환산하는 방식이 시장바구니에 물건을 하나씩 담는 장보기 과정과 흡사하다고 해서 마켓바스켓market basket 방식이라고 한다. 우리나라도 2015년에 국민기초생활보장 제도상의 최저생계비 산정 방식을 개정하기 전에는 360여 개 품목의 구입 가액을 합산하는 전물량全物量 방식을 사용하였다. 필요한 예산을 기준으로 빈곤선을 정하는 것이다. 품목 선정의 기준은 우리 사회의 구성원으로서 "건강하고 문화적인 생활을 유지하기 위하여"[7] 최소한의 품위를 지키는 삶이어야 하므로, 단순히 의식주의 영역을 넘어 사회적 관계와 관련된 품목, 예컨대, 친지의 행사 참석을 위한 경조사비 등도 포함하는 방식이었다.

전물량 방식은 시대적 생활양식의 변화를 반영해야 하므로 시간이 흐름에 따라 품목 수가 증가하게 돼 있다. 예전에는 소수의 부유층만 사용하던 물건이 시간이 흘러 대중화되면서 누구에게나 필요한 물건이 되었다면 그것은 마침내 가난한 사람의 장바구니에도 담겨야 하는 시점이 오게 된다. 그런데 어떤 물품이 필수재인가 아닌

7 국민기초생활보장법 제2조 제7호, 최저생계비의 정의.

가를 일일이 판단하는 이런 방식에서는 반드시 그것을 판단하는 사람의 자의성恣意性이 작용하기 마련이다. 과거 우리나라에서도 중앙생활보장위원회가 전물량 방식으로 최저생계비 계측을 하던 당시에는 '국민정서상 생필품으로 간주될 수 있는 품목인가'를 두고 전문가들 사이에 논쟁이 일곤 했다. 이런 논란의 과정을 거쳐 컴퓨터는 2004년부터, 휴대전화는 2010년부터 최저생계비 목록에 오르게 되었다.

(2) 다른 사람과의 거리를 재는 상대빈곤선

필요 예산을 기준으로 산정한 절대빈곤선은 개념이 단순하다는 장점이 있지만 전문가들이 임의로 결정하게 되는 비민주성, 그리고 전체 사회의 평균적 생활 수준에 비해 인상 속도가 느려서 그 격차가 점점 커진다는 단점을 지니고 있다. 그래서 빈곤선을 그 사회의 경제적 지표의 대푯값에 대한 일정 비율로 정하는 상대적 측정 방식을 사용하기도 한다. 이 경우 측정 지표와 관련해서는 소득을 주로 많이 사용하는데, 가구소득이나 개인소득의 대푯값에 일정 비율—흔히는 50% 내지 60%를 곱한 값을 빈곤선으로 정한다.

소득의 대푯값으로는 평균소득, 중위소득 등이 사용되는데, 평균값에 비해서 중윗값이 이상치outlier의 문제를 해결하고 현실을 더 잘 반영하는 특성 때문에 요즘은 중위소득median income이 일반적으로 사용된다. 그러니까 상대빈곤선은 전체 사회구성원들의 일반적 삶의 수준(=소득)의 절반에도 미치지 못하는 삶을 살아가는 사람을 빈민으로 간주하는 기준선이다. 이러한 상대빈곤선은 경제 및 생활수준의 발전 정도가 크게 다른 나라들 사이에 빈곤의 정도를 비교하는 데 적합하다. 하지만 일정 비율을 정하는 데—왜 40%나 60%가 아니고 50%인가?—는 여전히 임의적이라는 한계가 있다. 우리나라는 2015년부터 국민기초생활보장법 상의 최저생계비 산정 방식을, 중위 가구소득에 대한 일정 비율로 정하는 상대빈곤선 개념으로 변경하였다.

3) 누가 측정하는가?

예산을 기준으로 하는 절대빈곤선이 '저소득층은 어떻게 살아야 하는가'를 규정하는 관점에 서 있다면, 상대빈곤선은 '일반 대중은 실제로 어떻게 살고 있는지'를 근거로 해서 기계적으로 결정하는 방식이다. 따라서 전자에 비해 후자가 빈곤을 측정하는 사람, 소위 전문가들의 자의성을 줄일 수 있다고는 해도, 계산법의 객관적 근거를 제시하지 못한다는 점에서 임의적이라는 비판에서 완전 자유롭다고 할 수 없다.

그리하여 보다 민주적이고 참여적인 방법들이 등장했는데, 예를 들면, 전문가가 아닌 사회 전반의 견해를 반영하기 위해 사회조사를 통해서 다수가 필수재라고 여기는 항목을 파악한다거나, 전체 인구 중에 표본을 추출해서 자기 가구에 맞는 빈곤선이 어느 수준이라고 생각하는지를 묻는 '주관적 빈곤선' 측정 방식 등이 그것이다. 주관적 빈곤선을 측정할 때는 빈곤이란 단어를 쓰지 않고 본인에게 먹고살 수 있을 정도의 소득수준이 얼마일지를 묻는다.

하지만 당사자의 생각을 묻는 이런 방식은 정부가 생계지원 대상자를 찾고자 빈곤의 기준선을 정하는 데는 직접 적용하기 어렵다. 대신 주관적 박탈의 감정을 파악함으로써 객관적 지표와의 관계를 잘 드러내 보여주는 장점이 있다. 또한 이 같은 참여적 방식은 빈곤에 관한 인간의 다양한 경험과 숨겨진 차원들을 포착함으로써 빈곤에 대한 심층적 이해와 새로운 대책을 개발하는 데 유용하다.

이상을 종합해 보면 빈곤을 정확하고 완벽하게 파악할 수 있는 측정 방법은 없다는 것을 알게 된다. 각각의 방법은 이러저러한 장점과 동시에 작지 않은 한계점을 갖고 있다. 이에 관해 루스 리스터R. Lister는 다음과 같이 결론 내리고 있다.

"완벽한 방법은 고사하고 충분할 정도의 단일한 측정 기법도 존재하지 않는다. 어떻게 해도 측정은 빈곤 정의를 불완전하게 대체하는 결과물에 지나지 않는다. …… 그럼에도 불구하고 … 공식적인 측정 기준은 어떤 식으로든 저소득을 계속 중심에 두어야 한다는 생각이 다수의 지지를 받는 것으로 보인다. … 빈곤의 규모, 심도, 구성을 측정하기 위해 빈곤 정의를 조작할 때는 정확성을 높이기 위해서 여러 가지 기법을 결합시키는 '삼각 검증triangulation' 방식을 사용할 필요가 있다. 나아가 참여 기법과 같은 정성적 기법까지 아울러서 삼각 검증을 실시하면 더 깊고 다차원적이며 다중적인 관점이 담긴 그림을 그려낼 수 있을 것"[8]이다.

8 루스 리스터, 2022, 앞의 책, 83-4쪽.

3. 빈곤과 사회적 배제

1970년대 중반을 넘어서면서 유럽은 경제성장률이 떨어지고 실업자가 급증하는 경제위기를 맞게 된다. 특히 프랑스에서는 이런 경제 불황의 여파로 사회복지 제도의 보호를 전혀 받지 못하는 사람들이 크게 늘어났다. 이처럼 사회적으로 배제된 사람들이라는 의미로 사용되기 시작한 '사회적 배제social exclusion'라는 용어는 점차 유럽 사회에서 빈곤poverty을 보완하는 개념으로 발전하였다.

보통 빈곤이란 용어는 경제적 결핍—더 협소하게는 화폐 자원의 부족—을 연상시키는 데 비해서, 사회적 배제는 물질적 결핍뿐 아니라 적절한 의료서비스나 교육서비스, 문화적 향유의 기회, 사회적 관계 및 정치 참여의 기회 등을 상실하는 과정을 일컫는다. 사회적 배제라는 개념은 정치적 · 사회적 · 문화적 접근 기회의 박탈까지를 포괄하는 다차원적 관점을 취함으로써, 흔히 빈곤을 소득의 결핍이라고 정의할 때 포착하지 못하는 본질을 잘 드러낸다. 1980년대 후반에 유럽연합(EU)의 집행부인 유럽위원회European Commission는 '사회적 배제'를 공식 용어로 채택하게 되는데, 유럽연합의 빈곤 해설서는 '사회적 배제'를 다음과 같이 설명하고 있다.

> "사회적 배제는 사람을 사회의 주변부로 몰아가는 과정을 강조하기 위해 사용하는 개념이다. 그 과정에서 사람들은 자원과 기회에 접근하기 어렵고 평범한 사회적 · 문화적 삶에 참여할 수 없어 소외되고 무력하고 차별받는다고 느끼게 된다."[9]

여기서 '누가 누구를 사회의 주변부로 몰아간다는 것인가?', 즉 '배제의 주체가 누구인가?'라는 질문이 제기될 수 있다. 그러나 사회적 배제의 개념에서 취약한 대중을 주변부로 몰아가는 힘은 인격화할 수 있는 사람이나 기관이 아니라 일체의 정치적 · 경제적 · 사회적 구조와 제도를 가리킨다. 이는 자원과 기회에 접근할 수 없게 된, 즉 사회적으로 배제된 상태의 원인이나 책임이 개인에게 있지 않다는 의미이다.

또한 사회적 배제 개념은 주변부로 밀려난 결과보다는 밀려나는 과정, 다시 말

---

9 European Anti-Poverty Network(EAPN)(2009), *Poverty and Inequality in the EU*, EAPN Explainer #1, p. 3.

해서 구조의 힘이 작동하는 과정에 초점을 맞추고 있어서 필연적으로 주변화된 사람들을 다시 사회의 중심부로 돌아오게 만드는 것을 목표로 한다. 빈곤 문제를 해결하려는 각국의 정부가 사회적 배제의 반대 개념으로 사회적 포용social inclusion, 혹은 사회 통합social integration 등을 정책 목표로 내세우는 것이 이와 같은 이유에서다.

4. 빈곤 발생의 요인

빈곤은 어떤 이유에서 발생하는가? 일반적으로 성인이 된 사람은 경제활동을 통해서 일정한 소득을 얻고 그것으로 살아간다. 그렇다면 빈곤이 발생하는 이유란 최저생계 유지에 필요한 만큼의 소득을 얻지 못하는 이유가 될 것이다.

첫째, 제대로 경제활동을 할 수 없는 경우이다. 경제활동을 할 수 없는 이유는 다시 ① 고령으로 근로능력이 쇠진해진 경우, ② 질병이나 사고로 근로능력을 상실한 경우, ③ 신체 및 정신에 장애가 있는 경우, ④ 직장에서 해고되어 일자리를 잃은 경우 등으로 세분할 수 있다.

둘째, 경제활동은 하지만 소득수준이 매우 낮고 발생 주기가 불규칙한 경우이다. 비정규직 종사자처럼 저임금과 열악한 조건에서 일할 수밖에 없는 이른바 '근로빈곤층'이 여기에 해당한다. 위의 첫째 경우가 근로능력 자체가 없거나 취약해서 일을 아예 못 하는 장애인이나 노인 등을 가리킨다면, 근로빈곤층은 경제활동은 하고 있지만 짧은 노동시간과 낮은 임금, 실업과 취업의 반복 경험 등 노동시장에서의 불안정한 지위로 인해 빈곤 상태에 놓인 사람들을 말한다.

이들이 좋은 조건의 괜찮은 일자리를 구하지 못하는 이유는 ⑤ 인적 자본이 낮다고 평가돼서, 즉 저학력이거나 취업에 유용한 기술 및 기능을 보유하지 못해서, ⑥ 여성인데다가 경력마저 단절되어서, ⑦ 분절된 노동시장의 이중구조의 벽을 넘어설 수 없어서 등이다.

그래서 빈곤의 유발요인을 다룬 실증적 연구들은 대체로 '학력이나 직업기술 수준이 낮을수록, 건강하지 못하거나 장애가 있을수록, 노령일수록, 여성 가구주일수록 빈곤에 빠질 확률이 높다'는 결론을 보여주고 있다.

빈곤은 분명 다차원적인 현상이지만 편의상 '소득의 낮음'으로 측정한다고 할 때, 빈곤을 발생시키는 요인은 결국 노동시장에서 소득을 낮게 결정하는 요인인 셈이다. 불건강, 신체 및 정신적 장애, 낮은 학력이나 기술(기능), 노령, 여성이라는 지위 등은 이들 당사자의 시장임금이 0(없음) ~ 평균 이하의 낮은 수준으로 유지되게 만드는 요인들이다. 또한 빈곤 유발요인의 하나로 위에서 ⑦ 분절된 노동시장의 이중구조 문제를 지적했는데, 노동시장에서 차별받을 만한 개인적 특성(불건강, 장애, 저학력, 노령 등)을 지니지 않았음에도 불구하고 저임금 등 열등한 대우를 받음으로써 근로빈곤층이 되는 사람들은 모두가 이 노동시장의 이중구조 덫에 걸려서 빈곤에 빠지는 경우이다.

노동시장의 이중구조, 혹은 분절화란 노동시장이 '1차 노동시장'과 '2차 노동시장'으로 완전히 나뉘어서 근로자가 서로 이동하지 못하는 현상을 말한다. 대기업과 공공부문 중심의 1차 노동시장은 주로 고숙련 노동자들이 고용되는 장으로서 높은 임금과 사회보험 혜택 등이 보장되는 안정적인 정규직 일자리 시장이다. 반면, 2차 노동시장은 중소기업과 비정규직 중심의 열악한 일자리 시장이다. 여기는 임금수준이 상대적으로 낮고 피고용인의 지위가 불안정하며 사회보험에 가입돼 있지 않은 경우도 많다. 우리나라는 2000년대에 들어서 노동시장의 양극화가 더욱 심해지면서 1차 노동시장의 근로자가 어쩌다 아래(2차)로 떨어지는 경우는 있어도 2차 노동시장 사람이 위(1차)로 올라가기란 하늘의 별 따기만큼 힘든, 양자 간의 분절이 일어났다. 게다가 1 · 2차 노동시장의 비중은 약 10% : 90%의 격차를 보이고 있어 안정적인 정규직 취업은 경쟁이 치열한 '좁은 문'일 뿐 아니라, 한 번 비정규직(한시적 근로자, 시간제 근로자, 비전형 근로자 등) 시장에 발을 들여놓으면 저임금과 불안정한 처우로 점철된 노동환경을 좀처럼 벗어나기가 어려워진다. 이처럼 불공정한 경제구조는 빈곤을 유발하고 온존시키는 중대한 요인이다.

빈곤이 극도의 결핍이 주는 고통을 의미한다면, 불평등은 정반대 쪽의 과도한 풍요와 빈곤 사이의 격차가 빚어낸 불공정함이다. 앞에서 빈곤은 상대적 박탈의 개념을 포함한다고 했는데, 상대적 박탈은 오직 불평등이 존재함으로써 성립한다. 따라서 빈곤과 불평등은 동전의 양면처럼 짝을 이룬다. 빈곤이 만연한 사회일수록 빈부격차, 불평등의 정도가 심한 경향이 있다. 어떤 사회든 불평등의 정도를 줄이지 않으면 빈곤 문제의 개선을 기대하기 어렵다. 불평등이 심할수록 부자와 가난한 자 사이의 거리는 멀어지고, 부자가 빈민의 처지에 공감하거나 그들의 삶을 개선하기 위한 재분배 정책에 찬성할 가능성은 현저히 낮아진다.

5. 자유방임주의 대(對) 국가개입주의

1960년대에 미국의 인류학자 오스카 루이스Oscar Lewis는 '가난한 사람들은 여타 계층과 다른, 그들만의 독특한 생활습관과 문화를 가졌다'는 이른바 '빈곤문화Culture of Poverty론'을 설파했다. 그는 빈곤문화의 특징으로 가난한 사람들의 사회심리적 특성을 강조했는데, 예컨대 ① 무력감, 열등감, 자신이 무가치하다는 생각, ② 의존성과 소외의 감정, ③ 현재지향적이고 미래 계획을 세우는 능력 없음, ④ 빈번한 가정폭력, ⑤ 알콜 중독의 경향 등 수십 가지를 나열했다.

문제가 된 것은, 이처럼 부정적인 성격의 빈곤문화가 자녀들에게 학습되고 계승되기 때문에 그들의 생활조건을 웬만큼 개선해주어도 쉽사리 빈곤을 벗어날 수 없으리라는 그의 비관적인 결론이었다. 그의 주장은 본의 아니게 사회복지정책 무용론으로 해석되면서 빈민에 대한 국가의 지원을 대폭 축소하자는 보수주의자들의 지지를 받았다.

그러나 한편에서는 그에 못지않게 맹렬한 비판이 제기되었는데, 요지는 '본래 빈민들이 가난에 빠진 것은 사회경제적 구조 때문인데 그 점을 도외시한 채 오직 개인의 습관과 태도만을 말함으로써 마치 가난한 사람들이 자기 잘못으로 빈곤을 벗어나지 못하는 것처럼 호도한다'는 것이었다. 또한 '빈민들의 생활습관이 다른 계층과 달라 보이는 부분이 있다면 그것은 그들이 처한 불평등한 기회구조나 위기상황 때문에 일시적으로 변형 · 수정되어 나타난 결과로서, 그들 삶의 특징은 빈곤의 원인이 아니라 빈곤의 결과'라는 반론도 날아왔다. 다시 말해서, 빈곤문화론은 빈곤의 사회적 원인을 은폐하는 오류를 범하고 있으며, 사람의 행동과 태도는 자신에게 유리한 상황과 기회가 주어지면 얼마든지 긍정적으로 변할 수 있다는 주장이었다.[10]

이상의 비판에 대해 마침내 루이스도 자신이 빈곤문화라고 부른 것의 근본 원인은 정치경제적 구조이며, 가난한 사람들이 겪는 극도의 소외와 주변화 현상에서 기인하는 것이라는 점을 인정했다. 다만, 그가 복지정책 무용론자처럼 오해받은 것은 근본적인 구조의 문제를 생략하고, 오직 겉으로 드러난 개인 차원의 현상만을 가지고 모든 걸 설명하려 들었기 때문이다.

오늘날 미국의 사회과학계에서는 더 이상 '빈곤문화'와 같은 개념이 통용되지

10 신명호, 2020, 『빈곤이 오고 있다』, 124–25쪽

않는다. 비판론자들의 주장처럼 사회구조의 관점을 결여하고 있고 '문화'라는 개념이 몹시 애매모호하다는 점을 학자들은 대부분 인정하기 때문이다. 그러나 빈곤의 원인과 책임을 전체 사회의 구조가 아닌 당사자 개인의 행동에서 찾으려는 시각은 여전히 광범위하게 존재한다. 빈곤을 해소하기 위한 국가 정책과 예산을 논할 때, 아직도 '가난은 당사자들이 게으르거나 충분히 노력하지 않아서 생기는 것'이라는 통속적인 믿음이 보수 정치인과 언론인들 사이에 공유되고 있음을 보게 된다.

사실 빈곤의 원인이 개인에게 있다고 보는 입장은 유럽에서는 중세까지 거슬러 올라간다. 중세 영국의 지배층은 빈민을, '일하기를 거부하고 구걸로 연명하며 게으름과 타락에 빠져 절도와 그 밖의 혐오스러운 짓도 하는 부랑자'[11]와 동일시했고 따라서 연민과 자선을 베풀기보다는 강제노동을 시켜야 하는 대상으로 여겼다. 그리고 18세기 후반에 널리 퍼진 자유방임laissez-faire 사상은 '빈곤의 원인은 개인에게 있으므로 국가가 빈곤에 개입하는 것은 최소화해야 한다'는 입장을 확고히 했다. 이처럼 빈곤을 해결할 책임이 당사자 개인에게 있다고 보는 자유방임적 이념은 그 위세가 과거에 비해 축소되기는 했으나, 자유경쟁 시장의 원리를 기본으로 하는 자본주의 사회에서는 여전히 거대한 한 축을 이루고 있다.

한편, 19세기 중반에 이르면 빈곤 문제에 대한 인식의 변화가 서서히 나타나기 시작한다. 그간에 있었던 노동운동의 성과와 사회주의의 출현, 특히 페이비언협회 Fabian Society 같은 개량적 사회주의 운동의 영향이 컸을 뿐 아니라, 대규모 사회조사의 결과로 빈곤의 실상이 보다 객관적으로 밝혀졌기 때문이다.

그리하여 빈곤의 원인은 개인의 외부, 즉 사회경제적 구조에 있으며, 따라서 빈곤을 해결할 책임 역시 개인이 아닌, 사회와 국가에 있다는 개입주의적 이념이 모습을 갖춰 나간다. 이 같은 빈곤에 대한 사회 인식의 변화는 정치적 지형의 변화와 함께 사회복지의 대대적인 개혁으로 이어졌고, 빈민법의 폐지와 공공부조의 등장을 가져왔다.[12]

---

11 잉글랜드 노동법의 시초로 여겨지는 1349년 노동자 조례(Statute of Labourers)에 나오는 표현. 드슈바이니츠, 2001, 『영국 사회복지 발달사』(남찬섭 번역), 인간과 복지.

12 여유진 · 이현주 · 김미곤 · 강신욱 · 김계연, 2004, 『공공부조의 가치기반과 제도적 반영』, 한국보건사회연구원, 58쪽.

2 절 공공부조론

1. 공공부조의 정의와 목적

공공부조公共扶助[13], public assistance란 국가가 스스로의 힘으로 생활을 유지할 수 없는 가난한 사람의 최저생활을 보장하는 조치로서 공적 부조 또는 사회부조social assistance라고도 한다. 빈곤을 개인이 책임질 문제로만 보지 않고, 국가가 나서서 빈곤층의 인간다운 생활을 보장하기 위해 지원하는 사회보장제도의 하나이다. 우리나라의 사회보장기본법(제3조)에는 "국가와 지방자치단체의 책임하에 생활 유지 능력이 없거나 생활이 어려운 국민의 최저생활을 보장하고 자립을 지원하는 제도"라고 정의돼 있다.

공공부조는 빈곤이라는 사회문제에 대한 국가의 책임성을 전제로 한다. 우리나라의 공공부조제도는 헌법의 생존권 규정, 즉 "모든 국민은 인간다운 생활을 할 권리를 가진다"(제34조 제1항), "국가는 사회보장 · 사회복지의 증진에 노력할 의무를 진다"(제34조 제2항) 등의 조항에 근거하고 있다. 따라서 공공부조제도의 목적은 빈곤층이 인간다운 생활을 하도록 돕는 것인데, 우리나라의 공공부조법이라고 할 수 있는 국민기초생활보장법(제1조)에는 "생활이 어려운 사람에게 필요한 급여를 실시하여 이들의 최저생활을 보장하고 자활을 돕는 것"이 목적이라고 명시돼 있다.

13 공공이란 '국가나 사회의 구성원에게 두루 관계되는 것'이란 뜻이고, 한자 扶(부)와 助(조)는 모두 '돕는다'는 뜻이므로 사회 구성원 전체를 대상으로 국가가 돕는다는 의미이지만, 엄밀히 말하면 돕는 주체는 국가와 지방자치단체이다.

2. 공공부조의 등장 배경

공공부조제도가 등장한 배경에는 두 가지 계기가 있었다. 첫째, 자본주의 이전 사회에서 복지 기능을 담당했던 공동체들—유럽의 경우는 장원이나 교회, 동아시아에서는 혈족이나 씨족 공동체—이 붕괴되자 빈민을 보호하던 그들 공동체의 역할을 국가가 대신해야 할 필요가 생겼다. 둘째, 자본주의화 된 산업사회에서는 노동력을 팔 수밖에 없는 노동자들이 각종 사회적 위험social risk—실업, 산업재해, 질병, 노령 등에 처함으로써 언제든 빈곤의 나락으로 떨어질 수 있는 위태로운 상태에 놓이게 되었다. 따라서 노동력이 안정적으로 재생산되려면 역시 국가가 나서서 노동자의 최저생활을 보장하지 않으면 안 되었다.

공공부조제도의 효시라 할 수 있는 영국의 빈민법(Poor Law; 1601년) 제정은 인클로저Enclosure 운동, 계속되는 흉작과 극심한 인플레이션 등으로 부랑자들이 급증하면서 문제가 되자, 국가가 스스로 (그전까지 교회가 지던) 빈민 구호의 책임을 지겠다고 나선 최초의 경우이다. 이 제도 아래서는 근로능력이 있는 빈민과 없는 빈민을 구분해서 전자는 작업장이나 교정원에서 강제노역을 시키되 이를 거절할 경우에는 사형 또는 투옥시키고, 각종 신체적 · 정신적 장애를 가진 후자는 구빈원에 집단 수용하여 최저한의 구제를 실시했다. 그 후로도 근로능력이 있음에도 불구하고 가난한 사람은 일을 전혀 할 수 없는 '불쌍한' 빈민과는 달리, 신성한 노동의 의무를 저버렸으므로 '도움 받을 자격이 없는' 빈민undeserving poor으로 취급되었다. 그런 점에서 빈민법은 진정 빈민을 구제하기 위한 법이라기보다는 빈민을 통제하고 그들에게 노동을 강제하기 위한 법이었다는 견해가 지배적이다. 빈곤이 개인적 나태함의 산물이라는 인식 위에 서 있었던 빈민법이 국가의 역할을 자임하고 나섰던 것은 사회문제에 대한 국가의 책임성을 통감해서라기보다 어떻게든 노동력이 재생산되도록 통제해야 할 필요성을 느꼈기 때문이다.

19세기 후반에 찰스 부스Charles Booth와 시봄 라운트리Seebohm Rowntree가 각각 발표한 런던과 요크 시의 빈곤 실태 조사 결과는 빈곤에 대한 사회 인식을 바꾸어놓을 정도로 중대한 이슈를 제기했다. 하나는 빈곤의 실제 규모가 놀라울 정도로 크다는 것을 밝힌 것이고, 또 다른 하나는 빈곤의 근본 원인이 개인 영역(나태함이나 낭비적 습관 등) 바깥의 사회경제적 체계에 있다는 '사실'을 발견한 것이었다[14]. 그리하여 빈

14 여유진 외, 2004, 앞의 책, 58쪽.

곤은 사회적 위험이 가져온 결과로서 사회 또는 국가가 공동 책임을 져야 한다는 인식이 점차 확산되었다. 제2차 세계대전 후에 북 · 서 유럽에서 복지국가 체제가 수립될 즈음에는, 개인은 빈곤에 대한 책임에서 벗어나 사회적 위험의 구조를 제공한 국가에 대해서 그 보상을 청구할 권리를 가진다는 시민 권리의식이 확립되기에 이른다.

3. 공공부조의 특징

사회보장은 출산, 양육, 실업, 노령, 장애, 질병, 빈곤 및 사망 등의 사회적 위험으로부터 국민을 보호하고 삶의 질을 향상시키는 데 필요한 소득 · 서비스를 보장하는 공공부조, 사회보험[15], 사회서비스[16]를 말한다(사회보장기본법 제3조 제1호).

이 가운데 공공부조제도가 사회보험 및 사회서비스 제도와 다른 점은 다음과 같다.

첫째, 공공부조 급여를 받을 수 있는 계기는 개인이 스스로의 능력으로 생활을 영위할 수 없는 상황이 발생했다는 사실이며, 어떤 사회적 위험이 발생했다는 사실이 아니다. 사회보험은 노령이나 장애, 사망, 질병 등 특정한 사회적 위험이 발생함으로써 수급의 계기가 성립되지만, 공공부조 급여는 그 원인이 무엇이든 간에 개인의 자립적 생활이 불가능한 상황이 발생했을 때 비로소 계기가 생겨난다.

둘째, 공공부조는 개인의 사전 기여寄與를 전제로 하지 않는다. 사회보험(국민연금보험, 국민건강보험, 산업재해보상보험, 고용보험 등) 급여를 받으려면 그 전에 소정의 기간 동안 개인이 보험료를 납부해야 할 의무가 있지만, 공공부조의 수급 자격은 개인의 기여 여부와 무관하다.

셋째, 공공부조 급여 신청자에 대해서는 자립적인 생활유지 능력을 평가하기

---

15 사회보험이란 국민에게 발생하는 사회적 위험을 보험의 방식으로 대처함으로써 국민의 건강과 소득을 보장하는 제도를 말한다(사회보장기본법 제3조 제2호).

16 사회서비스란 국가 · 지방자치단체 및 민간부문의 도움이 필요한 모든 국민에게 복지, 보건의료, 교육, 고용, 주거, 문화, 환경 등의 분야에서 인간다운 생활을 보장하고 상담, 재활, 돌봄, 정보의 제공, 관련 시설의 이용, 역량 개발, 사회참여 지원 등을 통하여 국민의 삶의 질이 향상되도록 지원하는 제도를 말한다(사회보장기본법 제3조 제4호).

위해 자산조사means test 등을 거쳐 지급 여부를 결정한다. 반면, 사회보험에 가입한 사람은 그동안 기여금을 내왔으므로 자산조사 같은 별도의 평가 절차 없이 자동적으로 수급 자격을 갖는다. 따라서 사회보험이 보편주의 원리에 근거하고 있다면, 공공부조와 사회서비스는 선별주의에 입각해 있다고 할 수 있다.

넷째, 공공부조와 사회서비스의 재원은 정부의 일반조세 수입인 반면, 사회보험의 재정은 주로 피보험자(개인)들이 내는 기여금(보험료)에 고용주 및 일반조세 수입으로부터의 기여금이 보태진다.

4. 공공부조의 쟁점

앞에서 살펴본 바와 같이, 빈곤이 사회의 문제이고 따라서 국가 또는 사회가 함께 책임져야 한다는 인식이 자리 잡는 데는 통렬한 갈등의 오랜 세월이 걸렸다. 그렇다면 오늘날 공공부조제도를 가진 선진 자본주의 사회들에서는 이 같은 국가의 책임성과 시민의 권리의식이 불가역적不可逆的으로 확고히 뿌리내렸다고 할 수 있을까? 사회 정책과 제도는 정치적 · 사회경제적 환경, 그리고 국민의식의 변화에 따라 바뀌기 마련인바, 공공부조제도에는 다음과 같은 근원적 쟁점이 내포돼 있어서 환경의 변화에 따라 달라질 수 있는 소지가 있다.

1) 어떤 빈곤에 대해 책임질 것인가?

공공부조제도는 빈곤에 대한 국가의 책임성을 인정하는 데서 출발하지만, 그 제도가 기반하고 있는 자본주의 사회에는 '모든 개인은 시장에서의 경제활동을 통해 자신의 문제를 스스로 해결해야 한다'는 자유방임 사상이 기본 가치처럼 내재돼 있다. 그래서 공공부조와 자본주의 이념 간에는 상충되는 지점이 있어서 정치경제적 환경의 변화로 인해 공공부조제도의 모습이 종종 변형되기도 한다. 예를 들어 1980년대 이후로 승해진 신자유주의는 빈곤의 책임을 다시 개별화시키고 공공부조의 수급 자격을 더 엄격하게 제한하는 경향을 보여왔다.

공공부조제도에서 빈곤의 개인 책임을 강화하려는 움직임은 수급 신청자에 대한 자격 심사—자산조사 등을 까다롭게 해서 수급자를 최대한 거르거나, 공공부조 급여를 시민의 당연한 권리가 아닌, 국가가 베푸는 시혜처럼 여기는 식으로 나타난다.

특히 문제가 되는 것은 '근로능력이 있는 빈민'으로서, 그들에게 수급 자격을 줄 것인가, 만약 준다면 근로동기를 훼손하지 않고 노동시장으로 유인하기 위해 어떤 수단을 쓸 것인가 등이 핵심 이슈가 된다.

우리나라에서 공공부조 수급이 권리로서 처음 인정되기 시작한 것은 2000년에 시행된 국민기초생활보장법(약칭=기초생활보장법)에서부터였다. 기초생활보장법 제정 전까지 역할을 대신했던 생활보호법에서 사용하던 '보호', '피보호자', '보호기관' 등의 시혜적 용어는 새 법에서 '보장', '수급권자', '보장기관' 등 권리적 성격이 강한 용어로 바뀌었다.

또한 기초생활보장법에서는 근로능력이 있는 사람도 생계급여를 받을 수 있도록 대상자의 범위를 대폭 넓혔다. 그 전의 생활보호법에서는 인구학적 기준에 의해 근로능력이 없다고 판단되거나 근로를 할 수 없는 상황에 있는 사람만을 주 생계보호 대상으로 삼았던 데 비해, 기초생활보장법에서는 18세 이상 65세 미만의 근로능력이 있는 사람이라도 자기 소득만으로 최저 생활을 유지하기가 어려운 경우에는 생계급여의 수급자가 될 수 있도록 하였다. 1997년 말, 외환위기로 인한 대량실업 사태 이후 우리 사회가 비자발적 실업의 수많은 사례를 경험하고 난 결과였다. 대신, 근로능력이 있는 수급자는 생계급여를 받는 조건으로 지역자활센터의 프로그램 및 사업에 의무적으로 참여하도록 강제된다. 근로동기를 유지하기 위한 일종의 유인 수단인 것이다.

2) 국가는 누구와 책임을 나누어 질 것인가?

각종 위험으로부터의 보호와 부양의 의무는 전통적으로 가족과 공동체에 부과되어왔다. 서로 잘 아는 사람들끼리의 상호의존적 관계—가족과 공동체는 성원들 가운데 빈곤에 빠진 사람을 구제하고 자원을 재분배하는 일종의 복지 안전망 역할을 했었다. 그러나 산업화와 도시화가 진전되면서 이 같은 전통적인 확대가족의 유대는 약화되고 대신, 익명의 시민 혹은 국민으로서의 유대가 강조되면서 사회보장제도가 그 자리를 대체하게 된다. 즉, 빈곤에 대처해야 할 책임이 과거의 가족과 공동체로부터 국가로 서서히 이전돼 가는 것이 일반적인 경향이었다. 그렇다고 해서 가족의 책임이 완전히 면제된 것은 아니다. 과거에 있었던 확대가족의 부양의무는 크게 줄어들었으나 오히려 핵가족에서 가장의 부양의무는 매우 강력하게 유지되고 있다.

공공부조제도에서 국가가 빈곤에 대한 책임을 가족에게 전가하려는 규정이 부양의무자 기준이다. 우리나라의 기초생활보장법은 부양의무자로 하여금 빈곤에 처한 가족을 돕게 하고, 가족으로부터 부양을 받을 수 없는 사람에 한해서 수급자로 인정한다. 이때 부양의무자란 "수급권자를 부양할 책임이 있는 사람으로서 수급권자의 1촌의 직계혈족(부모, 아들 · 딸) 및 그 배우자를 말한다."(법 제2조 제5호)

그런데 2010년부터 정부가 통합전산망을 도입해 기초생활수급자에 대한 전수조사를 실시하면서, 전혀 연락이 닿지 않던 직계혈족이나 그 배우자의 소득 및 재산이 기준선을 초과한다는 이유로 갑자기 수급 탈락을 통보받는 일이 잦아졌다. 이로 인해 비극적인 사건들이 속출했고 부양의무자 기준을 폐지해야 한다는 여론이 높아지면서 마침내 2021년 생계급여의 부양의무자 기준이 폐지되었다. 그러나 예외 조항이 있는 등 아직도 문제의 소지가 있어 정부는 점진적으로 개선해 나가겠다는 입장이다.

3) 어느 수준까지 책임질 것인가?

공공부조가 모든 국민이 인간답게 살도록 최저생활을 보장한다고 했을 때, 그 최저생활의 수준, 즉 급여의 수준을 얼마로 할 것인가가 항상 뜨거운 쟁점이다. 급여의 수준은 앞의 제1절에서 설명한 바와 같이, 국가가 '빈곤하다고 인정하는 기준선', 다시 말해서 정책적 빈곤선(혹은 최저생계비)의 수준과 밀접히 관련돼 있다. 공공부조 급여액은 보통 정책적 빈곤선과 공공부조 수급권자의 자기 소득과의 차이로 결정되기 때문이다.

그런데 이때 공공부조 급여는 노동시장에서 일을 했을 때 얻을 수 있는 근로소득보다 작아야 한다는 '열등처우less eligibility의 원칙'이 적용된다. 이는 국가가 주는 원조의 양이 많으면 노동시장을 이탈하거나 적게 일하려는 동기가 강해질 것을 우려해서, 국가 원조에 의존하는 것은 노동시장에서 일하는 것보다 손해라는 점을 각인시키기 위한 방책이다. 그렇다고 정책적 빈곤선을 무작정 낮출 수는 없다. 인간다운 생활의 보장을 천명한 이상, 그 사회의 사회경제적 수준에 비추어 건강하고 문화적인 생활을 유지하는 데 필요한 최소한의 비용을 확보할 수 있도록 해주어야 한다.

공공부조 급여액이 정책적 빈곤선(최저생계비)에서 수급권자의 자기 소득(근로능력이 없는 경우는 0)을 차감한 액수로 정해진다는 것은 여기에 '보충성subsidiarity의 원칙'이 적용된다는 의미이다. 기초생활보장법(제3조 제1항)에는 "… 급여는 수급자가 자신의 생활의 유지 · 향상을 위하여 그의 소득, 재산, 근로능력 등을 활용하여 최대한 노력하는 것을 전제로 이를 보충 · 발전시키는 것을 기본원칙으로 한다"고 되어 있다. 이는 개인이 모든 자원을 동원해서 생활유지에 최대한 노력을 했는데도 부족할 경우에 한해서 그 부족한 부분을 국가가 채워준다는 것으로, 공공부조는 어디까지나 개인의 자기 책임을 기본원칙으로 하는 자본주의 사회의 최종 수단임을 시사하는 것이다.

제 15 장

사회적 경제와 사회서비스론

1 절 사회서비스 개념과 사회서비스정책 범주

1. 사회투자정책과 사회서비스 개념

기든스가 제3의 길에서 제시한 사회투자국가social investment state는 인적자원개발에 대한 투자를 강조하는 미래지향적인 접근이다. 사회투자국가의 특성은 사회정책의 기조를 '생산적이며 예방적 접근'으로 정하고, 경제활동을 극대화할 수 있도록 평생 교육, 취업, 고용인프라 그리고 가족서비스 영역에 대한 지출을 강조한다. 이들 분야에 대한 지출은 궁극적으로 전통적 사회복지에 대한 지출을 줄이는 효과를 가져온다는 것이다. 사회적 투자모형의 특성은 첫째, 사회적 투자모형은 사회정책과 경제적 욕구의 통합을 지향한다. 이러한 지향은 사회정책에 대한 지출을 낭비로 생각하는 신자유주의적 비판에 대한 효과적인 대응책이 된다. 둘째, 사회투자모형에서 인적자원에 대한 투자는 신자유주의와는 다른 의미의 '기회의 평등'을 의미한다. 오늘날 지식기반사회에서 새로운 지식과 정보를 획득할 기회를 제공함으로서 경제적 경쟁력을 갖출 수 있도록 하는 것이다. 미래에 대한 투자 특히 아동에 대한 교육 기회 제공을 통해 그들에게 시장친화적 능력을 제공한다. 셋째, 경제활동에 대한 참여를 강조한다. 근로능력을 높여서 노동시장에 참여하여 납세의 의무를 다하는 시민으로 생활하도록 하는 노동시장 참여 '활성화'정책을 강조한다. 이를 위해 시민들의 노동시장 적응력과 유연성을 유지하기 위한 평생교육이 강조된다.

'사회서비스'는 경제 서비스와 대비되는 개념으로 일반적으로 광의의 뜻으로 사용되고 있다. 경제 서비스를 기업 활동을 지원하는 서비스로 간주한다면, 사회서비스는 사람들의 활동을 지원하는 서비스라 할 수 있다. 광의의 개념은 공공행정부터 국방, 의료서비스, 교육서비스, 사회복지서비스 등을 포함하는 개념을 의미하며,

이에 비해 협의의 개념은 사회적 보호, 장애, 질병 등 사회적 약자를 지원하는 사회복지서비스를 의미한다. 사회서비스 특성으로는 이윤추구를 일차적 목적으로 하지 않으면서 사회적 욕구 충족에 초점을 두는 집합적이고 관계지향적인 활동을 통해 제공되는 서비스이며, 물질적이고 사회심리적인 서비스가 많은 비율을 차지한다. 그리고 사회서비스는 대인적 성격을 내포하고 있으며, 서비스 전달체계가 사회서비스 내용을 형성하는 경우가 많다. 또 하나의 특성은 공공성과 개별성이 혼재되어 있으며, 대상이 '사회적 욕구'이며 제공주체가 집합적 특성을 보여주고 있다.

현재 한국의 사회서비스는 사회보장기본법에 명시된 광의의 서비스 영역을 포괄한다. 사회보장기본법 제3조 제4항은 사회서비스를 국가, 지방자치단체 및 민간부문의 도움이 필요한 모든 국민에게 복지, 보건의료, 교육, 고용, 주거, 문화, 환경 등의 분야에서 인간다운 생활을 보장하고, 상담, 재활, 돌봄, 정보의 제공, 관련 시설의 이용, 역량 개발, 사회참여 지원 등을 통하여 국민의 삶의 질이 향상되도록 지원하는 제도를 일컫는 것으로 규정하고 있기 때문이다. 다만, 법적으로 포괄하는 서비스 범주는 다차원적이고 복합적이면서도 기존의 전통적 사회복지서비스 영역에서 주로 활용했던 제공 수단을 나열하는 수준에 그치고 있다는 비판에서 자유롭지는 못하다. 그럼에도 경제 발전의 속도와 맞물려 산업구조가 변화하면서 나타나는 노동시장의 불안정, 청년과 중장년층의 실업 문제 등은 개개인의 신체적 건강 및 정신적 안녕과 직결되고 학대, 폭력, 환경오염 등 그간 사회정책적으로 다뤄지지 않았던 사회문제들에 대응하기 위한 사회서비스 부문의 끊임없는 변화와 확장 논의가 이루어질 것에 대한 기대와 전망은 분명하다(박세경, 2020; 이인재 외, 2022 재인용).

2. 사회서비스정책 범주

초기부터 정부가 정책 대상으로 삼고 있는 사회서비스의 범주는 사회복지, 보건의료, 교육, 문화예술, 환경안전 등 국민들의 사회생활과 관련된 대부분의 서비스 영역을 포함하고 있었다(이인재 외, 2006). 주요 사회서비스 영역은 다음과 같다.

첫째, 돌봄노동 분야. 저출산고령화사회 변화 추세를 고려하여 출산 지원 – 보육 – 아동 보호– 노인 돌봄까지 '돌봄 노동'분야가 주요한 영역이 된다. 돌봄노동

분야의 실례로 산모 신생아 도우미 지원사업, 보육시설 사회적 일자리사업, 지역아동센터 및 아동복지교사 확충, 요보호아동 그룹홈 지원, 아이돌보미사업, 가사/간병서비스 등이 있다. 돌봄분야는 2022년 현재도 가장 대표적인 사회서비스정책 영역이다.

둘째, 미래 인적자원 개발 분야. 사회서비스 정책 개발의 한 축은 미래의 시장 친화적 인력 양성에 있다. 오늘날 지식기반사회에서 새로운 지식과 정보를 획득할 기회를 제공함으로서 경제적 경쟁력을 갖출 수 있도록 하는 것이다. 미래에 대한 투자는 아동과 청소년에 대해 시장 친화적 능력을 제공하는 것이다. 동시에 청년들의 일자리 창출에도 일조할 수 있다. 학교 상담 도우미, 특수교육지원인력, 깨끗한 학교만들기(학교청소), 방과후 학교사업 등이 이 분야에 속한다. 미래인적자원 개발분야 역시 저출산시대에 지속적인 사회투자가 필요한 영역이다.

셋째, 안전하고 환경친화적 생활환경 제공과 관련된 서비스 분야. 미래의 인력이 생산적인 활동에 전념하기 위해서는 안전한 생활 환경과 지속가능한 자연환경의 유지는 필수적인 전제가 된다. 이 분야 역시 청년들의 일자리 창출에 기여할 것이다. 이 분야 실례로 소방보조인력, 군부대 상담 인력은 안전한 생활환경 유지에 기여하며, 정책형 숲가꾸기사업은 지속가능한 환경을 제공한다. 이 영역은 사안의 중요성에 비해 사회적 투자가 미흡한 분야이다.

넷째, 육체적, 정신적 건강을 위한 공공보건의료 분야. 출생부터 사망까지 전 생애 건강관리와 사회적 질병관리를 위한 공공보건의료 분야 서비스가 필요하다. 국민들의 기본적 보건의료수준 유지를 위한 예방사업, 만성질환 관리 서비스, 방문보건사업, 한방건강증진 사업, 심뇌혈관질환 예방관리사업, 정신보건사업, 알코올상담, 금연서비스 등이 실례가 된다. 특히 정신건강 영역은 지속적인 사회적 투자가 필요한 영역이다.

현재 사회서비스정책 영역은 보건복지부 정책조사 결과를 통해 확인된다. 보건복지부의 2017년 사회서비스 수요 · 공급 실태조사는 다음 [표 15-1]과 같이 10개 영역으로 사회서비스를 분류하였다. 상담, 재활, 돌봄(성인돌봄, 아동돌봄), 보건/의료/건강관리, 교육 및 정보제공, 고용/취업, 주거, 문화, 환경의 영역이다(이인재 외, 2020).

[표 15-1] 사회서비스 영역별 주요 서비스 유형

영역	서비스 유형
① 상담	정신건강 및 정서적 지원을 위한 개별상담, 집단상담, 가족상담, 부부상담, 사례관리 등
② 재활	장애진단 및 판정, 직업재활, 물리치료, 심리재활 서비스 등
③ 성인돌봄	장기요양서비스, 가사간병서비스, 장애인 활동지원서비스, 산모신생아돌봄서비스, 가사도우미 등
④ 아동돌봄	어린이집, 아이돌봄서비스, 방과후 돌봄서비스, 장애아동 돌봄, 베이비시터 등
⑤ 보건/의료/건강관리	운동처방서비스, 영양보조, 금연 클리닉 등 ※ 일반 의료, 경강검진 서비스 제외
⑥ 교육 및 정보제공	평생교육, 재무설계, 세무 · 법률지원서비스, 노후설계 서비스 등 (※ 학원 등 사교육 서비스 제외)
⑦ 고용/취업	구직 · 일자리 알선, 직업기능 교육 및 훈련, 근로자 상담 등
⑧ 주거	시설거주를 통한 일상생활지원, 소규모 그룹홈 등
⑨ 문화	공연 · 전시, 스포츠 동호회, 여가 · 관광, 문화생활 체험, 캠프 등
⑩ 환경	환경정비, 방역, 환경 가꾸기, 냉난방지 지원, 주거환경 개선 등

사회서비스정책을 생애주기별 사회서비스 제공 영역으로 분류한 결과는 다음 [표 15-2]와 같다(이인재 외, 2020).

[표 15-2] 생애주기별 사회서비스 제공 영역

임신 · 출산	영 · 유아	아동 · 청소년	중고령	노인	죽음
• 난임지원 • 고위험 임산부 지원 • 산모신생아 관리	• 보육서비스 • 아이돌보미	• 지역아동센터 • 드림스타트 • 방과후 돌봄 놀이문화 • 심리상담 • 영양, 신체활동	• 사회서비스 일자리(장애인, 자활 등) • 노후설계 지원 • 운동 등 건강관리	• 장기요양 • 노인돌봄 • 치매돌봄 • 노인일자리 • 지역통합 돌봄 • 노인건강 관리	• 호스피스 • 장사

2 절 사회서비스정책 특성과 현황

사회서비스정책은 두 가지 사업목표를 제시하고 있다. 하나는 수요가 급증하고 있는 사회서비스 공급 확대 정책이다. 또 하나는 사회서비스 욕구 충족과 동시에 사회서비스 일자리를 확대하려는 것이다. 노무현정부에서 추진했던 복지재정의 지방화로 인해 중앙정부차원에서 사회복지서비스 예산의 확대가 어려운 배경하에 중앙정부는 기존의 공급자 지원 방식에서 수요자 지원방식의 '바우처' 방식을 새롭게 도입하였다. 2007년에는 '지방정부 기획, 중앙정부 지원' 방식의 지역사회서비스혁신사업(현행 지역사회서비스투자사업)을, 2008년에는 '사회서비스시장'을 형성하기 위해 민간기업의 참여를 동원한 사회서비스 선도사업을 추진하였다. 이러한 정책적 기조는 지속적으로 이어져 2022년 현재는 사회서비스분야 사회적 경제육성 시범사업을 추진하고 있다. 그럼에도 사회서비스정책에 대한 사회적 투자는 여전히 미흡한 수준에 머무르고 있다(이인재 외, 2022).

1. 사회서비스 특성으로 바우처제도

사회서비스정책의 중요한 특징은 서비스 제공 방식의 변화에 있다. 즉, 그동안 정부와 서비스 공급기관과의 계약에 의해 이루어지던 방식에서 탈피하여, 서비스 수요자에게 일정정도의 자부담을 포함하여 서비스 이용권(바우처)을 제공하는 새로운 방식을 채택하고 있는 것이다. 바우처 방식으로의 전환은 복지서비스제공에서 민간부문의 역할 강화와 공급자간 경쟁을 통한 복지재정 효율화 추구의 측면에 더하여 간병, 보육 등 그동안 가족과 비공식부문이 부담하고 있던 사회서비스 분야의 욕구를 사회적으로 대처해야 하는 사회적 맥락이 존재한다. 근로빈곤층 증대, 사회적 양극화의 심화뿐 아니라 저출산 고령사회의 대두는 돌봄 노동, 인적자원개발 분야 등에서 사회서비스의 폭발적 증대를 예고하였고, 실제로 현실화되고 있다.

사회서비스실천에서 바우처 방식의 채택은 복지서비스 실천 현장에 상당한 영향을 주고 있다. 기존의 계약방식과 비교할 때 바우처 방식의 장점으로는 사회서비스 소비자의 관점에서 보면 사회서비스 선택권을 보장받는다는 점이다. 자신의 선호에 따라 다양한 공급기관 중 하나를 선정할 수 있는 것이다. 사회서비스 소비자에 의해 서비스 품질에 대한 평가와 선택이 이루어지는 것이다. 사회서비스 공급자의 입장에서는 소비자의 만족도를 높여야 하기 때문에 공급자 간 경쟁을 촉진시켜 서비스 향상을 가져올 수 있다. 정책적으로 보면, 정부가 바우처를 통해 정책대상자를 정확하게 선정할 수 있으며, 경쟁을 통해 관련 산업의 발전을 촉진시킬 수도 있다. 바우처 제도가 장점만 있는 것은 아니다. 간단하게 보면 바우처는 수요자의 선택권을 보장하는 현금의 장점과 필요한 서비스만 제공하는 현물의 장점을 결합한 것이다. 그러나 현실에서는 현금과 현물의 단점만 부각될 수도 있다. 그것은 바우처 제도가 개인주의, 시장 중심주의를 지나치게 강조하고 있다는 사실에 기인한다. 특히 이윤 추구를 목적으로 하는 민간영리기업이 서비스 공급자로 진입할 경우 서비스 소비자의 만족도를 우선적으로 고려하지 않을 것이다. 오히려 공적으로 제공하는 바우처의 비용이 저렴할 경우, 추가적인 고비용의 서비스를 개발하거나 서비스를 제공하는 노동자의 임금을 낮출 수 밖에 없을 것이다. 바우처 제도의 도입을 비판적으로 바라보는 입장은 국가가 설정한 바우처 비용, 우리사회의 서비스 제공기관의 수준 등을 보면 아직 소비자 선택, 경쟁을 통한 공급자의 수준 제고에 따른 질 높은 서비스 제공이라는 바우처의 기본 전제가 작동하기 어렵다고 판단하고 있다. 오히려 그마나 열악한 수준에서 제공되고 있는 사회서비스 시장에 혼선을 가져올 수 있으며, 민간 영리기업의 합류는 비영리 복지서비스 기관들의 생존에도 문제를 초래할 수 있다고 본다. 결국 사회서비스 정책과제는 바우처 제도의 도입이 과연 서비스 수요자들의 복지수준을 향상시킬 수 있는가를 구체적 실천과정에서 검증하는 것이다. 서비스 수요자의 복지수준 향상과 동시에 경쟁을 통해 서비스 공급자들의 품질관리가 이루어질 수 있는가를 면밀하게 검토해야 할 것이다.

2. 초기 바우처방식 사회서비스 프로그램

최초 도입된 사회서비스사업은 대다수 바우처방식으로 시행되었다. 노인돌보미서비스, 중증장애인 활동보조서비스, 산모신생아도우미 서비스, 지역사회서비스혁신사업(현재 지역사회서비스투자사업)의 4가지 프로그램에 바우처 방식이 도입되었다. 지역사회서비스혁신사업은 서비스 대상과 형식면에서 그동안 사업과는 전혀 다른 방식을 채택하였다. 우선 서비스 대상을 기초법 수급자 대상에서 대폭 확대하여 가구 평균소득 이하인 가구를 정책대상으로 하고 있다. 서비스 제공형식도 지방정부가 사업의 주체로 기획과 집행을 담당하며, 중앙정부는 지원 역할을 담당하는 것으로 되어 있다. 사업의 성공여부가 중앙의 지원보다는 지방정부의 현장의 욕구를 반영한 기획과정과 실제 사회서비스가 제공되는 집행과정에 영향을 받도록 한 것이다.

지역사회서비스혁신사업은 수요자 지원, 일부 본인부담 방식으로 설계하되, 사회투자정책 지향(인적 자본 형성 및 건강투자 활성화형, 고령 근로 촉진 · 사회참여 확대 지원형, 성년 경제활동 활성화형 등)의 프로그램으로서, 기존 사업과 차별성을 갖도록 하고, 시장형성 효과가 있는 사업을 자체 개발하도록 하였다. 지역사회서비스혁신사업은 2007년 경우 자체개발형 사업으로 시 · 도, 시 · 군 · 구에서 제출한 411개의 사업 중 176개 사업이 선정되었다. 52개 시 · 군 · 구는 사업이 선정되지 않았으며, 8개 시 · 군 · 구는 사업계획을 제출하지 않았다. 제출된 4백여 개 사업 중 아동대상사업이 약 45%를 차지하였으며, 이 중 60% 가량이 영어교육을 포함한 학습지원프로그램에 치중되어 있었다. 선정된 사업을 대상별, 서비스내용별로 분류한 결과, 전체 188개 사업 중 아동사업이 38%로 가장 큰 규모로 나타났다. 아동관련 사업을 제외하고는 "사회투자전략"에 따른 사업개발(인적자본 형성 및 건강투자 활성화, 고령 근로 촉진 · 사회참여 확대 지원, 성년 경제활동 활성화)에 적합한 사업 신청은 미흡한 것으로 나타났다. 바우처방식을 적용하여, 수요 창출효과는 높으나 "시장형성" 가능성은 높지 않은 경우, 수요의 우선순위는 높으나 "고용창출" 효과가 크지 않은 경우 등 지역사회서비스혁신 사업의 목표를 충족시키는 사업 개발은 미흡한 실정으로 출발하였다(윤영진 외, 2011).

3. 사회서비스정책 현황

2000년대 이후 정부는 보육사업, 노인장기요양보험, 장애인활동지원사업 등을 제도화하여 서비스 욕구에 대한 보편적 사회서비스 제공 노력을 기울여 왔으나, 특정 인구집단의 돌봄 욕구에 대한 규범적 대응에 머물고 있다. 사회서비스의 공급 현황을 파악하기 위해서는 우선 정부가 수행하고 있는 정책 사업을 중심으로 살펴보았다. 2018년 기준으로 중앙 20개 정부 부처에 걸쳐 240개의 사회서비스 사업이 시행되고 있다. 이를 위해 총 35조 6천억 원이 투입되었다. 단위사업 기준으로 보면 보건복지부가 총 92개 사업을 관할하면서 사회서비스 사업을 가장 활발하게 수행하고 있다. 이어 여성가족부, 고용부 등에서 상대적으로 활발하게 사업을 추진하고 있었다. 예산 규모로는 국토교통부 사업이 12조 8천억 원으로 전체 사회서비스 예산의 36%를 차지하고 있다. 이어 보건복지부(11조 9천억 원), 교육부(5조 2천억 원) 등의 순이었다. 이들 정부에서 사회서비스 제공 방식을 기준으로 살펴보면 전체사업 예산의 82.3%(29조 3410억 원)가 바우처 및 각종 현금 · 현물 형태의 이용자 지원 방식이다.

이어 17.1%(6조 830억 원)는 시설운영 지원, 프로그램 단위 사업 지원 형태의 사업자 지원 방식으로 추진되고 있다([표 15-3] 참조, 박세경, 2020). 한편 사회서비스 지원내용의 특성에 따라 살펴보면 사회서비스의 고유 특성이 뚜렷하게 반영된 인적서비스가 전체 사업체 중에서 사회서비스 사업체는 5.44%를 차지하고 있으며, 사회서비스 정책 논의가 본격화된 2008년 4.47% 이후 꾸준한 증가 추세를 보이고 있다. 사회서비스산업 특수분류의 대분류를 기준으로 서비스 유형별 비중을 살펴보면 종합사회서비스업과 돌봄서비스업, 그리고 상담 · 재활서비스업과 사회참여지원서비스업이 사회서비스산업 전체에서 차지하는 비율이 전반적인 증가 경향을 보이는 반면, 교육 및 역량 개발과 건강지원서비스업의 비율이 상대적으로 감소하는 것으로 나타난다([표 15-4] 참조, 박세경, 2020).

[표 15-3] 중앙부처의 서비스 지원 유형에 따른 사회서비스 사업 수행 현황

단위: 개, %, 십억 원

중분류	세분류	사업 수 (비율)	예산액(비율)	
이용자 지원	바우처	22(9.2)	10,338(29.0)	29,341 (82.3)
	현금(대여, 대출, 비용 감면, 기회 제공)	63(26.3)	13,421(37.6)	
	현물	25(10.4)	5,582(15.7)	
사업자 지원	시설운영 지원	42(17.5)	890(2.5)	6,083 (17.1)
	사업(프로그램) 단위 지원	46(19.2)	1,940(5.4)	
	인건비 지원	26(10.8)	3,103(8.7)	
	시설설비 지원	7(2.9)	150(0.4)	
복합 지원	이용자 및 사업자 복합	9(3.8)	228(0.6)	228(0.6)
계		240(100.0)	35,652(100.0)	

주 1) 인적 서비스는 방문간호, 노인돌봄종합서비스와 같이 한 공간에서 제공자와 이용자가 1:1로 대면하는 서비스와 프로그램 참여 등 다수의 이용자와 제공자가 대면하는 서비스임.

2) 복합서비스는 동일 사업에서 인적 대인서비스와 현물 지원 서비스가 모두 포함되어 구분하기 어려운 경우를 포함함.(박세경, 2020)

[표 15-4] 사회서비스 사업체 규모의 변화 추이

단위: 명, %

종사자 수	2008년		2011년		2014년		2017년	
종합사회서비스업	85,546	(4.04)	137,923	(5.26)	194,895	(6.32)	350,401	(9.95)
돌봄서비스업	225,097	(10.64)	356,534	(13.58)	480,431	(15.57)	603,082	(17.12)
상담재활서비스업	16,328	(0.77)	20,636	(0.79)	25,668	(0.83)	36,147	(1.03)
건강지원서비스업	605,821	(28.64)	705,970	(26.9)	819,670	(26.57)	824,476	(23.41)
교육 및 역량 개발 관련	833,880	(39.43)	944,478	(35.99)	1,025,228	(33.23)	1,064,439	(30.22)
사회참여지원서비스업	310,069	(14.66)	419,264	(15.97)	499,843	(16.2)	597,235	(16.96)
사회서비스 관련 행정	38,356	(1.81)	39,782	(1.52)	39,327	(1.27)	46,429	(1.32)
사회서비스 부문 소계	2,115,097	(100.0)	2,624,587	(100.0)	3,085,062	(100.0)	3,522,209	(100.0)
전체 사업체	16,288,280	*12.99	18,093,190	*14.51	19,899,786	*15.50	21,591,398	*16.31

출처: 전국사업체조사 각 연도 자료 재분석 결과(박세경, 2020)

중앙정부의 대표적인 사회서비스정책은 사회서비스이용권사업(바우처사업)이다. 보건복지부가 관리하는 주요 사회서비스이용권을 통한 사회서비스사업 규모는 2019년 기준으로 지역사회서비스투자사업 등 14개 사업단위 7,325,033만 원(국비 4,922,145원, 지방비 2,402,888원) 예산으로 총 1,742,480명에게 서비스를 제공하고 있다. 2020년 전자바우처 형태로 제공되는 사회서비스 이용자 수는 59만7,900명이며 집행 예산은 2조 2,994억 원(장애인활동지원예산이 1조 7,683억 원으로 1순위), 제공기관 10,777개소, 제공인력은 16만 1,500명 수준으로 나타났다(한국사회보장정보원, 2022).

3 절 사회적 경제와 사회서비스

1. 사회경제정책 환경과 사회적 고용정책으로 사회서비스

산업화 이후 오랜기간동안 인류는 3단계 삶을 사회정책의 기반으로 생각했다. 첫번째 단계에서는 교육을 받고, 두 번째 단계에서는 직업활동을 하고, 세 번째 단계에서는 퇴직을 한다. 문제는 출산율 저하와 고령화는 예측 못할 수준으로 변하고 있으며, 인류 역사에서 일찍이 가본적인 없는 초고령사회로 진입하고 있다는 점이다. 초고령사회에서는 3단계 삶의 경로를 기반으로 마련된 사회보장제도의 정상적 작동은 어려운데 반해, 새로운 제도는 아직 마련되어 있지 않다는 점에서 어려움이 가속되고 있다. 출산율의 저하와 인구의 고령화 결과 한국 사회 역시 여러 가지 도전에 직면해 있다. 고령사회는 노동생산성 감소, 자본 수지 및 재정수지 악화 등으로 인한 경제 성장률 둔화는 물론이고 노동력 감소 및 노동생산성 저하로 인한 성장잠재력 악화 등 노동시장에도 심각한 영향을 미칠 것으로 예상되고 있다.

4차산업은 정보통신기술Information & Communications Technologies(이하 ICT)의 급속한 발전과 함께 한국사회의 산업과 경제 기반에도 큰 틀의 변화가 이루어지고 있다. 특히 2016년 다보스세계경제포럼에서 4차 산업혁명을 본격적인 화두로 제시한 이후 새로운 문명이 가져올 산업과 일자리에 대한 변화 전망은 새로운 미래에 대한 장밋빛 희망과 일자리 감소에 따른 공포감을 동시에 던져주고 있다. 경제적 불확실성의 확대와 특히 고용과 관련해서는 우울한 전망을 제시하고 있다. 4차 산업혁명의 도래에서 기대되는 밝은 미래의 이면에는 새로운 기술이 인간의 역할을 대체하기 시작한다는 우려가 공존하고 있다. 일자리 감소의 문제나 인공지능의 윤리성에 대한 문제, 정보격차digital divide의 문제가 극대화되면서 양극화의 문제를 심화시킬 것이라는 우려는 사회정책이 추구하는 가치에 정면으로 도전하는 사회문제가 될 수 있을 것이다. 경제적 패권을 둘러싼 미중의 갈등 등 불확실성이 높아진 현실에서 인구구조변화와 기술혁명이 초래할 구조적 위기를 어떻게 극복할 것인가는 우리사회의 미래를 전망할 핵심 전제가 된다. 그러나 거시적 환경변화에 조응하는 새로운 사회경제정책의 구상은 여전히 보이지 않는다.

20세기 후반기부터 실업문제의 해결, 즉 일자리제공이 국가의 최 일선 과제가 되었다. 고용 없는 성장, 일하는 빈곤층, 비정규직의 증가 등 고용문제가 전 세계적 화두로 등장하였다. 자본주의 사회에서 일자리는 시장을 통해 제공되는 것이 보편적이다. 실업이 구조화되기 전에는 우리 사회에서도 적정수준에서 시장을 통한 고용이 유지되었으나, 1997년 대규모 경제위기를 거치면서 시장 고용이 한계에 봉착하였다. 시장 실패를 해결하기 위해 재정을 통한 정부고용정책이 등장하였다. 자활사업, 노인 일자리, 장애인 일자리 등 취약계층 중심의 사회서비스 일자리사업은 물론이고 고용노동부 중심의 적극적 노동시장정책이 대표적 정부 고용정책이다. 그러나 재정을 통한 국가 고용정책은 한계가 있다. 무엇보다 시장 경제가 원활하게 작동되어야 정부는 재정을 통한 취약계층 일자리 제공의 여력을 가질 수 있다. 결국 실업의 구조화는 국가 고용정책에도 부담으로 작용한다. 시장 실패, 정부 실패에 대한 대안으로 시민사회(지역사회, 공동체) 주체 일자리의 보완적 역할이 필요하다. 한국에서는 1970년대 이래 지속되어 온 지역주민 중심의 생산공동체 운동의 역사는 취약계층 대상으로 정부의 자활사업, 노인일자리사업, 장애인일자리사업으로 발전하였다. 공공부문 일자리정책은 사회적기업, 협동조합, 마을기업 등 사회적 경제기업 활성화를 통한 일자리창출영역으로 확대되고 있다.

사회적 고용이 활성화되고 있는 대표적 영역이 사회서비스 분야이며, 그중에서도 돌봄서비스 영역이 가장 주목을 받고 있다. 공공부문 일자리정책은 서비스분야 일자리정책과 함께 고용정책의 핵심분야로 자리매김하고 있다. 2013년 사회서비스 수요공급실태조사에서 추정한 사회서비스산업 취업유발계수는 28.8명/10억 원으로 사회서비스 제외한 서비스사업 19.2명/10억 원보다 높은 것으로 나타났다. 사회서비스업에 속하는 '보건업 및 사회복지 서비스업'에 종사하는 취업자 수는 2004년에 59만 명에 불과하였지만 2013년에는 155만 4천 명으로 163% 증가하였고 이 기간 동안 늘어난 취업자 수는 전체 취업자 수 증가분의 38.4%를 차지하였다. 보건의료 및 교육 분야의 사회서비스 직업은 대부분은 관리직이나 전문가 및 준전문가에 속하였지만 복지 및 문화체육 분야는 전문가 및 준전문가와 서비스직, 단순노무직에 분포된다. 사회서비스 직업을 기준으로 고부가가치 혹은 고소득 직업은 주로 보건, 교육, 행정 분야에서 나오는 것으로 확인된다. 직업 기준으로 사회서비스에서 고부가가치 분야는 주로 보건, 교육에서 나오며, 전형적인 돌봄서비스는 일자리 질이 낮고 부가가치가 낮은 산업과 직업에 속하는 것으로 판단된다(이시균 외, 2013). 사회서비스 부문 인력 전망 결과를 보면, 전체 인력수요는 2011년 276만 9천 명, 2013년 299만 8천명, 2017년 374만 9천 명 수준으로 전망하고 있으며, 돌봄서비스의 사회적 확충, 보건의료 서비스 분야의 지속적 성장이 변수로 나타나고 있다. 먼저, 보건복지 분야의 인력수요는 2011년 160만명에서 2017년 249만 4천 명으로 크게 증가될 것으로 전망되었다. 둘째, 돌봄서비스 부문에서 주로 증가하는 직업은 숙련수준이 높지 않은 간병인이거나 보육교사 등이며, 반면 비교적 숙련수준이 높을 것으로 판단되는 보건, 교육, 상담 분야는 상대적으로 인력수요의 증가는 낮을 것으로 전망하고 있다. 결과적으로 사회서비스 인력수요의 변동과 전망은 비교적 낮은 숙련수준에서 많은 인력수요 추가 발생 가능성 높을 것으로 예측되었다.

2. 사회서비스정책 변화와 사회적 경제 활용의 한계

우리나라 사회서비스정책 변천과정을 공급정책을 중심으로 살펴보면, 1970년대 생활시설서비스 중심, 1980대~2000년 초 이용시설 및 지역사회서비스 중심, 그리고 2007년 이후 사회서비스 바우처사업 중심으로 구분되는데, 1970년대부터 2000년대 초까지 정부는 공급자 지원방식으로 보조금 지급, 위탁계약 등 재정지원과 규제 역할을 담당했고, 서비스 공급은 비영리 민간기관이 담당했다. 사회서비스 공급체계는 2007년 이용자 지원방식을 도입하여, 정부가 바우처 지급형태로 이용자에게 재정지원하고, 이용자는 민간기관의 제공 서비스를 구매하는 방식을 새롭게 선택한 것이다. 국가는 민간기관에 보조금을 지급하는 방식에서 벗어나 이용자에게 직접 구매권을 제공하는 방식으로 서비스 공급체계 전환을 했지만, 서비스 제공에 대한 재정지원과 민간기관에 대한 관리 · 감독의 역할에 그쳤을 뿐 서비스의 직접적인 공급자로서의 적극적 역할을 수행하지는 않았다. 즉, 서비스 공급주체가 가족 → 민간 → 시장으로 이동하면서 민간 공급자들의 경쟁과 국민 이용자들의 선택을 핵심으로 하는 (유사)시장화가 사회서비스 공급의 새로운 방식의 하나가 되었다.

사회서비스정책 지향은 전자바우처를 이용한 준시장기반 사회서비스산업 육성 기조에서, 광역단위 사회서비스원 설립을 통한 공적 사회서비스공급망 확대로 전환하는 것으로 이해되고 있다. 사회서비스 산업육성 정책, 사회서비스원을 통한 공공 사회서비스제공기관 확대정책 모두 정부가 명시적으로 표명하고 있지는 않지만, 기존의 비영리기관 중심의 사회복지서비스 제공방식 즉 민관협력방식의 사회복지서비스 제공방식의 변화는 불가피하다. 사회서비스분야 공적 책임 강화는 시급한 과제이다. 그러나 그것이 사회서비스원과 같이 직접 공공 사회서비스 제공기관 운영을 의미하는 것은 아니다. 오히려 공공기관의 설립과 경직된 고용관계 확대는 인구구조 변화와 기술변화에 대한 유연한 대처를 어렵게 할 수 있다. 현재의 비영리기관 중심의 국공립 서비스기관 위탁에 사회적 경제조직까지 위탁범위를 확대하고 지자체 단위 재정지원체계와 기관평가체계를 갖추는 것이 더 적절하고 유연한 정책이라 할 수 있다.

최근 사회서비스정책은 사회서비스 전달체계 개편에 집중되어 있다. 구체적으로 살펴보면, 광역단위에서는 사회서비스 공공성 강화를 위한 '사회서비스원' 시범사업을 추진하였으며, 기초단위에서는 지역사회 통합돌봄사업, 즉 커뮤니티 케어를 중점사업으로 추진하고 있다. 한편으로 발달장애인 자립지원 등 사회적 경제조직을 활용한 사회서비스 활성화 방안도 모색하고 있다. 2019년부터는 기초지자체 차원에서 노인맞춤돌봄서비스사업을 시행하고 있다. 장기요양사업 외 노인대상 돌봄사업을 통합제공하는 것으로, 방문요양급여를 제공하지 않는 비영리법인 또는 사회복지법인 대상으로 사업주체를 선정한다.

(유사)시장화 도입 이후의 사회서비스정책 변화, 무엇보다 시장화방식의 한계가 뚜렷하게 나타났다. 먼저, (유사)시장화에 사회서비스 공급체계는 영세 민간 사업자들(개인 또는 법인)의 난립으로 인한 과다경쟁을 조장하여, 결국 사회서비스 노동자의 열악한 근로조건의 형성 및 서비스 질 저하결과를 초래하고 있다고 비판받고 있다. 또 하나, 사회서비스 발전이 정체되어 있다. 2003년 이후 정부는 줄곧 사회서비스 시장과 산업 육성을 강조해왔지만 지방의 일선 현장은 중앙정부와 동일한 강도와 비중을 가지고 사회서비스를 대하지 않고 있다. 그 이유는 대부분의 지자체들은 사회서비스를 기존의 사회복지사업들 중 하나로 간주하고 사회서비스정책에 대해 독립적인 의미를 부여하지 않기 때문이다. 정부는 2003년부터 지속적으로 사회적 경제 주체를 육성하는 이른바 인력 인프라를 조성하는 정책에 주력해왔다. 문제는 제

한된 시장이다. 공적 재정을 투입하여 사회보험료 지원, 임금 지원 등의 인센티브를 제공함으로써 사회적기업, 사회적협동조합 등 다양한 사회적 경제 주체를 육성하더라도 범주형 공공부조 방식하에서 서비스 수요가 취약계층의 수요로 한정되어 있는 한 사회서비스 일자리는 획기적으로 늘어날 수 없다. 시장을 확대할 수 없게 제한한 상황에서 인력 인프라 조성에 주력한 정부 정책은 정부 재정에 의해 단기간에 만들어진 후 지극히 제한된 시장으로 방출된 사회적 경제주체들이 자칫 생존을 위해 제살깎기 경쟁을 벌이다가 점차 사회적 경제주체에게서 기대되는 본질적 특성을 잃을 수 있다(유태균, 2018).

3. 사회적 경제 활용한 사회서비스정책 추세

정부의 사회서비스정책은 전자바우처제도로 대표되는 사회서비스를 시장화하여 사회서비스제공기관을 산업으로 육성하는 정책과 사회서비스원을 통한 공적 사회서비스 공급기관을 확대하는 정책, 그리고 현재까지는 압도적 다수인 전통적 비영리민간조직에 위탁한 지역복지정책이 동시에 진행되고 있다. 중앙정부 사회서비스정책과는 별개로 서울시 찾동정책, 통합돌봄센터, 경기도 무한돌봄센터 등 지방자치단체 단위의 사회서비스정책도 다양하게 선을 보이고 있다. 예를 들어 서울시의 경우 자치구단위의 통합돌봄SOS센터, 발달장애인 지원센터, 발달장애인 평생교육센터 등 사회서비스 지원기관, 중재기관, 제공기관 등이 지속적으로 확장되고 있다. 국가와 지자체 단위 사회서비스정책 외에도 예를 들어 방과후 돌봄사업의 경우 교육부, 보건복지부, 지방자치단체 등 다양한 주체들이 유사한 (광의의) 사회서비스사업을 전개하고 있다. 그 결과 소규모 사회서비스사업이 양산되고 있다. 뿐만 아니라 국토부의 도시재생사업, 행안부의 마을만들기사업 등 지역단위 프로젝트사업의 상당수는 사회서비스사업영역에 속한다. 뿐만 아니라 정부의 대표적 일자리정책인 사회적 경제육성정책 역시 사회서비스제공형이 핵심 영역의 하나로 자리매김하고 있다.

돌봄서비스 중심의 사회서비스분야는 사회적 경제기업의 주요 활동영역이다. 개인과 가족 등 사적차원에서 제공되던 사회서비스영역의 욕구는 서비스 욕구 증대, 돌봄 기능을 담당하던 가족구성원의 변화를 겪으면서 공적 개입이 불가피해졌다. 동시에 사회서비스분야의 일자리제공 능력이 확대되면서 사회서비스제공형 사회적 경제조직도 늘어났다. 복지국가에서 공공조직과 비영리민간조직은 사회적 가치를 실현하는 역할을 담당한다. 그러나 복지국가위기론 이후 사회서비스 수급과정에서 공공조직과 민간조직, 영리조직과 비영리조직 간의 경계가 점차 불투명해지고 있다. 사회서비스분야도 비영리민간조직 주도 서비스 제공방식으로부터 사회적 경제조직은 물론이고 시장영리기업의 참여가 늘어나고 있다. 이는 사회서비스 수급과정에서도 '효율성' 가치를 강조하는 시장방식이 확대되는 것을 의미한다. 유럽의 예를 살펴보면, 이탈리아의 사회서비스 제공 사회적기업은 건강보호, 심리학, 정신건강 등의 분야까지 진출해서 활동하고 있다. 벨기에 역시 2004년 가사서비스에 바우처시스템을 도입하여 2008년 시점에서 75만 명의 서비스 이용자, 2,000개 제공기관, 10만 명의 제공인력이 활동하고 있는데 제공기관의 10%가 노동통합 사회적기업 조직형태로 활동하고 있다. 우리나라도 이와 같은 사례에 주목하여 사회적 경제를 활용한 사회서비스활성화방안을 모색하고 있다. 2014년 서울시 사경센터지원으로 시범사업으로 재가암환자대상 5개 사회적 경제기업의 협동화지원사업 등이 시행되었으나 확대되지 못하였고, 2019년 보건복지부는 사회서비스 분야 사회적 경제 컨소시엄 시범사업을 추진하고 있다.

4 절 사회적 경제를 활용한 사회서비스 활성화 과제

1. 사회서비스분야 사회적기업가 발굴 및 양성

사회서비스 현장에서 '전문성' 과제는 중요한 쟁점 사항이다. 전문성의 내용과 영역은 물론이고, 전문가의 정의와 위상에도 새로운 이해가 필요하다. 휴먼서비스 분야를 보면, 다양한 영역에서 새로운 전문가 직업이 등장하고 있다. 사회서비스 실천분야도 초창기와 비교하면 많은 전문가집단이 활동하고 있다. 휴먼서비스영역의 변화되는 상황에 비추어 상담, 교육, 치료, 사례관리, 행정업무 등과 관련해서 사회서비스 전문성의 차별성과 수월성이 무엇인지 규명되어야 한다. 사회적 경제영역의 주체는 사회적 기업가들이며, 이들은 사회혁신가로서 정체성을 강하게 지향한다. 사회혁신가는 사회적 가치와 경제적 가치를 동등하게 중요시하며, 이러한 가치 지향을 사회적 기업가정신이라 정의한다. 사회문제 해결과 함께 사회적 영향력Social Impact을 제고할 수 있는 혁신적 방안을 모색하는 사회혁신가들의 활동은 공적 차원에서 개인의 문제를 해결하는 사회복지 전문가들이 활동에 상당한 도전요인이 된다. 사회서비스 수급과정을 사회적 경제 영역에 개방한다면, 사회복지 전문성에 기반하면서 사회적 기업가 정신으로 무장한 사회혁신가들이 사회서비스 제공과정에 참여하도록 해야 한다, 사회적 경제 확대라는 새로운 환경변화하에 사회혁신적 사회서비스전문가 양성을 위한 사회서비스교육의 변화가 불가피하다.

첫 번째 과제로 사회서비스분야 사회적 기업가 육성이 필요하다(이인재 외, 2019). 관련해서 사회적 기업가 육성을 위한 인적자본 생태계구축 방안을 자연생태계기반에 맞추어 제안한 내용을 소개한다. 자연세계에서 울창한 숲생태계가 구축되기 위해서는 토양개발 단계, 파종과 발아 단계, 착근과 육종단계, 지속과 성장단계, 그리고 숲형성 단계를 거쳐야 한다.

첫째, 토양개발의 최우선 과업은 훌륭한 사회적 경제분야 인적자원이 탄생할 수 있는 범사회적인 분위기를 만드는 것이다. 어릴 적부터 사회적 문제를 해결하기 위한 사회적기업가 혹은 체인지메이커change maker 양성을 위한 사회적 기업가정신 Social Entrepreneuship 교육이 필요하다. 교육과 동시에 사회적 창업을 위한 강력한 유인책을 마련해야 한다. 고용노동부의 사회적 기업가 육성사업이 실례가 된다. 2019년 800여 창업팀 육성에 280억 원 예산으로 사업이 진행된바 있으며, 2022년 현재도 지속되고 있다.

둘째, 파종 및 발아단계는 싹이 잘 나는 곳에 파종하고, 싹이 잘 틀 수 있도록 하는 것이다. 무엇보다 실제 창업시 정말 도움이 되는 실무위주로, 실습위주의 워크숍 형태의 교육이 필요하다. 이러한 교육프로그램은 그 설계과 진행, 그리고 강사역량이 매우 중요하다. 또한 창업을 계획하는 창업자들에게는 경영컨설턴트, 각종 전문가(교수, 세무사, 변리사, 변호사 등)들이 창업멘토링을 해 준다면, 훨씬 창업의지가 높아진다.

셋째. 착근 및 육종단계는 스타트업 단계에 있는 기업이 토양에 뿌리내리고 자라게 하는 것이다. 초기 스타트업의 경우 절대적으로 자금이 부족하다. 소셜벤처 특성상 일반 금융채널로는 자금을 조달하기 어렵다. 이를 위해 반드시 필요한 기관이 임팩트 투자이다. 동시에 스타트업들은 잘 육성하기 위해서는 인큐베이팅 지원 및 전문기관 육성해야 한다.

넷째, 지속과 성장단계에서는 사회적 경제기업들이 창업 후 몇 년이 지나도 여전히 스타트업 상태에 머물러 있는 것을 극복하게 지원해야 한다. 땅에 뿌리를 잘 내리고 잎들이 자라고 있지만, 여전히 숲을 이룰만한 성장을 못하고 있다. 이 단계에서는 개별 사회적 경제기업에게 맞춤형 지원이 필요하다. 즉, 업종별, 규모별, 단계별, 역량별 맞춤형 지원 패키지 제공하는 것이 효과적이다. 특히 기술특화형 사회적 기업의 경우 R&D 집중 지원하여 스케일업을 시켜야 하는데, 이를 위해서는 대학과 연구소를 연계하는 지원책이 필수적이다. 스케일업은 다양한 협업이 뒤따라야 한다. 사회적 경제기업의 협업네트워크 구축을 위해서는 청년 소셜벤처 허브(HUB)를 구축하는 것이 필요하다. 성수동의 대표적인 공동업무공간인 '헤이그라운드(루트임팩트 운영)'와 '카우앤독(소풍 운영)'의 입주기업이 각각 65개와 43개 정도로 추정된다(중소기업연구원, 2018; 이인재 외, 2019 재인용). 현재 서울시 성동구 성수동에 있는 형태의 소셜벤처허브가 제2, 제3의 성수밸리에 구축되어야 한다.

다섯째, 숲형성단계에서는 사회적 경제계에서도 스케일업 기업, 더 나아가 유니콘 기업 나온다면 거대한 사회적 경제의 숲생태계가 만들어지고, 큰 지원 없이도 자체 생태계 내에서 수많은 사회적 경제기업이 탄생하고 자라고 숲의 일원이 될 것이다. 이 단계에서는 사회적 경제 네트워크를 강화시키는 것이 필요하다. 다양한 사회경제주체(사회적기업, 마을기업, 협동조합, 자활기업 등)들이 관련 네트워크를 형성할 수 있도록 기회를 제공해야 한다.

2. 사회서비스분야 사회문제해결형 사회적 경제기업 육성

우리나라의 사회서비스제공형 사회적 경제기업은 사회서비스 일자리사업과 연관된다. 사회서비스분야가 갖는 일자리창출 역량이 크다는 것을 인지하면서 사회서비스 제공 사회적기업에 대한 주목하고 있다. 그럼에도 현재 사회서비스제공 사회적 경제기업은 일부 돌봄서비스 영역 등에 제한적으로만 나타나고 있다. 정부의 정책적 지원을 사회서비스의 범위를 돌봄서비스를 중심으로부터 보건, 교육, 고용, 복지분야까지 확대한다면, 각 분야에서 사회적 경제조직의 활성화를 기대할 수 있다. 예를 들어 노인요양, 지역의료, 정부 바우처voucher사업분야는 물론이고 지방자치단체가 보조금을 지원하는 복지, 교육, 문화분야의 기관, 시설에 대한 민간위탁분야에서사회적 경제조직 육성이 가능할 것이다. 동시에 사회서비스 제공기관이 사회적 경제조직으로 조직 전환할 수 있도록 돕는 제도적 방안을 모색하는 것도 필요하다. 몇 가지 사회서비스 사업분야를 제시한다.

첫째, 사회서비스 종사자 정서심리서비스EAP 등 성인대상 서비스영역이 있다. 사회서비스분야 노동자 다수는 감정노동자로 서비스 제공자의 정서심리적 문제는 서비스 이용자의 서비스 만족도에 직접 영향요인이다. 사회서비스의 안정적 수급을 위해서는 공적 지원이 필수적이다. 2019년부터 사회복지공동모금회 지원으로 서울시 사회복지사협회에서 사회복지사 대상 정서심리서비스제공사업을 시행한 결과, 사업의 성과와 당사자들의 만족도가 높은 것으로 나타나, 2020년부터는 전국으로 확대하여 사업을 시행하고 있다. 서울시 사회복지사협회의 사회복지공동모금회 지원사업은 2022년부터는 서울시 예산으로 사업이 진행되고 있다. 서비스제공기관으로 사회적 경제조직의 참여가 가능하다.

둘째, 4대 중독(알코올, 게임, 도박, 인터넷) 예방, 상담, 치료 등 종합지원서비스영역이 있다. 아동, 청소년은 물론이고 성년까지 4대 중독 예방과 치료는 시급한 개입이 필요한 중요한 사회문제로 대두되고 있으며, 중앙과 지역차원의 부문별 대응이 이루어지고 있다. 심각한 사회문제인 자살문제대처와 예방사업과 함께 프로그램 모색이 필요하다. 2019년 중앙자살심리부검센터에서 생명보험사회복지재단 후원으로 자살유가족 심리지원 시범사업이 진행되고 있다. 이 분야 프로그램은 권역별 지역사회정신건강 지원네트워크와 협력 가능한 사업 영역이다.

셋째, 초중고 자유학기제 등 학교 연계 프로그램이 있다. 초중고 교육 혁신사업과 협력하여 지역사회 교육공동체 육성사업 영역으로 지역 교육지원청 단위로 다양한 사업진행이 가능하다. 예를 들어 서울시 영등포구 사회적 경제조직협의체는 영등초구 지원으로 지역 초중고등학교에 다양한 연계프로그램을 제공한 사례가 있다. 또한 서울시는 서울시 교육청과 공동으로 2014년 말, 협력과제로 학교협동조합사업을 선정하여 민관협동으로 서울시 학교협동조합추진단을 구성하여 학교협동조합 설립과 운영을 지원하고 있다. 서울시 학교협동조합은 2019년 6월 현재 25개에 이른다.

넷째, 학교 밖 청소년, 학교 폭력 등 위기청소년 문제해결 영역이 있다. 이것 역시 지역 교육청과 연계 가능한 사업영역으로 학교 밖 청소년문제와 학교폭력 예방 및 치료사업 등 위기청소년 문제해결사업이 있다.

다섯째, ICT를 활용한 사회서비스 등 융복합서비스 개발영역이 있다. 인구구조변화로 인한 돌봄 등 사회서비스 문제 역시 시급한 해결을 요하는 문제영역으로, 이미 많은 사회적 경제조직이 활동하고 있는 영역이다. 보육문제부터 노인돌봄문제까지 지역공동체차원에서 ICT 기술기반으로 한 사회서비스 제공방안을 모색한다. 관련된 사례로는 노인돌봄분야에 AI돌봄로봇이 활동하고 있다.

여섯째, 베이비부머 등 은퇴자 대상 사회서비스분야가 있다. 고령인력 일자리사업과 연계한 지역사회 사회서비스 제공 등 베이버부머를 활용을 프로그램개발이 필요하다. 예를 들어 의료비 절감에 기여하는 노인대상 건강 예방사업으로 운동치료를 통한 노인 건강증진 프로그램을 개발할 수 있다. 고령화율이 심각한 일본의 경우 노인건강예방프로그램 개발이 활발하게 이루어지고 있다.

일곱째, 문화, 여가, 환경, 관광(소셜 투어리즘) 분야 등 광의의 사회서비스영역의 사회적 경제 육성이 필요하다. 현재 돌봄, 복지분야에 집중된 사회서비스분야 사회적 경제활동을 문화, 여가, 환경, 관광 등 일상생활 관련 사회서비스분야로 확산하는 방안이다.

3. 사회서비스분야 사회적 경제 조직운영 성공모델 만들기

전통적 복지국가에서는 비영리 기관을 통한 사회서비스 제공이 보편적 흐름으로 나타난다. 그러나 자본주의 시장화의 심화는 사회서비스 전달체계상 변화를 초래하고 있다. 기존의 공급자 주도의 사회서비스제공에 수요자 선택형 바우처 제도 등 복지공급에서 국가(1섹터), 시장(2섹터), 시민사회(3섹터)가 서로 협력하는 복지혼합welfare mix을 넘어서, 여러 섹터가 서로 융합되는 이른바 복지혼종welfare hybrids이 급증하고 있다. 이러한 복지혼종현상은 국가, 시장, 시민사회의 특징이 한 조직 내에 혼합된 혼종조직hybrid organization을 탄생시켰다. 대표적 혼종조직이 사회적 경제조직이다. 과거에는 조직별로 나타나던 국가의 공적 책임, 시장의 개방성과 효율성, 지역공동체의 정체성과 호혜성 가치지향이 단일 조직내에서 혼성적으로 작동하고 있다. 혼종조직의 문제점은 사회서비스 제공에서 공공의 책임성 부재, 시장의 비형평성 분배, 사회경제적 주체 간 이해관계의 혼선 등 부작용이 생길 수도 있다는 점이다. 무엇보다 혼종조직을 성공적으로 운영할 수 있는 방안을 모색하는 것이 주요 정책과제가 된다.

조직운영의 성공모델 구축과 관련해서 고려해야 할 사항은 다음과 같다.

첫째, 현재 복지혼합체계 속에서 형성되고 있는 사회서비스 체제는 불가피하게 그것의 민영화를 수반하게 되며, 이는 상당수의 사회적 경제기업에게 기회가 되기도 하지만 동시에 도전이 되기도 한다. 무엇보다도 민영화에 따른 시장경쟁의 심화는 사회적 경제기업으로 하여금 사회적 목적과 경제적 목적의 균형을 유지하기 어렵게 하고 있다. 시장화를 통한 민영화는 정부의 재정지출 제약 속에서 취약계층의 구매력 상실과 급속한 민간영리조직들의 진입을 허용하게 되며, 이들과의 시장경쟁을 사회적 경제기업은 피할 수 없게 된다. 시장화의 영향 속에서 사회서비스의 양극화는 촉진될 수 있다. 특히 대인서비스라는 사회서비스의 특성상, 노동생산성의 향상을 통해서 이윤을 극대화할 수 있는 여지가 적다는 점은 자금여력이 충분한 민간영리조직들로 하여금 차별화된 서비스 시장을 형성하도록 할 것이며, 그렇지 못한 경우에 노동조건을 희생시키면서 초과이윤을 얻으려는 시장전략이 예상된다. 이런 사회서비스 시장경쟁 속에서 사회적기업이 어떻게 생존할 수 있을 것인지 그리고 어떻게 민간영리기업으로의 퇴행을 회피할 수 있을 것인가 하는 중요한 도전에 직면하고 있는 것이다.

둘째, 사회적 경제기업 운영과정에 이해관계자들의 협치를 어떻게 반영할 것인가? 사회적 경제기업은 기존의 노동자 혹은 소비자 조합원들의 배타적인 의사결정구조와 이윤분배의 원칙에서 벗어나 자신들의 활동과 관련된 지역사회의 다양한 이해당사자들의 참여를 조직하는 복합이해당사자 모델의 전형으로 이해되고 있다. 지역사회의 사회서비스와 관련한 이해당사자들은 서비스제공 노동자, 관리자, 이용자, 관련시민단체, 지방정부 그리고 재정지원자 등을 포함할 것이다. 물론 제한적일 수 있지만, 사회적 경제기업에 대한 이들의 참여는 각종 운영위원회, 이사회, 네트워크 실무회의, 단체대표자 회의 등의 다양한 의사결정구조를 통해서 이루어진다. 물론 의사결정을 위한 기회비용의 증가와 사업의 전문성이나 자원동원 능력을 확보하고 있는 이해당사자들에 의한 주도성 등의 문제가 제기되고 있기는 하지만, 이들의 참여가 사회적기업이 추구하는 사회적 목적에 기초하고 있기 때문에 그것을 위협하는 내부의 기회주의적 행동이나 무임승차의 문제를 상호감시하고 제어하는 기능을 회복하게 된다. 개인은 시민사회를 구성하는 시민이면서 동시에 시장에서는 소비자다. 참여하는 개인은 사회적 경제조직의 핵심 구성원이다. 사람들은 사회적 경제기업 활동에 참여함으로서 서로 연결되고, 영감을 받고, 생각과 행동이 바뀐다. 공동체를 만들어가는 과정에서 중요한 네트워크 효과들이 발생할 수 있도록 해야 한다.

4. 기업과 협업을 통한 사회적 경제기업 규모화

사회문제를 혁신적으로 해결하려고 시도하는 사회적 경제조직과 사회적 책임에 대해 실용적으로 접근하는 기업은 서로 협력함으로써 얻게 되는 이익과 사회를 변화시키기 위해 시장의 힘을 이용한다. 이를 위해서는 먼저, 사회적 경제조직은 단순히 기업의 윤리적 책임에만 호소하지 않아야 한다. 대신 기업의 변화가 그들에게 얼마나 이익을 많이 돌려주는지 설득할 수 있는 사례를 만든다. 기업과의 협력은 단순히 기업으로부터 기부금이나 자원봉사자를 지원받는 것만을 의미하지 않는다. 전략적 차원에서 공동사업을 전개하는 것까지 망라하는 모든 협력관계를 의미한다. 사회적 경제기업은 기업과 고효율의 동반자 관계, 즉 기업의 목표와 전략에 부합하는 그런 전략적 제휴관계를 적극적으로 모색해야 한다.

사회적 경제기업이 연계를 강화하는 방안은 우선적으로 기업사회공헌활동을 활용한 일자리 개발을 적극적으로 모색해야 한다. 시민사회의 사회적가치 창출에 비교하면, 기업사회공헌활동은 시장 자원을 사회문제해결에 활용하는 것이다. 사회적 경제기업과 협업 전략으로 CSVcreating shared value(공유가치 창출)와 CSRCorporate Social Respon sibility(기업의 사회적 책임 활동)을 활용하는 것이다. 먼저, 시급한 사회문제 해결을 위한 기업의 사회적 책임CSR 모델을 개발하는 방법이다.

기업과의 제휴에서 사회적 경제기업은 자칫 본연의 사회적 목적 지향을 잃어버리지 않을까 염려할 수있다. 만일 자신들이 추구하는 사회적 목적이 위기에 처한다면 제휴관계를 멈추어야 할 것이다. 따라서 사회적 경제조직은 협력기업에 대해 주의해야 한다. 특히 기업이 자신과 제휴를 맺은 동기를 경계해야 한다. 그래야 기업의 마케팅 목적에 휘둘리지 않을 수 있다. 제휴관계가 서로에게 적절하며 각자의 목표와 동기가 서로 일치해야 한다.

5. 사회서비스분야 사회적 경제기업 생태계 육성

사회생태계 일환으로 사회적 경제기업 생태계란 사회적 경제기업이 성장할 수 있는 유기적 환경체계로 다양한 이해당사자 간의 네트워크 체계를 의미한다. 즉, 모든 사업가능 공간에서 사회혁신적 가치복합체를 생산하기 위하여 다양한 이해관계자들이 공생과 공존의 선순환 관계를 형성하는 네트워크 체계를 말한다. 사회적 경제기업 생태계란 사회적 경제기업의 성공을 돕는 다양한 자본인프라와 사회경제문화적 환경영역으로 구성된다. 사회적 경제생태계 육성은 중앙정부의 핵심 정책과제로 다양한 정책들이 제시되고 있으며, 지금까지 노동통합 사회적 경제를 중심으로 생태계 육성이 이루어졌으며. 향후 사회서비스분야 사회적 경제기업에 초점을 둔 생태계육성이 주요 과제가 되고 있다.

영리지향 기업과 마찬가지로 사회적 경제기업 역시 유사한 발전단계를 거치며, 생태계는 이에 맞추어 단계별 육성, 즉 변이-선택-복제의 원리에 기반한 진화론적 관점의 생태계 조성전략이 필요하다. 변이는 다양한 사회적기업가의 발굴 및 육성, 새로운 비즈니스 실험, 혁신적 비즈니스 모델을 발굴하는 단계이다. 이를 위해서는 권역별 사회혁신 거점센터를 설치하여 다양한 사회적 실험이 가능하도록 해야 하며, 사회혁신 활동가의 다양성 확보가 핵심 과제가 된다. 선택 단계에는 시장(제품/서비스, 자본, 노동), 제도(정부정책), 네트워크 협력을 통한 우수한 사회적 경제기업의 선택과 자원 집중, 공공 및 새로운 시장 개발, 사회적 자본시장 육성이 필요하다. 이 단계는 '시장 메카니즘의 원활한 작동'이 주요 과제가 된다. 복제단계에는 내부 복제를 통한 사회적 비즈니스 성장과 외부 복제를 통한 시장성장 및 사회혁신의 확산이 일어난다. 소셜 프랜차이징 등 성공이 입증된 소셜벤처의 규모 확대와 성장을 지원해야 한다(라준영, 2014).

참고문헌

◆ 제1장

김상균(1987). 현대사회와 사회정책, 서울대학교 출판부.

권중돈 외(2011). 《사회복지개론》. (3판). 학지사.

김성천 · 강욱모(2018). 사회복지학개론 원리와 실제. 학지사.

사회보장기본법(2022). 사회보장기본법. 법제처.

사회복지사업법(2022). 사회복지사업법. 법제처.

사회보장위원회(2022). 사회보장기본개념. 사회보장위원회.

이인재 · 류진석 · 권문일 · 김진구(2010). 사회보장론 개정3판, 나남.

◆ 제2장

김상균 · 김혜란 · 조흥식 · 최성재 · 최일섭(2005). 사회복지개론. 서울: 나남출판.

남세진 · 조흥식(1995). 한국사회복지론. 서울: 나남출판.

박석돈 외(2019). 사회복지개론(제4판). 경기: 양성원.

이성기 · 원석조(2020). 사회복지학개론(개정판). 경기: 양성원.

이형하 · 정민숙 · 양정남 · 박일연 · 김혜선(2020). 사회복지학개론(제5판). 경기: 공동체.

김제선 · 임경선 · 최세영(2021). 사회복지학개론(개정판). 경기: 어가.

Ambrosino, Rosalie. Ambrosino, Robert. Heffernan, Joseph. Shuttlesworth, Guy.(2008). Social Work and Social Welfare: An Introduction(SIXTH EDITION). Belmont, CA: Brooks/Cole.

Axinn, J., & Stern, M.(2005). Social welfare: A history of the American response to need (6th ed.). Boston: Allyn & Bacon

Chauncey A. Alexander, & David N. Weber.(1976). "Distinctive Dates in Social Welfare History: A Chronological Listing". National Association of Social Workers. http://www-personal.umich.edu/~mdover/website/Social%20Welfare%20Policy%20Main%20Folder/DistinctiveDates.pdf

Day, P.(2005). A new history of social welfare (5th ed.). Boston: Allyn & Bacon.

Engels, Friedrich.(1845). Die Lage der arbeitenden Klasse in England. Otto Wigand Leipzig. (Google Books).

Lewis H. Morgan.(1877). Ancient Society. London: MacMillan & Company,

Toynbee, Arnold.(1884). Lectures on the Industrial Revolution in England. Cambridge : Cambridge University Press. DOI: https://doi.org/10.1017/CBO9781139094566.

◆ 제3장

김상균 · 오정수 · 유채영(2002). 사회복지 윤리와 철학, 나남.

남기민(2010). 사회복지정책론, 학지사.

남기철 · 정선욱 역(2020), 사회복지실천 기법과 지침, 나남.

한국사회복지사협회(2021). 사회복지사 윤리강령.

◆ 제4장

감정기 · 최원규 · 진재문(2002). 사회복지의 역사. 나남.

구인회 · 손병돈 · 안상훈(2010), 사회복지정책론. 나남.

김상균(1987). 현대사회와 사회정책. 서울대학교 출판부.

김태성 · 성경륭(1993). 복지국가론. 나남.

김태성 · 성경륭(2001). 복지국가론. 나남. 2판 2쇄.

박광준(1992). 사회복지서비스의 탈사회화. 현외성 외. 복지국가의 위기와 신보수주의적 재편. 대학출판사. 87-113.

손병돈(1994). 사회복지민영화 논의에 대한 복지이념모형의 적용: 조지와 윌딩의 모형을 중심으로. 서울대학교 석사학위논문.

손병돈(1998). 복지국가의 위기현상 분석: 복지국가에 대한 접근차원별로. 사회복지연구 12호. 25-57.

이인재 · 류진석 · 권문일, 김진구(1999). 사회보장론. 나남.

Baldwin, P.(1996). Can We Define a European Welfare State Model? In Greve, B.(ed.), Comparative Welfare Systems: Scandinavian Model in a Period of Change. Macmillan Press LTD. 29-44.

Briggs, A.(1961). The Welfare State in Historical Perspective. European Journal of Sociololgy 2. 221-258.

Esping-Anderson, G.(1991). The Three Worlds of Welfare Capitalism. Princeton: Princeton University Press.

Gough, I.(1979). The Political Economy of the Welfare State. Macmillan Press. 김연명, 이승욱 역.(1990). 복지국가의 정치경제학. 한울.

Jessop, B.(1994). The Transition to Post-Fordism and Schumpeterian Workfare State. In R. Burrows and B. Loader(ed.). Towards a Post-Fordist Welfare State? Routledge. 13-37.

Lane, Jan-Erik, McKay, David H. and Newton, Kenneth (1991) Political Data Handbook. OECD Countries, Oxford, UK, Oxford University Press.

Mishra, R.(1990). The Welfare State in Capitalist Society. Harvester and Wheatscheaf.

OECD(1988). The Cost of Social Security 1981-1983. Paris: OECD.

OECD(1998). Labour Forces Statistics: 1966-1996. Paris: OECD.

Pierson, C.(1991). Beyond the Welfare State? The New Political Economy of Welfare.

Cambridge, UK: Polity Press.

Rimlinger, G.V.(1991). 한국사회복지학연구회 역. 사회복지의 사상과 역사. 한울아카데미.

Robson, W.(1976). Welfare State and Welfare Society. London: George and Unwin.

Scharpf, F. W.(1984). Economic and Institutional Constraints of Full Employment Strategies: Sweden, Austria and West Germany, 1973–1982. In J.H. Goldthorpe(ed.). Order and Conflict in Contemporary Capitalism. Oxford: Oxford University Press.

Wilensky, H.(1975). The Welfare State and Equality: Structural and Ideological Roots of Public Expenditures. Berkeley: University of California Press.

◆ 제5장

송인규(2013). 사회복지법원론. 서울: EM커뮤니티.

윤찬영(2017). 사회복지법제론(개정7판). 경기: 나남.

대한민국 법원 종합법률정보. https://glaw.scourt.go.kr.

법제처 국가법령정보센터. https://www.law.go.kr.

보건복지부. https://www.mohw.go.kr.

◆ 제6장

김혜란 · 공계순 · 박현선(2013). 사회복지실천론. 나남.

김혜란 외 역(2006), 사회복지실천과 역량강화, 나눔의집.

남기철(2007). 노숙인과 사회복지실천. 한국학술정보.

남기철 · 정선욱 역(2020). 사회복지실천 기법과 지침. 나남.

배태순 · 최명민 · 김명미 역(2007). 전문 사회복지실천 기술. 시그마프레스.

백종만 외 공역((2007). 사회복지개론. 시그마프레스.

한국사회복지사협회(2022). 사회복지사 윤리강령.

Biestek, F. P.(1957). *The Casework Relationship*. Loyola University Press.

Morse, Gary.(1998). "A review of Case Management for People Who Are Homeless : Implication for Practice, Policy, and Research." Fosburg, L. B. & Dennis, D. L.(Eds.). *Practical Lessons : The 1998 National Symposium on Homelessness Research*, HUD & HHS.

NASW(2022). https://www.socialworkers.org/Practice. 2022.08.14. 인출.

Pierson, J.(2002), *Tackling Social Exclusion*, Routledge.

◆ 제7장

김성철 외 10인(2020). 〈지역사회복지론〉, 경기: 양성원.

김신양(2017). 〈마을에서 함께 읽는 지역관리기업 이야기〉, 서울: 착한책가게.

김신양 · 엄형식 역. 〈지역관리기업 : 사회관계를 엮다〉, 서울: 착한책가게.

김정원 외 3인(2016). 〈사회적 경제와 자활기업〉, 강원: 아르케.

류혜정 역(2005). 〈지역사회개발〉, 경기: 인간과 복지.

박순성 · 박지우(2016). 〈급진주의자를 위한 규칙〉, 강원: 아르케.

빈민지역운동사 발간위원회(2017). 〈마을공동체 운동의 원형을 찾아서〉, 경기: 한울.

어정수 · 류진석(2006). 〈지역사회복지론〉, 경기: 학지사.

유동철 · 홍재봉(2016). 〈실천가를 위한 지역사회복지론〉, 경기: 양서원.

이문국 · 이인재 역(2002). 〈지역복지 실천전략〉, 서울: 나눔의집.

이문국 외 15인 공역. 〈사회복지실천이론의 토대〉, 서울:나눔의집.

이문국 외 9인(2016). 〈사회복지개론〉, 경기: 광문각.

이영환 편(2005). 〈한국의 지역사회복지운동〉, 경기: 인간과 복지.

정윤성(2013). 〈마을기업 희망 공동체〉, 서울: 씽크 스마트.

최옥채(2005). "한국 문헌에 나타난 지역사회복지실천 이론과 모형", 〈한국지역사회복지학회〉, 제16집.

최일섭(1992). 〈지역사회복지론〉, 서울: 서울대학교 출판부.

최일섭, 이현주(2012). 〈지역사회복지론〉, 서울: 서울대학교 출판문화원.

최협 외 7인(2001). 〈전개와 지향〉, 서울: 선인.

한국주민운동정보교육원(2010). 〈주민운동의 힘, 조직화〉, 제정구기념사업회.

Ross, M, G.(1967), *Community Organization: Theory and Principles*, Harper & Brother.

Rubin, J. & Rubin, S.(2008). *Community Organizing and Development*, Boston: Pearson.

◆ 제8장

민형원 · 김준식 · 박준영 · 박대형 · 전학희(2020). 지역사회 중심 복지전달 체계 개편으로의 장애인복지관 직무분석 및 표준인력 지원방안 연구. 서울시 장애인자립지원과.

이봉주 · 이선우 · 신창환(2021). 사회복지행정론. 학지사.

이인재(2009). "한국 사회적기업의 쟁점과 전망". 동향과 전망 75호: 109-141.

Light, P. C.(2006). "Reshaping social entrepreneurship". Standford Social Innovation Review, 4(3): 47-51.

◆ 제9장

닐 길버트 · 폴 테렐, 남찬섭 · 유태균 역(2007). 『사회복지정책론』, 나눔의집.

송근원 · 김태성(1995). 『사회복지정책론』, 나남.

김상균 외(2013). 『사회복지개론』, 나남.

김상균 외.(1995) 『사회복지개론』, 나남.

최일섭 · 최성재(2006). 『사회문제와 사회복지』, 나남.

김태성(1990). "사회복지발전의 결정요인 분석", 사회복지연구, 제2호, 한국사회복지연구회.

송근원(1994). 『사회복지와 정책과정』. 대영문화사.

Etzioni, Amitai.(1968). The Active Society, N.Y.: The Free Press.

Dror, Yehezkel.(1964). "Muddling Through: Science or Inertia?" Public Administration Review, Vol. 24, No.3(Sept.).

Kingdon, John W.(1984). Agendas, Alternatives, and Public Policies, New York: Harper and Row.

Titmuss, Richard M.(1979),. Social Policy, London: George Allen and Unwin.

◆ 제10장

강병노(2008). 『사회복지 욕구조사와 프로그램 평가』. 나눔의 집.

강철희 · 김미옥(2003). "한국 사회복지학 연구방법론에 대한 분석과 고찰". 『한국사회복지학』 55: 55–81.

김영종(2008). 『사회복지조사방법론』. 학지사.

우수명(2008). 『TP 사회복지조사』. 인간과 복지.

우수명, 강병노(2019). 사회복지조사론. 양서원.

이인재 · 이선우 · 류진석(1997), 사회복지통계분석. 나남출판사.

채구묵(2005). 『사회복지조사방법』. 양서원.

Gibbs, Anita.(2001). "The Changing Nature and Context of Social Work Research". British Journal of Social Work, 31: 687–704.

Powell, Jackie.(2002). "The Changing Conditions of Social Work Research". British Journal of Social Work, 32: 17–33.

Singleton, Jr. Royce A.;Bruce C. Straits.(1999). Approaches to Social Research.. Oxford University Press, (3th edition).

Rubin, Allen & Babbie, Eral.(2001). Research Methods for Social Work. Wadsworth. Brooks / Cole.

Rubin, A. and Babbie, E., 김기덕 · 김용석 · 유태균 · 이기영 · 이선우 · 정슬기 역(2008). 사회복지조사방법론. Cengage Learning.

◆ 제11장

강희주 · 유안나 · 김재연 · 정익중(2021). 유튜브 출연 아동의 놀이권 보장 현황. 아동과 권리. 25(4), 657–681.

강희주 · 정익중(2020). 아동 출연 유튜브에 나타난 아동학대 현황. 아동과 권리. 24(4), 585–613.

관계부처 합동(2019). "아동에 대한 국가 책임을 확대합니다."

관계부처 합동(2020). 제2차 아동 정책 기본계획(안)('20~'24).

권지성 · 정익중 · 박현선 · 김아롱(2022). 국내 입양절차에 대한 맥락–패턴 분석. 한국사회복지학, 74(3), 255–282.

국가인권위원회(2006). 아동그룹홈(공동생활가정) 현황분석 및 매뉴얼 개발 연구. 서울: 국가인권위원회.

김경민 · 정익중(2009). 위탁아동의 친가족 경험이 심리사회적 적응에 미치는 영향. 한국가족복지학, 25, 93-119.

김다은(2018). 입양숙려제도의 도입과정에 관한 연구. 서울대학교 석사학위논문.

김시아 · 박지혜 · 한다영 · 정익중(2020). 미세먼지와 아동의 신체 및 정신건강 관계: 빈곤과 녹지지역비율 조절효과. 한국방재학회논문집. 20(1), 163-171.

김현용(1994). 요보호아동을 위한 시설보호의 개선방향. 한국아동복지학, 2, 61-87.

남기연 · 권오석(2017). 미성년 연예인의 재산권 보장을 위한 방안 - 미국 쿠건법을 예로 - . 스포츠와 법. 20(1), 183-202.

노충래 · 정익중 · 안재진 · 우석진(2020). 입양기관 비용지원체계 개편 연구. 보건복지부 · 이화여자대학교 산학협력단.

백승구(2017. 07. 28.). 유튜브에 업로드 되는 동영상 분량, 하루에 66년치. 조선일보, https://monthly.chosun.com/client/Mdaily/print.asp?Idx=957&Newsnumb=2017071312 에서 인출.

법무부(2020). "아동학대행위자에 대한 통제가 강화됩니다."

보건복지부(2020a). 2020 입양실무 매뉴얼.

보건복지부(2020b). 2020 아동분야 사업안내.

보건복지부(2020c). 2020년 지역아동센터 지원 사업안내.

보건복지부(2021a). 2021년도 공동생활가정(그룹홈) 현황

보건복지부(2021b). "2021년 공공 아동보호체계 구축 우수 지자체 포상."

보건복지부(2021c). "제14회 취약계층 아동통합서비스(드림스타트) 유공자 포상 및 사업 보고대회 개최."

보건복지부(2021d). 2020년 12월 말 기준 전국 지역아동센터 통계조사보고서.

보건복지부(2021e). 2021년도 결식 아동 급식(지방이양) 업무 표준매뉴얼.

보건복지부(2021f). 2021 아동보호서비스 업무 매뉴얼.

보건복지부(2021g). 아동기본법 제정 연구.

보건복지부(2022a). 2022 아동분야 사업안내 1.

보건복지부(2022b). 2022 아동분야 사업안내 2.

보건복지부(2022c). 2022년 지역아동센터 지원 사업안내.

보건복지부(2022d). 가정위탁보호 아동현황.

보건복지부(2022e)."첫만남은 달라도 함께 걸어갈 우리 가족."

보건복지부(2022f). "2021년도 국가보호대상아동 3,657명 발생."

보건복지부, 아동권리보장원(2022). 2022년도 드림스타트 사업안내.

우석진 · 강현아 · 노충래 · 전종설 · 정익중(2018). 행정자료를 이용한 프로그램비 지출이 가정외보호 10-13세 아동의 발달성과에 미친 효과. 유라시아 연구, 15(2), 183-196.

이봉주 · 김경륜 · 황옥경(2006). 중장기아동정책과 국가행동계획. 서울: 보건복지부.

이상정 · 류정희 · 김지연 · 김무현 · 김지민(2019). 가정 외 보호 아동의 자립준비 실태와 자립 지원 체계

개선 방안 연구. 세종: 한국보건사회연구원.

이지영 · 정익중(2020). 주양육자의 양육태도가 내재화 문제를 매개로 가정외보호청소년의 학교적응에 미치는 영향. 한국가족복지학, 67(3), 209-235.

이희연 · 김경희 · 이정은 · 김지혜 · 정익중(2014). 아동보호전문기관 상담원의 아동학대 사망사례 개입경험에 관한 현상학적 연구. 한국아동복지학, 45, 1-38.

장인협 · 오정수(2000). 아동 · 청소년복지론. 서울: 서울대학교 출판부.

장진희 · 허청아(2015). 대규모 아동복지시설의 공동생활가정(그룹홈) 전환비용에 관한 연구. 서울: 서울시여성가족재단.

정익중 · 오정수(2021). 아동복지론. 서울: 학지사.

정익중(2006). 새로운 아동복지서비스의 수요와 전문인력 개발의 과제. 사회과학연구. 12. 95-115.

정익중(2008). 아동정책의 과제와 전망. 한국청소년시설환경학회 학술대회 자료집. 51-67.

정익중(2020). 코로나19로 인한 아동돌봄 문제에 대한 해외 대응과 그 시사점. 국제사회보장리뷰, 13, 47-59.

정익중 · 박현선 · 오승환, 임정기(2009). 아동청소년 방과후 서비스의 현황과 과제. 서울: 공동체.

정익중 · 이수진 · 강희주(2020). 코로나19로 인한 아동일상 변화와 정서 상태. 한국아동복지학, 69(4), 59-90.

정정호, 정익중(2012). 요보호 아동의 표류(drift)에 관한 질적 사례연구. 한국아동복지학, 39, 181-212.

조수민, 김정화(2022). 아동그룹홈 재정지원 개선 방안 연구. 한국융합학회논문지. 13(2). 293-302.

Barker, R. (1987). *The Social Work Dictionary*. NASW.

Downs, S., Moore, E., McFadden, E. J., Michaud, S., & Costin, L. B. (2004). *Child Welfare and Family Services: Policies and Practice*. Boston: Allyn & Bacon.

Goldstein, J., Freud, A., & Solnit, A. (1973). Beyond the Best Interests of the Child. New York: Free Press.

Hanna, R., and Oliva, P. (2016). *Implications of climate change for children in developing countries. The Future of Children*, 26(1), 115-132.

Kadushin, A. (1974). *Child Welfare Services*. Macmillan Publishing.

Korea Health Industry Development Institute (KHIDI) (2007). Recognized as the world's first mechanism of respiratory disease caused by fine dust.

Meyer, C. (1985). "Institutional Context of Child Welfare". Laird, J. Hartman, (Ed.). *A Handbook of Child Welfare*. New York: Free Press.

United Nations Committee on the Rights of the Child(2021). Retrieved September 7, 2022, from https://www.ohchr.org/EN/HRBodies/CRC/Pages/CRCIndex.aspx

Winterfeld, A., & Feild, T.(2003). The Casey Outcomes and Decision Making Project: An Overview. 14th National Conference on Child Abuse and Neglect, April 2, 2003 St. Louis, MO.

Zuckerman, E. (1983). *Child Welfare*. New York: The Free Press.

◆ 제12장

권중돈(2022). 노인복지론: 학지사.

국민건강보험공단 노인장기요양보험(2020) 통합재가급여 예비 사업 매뉴얼.

국민건강보험공단 노인장기요양보험 홈페이지.

노병일(2020). 노인복지론: 동문사.

박석돈 외(2013). 사회복지개론: 양서원.

박차상 외(2013). 사회복지개론: 학현사.

보건복지부(2020). 노인복지시설의 유형

보건복지부(2020). 국민기초생활보장 수급자 현황.

보건복지부(2015). 치매관리사업의 선정 기준.

보건복지부(2022). 노인보건복지사업안내.

보건복지부(2021). 노인맞춤돌봄서비스 사업안내.

보건복지부(2021). 모든 정책에 건강을 담아 지역 간, 소득 간 건강 격차 완화한다.

보건복지부(2018). 노인장기요양보험의 지난 10년을 되짚어 본다.

서보준 외(2013). 사회복지개론. 서울: 공동체.

엄명용 · 김성천 · 오혜경 · 윤혜미(2011). 사회복지실천의 이해. 서울: 학지사.

엄사랑 외(2021). 한국 노인의 정보기술사용능력과 건강노화의 관계.

이상은(2018). 노인빈곤문제 대응 위해 기초연금제도 확대 필요하다, 복지타임즈.

전용호(2018). 노인 돌봄의 연속성 측면에서 바라본 의료 · 보건 · 복지 서비스의 이용과 연계.

전용호(2020). 노인맞춤돌봄서비스의 도입 의미와 과제, 한국노년학회 40.

정순둘외(2016). 연령주의와 연령통합이 세대갈등인식에 미치는 영향, 사회복지학회 vol. 68, no. 4.

정순둘 외(2020). 노인복지학 : 공동체.

조추용 외(2019). 노인복지론 : 창지사.

장인협 · 최성재(2002). 노인복지론. 서울: 서울대학교 출판부.

중앙노인보호전문기관(2020). 노인학대 신고접수 현황.

통계청(2021). 노인학대현황.

통계청(2021). 사망원인통계.

통계청(2021). 경제활동인구연보.

통계청(2021). 경제활동인구조사 부가조사.

통계청(2021). 고령자 통계 현황.

통계청(2021). 최저생계비.

통계청(2021). 노인복지 생활시설 수 및 생활현황.

한국노인인력개발센터(2021). 홈페이지.

한국정보화진흥원(2022). 2021년 인터넷이용실태조사.

한유미(2021). 초고령사회, 세대 간 갈등을 넘어 연대로, 복지타임즈.

황경란(2021). 노인맞춤돌봄서비스의 이용실태 및 개선방안, 상담복지경영연구 제7호.

황선재(2022). 인구고령화와 세대갈등: 자원배분을 둘러싼 세대간 형평, 사회과학연구제 33권 2호.

황지윤(2022). 인구절벽현상, 조선일보.

홍숙자 외(2014). 사회복지개론. 서울: 양서원.

◆ 제13장

고용노동부(2022). 2022년도 예산 및 기금운영계획 사업설명자료.

고용노동부 · 장애인고용공단 고용개발원(2021). 2021 장애인통계.

김용득(2019a). "제2장 장애개념과 범주". 김용득 편. 장애인복지: Inclusive Society를 위한 상상. 서울: EM실천. 43–63.

김용득(2019b). "제8장 장애인정책의 현황과 전망". 김용득 편. 장애인복지: Inclusive Society를 위한 상상. 서울: EM실천. 208–235.

김용득 · 이동석(2019). "제12장 장애담론과 장애인복지의 역사". 김용득 편. 장애인복지: Inclusive Society를 위한 상상. 서울: EM실천. 328–353.

보건복지부(2022a). 장애인연금 사업안내(장애수당 및 장애아동수당 포함).

보건복지부(2022b). 2022 나에게 힘이 되는 복지서비스.

보건복지부(2022c). 장애아동 가족지원 사업안내.

보건복지부 · 한국보건사회연구원(2020). 통계로 보는 사회보장 2020.

유완식 · 장창엽 · 김용탁 · 변민수 · 홍자영 · 윤형경(2010). 장애인 고용정책의 변천과 의무고용제도의 발전 방향. 장애인고용공단 고용개발원.

이선우(2017). "제2장 소득보장". 한국장애인개발원. 장애인백서. 42–67.

DeJong, G.(1981). *Environmental accessibility and independent living: Directions for disability policy and research. University Center for International Rehabilitation.* Michigan State University.

Oliver, M.(1996). Understanding disability. London: St. Martin's Press.

WHO.(1980). ICIDH: International classification of impairments, disabilities and handicaps: A manual of classification relating to the consequences of disease. Geneva: Author.

WHO.(2001). ICF: International classification of functioning, disability and health. Geneva: Author.

Williamson, C.(2001). "Social work practice with people with disabilities." In Social work: A profession of many faces. edited by Morales, A. T. and Sheafor, B. W. (19 Eds.). MA: Allyn & Bacon, 345–368.

Wolfensberger W.(1972). The principal of normalization in human services, Toronto: National Institute on Mental Retardation.

장애인고용공단 홈페이지. www.kead.or.kr.

◆ 제14장

드 슈바이니츠, 칼.(2001).『영국 사회복지 발달사』, 서울: 인간과 복지.

리스터, 루스.(2022).『풍요의 시대, 무엇이 가난인가』, 서울: 갈라파고스.

스미스, 애덤.(2014).『국부론』(유인호 옮김), 서울: 동서문화사.

신명호.(2020).『빈곤이 오고 있다』, 원주: 개마고원.

여유진 · 이현주 · 김미곤 · 강신욱 · 김계연.(2004).『공공부조의 가치기반과 제도적 반영』, 한국보건사회연구원.

European Anti-Poverty Network(EAPN).(2009). Poverty and Inequality in the EU, EAPN Explainer #1.

Goulden, Chris & D'Arcy, Conor.(2014). A Definition of Poverty, Joseph Rowntree Foundation, JRF Programme Paper.

Townsend, Peter.(1993). (The International Analysis of Poverty, Hemel Hempstead: Harvester Wheatsheaf.

◆ 제15장

라준영(2014). "사회적 기업 생태계와 정책 혁신: 진화론적 관점",「한국협동조합연구」32권 3호, 한국협동조합학회.

박세경(2020). "사회서비스정책의 전망과 과제,"「보건복지포럼」(2020.1), 보건사회연구원.

유태균(2018). "사회서비스 10년 경험을 통해 본 사회서비스 일자리 정책의 과제",「사회복지연구」49권 1호, 한국사회복지연구회.

윤영진 · 양기용 · 이인재 · 이재원(2011).「사회서비스정책론」, 나눔의집.

이인재 외(2006).「사회적 일자리 재정사업 평가와 개선방향」, 기획예산처 사회적일자리 지원사업 점검평가단.

이인재 · 박철 · 김재구 · 강병노 · 안준상 · 이영석 · 성효정(2019).「소셜벤처 정책연구」, 사회연대은행 · 사회서비스연구원,

이인재 · 류진석 · 권문일 · 김진구(2022).「사회보장론」, 개정4판, 나남,

이인재 · 주경희 · 김동심 · 박현호(2020).「경기도 사회서비스 분야 공공성 향상을 위한 고용환경 개선방안 연구」, 경기도 의회, 2020.

이시균 · 황규성 · 박세경(2013).「사회서비스의 인력수급 전망 - 고부가가치 사회서비스 일자리를 중심으로」, 한국고용정보원.

한국사회보장정보원(2022). 사회서비스 전자바우처 현황자료. (https://www.socialservice.or.kr:444/2022년 1월 6일 검색)

| 저자 소개 |

이인재

(현) 한신대학교 휴먼서비스대학 교수

서울대학교 사회복지학 박사

한국사회서비스학회 회장 역임

이문국

(현) 신안산대학교 사회복지학과 교수

숭실대학교 사회복지학 박사

한국자활정책연구소 소장 역임

이선우

(현) 인제대학교 사회복지학과 교수

UC Berkeley 사회복지학 박사

중앙자활센터 초대원장 역임

신명호

(현) 사회투자지원재단 사회적경제연구소 소장

서울대학교 사회복지학 박사

한국도시연구소 소장 역임

송인규

(현) 법무법인 정원 대표변호사

(현) 국무총리실 산하 사회보장위원회 본 위원

서울대학교 사회복지학과 졸업, 사법연수원 수료

정원오

(현) 성공회대학교 사회융합자율학부 교수

서울대학교 사회복지학 박사

한국사회복지연구회 회장 역임

김용득

(현) 성공회대학교 사회융합자율학부 교수

서울대학교 사회복지학 박사

한국장애인복지학회 회장 역임

손병돈

(현) 평택대학교 사회서비스 대학 사회복지학과 교수

서울대학교 사회복지학 박사

사회보장위원회 실무위원 역임

남기철

(현) 동덕여자대학교 사회복지학과 교수

서울대학교 사회복지학 박사

비판과대안을위한사회복지학회장 역임

정익중

(현) 이화여자대학교 사회과학대학 사회복지학과 교수

University of Washington 사회복지학 박사

한국아동복지학회, 한국청소년복지학회 회장 역임

강병노

(현) 서울한영대학교 재활복지학과 교수

가톨릭대학교 사회복지학 박사

NASW's Health & Social Work, Consulting Editor

김제선

(현) 백석예술대학교 보건복지학부 사회복지전공 교수

서울시립대학교 사회복지학 박사

한국사회복지사협회 사회복지인적자원연구원 연구위원 역임

조미경

(현) 인천재능대학교 사회복지학과 교수

일본동북복지대학 대학원 사회복지 박사

서울수서명화복지관 부장 역임

사회복지개론

초판발행 2023년 2월 25일

지은이 이인재 · 이문국 · 이선우 · 신명호 · 송인규 · 정원오 · 김용득 · 손병돈 · 남기철 · 정익중 · 강병노 · 김제선 · 조미경

펴낸이 노 현

편 집 정은희
표지디자인 BEN STORY
제 작 고철민 · 조영환

펴낸곳 (주) 피와이메이트
서울특별시 금천구 가산디지털2로 53, 210호(가산동, 한라시그마밸리)
등록 2014.2.12. 제2015-000165호
전 화 02) 733-6771
fax 02) 736-4818
e-mail pys@pybook.co.kr
homepage www.pybook.co.kr
ISBN 979-11-6519-380-5 93330

정 가 24,000원

박영스토리는 박영사와 함께하는 브랜드입니다.